JN448433

공자(孔子)와 그의 사람들
한문 해석의 비밀
논어(論語) 편

우승하 저

한문 해석의 비밀

孔子 공자와 그의 사람들

논어 論語 편

우승하 저

도서출판 디자인21

머리말

2,500여 년 전 변혁의 시대(춘추시대)를 살던 공자(孔子)와 그 제자들의 언행을 적은 것으로 알려진 논어(論語)는 사서(四書)의 하나이면서도 유가(儒家)를 상징하는 경전이다. 다만, 실제 논어에서는 혼란했던 당대를 살던 다양한 사람들의 언행이 기록되어 있다. 다른 견해가 있을 수 있으나, 논어의 논(論)은 공자가 제자 혹은 여러 사람의 물음에 대답하고 토론한 것이다. 반면, 어(語)는 공자가 제자를 중심으로 당시 사람들에게 전해준 가르침이다. 다만, 논어는 유가를 넘어 오늘날에도 여전히 우리에게 의미 있는 고전이다.

그간 필자는 논어에서 위정편의 '學而不思則罔, 思而不學則殆'와 술이편의 '述而不作'을 떠올려 왔다. 첫 번째 구는 필자가 지향하는 삶의 방향이고, 두 번째 구는 필자가 필자의 방식으로 고전을 대하는 마음가짐이다. 그래서 서명으로 사족을 뺀 담백한 논어라는 의미로 '학이사(學而思)' 혹은 '술이부작(述而不作)'으로 하고자 했다. 그러나 이는 필자의 입장일 뿐이다. 출간을 준비하면서 논어에 기록된 모든 구가 오늘날 세상살이와 별반 차이가 없다는 의미에서 헌문편 1장이 새삼 다가왔다.

憲(헌)이 問恥(문치)한대 子曰(자왈) 邦有道(방유도)에 穀(곡)하며 邦無道(방무도)에 穀(곡)이 恥也(치야)니라

헌(憲)은 안빈낙도의 삶으로 알려진 공자의 제자 원헌(原憲)이다. 그 뜻은 다음과 같다. 원헌이 부끄러움을 물으니, 공자께서 말씀하셨다. 나라에 도(道)가 있어도 곡(穀, 녹봉)을 받고, 나라에 도가 없어도 곡을 받는 것이 부끄러운 일이다. 2,500여 년 전의 글인데도 필자와 더불어 부끄러움을 모르는 오늘날과 너무도 닮았다. 혼란한 사회 속에서 변혁을 꿈꾸며 살던 당대 사람들을 생각하며 서명을 '공자와 그의 사람들'로 정하게 되었다.

이 책에서는 문리(文理)에 필요한 요소를 별도로 다루지 않았다. 분량도 고려했지만, 원문에 쓰인 글자 하나하나에 주목하기 위해서이다. 필자는 이 책을 두 가지 원칙에 따라 서술하였다.

첫째, 번역은 직역을 원칙으로 최대한 원문만으로 한정하려고 하였다. 다만, 논어는 함축적인 의미가 많아서 번역도 해석자에 따라 다양하다. 따라서 다른 번역과 설명을 하단에 간략하게 덧붙였다. 더불어 직역은 품사를 기준으로 하였다. 예를 들어, '爲之'는 '그것을(之) 하다(爲)'로 번역하지 않고, '그것(之)을 하다(爲)'로 번역하였다. 이는 문장성분이 글자의 위치에 따라 정해지기 때문이다. 그럼에도 성분을 포함하는 焉(언, =於之)과 같은 경우는 성분으로 번역하였다. 그리고 원문의 번역도 최소한으로 다듬어 제시했지만, 구조를 설명한 부분에서는 직역에 더 충실하게 제시했다. 이는 문법적인 요소가 문장에서 어떻게 변화하는지를 직접 살필 수 있기 때문이다. 또한 언해(諺解)와 같은 기존의 현토(懸吐)를 적용하여 번역하지 않았다. 원헌의 물음에서 보듯이, 우리글과 다른 한문 구조에서 토(吐)는 그 뜻을 정확히 이해하는 데 큰 도움이 된다. 다만, 예외가 아니어도 '목적어(보어)+술어' 구조로 토가 적용된 사례가 있어서, 이것이 오히려 문리를 깨치는 데 방해하는 부분도 있다.

둘째, 원문의 한자는 두 가지 원칙으로 설명했다. 하나는 어려운 한자이고, 다른 하나는 한자가 지닌 대표적인 의미와 다르게 사용된 경우이다. 다만, 이름이나 지명 등 고유명사의 한자는 어렵더라도 별도로 설명하지 않았다. 예를 들어 헌문편의 '羿善射(예선사), 奡盪舟(오탕주)'에서 고유명사인 '羿(예)'와 '奡(오)'는 어려운 한자임에도 설명하지 않았다. 이는 지나친 한자의 암기가 실제 번역에 도움이 되지 않기 때문이다.

고전을 접할 때 교조화(教條化)를 넘어서려는 노력이 필요하다. 교조화란 어떠한 상황에서도 절대로 변하지 않는 진리인 듯 믿고 따르는 것이다. 번역은 문리에 따라 하더라도 그 해석은 다양하다. 자신의 번역만이 절대적이라며 다양한 근거를 제시하지만, 이는 하나의 해석일 뿐이다. 주자(朱子)의 집주(集註)도 마찬가지이다. 문리에 따라 번역하고, 그 해석은 스스로 결정한다는 유연함이 중요하다. 필자의 방법에도 반박의 논리가 있고, 필자 자신도 인식하지 못하는 오류가 있을 수 있다. 그래서 필자가 제시한 단서를 기계적으로 습득할 필요가 없다. 어느 정도 원문에 익숙해지면, 자신만의 논리로 문리가 깨치기를 바랄 뿐이다.

2024년 5월 어느 날

차례

※ 논어는 총 20편으로 구성되어 있는데, 각 편명(학이, 위정, 팔일 등)은 해당 편을 개괄하거나 특별한 의미가 담긴 것은 아니다. 각 편명은 해당 편의 첫 구절 중 子曰, 子謂, 孔子於 등 일반 문구를 제외하고 각 편으로 시작하는 두 글자 혹은 세 글자로 명명되었다.

1편

학이
學而

1장

子曰(자왈). 學而時習之(학이시습지), 不亦說乎(불역열호)?

공자(子)께서 말씀하셨다(曰). 배우(學)고(而) 때때로(時) 그것(之)을 익힌다면(習), 또한(亦) 기쁘지(說) 않겠는(不)가(乎)?

※ 논어에서 '子(자)'는 '아들', '당신', '스승' 등으로도 쓰이지만, 대부분 '공자'를 의미한다. 그리고 이 구에서 '時(시)'를 '때에 맞게'로 번역하는 예도 있다.

有朋(유붕), 自遠方來(자원방래), 不亦樂乎(불역락호)?

어떤(有) 벗(朋)이 먼(遠) 곳(方)에서부터(自) 찾아온다면(來), 또한(亦) 즐겁지(樂) 않겠는(不)가(乎)?

※ 별해. 벗이 있어 먼 곳에서부터 장차 찾아온다면 또한 즐겁지 않겠는가?

人不知而不慍(인부지이불온), 不亦君子乎(불역군자호)?

남(人)이 알아주지(知) 않아(不)도(而) 원망하지(慍) 않는다면(不), 또한(亦) 군자답지(君子) 않겠는(不)가(乎)?

---

*說: (설) 말씀 / (세) 유세하다 / (열) 기뻐하다 / (탈) 벗다 ‖ *有(유): 어떤 ‖ *樂: (악) 노래 / (낙/락) 즐기다 / (요) 좋아하다.

· 술어(부사어)+而+술어(부사어) ‖ 學而習之: 배우고 그것을 익히다, 知而慍: 알아주고 ~을 원망하다.

· 술어+之: 之(대명사: 그것(을), 그(것)에) ‖ 習之: 그것을 익히다.

· 不+동사/형용사 ↔ 非+명사(구) ‖ 不說: 기쁘지 않다, 不樂: 즐겁지 않다, 不君子: 군자(×)가 아니다, 군자답지(○) 않다.

2장

有子曰(유자왈). 其爲人也孝弟(기위인야효제), 而好犯上者鮮矣(이호범상자선의).

유자(有子)께서 말씀하셨다(曰). 그(其) 사람(人)됨(爲)이(也) 효성스럽고(孝) 공손한(弟)데(而) 윗사람(上)을 범하는 것(犯)을 좋아하는(好) 자(者)는 드물(鮮) 것이다(矣).

※ 한문 번역에서 우리글과 다른 '술어+목적어' 혹은 '술어+보어' 구조를 인식한다면, 번역에 큰 도움이 된다. 다만, 이를 실제 적용할 때, 한 문장 안에서도 여러 번 반복된다는 점이 중요하다. 위 문장의 '好犯上者鮮矣'를 예로 살펴보자. 者는 주로 문장에서 주어 역할을 하므로 그 뒤에 술어가 놓이는 예가 많다. 따라서 문장구조를 파악하는 데 者는 유용한 단서이다.

· (문장) 好犯上者鮮矣: 好犯上者(주어)+鮮矣(술어)→ (윗사람을 범하는 것을 좋아하는 자는)+(드물다).
· (주어) 好犯上者: 好犯上(수식어)+者(피수식어)→ (윗사람을 범하는 것을 좋아하는)+(자).
· (者의 수식어) 好犯上: 好(술어)+犯上(목적어)→ (좋아하다)+(윗사람을 범하는 것을).
· (好의 목적어) 犯上: 犯(술어)+上(목적어)→ (범하다)+(윗사람을).

不好犯上(불호범상), 而好作亂者未之有也(이호작난자미지유야).

윗사람(上)을 범하는 것(犯)을 좋아하지(好) 않는(不)데(而), 난(亂) 일으키기(作)를 좋아하는(好) 자(者), 그런 자(之)는 있지(有) 않았(未)다(也).

君子務本(군자무본), 本立而道生(본립이도생), 孝弟也者(효제야자), 其爲仁之本與(기위인지본여).

군자(君子)는 근본(本)에 힘쓰니(務), 근본(本)이 서(立)면(而) 도(道)가 생겨나니(生), 효제(孝弟)라는(也) 것(者)은 아마도(其) 인(仁)을 하(爲)는(之) 근본(本)일 것이다(與).

*有子(유자): 공자의 제자 유약(有若)으로 효제(孝弟)를 강조한 노(魯)나라 사람 ‖ *鮮(선): 드물다 ‖ *也者(야자): ~라고 하는 것은 ‖ *其(기): 아마도(추측).

· 술어(부사어)+而+술어(부사어) ‖ 孝弟而好: 효제스럽고 좋아하다, 不好而好: 좋아하지 않는데 ~을 좋아하다, 立而生: 서면 ~이 생기다.

· 수식어+者 ↔ 所+수식어(동사·형용사) ‖ 好犯上者: 윗사람을 범하는 것을 좋아하는 자, 好作亂者: 난을 일으키는 것을 좋아하는 자.

· 不+동사/형용사 ↔ 非+명사(구) ‖ 不好: 좋아하지 않는다.

· 부정문에서 대명사 도치 ‖ 未之有也: 未有之也의 之도치, 그런 자는 있지 않다.

· 有+명사: ①~이(가) 있다(술어+보어), ②~을(를) 가지고 있다(술어+목적어).

· 술어(부사어)+而+술어(부사어) ‖ 本立而道生: 근본이 서면 도가 생겨난다.

· 之+명사: 之(관형격: ~의/~(하)는/~ㄴ) ‖ 仁之本: 인의 근본.

3장

子曰(자왈). 巧言令色(교언영색), 鮮矣仁(선의인).

공자(子)께서 말씀하셨다(曰). 말(言)을 교묘하게 하고(巧) 낯빛(色)을 아름답게 하는(令) 이는, 드물(鮮)도다(矣), 인한 사람(仁)이.

※ 巧言令色: '술어+목적어' 구조로 보지 않고 '수식어+피수식어'로 보면, '교묘한 말과 아름다운 낯빛'으로 번역할 수도 있다.

*巧(교): 교묘하게 하다 ‖ *令(영): 아름답다 ‖ *鮮(선): 드물다.

· 논어에서 '鮮(선)'은 총6회(공자 5회, 유자 1회) 확인되는데, 모두 '드물다'는 의미로 사용되었다.

4장

曾子曰(증자왈). **吾日三省吾身**(오일삼성오신),
爲人謀而不忠乎(위인모이불충호)?
與朋友交而不信乎(여붕우교이불신호)? **傳不習乎**(전불습호)?

증자(曾子)께서 말씀하셨다(曰). 나(吾)는 날마다(日) 세 가지(三)로 나(吾) 자신(身)을 반성하는데(省), 남(人)을 위해(爲) 도모하(謀)면서(而) 충성하지(忠) 않았는(不)가(乎)? 벗(朋友)과(與) 사귀(交)면서(而) 미덥지(信) 않았는(不)가(乎)? 전해진 것(傳)이 익혀지지(習) 않았는(不)가(乎)?

※ 별해. 傳不習乎: 전수함에 있어서 익숙하지 않았는가? 이는 증자를 존칭해서 해석한 예이다.

---

*曾子(증자): 공자의 제자 증삼(曾參)으로 공자 사상을 계승하는 데 역할을 한 인물.
· 술어(부사어)+而+술어(부사어) ‖ 謀而忠: 도모하고 충성하다.
· (명사)+與(及)+명사(구) ‖ 與朋友: 친구와.
· 不+동사/형용사 ↔ 非+명사(구) ‖ 不忠: 충성하지 않는다, 不信: 미덥지 않다, 不習: 익히지 않는다.
· (명사)+與(及)+명사(구) ‖ 與朋友: 친구와.

5장

子曰(자왈). **道千乘之國**(도천승지국), **敬事而信**(경사이신),
節用而愛人(절용이애인), **使民以時**(사민이시).

공자(子)께서 말씀하셨다(曰). 천승(千乘)의(之) 나라(國)를 다스릴(道) 때 일(事)을 공경히 하(敬)고(而) 미덥게 하며(信), 쓰는 것(用)을 절약하(節)고(而), 사람(人)을 아끼며(愛), 백성(民)을 부리되(使) 때(時)로써(以) 한다.

*道(도): 다스리다 ‖ *千乘之國(천승지국): 병거(兵車) 천 대를 갖춘 제후가 다스리는 나라.
· 之+명사: 之(관형격: ~의/~(하)는/~ㄴ) ‖ 千乘之國: 천승의 나라.
· 술어(부사어)+而+술어(부사어) ‖ 敬(事)而信: 공경하고 미덥게 하다, 節(用)而愛(人): 절약하고 사랑하다.
· 使+명사: 명사로 하여금 / 명사를 하게 하다 / 명사를 시키다 ‖ 使民: 백성을 부리다.
· 以+명사(구): 명사(구)로(써) ‖ 以時: 때로써, 때에 맞게(적합하게).

6장

子曰(자왈). **弟子入則孝**(제자입즉효), **出則弟**(출즉제), **謹而信**(근이신), **汎愛衆**(범애중), **而親仁**(이친인), **行有餘力**(행유여력), **則以學文**(즉이학문).

공자(子)께서 말씀하셨다(曰). 제자(弟子)는 들어가(入)면(則) 효도하고(孝), 나오(出)면(則) 공손하며(弟), 삼가(謹)고(而) 미덥게 하며(信), 두루(汎) 무리(衆)를 사랑하(愛)되(而) 인(仁)을 가까이해야(親) 하니, (이를) 행하고도(行) 여력(餘力)이 있다(有)면(則) 그것으로(以) 글(文)을 배워야 한다(學).

*弟子(제자): 젊은이, 젊은 사람 ‖ *汎(범): 두루, 널리.
· 술어(부사어)+而+술어(부사어) ‖ 謹而信: 삼가고 미덥다, 愛(衆)而親(仁): 사랑하고 가까이하다.
· 有+명사: ①~이(가) 있다(술어+보어), ②~을(를) 가지고 있다(술어+목적어).
· 以+술어: =以+之(대명사)+술어 ‖ 以學: =以之學, 그것으로 배운다.

7장

子夏曰(자하왈), 賢賢(현현), 易色(역색), 事父母(사부모), 能竭其力(능갈기력), 事君(사군), 能致其身(능치기신), 與朋友交(여붕우교), 言而有信(언이유신), 雖曰未學(수왈미학), 吾必謂之學矣(오필위지학의).

자하(子夏)가 말했다(曰). 어진 이(賢)를 어질게 여기길(賢) 색(色)을 (좋아하는 것과) 바꾸는 듯하고(易), 부모(父母)를 섬길(事) 때 그(其) 힘(力)을 다할(竭) 수(能) 있으며, 임금(君)을 섬길(事) 때 그(其) 몸(身)을 다할(致) 수(能) 있으며, 벗(朋友)과(與) 사귈(交) 때 말하는(言) 데(而) 신의(信)가 있다면(有), 비록(雖) 배우지(學) 못했다(未)고 말하더라도(曰) 나(吾)는 반드시(必) 그(之)를 일러(謂) 배웠다(學)고 할 것이다(矣).

※ 별해. 賢賢易色: 현을 소중히 여기고 색을 가벼이 보다.

*子夏(자하): 공자의 제자 복상(卜商)의 자(字)로 시와 예에 능통한 인물 ‖ *易: (역) 바꾸다 / (이) 쉽다 ‖ *致(치): 다하다.

· 可(能/得/足)+술어: ~할 수 있다, ~할 만하다 / 목적어+술어 구조도 가능 ‖ 能竭: 다할 수 있다, 能致: 다할 수 있다.
· 술어(부사어)+而+술어(부사어) ‖ 言而有(信):: 말하는데 ~이 있다.
· (명사)+與(及)+명사(구) ‖ 與朋友: 친구와.
· 술어+之: 之(대명사: 그(것)을, 그(것)에) ‖ 謂之: 그를 말하다.

8장

子曰(자왈). 君子不重則不威(군자부중즉불위), 學則不固(학즉불고).

공자(子)께서 말씀하셨다(曰). 군자(君子)가 무겁지(重) 않다(不)면(則) 권위가 있지(威) 않으니(不), 배우더라도(學) 곧(則) 견고하지(固) 못할 것이다(不).

主忠信(주충신), 無友不如己者(무우불여기자), 過則勿憚改(과즉물탄개).

충(忠)과 신(信)을 주로 하고(主), 나(己)와 같지(如) 못한(不) 자(者)와 벗하지(友) 말고(無), 잘못했으(過)면(則) 고치기(改)를 꺼리지(憚) 말아야 한다(勿).

· 不+동사/형용사 ↔ 非+명사(구) ‖ 不威: 권위(×)가 없다, 권위가 있지(○) 않다, 不固: 견고하지 않다, 不如: 같지 않다, 같지 못하다.
· 수식어+者 ↔ 所+수식어(동사·형용사) ‖ 不如己者: 나와 같지 못한 자.

9장

曾子曰(증자왈). 愼終追遠(신종추원), 民德(민덕), 歸厚矣(귀후의).

증자(曾子)께서 말씀하셨다(曰). 상례(終)에 삼가고(愼) 조상(遠)을 추모하면(追), 백성(民)의 덕(德)은 후한 곳(厚)으로 귀의할(歸) 것이다(矣).

*曾子(증자): 공자의 제자 증삼(曾參)으로 공자 사상을 계승하는 데 역할을 한 인물 ‖ *愼終(신종): 상사(喪事)에 예절을 중시함 ‖ *追遠(추원): 돌아가신 부모나 조상을 추모하고 숭배하는 것.

10장

子禽問於子貢曰(자금문어자공왈), 夫子至於是邦也(부자지어시방야), 必聞其政(필문기정), 求之與(구지여)? 抑與之與(억여지여)?

자금(子禽)이 자공(子貢)에게(於) 물어(問) 말했다(曰). 선생님(夫子)께서는 이(是) 나라(邦)에(於) 이르시(至)면(也) 반드시(必) 그(其) 정사(其)를 들으시는데(聞),

(선생님께서) 그것(之)을 구한(求) 것입니까(與)? 아니면(抑) (그들이) 그것(之)을 준(與) 것입니까(與)?

子貢曰(자공왈). 夫子(부자), 溫良恭儉讓以得之(온량공검양이득지), 夫子之求之也(부자지구지야), 其諸異乎人之求之與(기저이호인지구지여).

자공(子貢)이 말했다(曰). 선생님(夫子)께서는 온화함(溫), 진실함(良), 공손함(恭), 검소함(儉), 겸양함(讓), 그것으로(以) 그것(之)을 얻은(得) 것이니, 선생님(夫子)께서(之) 그것(之)을 구한(求) 것은(也) 아마도(其諸) 남들(人)이(之) 그것(之)을 구하는(求) 것과(乎) 다르다(異)고 할 것이다(與).

*子禽(자금): 귀족 출신으로 공자 말년의 제자 진항(陳亢) ‖ *子貢(자공): 공자의 제자 단목사(端木賜)의 자(字)로 말솜씨와 정치적 수완이 뛰어난 인물 ‖ *夫子(부자): 선생님 ‖ *抑(억): 아니면, 하지만, 그러나 ‖ *其諸(기저): 아마도.

· 술어+(목적어)+於(乎/于)+명사(구) ‖ 至於是邦: 이 나라에 이르다.

· 술어+之: 之(대명사: 그것(을), 그(것)에) ‖ 求之: 그것을 구하다, 與之: 그것을 주다.

· 以+술어: =以+之(대명사)+술어 ‖ 以得: =以之得, 그것으로 얻다.

· 之+술어: 之(주격: ~은(는)/~이(가), 목적격: ~을(를)) ‖ 夫子之求: 선생님이 구하다, 人之求: 남이 구하다.

11장

子曰(자왈). 父在觀其志(부재관기지), 父沒觀其行(부몰관기행), 三年(삼년), 無改於父之道(무개어부지도), 可謂孝矣(가위효의).

공자(子)께서 말씀하셨다(曰). 아비(父)가 계시면(在) 그(其) 뜻(志)을 살피고(觀), 아비(父)가 돌아가시면(沒) 그(其) 행동(行)을 살피니(觀), 삼 년간(三年) 아비(父)의(之) 도(道)를(於) 고치지(改) 않아야(無) 효(孝)라고 말할(謂) 수(可) 있을 것이다(矣).

· 술어+(목적어)+於(乎/于)+명사(구) ‖ 改於父之道: 아비의 도를 고치다.
· 之+명사: 之(관형격: ~의/~(하)는/~ㄴ) ‖ 父之道: 아비의 도.
· 可(能/得/足)+술어: ~할 수 있다, ~할 만하다 / 목적어+술어 구조도 가능 ‖ 可謂: 말할 수 있다.

12장

有子曰(유자왈). 禮之用(예지용), 和爲貴(화위귀), 先王之道(선왕지도), 斯爲美(사위미), 小大由之(소대유지).

유자(有子)께서 말씀하셨다(曰). 예(禮)가(之) 쓰일(用) 때 조화(和)가 귀한 것(貴)이 되니(爲), 선왕(先王)의(之) 도(道)에서는 이것(斯)이 아름답다(美)고 여겨(爲) 작고(小) 큰일(大)에 이것(之)을 따랐다(由).

有所不行(유소불행), 知和而和(지화이화), 不以禮節之(불이예절지), 亦不可行也(역불가행야).

행하지(行) 못할(不) 것(所)이 있으니(有), 조화(和)를 알아(知)서(而) 조화롭기만 하고(和), 예(禮)로써(以) 그것(之)을 절제하지(節) 않는다면(不) 또한(亦) 행해질(行) 수(可) 없을(不) 것이다(也).

*有子(유자): 공자의 제자 유약(有若)으로 효제(孝弟)를 강조한 노(魯)나라 사람.
· 之+술어: 之(주격: ~은(는)/~이(가), 목적격: ~을(를)) ‖ 禮之用: 예가 쓰이다.
· 之+명사: 之(관형격: ~의/~(하)는/~ㄴ) ‖ 先王之道: 선왕의 도.
· 술어+之: 之(대명사: 그것(을), 그(것)에) ‖ 由之: 그것(이것)을 따랐다, 節之: 그것을 절제하다.
· 有+명사: ①~이(가) 있다(술어+보어), ②~을(를) 가지고 있다(술어+목적어).
· 수식어+者 ↔ 所+수식어(동사·형용사) ‖ 所不行: 하지 못하는 것.

· 不+동사/형용사 ↔ 非+명사(구) ‖ 不行: 하지 못하다, 不節: 절제하지 못하다, 不可行: 행할 수 없다.
· 술어(부사어)+而+술어(부사어) ‖ 知和而和: 조화를 알아서 조화롭다.
· 以+명사(구): 명사(구)로(써) ‖ 以禮: 예로써.
· 可(能/得/足)+술어: ~할 수 있다, ~할 만하다 / 목적어+술어 구조도 가능 ‖ 可行: 행할 수 있다.

13장

有子曰(유자왈). 信近於義(신근어의), 言可復也(언가복야), 恭近於禮(공근어례), 遠恥辱也(원치욕야), 因不失其親(인불실기친), 亦可宗也(역가종야).

유자(有子)께서 말씀하셨다(曰). 신(信)이 의(義)에(於) 가까우면(近) 말(言)은 이행될(復) 수(可) 있으며(也), 공(恭)이 예(禮)에(於) 가까우면(近) 치욕(恥辱)을 멀리할(遠) 수 있으며(也), 친하게 지내면서도(因) 그(其) 가까이 할 만한 사람(親)을 잃지(失) 않는다면(不) 또한(亦) 으뜸이라 할(宗) 만하(可)다(也).

*有子(유자): 공자의 제자 유약(有若)으로 효제(孝弟)를 강조한 노(魯)나라 사람 ‖ *復(복): 실천하다, 이행하다 ‖ *因(인): 잇닿다, 연달다, 친하게 지내다.
· 술어+(목적어)+於(乎/于)+명사(구) ‖ 近於義: 의에 가깝다, 近於禮: 예에 가깝다.
· 可(能/得/足)+술어: ~할 수 있다, ~할 만하다 / 목적어+술어 구조도 가능 ‖ 可復: 이행할 수 있다, 可宗: 종으로 삼을 수 있다.
· 不+동사/형용사 ↔ 非+명사(구) ‖ 不失: 잃지 않는다.

14장

子曰(자왈). 君子食無求飽(군자식무구포), 居無求安(거무구안), 敏於事而愼於言(민어사이신어언), 就有道而正焉(취유도이정언), 可謂好學也已(가위호학야이).

공자(子)께서 말씀하셨다(曰). 군자(君子)가 먹을(食) 때 배불러지길(飽) 바라지(求) 않고(無), 거처할(居) 때 편안해지길(安) 바라지(求) 않으며(無), 일(事)에서는(於) 민첩하(敏)고(而), 말(言)에서는(於) 신중하며(愼), 도(道)가 있는(有) 사람에게 나아가(就)서(而) 그것을(焉) 바르게 한다면(正), 학문(學)을 좋아한다(好)고 말할(謂) 수(可) 있을 것이다(也已).

*也已(야이): 종결사.

· 술어+(목적어)+於(乎/于)+명사(구) ‖ 敏於事: 일에 민첩하다, 愼於言: 말에 신중하다.
· 술어(부사어)+而+술어(부사어) ‖ 敏而愼: 민첩하고 삼가다, 就而正: 나아가서 바르게 하다.
· 有+명사: ①~이(가) 있다(술어+보어), ②~을(를) 가지고 있다(술어+목적어).
· 焉(언): =於之 ‖ 正焉: =正於之, 그것을 바르게 하다.
· 可(能/得/足)+술어: ~할 수 있다, ~할 만하다 / 목적어+술어 구조도 가능 ‖ 可謂: 말할 수 있다.

15장

子貢曰(자공왈), 貧而無諂(빈이무첨), 富而無驕(부이무교), 何如(하여)?

자공(子貢)이 말했다(曰). 가난하지(貧)만(而) 아첨함(諂)이 없고(無), 부유하지(富)만(而) 교만함(驕)이 없다(無)면, 어떠(何)합니까(如)?

子曰(자왈). 可也(가야), 未若貧而樂(미약빈이락), 富而好禮者也(부이호례자야).

공자(子)께서 말씀하셨다(曰). 괜찮(可)다(也), (그러나) 가난하(貧)면서도(而) 즐겁고(樂), 부유하(富)면서도(而) 예(禮)를 좋아하는(好) 것(者)과 같지(若) 못하(未)다(也).

子貢曰(자공왈), 詩云如切如磋(시운여절여차), 如琢如磨(여탁여마), 其斯之謂與(기사지위여)?

자공(子貢)이 말했다(曰). 시경(詩)에 이르길(云), '자른(切) 듯하고(如) 간(磋) 듯하며(如), 쪼는(琢) 듯하고(如) 간(磨) 듯하다(如)'고 하였으니, 아마도(其) 이것(斯)을(之) 말하는(謂) 것인지요(與)?

子曰(자왈). 賜也(사야), 始可與言詩已矣(시가여언시이의).

공자(子)께서 말씀하셨다(曰). 사(賜)는(也), 비로소(始) 더불어(與) 시(詩)를 말할(言) 수(可) 있겠구나(已矣).

告諸往而知來者(고저왕이지래자).

그에게(諸) 지난 것(往)을 알려주(告)니(而) 올(來) 것(者)도 아는구나(知).

---

*子貢(자공): 공자의 제자 단목사(端木賜)의 자(字)로 말솜씨와 정치적 수완이 뛰어난 인물 ‖ *諂(첨): 아첨하다, 사특하다 ‖ *驕(교): 교만하다, 씩씩하다, 기만하다 ‖ *何如(하여): 무엇과 같은가? 어찌하여, 어떠한가? ‖ *樂: (악) 노래 / (낙/락) 즐기다 / (요) 좋아하다 ‖ *磋(차): 갈다, 연마하다 ‖ *琢(탁): 쪼다 ‖ 磨(마): 갈다, 문지르다 ‖ *賜(사): 자공(子貢)의 이름 ‖ *已矣(이의): ①그만두다, 끝나다, ②단정종결사.

· 술어(부사어)+而+술어(부사어) ‖ 貧而無: 가난하고 ~이 없다, 富而無: 부유하고

~이 없다, 貧而樂: 가난하고 즐겁다, 富而好: 부유하고 ~을 좋아하다.

· 수식어+者 ↔ 所+수식어(동사·형용사) ‖ 好禮者: 예를 좋아하는 것, 來者: 올 것.

· 之+술어: 之(주격: ~은(는)/~이(가), 목적격: ~을(를)) ‖ 斯之謂: 謂斯의 도치, 이것을 말하다.

· 可(能/得/足)+술어: ~할 수 있다, ~할 만하다 / 목적어+술어 구조도 가능 ‖ 可言: 말할 수 있다.

· 諸(저): =之於 ‖ 諸往: =之於往, 그에게 지난 것을.

· 술어(부사어)+而+술어(부사어) ‖ 告而知: 알려주고 ~을 안다.

16장

子曰(자왈). 不患人之不己知(불환인지불기지), 患不知人也(환부지인야).

공자(子)께서 말씀하셨다(曰). 남(人)이(之) 자기(己)를 알아주지(知) 않는다(不)고 근심하지(患) 말고(不), 남(人)을 알지(知) 못하는(不) 것을 근심하(患)라(也).

· 不+동사/형용사 ↔ 非+명사(구) ‖ 不患: 근심하지 않다, 不知: 알지 못하다.

· 之+술어: 之(주격: ~은(는)/~이(가), 목적격: ~을(를)) ‖ 人之不知: 남이 알지 못하다.

· 부정문에서 대명사 도치 ‖ 不己知: 不知己의 己도치, 자기를 알지 못하다.

2편

위정
爲政

1장

子曰(자왈). 爲政以德(위정이덕), 譬如北辰(비여북신), 居其所(거기소), 而衆星共之(이중성공지).

공자(子)께서 말씀하셨다(曰). 정사(政)를 하는데(爲) 덕(德)으로(以) 하니, 비유하면(譬) 북극성(北辰)이 그(其) 자리(所)에 거하는(居)데(而) 뭇(衆)별들(星)이 그것(之)을 향하는(共) 것과 같다(如).

*譬如(비여): 비유하면 ~와(과) 같다 ‖ *北辰(북신): 북극성 ‖ *共(공): 한가지, 함께하다, 공경하다, 바치다, 향하다.

· 以+명사(구): 명사(구)로(써) ‖ 以德: 덕으로써.

· 술어(부사어)+而+술어(부사어) ‖ 居而共: 거하고 ~을 향하다.

· 술어+之: 之(대명사: 그(것)을, 그(것)에) ‖ 共之: 그것을 향하다(에워싸다).

2장

子曰(자왈). 詩三百(시삼백), 一言以蔽之(일언이폐지), 曰思無邪(왈사무사).

공자(子)께서 말씀하셨다(曰). 시경(詩) 삼백 편(三百), 한마디(一)의 말(言), 그것으로(以) 그것(之)을 개괄한다면(蔽), 생각함(思)에 사악함(邪)이 없는(無) 것을 말한다(曰).

*蔽: (폐) 덮다, 총괄·개괄하다 / (별) 떨다.

· 以+술어: =以+之(대명사)+술어 ‖ 一言以蔽: =一言以之蔽, 한마디의 말 그것으로 개괄하다.

· 술어+之: 之(대명사: 그(것)을, 그(것)에) ‖ 蔽之: 그것을 개괄하다.

3장

子曰(자왈). 道之以政(도지이정), 齊之以刑(제지이형), 民免而無恥(민면이무치).

공자(子)께서 말씀하셨다(曰). 그들(之)을 이끌되(道) 정(政, 법령)으로(以) 하고, 그들(之)을 경계하되(齊) 형벌(刑)로(以) 하면, 백성(民)은 면하려고만 하(免)고(而) 부끄러움(恥)이 없게 된다(無).

道之以德(도지이덕), 齊之以禮(제지이례), 有恥且格(유치차격).

그들(之)을 이끌되(道) 덕(德)으로(以) 하고, 그들(之)을 경계하되(齊) 예(禮)로써(以) 하면, 부끄러움(恥)도 있고(有), 또(且) (선에) 이를 것이다(格).

---

*齊(제): 다스리다, 경계하다 ‖ *格(격): 이르다, 감동하게 하다, 연구하다.

· 술어+之: 之(대명사: 그(것)을, 그(것)에) ‖ 道之: 그를 이끌다, 齊之: 그를 경계하다.

· 以+명사(구): 명사(구)로(써) ‖ 以政: 정으로써, 以刑: 형벌로써, 以德: 덕으로써, 以禮: 예로써.

· 술어(부사어)+而+술어(부사어) ‖ 免而無: 면하고 ~이 없다.

· 有+명사: ①~이(가) 있다(술어+보어), ②~을(를) 가지고 있다(술어+목적어).

4장

子曰(자왈). 吾十有五而志于學(오십유오이지우학), 三十而立(삼십이립), 四十而不惑(사십이불혹), 五十而知天命(오십이지천명), 六十而耳順(육십이이순), 七十而從心所欲(칠십이종심소욕), 不踰矩(불유구).

공자(子)께서 말씀하셨다(曰). 나(吾)는 열(十) 그리고(有) 다섯이 되어(五)서(而)

학문(學)에(于) 뜻을 두었고(志), 서른이 되어(三十)서(而) 섰으며(立), 마흔이 되어(四十)서(而) 의혹 되지(惑) 않았고(不), 쉰이 되어(五十)서(而) 천명(天命)을 알았으며(知), 예순이 되어(六十)서(而) 귀(耳)가 순해졌고(順), 일흔이 되어(七十)서(而) 마음(心)이 하려는(欲) 것(所)을 따라도(從) 법도(矩)를 넘지(踰) 않았다(不).

---

*有(유): 또, 그리고, 와/과 ‖ *踰(유): 넘다 ‖ *矩(구): 곱자, 모서리, 법도.
· 술어(부사어)+而+술어(부사어) ‖ 五而志: ~다섯이 되어서 뜻을 두다.
· 술어+(목적어)+於(乎/于)+명사(구) ‖ 志于學: 학문에 뜻을 두다.
· 수식어+者 ↔ 所+수식어(동사/형용사) ‖ 所欲: 하려는 것.
· 不+동사/형용사 ↔ 非+명사(구) ‖ 不踰: 넘지 않는다.

5장

孟懿子問孝(맹의자문효), 子曰(자왈). 無違(무위).

맹의자(孟懿子)가 효(孝)를 묻자(問), 공자(子)께서 말씀하셨다(曰). 어김(違)이 없는 것이다(無).

樊遲御(번지어), 子告之曰(자고지왈). 孟孫問孝於我(맹손문효어아), 我對曰(아대왈), 無違(무위).

번지(樊遲)가 수레를 몰았는데(御), 공자(子)께서 그(之)에게 일러(告) 말씀하셨다(曰). 맹손(孟孫, 맹의자)이 나(我)에게(於) 효(孝)를 묻기에(問), 나(我)는 어김(違)이 없는(無) 것이라고 대답하여(對) 말했다(曰).

樊遲曰(번지왈), **何謂也**(하위야)? **子曰**(자왈). **生事之以禮**(생사지이례), **死葬之以禮**(사장지이례), **祭之以禮**(제지이례).

번지(樊遲)가 말했다(曰). 무엇(何)을 말하는(謂) 것입니까(也)? 공자(子)께서 말씀하셨다(曰). 살아계시면(生) 그(之)를 섬기되(事) 예(禮)로(以) 하고, 돌아가시면(死) 그(之)를 장사 지내되(葬) 예(禮)로(以) 하고, 그(之)를 제사 지내되(祭) 예(禮)로(以) 한다는 것이다.

*孟懿子(맹의자): 노(魯)의 대부 중손(仲孫) ‖ *違(위): 어긋나다, 거스르다 ‖ *樊遲(번지): 공자의 제자 번수(樊須)로 모략과 용기를 지닌 인물 ‖ *御(어): 거느리다, 수레를 몰다, 통솔하다, 막다.

· 술어+之: 之(대명사: 그(것)을, 그(것)에) ‖ 告之: 그에게 알리다, 事之: 그를 섬기다, 葬之: 그를 장사 지내다, 祭之: 그를 제사 지내다.

· 술어+(목적어)+於(乎/于)+명사(구) ‖ 問孝於我: 나에게 효를 묻다.

· 의문문에서 의문사(대명사) 도치 ‖ 何謂: 謂何의 何도치, 무엇을 말하는가?

· 以+명사(구): 명사(구)로(써) ‖ 以禮: 예로써.

6장

孟武伯問孝(맹무백문효), **子曰**(자왈). **父母**(부모), **唯其疾之憂**(유기질지우).

맹무백(孟武伯)이 효(孝)를 묻자(問), 공자(子)께서 말씀하셨다(曰). 부모(父母)는 오직(唯) 그(其, 자식)가 병드는 것(疾)을(之) 걱정한다(憂).

*孟武伯(맹무백): 노(魯)의 대부 맹의자(孟懿子)의 아들.

· 之+술어: 之(주격: ~은(는)/~이(가), 목적격: ~을(를)) ‖ 疾之憂: 憂疾의 도치, 병을 걱정하다.

7장

子游問孝(자유문효), 子曰(자왈). 今之孝者(금지효자), 是謂能養(시위능양), 至於犬馬(지어견마), 皆能有養(개능유양), 不敬(불경), 何以別乎(하이별호)?

자유(子游)가 효(孝)를 묻자(問), 공자(子)께서 말씀하셨다(曰). 오늘날(今)의(之) 효(孝)라는 것(者)은 단지(是) 봉양(養)을 잘하는 것(能)을 말하는데(謂), 개(犬)나 말(馬)에(於) 이르러도(至) 모두(皆) 봉양(養)이 있을(有) 수(能) 있으니, 공경하지(敬) 않는다면(不) 무엇(何)으로써(以) 구별하(別)겠는가(乎)?

*子游(자유): 공자의 제자 언언(言偃)의 자(字)로 학문에 뛰어난 오(吳)나라 사람 ‖ *何以(하이): 무엇을 가지고, 무엇으로써, 무슨 까닭으로 ‖ *今之(금지): 지금에, 지금의.

· 수식어+者 ↔ 所+수식어(동사/형용사) ‖ 孝者: 효라는 것.

· 술어+(목적어)+於(乎/于)+명사(구) ‖ 至於犬馬: 견마에 이르다.

· 有+명사: ①~이(가) 있다(술어+보어), ②~을(를) 가지고 있다(술어+목적어).

· 不+동사/형용사 ↔ 非+명사(구) ‖ 不敬: 공경하지 않는다.

· 의문문에서 의문사(대명사) 도치 ‖ 何以: 以何의 何도치, 무엇으로써.

8장

子夏問孝(자하문효), 子曰(자왈). 色難(색난). 有事(유사), 弟子服其勞(제자복기로), 有酒食(유주사), 先生饌(선생찬), 曾是以爲孝乎(증시이위효호)?

자하(子夏)가 효(孝)를 묻자(問), 공자(子)께서 말씀하셨다(曰). (부모 앞에서 온화한) 안색(色)은 어려우니(難), (이것을 잘하는 것이 효이다). 일(事)이 있으면(有) 제자(弟子, 자식)가 그(其) 수고(勞)를 행하고(服), 술(酒)과 밥(食)이 있으면(有) 선생(先生, 부모)이 드시게 하는(饌) 것, 어찌(曾) 이것(是)만을(以) 효(孝)라고 여기겠(爲)냐(乎)?

*子夏(자하): 공자의 제자 복상(卜商)의 자(字)로 시와 예에 능통한 인물 ‖ *服(복): 일하다, 행하다 ‖ *饌(찬): 반찬, 먹다 ‖ *曾(증): 어찌 ‖ *以A爲B=A以爲B, A를 B로 여기다(삼다).
· 有+명사: ①~이(가) 있다(술어+보어), ②~을(를) 가지고 있다(술어+목적어).

9장

子曰(자왈). 吾與回(오여회), 言終日(언종일), 不違如愚(불위여우), 退而省其私(퇴이성기사), 亦足以發(역족이발), 回也不愚(회야불우).

공자(子)께서 말씀하셨다(曰). 내(吾)가 회(回, 안회)와(與) 종일(終日) 이야기해도(言), (회는) 어기지(違) 않아(不) 어리석은(愚) 듯하더니(如), 물러가(退)고서(而) 그(其)의 사생활(私)을 살펴보면(省) 역시(亦) 발현할(發) 수(足以) 있었으니, 회(回)는(也) 어리석지(愚) 않다(不).

*回(회): 32세에 요절한 공자의 제자 안회로 학문을 좋아한 인물.
· (명사)+與(及)+명사(구) ‖ 吾與回: 나와 회, 나는 회와.
· 不+동사/형용사 ↔ 非+명사(구) ‖ 不違: 어긋나지 않다, 不愚: 어리석지 않다.
· 술어(부사어)+而+술어(부사어) ‖ 退而省: 물러나서 ~을 살피다.
· 可(能/得/足)以+술어: ~할 수 있다, ~할 만하다 ‖ 足以發: 발현할 수 있다.

10장

子曰(자왈). 視其所以(시기소이), 觀其所由(관기소유), 察其所安(찰기소안), 人焉廋哉(인언수재)? 人焉廋哉(인언수재)?

공자(子)께서 말씀하셨다(曰). 그(其) 행하는(以) 것(所)을 보고(視), 그(其)

연유하는(由) 것(所)을 살피며(觀), 그(其) 편안히 여기는(安) 것(所)을 살펴보는데(察), 사람(人)이 어떻게(焉) 숨길(廋) 수 있겠는가(哉)? 사람(人)이 어떻게(焉) 숨길(廋) 수 있겠는가(哉)?

*以(이): 사용하다, 하다 ‖ *廋(수): 숨기다, 찾다, 헤아리다.
· 수식어+者 ↔ 所+수식어(동사·형용사) ‖ 所以: 하는 것, 所由: 연유하는 것, 所安: 편안한 것.

11장

子曰(자왈). 溫故而知新(온고이지신), 可以爲師矣(가이위사의).

공자(子)께서 말씀하셨다(曰). 옛것(故)을 익혀(溫)서(而) 새로운 것(新)을 안다면(知), 스승(師)이 될(爲) 수(可以) 있을 것이다(矣).

· 술어(부사어)+而+술어(부사어) ‖ 溫而知: 익히고 ~을 알다.
· 可(能/得/足)以+술어: ~할 수 있다, ~할 만하다 ‖ 可以爲: 될(할) 수 있다.

12장

子曰(자왈). 君子不器(군자불기).

공자(子)께서 말씀하셨다(曰). 군자(君子)는 그릇으로 쓰이지(器) 않는다(不).

※ 군자는 특정한 하나의 목적으로만 쓰이지 않는다는 의미이다.

· 不+동사/형용사 ↔ 非+명사(구) ‖ 不器: 그릇(×)이 아니다, 그릇으로 쓰이지(○) 않다, 그릇이 되지(○) 않다.

13장

子貢問君子(자공문군자), **子曰**(자왈). **先行其言**(선행기언), **而後從之**(이후종지).

자공(子貢)이 군자(君子)를 묻자(問), 공자(子)께서 말씀하셨다(曰). 그(其) 말(言)에 앞서(先) 행하고(行), 이후에(而後) 그것(之)을 따르는(從) 것이다.

*子貢(자공): 공자의 제자 단목사(端木賜)의 자(字)로 말솜씨와 정치적 수완이 뛰어난 인물.
· 술어+之: 之(대명사: 그(것)을, 그(것)에) ‖ 從之: 그것을 따르다.

14장

子曰(자왈). **君子**(군자), **周而不比**(주이불비), **小人**(소인), **比而不周**(비이부주).

공자(子)께서 말씀하셨다(曰). 군자(君子)는 두루 사귀(周)고(而) 편당 짓지(比) 않으며(不), 소인(小人)은 편당 지으(比)며(而) 두루 사귀지(周) 못한다(不).

*周(주): 두루, 에워싸다, 친하다, 가까이하다, 알맞다 ‖ *比(비): 견주다, 편들다, 편당 짓다.
· 술어(부사어)+而+술어(부사어) ‖ 周而不比: 두루하고 편당 짓지 않는다.
· 不+동사/형용사 ↔ 非+명사(구) ‖ 不比: 편당 짓지 않는다, 不周: 두루하지 못한다.

15장

子曰(자왈). 學而不思則罔(학이불사즉망), 思而不學則殆(사이불학즉태).

공자(子)께서 말씀하셨다(曰). 배우기만 하(學)고(而) 생각하지(思) 않으(不)면(則) (얻는 게) 없고(罔), 생각만 하(思)고(而) 배우지(學) 않으(不)면(則) 위태롭다(殆).

· 술어(부사어)+而+술어(부사어) ‖ 學而不思: 배우고 생각하지 않다.
· 不+동사/형용사 ↔ 非+명사(구) ‖ 不思: 생각하지 않다, 不學: 배우지 않다.

16장

子曰(자왈). 攻乎異端(공호이단), 斯害也已(사해야이).

공자(子)께서 말씀하셨다(曰). 이단(異端)을(乎) 전공하(攻)면(斯) 해로울(害) 뿐이다(也已).

*攻(공): 때리다, 닦다, 조련하다 ‖ *也已(야이): 종결사.
· 술어+(목적어)+於(乎/于)+명사(구) ‖ 攻乎異端: 이단을 전공하다.

17장

子曰(자왈). 由(유), 誨女知之乎(회여지지호).

공자(子)께서 말씀하셨다(曰). 유(由, 자로)야, 너(女)에게 그것(之)을 안다는(知) 것을 가르쳐주(誨)마(乎).

知之爲知之(지지위지지), 不知爲不知(부지위부지). 是知也(시지야).

그것(之)을 알면(知) 그것(之)을 안다(知)고 하고(爲), 알지(知) 못하면(不) 알지(知) 못한다(不)고 해라(爲). 이것(是)이 아는(知) 것이다(也).

*由(유): 공자의 제자 자로(子路)의 이름 ‖ *女(여): =汝 ‖ *誨(회): 가르치다, 인도하다.

· 술어+之: 之(대명사: 그(것)을, 그(것)에) ‖ 知之: 그것을 안다.

· 不+동사/형용사 ↔ 非+명사(구) ‖ 不知: 알지 못하다.

18장

子張(자장), 學干祿(학간록), 子曰(자왈). 多聞闕疑(다문궐의), 愼言其餘(신언기여), 則寡尤(즉과우), 多見闕殆(다견궐태), 愼行其餘則寡悔(신행기여즉과회), 言寡尤(언과우), 行寡悔(행과회), 祿在其中矣(녹재기중의).

자장(子張)이 녹봉(祿)을 구하는(干) 것을 배우려 하자(學), 공자(子)께서 말씀하셨다(曰). 많이(多) 듣고서(聞) 의심나는 것(疑)을 빼놓고(闕) 그(其) 나머지(餘)를 삼가서(愼) 말한다(言)면(則) 허물(尤)이 작고(寡), 많이(多) 보고(見) 위태로운 것(殆)을 빼놓고(闕) 그(其) 나머지(餘)를 행한다(行)면(則) 후회(悔)가 작으니(寡), 말(言)에 허물(尤)이 작고(寡) 행동(行)에 후회(悔)가 작다면(寡), 녹봉(祿)은 그(其) 안(中)에 있을(在) 것이다(矣).

*子張(자장): 공자의 제자로 적극적인 성품을 소유한 인물 ‖ *干(간): 구하다, 요구하다 ‖ *闕(궐): 궐하다, 빼놓다, 빠뜨리다.

19장

哀公問曰(애공문왈), 何爲則民服(하위즉민복)?

애공(哀公)이 물어(問) 말했다(曰). 어떻게(何) 하(爲)면(則) 백성(民)이 복종합니까(服)?

※ 何爲: '무엇을 하면'으로 번역할 수도 있다. 다만, 이 경우 의문문에서 의문사가 도치된 형태이다.

孔子對曰(공자대왈), 擧直錯諸枉(거직조저왕), 則民服(즉민복), 擧枉錯諸直(거왕조저직), 則民不服(즉민불복).

공자(孔子)께서 대답하여(對) 말씀하셨다(曰). 곧은 것(直)을 들어서(擧) 그것(諸)을 굽은 것(枉)에 두(錯)면(則), 백성(民)이 복종하고(服), 굽은 것(枉)을 들어서(擧) 그것(諸)을 곧은 것(直)에 두(錯)면(則), 백성(民)은 복종하지(服) 않을 것입니다(不).

---

*哀公(애공): 삼환(三桓)씨를 제거하려다 왕위에서 쫓겨난 노(魯)의 군주 ∥ *錯(조): =措, 두다, 시행하다.

· 諸(저): =之於 ∥ 錯諸枉: =錯之於枉, 그것을 굽은 것에 두다, 錯諸直: =錯之於直, 그것을 곧은 것에 두다.

· 不+동사/형용사 ↔ 非+명사(구) ∥ 不服: 복종하지 않는다.

20장

季康子問(계강자문), 使民敬忠以勸(사민경충이권), 如之何(여지하)?

계강자(季康子)가 물었다(問). 백성(民)으로 하여금(使) 공경(敬)과 충성(忠), 그것을(以) 권면하려면(勸) 그것(之)을 어떻게(何) 해야 합니까(如)?

子曰(자왈). 臨之以莊則敬(임지이장즉경), 孝慈則忠(효자즉충), 擧善而敎不能則勸(거선이교불능즉권).

공자(子)께서 말씀하셨다(曰). 그들(之)에 임하되(臨) 엄숙함(莊)으로써(以) 하면(則) 공경할 것이며(敬), 효(孝)와 자애(慈)로 하면(則) 충성할 것이며(忠), 선(善)을 들어(擧, 등용하여)서(而) 불능한 자(不能)를 가르치(敎)면(則) 권면할 것입니다(勸).

*季康子(계강자): 계손사(季孫斯)의 아들로 노(魯)의 대부 ‖ *如之何(여지하): 그것이 무엇과 같은가? 어떻게 하는가? 어찌할까? 어떻게 하여, 어떠한가?

· 使+명사: 명사로 하여금 / 명사를 하게 하다 / 명사를 시키다 ‖ 使民: 백성으로 하여금.
· 以+술어: =以+之(대명사)+술어 ‖ 以勸: =以之勸, 그것을 권면하다.
· 술어+之: 之(대명사: 그(것)을, 그(것)에) ‖ 臨之: 그것에 임하다.
· 以+명사(구): 명사(구)로(써) ‖ 以莊: 엄숙함으로.
· 술어(부사어)+而+술어(부사어) ‖ 擧善而敎: 선을 들어서 가르치다.
· 不+동사/형용사 ↔ 非+명사(구) ‖ 不能: 능하지 못하다.

21장

或謂孔子曰(혹위공자왈). 子(자), 奚不爲政(해불위정)?

어떤 사람(或)이 공자(孔子)께 일러(謂) 말했다(曰). 선생님(子)께서는 어찌하여(奚) 정사(政)를 하지(爲) 않습니까(不)?

子曰(자왈). 書云(서운), 孝乎(효호), 惟孝(유효), 友于兄弟(우우형제), 施於有政(시어유정), 是亦爲政(시역위정), 奚其爲爲政(해기위위정)?

공자(子)께서 말씀하셨다(曰). 서경(書)에 효(孝)라(乎) 이르길(云), '오직(惟) 효도하며(孝) 형제(兄弟)에게(于) 우애하여(友) (그것을) 정치(有政)에(於)

시행한다(施)'고 하였으니, 이것(是)이 또한(亦) 정사(政)를 하는 것이니(爲), 어찌(奚) 그것(其)만이 정사(政)를 하는(爲) 것이라 하겠느냐(爲)?

*有(유): 단음절 앞에 붙는 접두사, 예: 有明(명나라).
· 不+동사/형용사 ↔ 非+명사(구) ‖ 不爲: 하지 않다.
· 술어+(목적어)+於(乎/于)+명사(구) ‖ 友于兄弟: 형제에게 우애하다, 施於有政: 정사에 시행하다.

22장

子曰(자왈). 人而無信(인이무신), 不知其可也(부지기가야). 大車無輗(대거무예), 小車無軏(소거무월), 其何以行之哉(기하이행지재)?

공자(子)께서 말씀하셨다(曰). 사람이 되어(人)서(而) 신의(信)가 없으면(無), 그것(其)이 가한지(可) 알지(知) 못하겠(不)다(也). 큰(大) 수레(車)에 멍에 채잡이(輗)가 없고(無) 작은(小) 수레(車)에 멍에 채받이(軏)가 없다면(無), 그(其) 무엇(何)으로(以) 그것(之)을 가게(行) 하겠는가(哉)?

*輗(예): 끌채(멍에를 매는 부분)의 끝 쐐기 ‖ *軏(월): 끌채 끝, 수레의 쐐기.
· 술어(부사어)+而+술어(부사어) ‖ 人而無: 사람이 되어서 ~이 없다.
· 不+동사/형용사 ↔ 非+명사(구) ‖ 不知: 알지 못하다.
· 의문문에서 의문사(대명사) 도치 ‖ 何以: 以何의 何도치, 무엇으로, 무엇을 가지고.
· 술어+之: 之(대명사: 그(것)을, 그(것)에) ‖ 行之: 그것을 행하다.

23장

子張問(자장문), 十世(십세), 可知也(가지야)?

자장(子張)이 물었다(問). 열 왕조(十世)를 알(知) 수(可) 있습니까(也)?

子曰(자왈). 殷因於夏禮(은인어하례), 所損益(소손익), 可知也(가지야), 周因於殷禮(주인어은례), 所損益(소손익), 可知也(가지야).

공자(子)께서 말씀하셨다(曰). 은나라(殷)는 하나라(夏)의 예(禮)로(於) 인하여(因) 손익하는(損益) 것(所)을 알(知) 수(可) 있고(也), 주나라(周)는 은나라(殷)의 예(禮)로(於) 인하여(因) 손익하는(損益) 것(所)을 알(知) 수(可) 있다(也).

※ 可以+술어: '주어+술어'구조로만 번역되나, '可+술어'는 '목적어+술어'구조로 번역될 수 있다.

其或繼周者(기혹계주자), 雖百世(수백세), 可知也(가지야).

장차(其) 혹(或) 주나라(周)를 잇는(繼) 나라(者)라면, 비록(雖) 백왕조(百世)라 하더라도 알(知) 수(可) 있을 것이다(也).

---

*子張(자장): 공자의 제자로 적극적인 성품을 소유한 인물.

· 可(能/得/足)+술어: ~할 수 있다, ~할 만하다 / 목적어+술어 구조도 가능 ‖ 可知: 알 수 있다.

· 술어+(목적어)+於(乎/于)+명사(구) ‖ 因於夏禮: 하의 예에 인하다, 因於殷禮: 은의 예에 인하다.

· 수식어+者 ↔ 所+수식어(동사/형용사) ‖ 所損益: 손익하는 것, 손해되고 이익되는 것, 繼周者: 주를 잇는 자.

· 可(能/得/足)+술어: ~할 수 있다, ~할 만하다 / 목적어+술어 구조도 가능 ‖ 可知: 알 수 있다.

24장

子曰(자왈). **非其鬼而祭之**(비기귀이제지), **諂也**(첨야),
見義不爲(견의불위), **無勇也**(무용야).

공자(子)께서 말씀하셨다(曰). 그(其) 귀신(鬼)이 아닌(非)데도(而) 그(之)를 제사 지내면(祭) 아첨하는(諂) 것이며(也), 의(義)를 보고도(見) 하지(爲) 않으면(不) 용기(勇)가 없는(無) 것이다(也).

*諂(첨): 아첨하다, 비위를 맞추다.

· 不+동사/형용사 ↔ 非+명사(구) ‖ 非其鬼: 그 귀신이 아니다, 不爲: 하지 않다.

· 술어(부사어)+而+술어(부사어) ‖ 非其鬼而祭: 그 귀신이 아닌데 제사하다.

· 술어+之: 之(대명사: 그(것)을, 그(것)에) ‖ 祭之: 그를 제사하다.

3편

팔일
八佾

1장

孔子謂季氏(공자위계씨). **八佾舞於庭**(팔일무어정), **是可忍也**(시가인야), **孰不可忍也**(숙불가인야)?

공자(孔子)께서 계씨(季氏)를 평하셨다(謂). 뜰(庭)에서(於) 팔일무를 추니(八佾舞), 이것(是)도 차마 할(忍) 수(可) 있다면(也), 무엇(孰)인들 차마 할(忍) 수(可) 없겠는(不)가(也)?

*季氏(계씨): 노(魯)나라에서 장기간 실권을 장악했던 삼가자 중 하나인 계손씨(季孫氏) ‖ *八佾舞(팔일무): 나라의 큰 제사 때 추는 춤으로 악생(樂生) 64인을 8열로 정렬시키고 아악(雅樂)에 맞추어 추게 하는 춤.

· 謂(위): 대상과 함께 있을 때 '말하다', 대상과 함께 있지 않을 때 '평하다'는 의미이다.
· 술어+(목적어)+於(乎/于)+명사(구) ‖ 八佾舞於庭: 뜰에서 팔일무를 추다.
· 可(能/得/足)+술어: ~할 수 있다, ~할 만하다 / 목적어+술어 구조도 가능 ‖ 可忍: 차마 할 수 있다.
· 不+동사/형용사 ↔ 非+명사(구) ‖ 不可忍: 차마 할 수 없다.

2장

三家者以雍徹(삼가자이옹철), **子曰**(자왈).

삼가자(三家者)가 옹(雍)으로(以) 철상하자(徹), 공자(子)께서 말씀하셨다(曰).

相維辟公(상유벽공), **天子穆穆**(천자목목), **奚取於三家之堂**(해취어삼가지당)?

'(제사를) 돕는 이(相)는 오직(維) 제후(辟公)이며, 천자(天子)께서는 그윽하시네(穆穆)'라 했는데, 어찌(奚) 삼가(三家)의(之) 당(堂)에서(於) (이것을) 취하는가(取)?

※ 노(魯)나라 삼가의 전횡을 비판하는 대목이다. 삼가는 삼환(三桓)으로도 불리며, 노나라에서 장기간 실권을 장악했던 맹손씨(孟孫氏), 숙손씨(叔孫氏), 계손씨(季孫氏)이다.

*雍(옹): 雍詩(주송(周頌)의 편명) ‖ *徹(철): 거두다 ‖ *辟公(벽공): 제후 ‖ *穆穆(목목): 심원하다, 그윽하다.

· 以+명사(구): 명사(구)로(써) ‖ 以雍: 옹으로써.

· 술어+(목적어)+於(乎/于)+명사(구) ‖ 取於三家: 삼가에서 취하다.

· 之+명사: 之(관형격: ~의/~(하)는/~ㄴ) ‖ 三家之堂: 삼가의 당.

3장

子曰(자왈). 人而不仁(인이불인), 如禮何(여례하), 人而不仁(인이불인), 如樂何(여악하)?

공자(子)께서 말씀하셨다(曰). 사람이 되어(人)서(而) 어질지(仁) 못하면(不) 예(禮)를 어떻게(何) 하며(如), 사람이 되어(人)서(而) 어질지(仁) 못하면(不) 악(樂, 음악)은 어떻게(何) 하겠는가(如)?

*如何(여하): 무엇과 같은가? 어떻게 하는가? 어떠한가? ‖ *樂: (악) 노래 / (낙/락) 즐기다 / (요) 좋아하다.

· 술어(부사어)+而+술어(부사어) ‖ 人而不仁: 사람이 되어서 어질지 못하다.

· 不+동사/형용사 ↔ 非+명사(구) ‖ 不仁: 어질지 못하다.

4장

林放問禮之本(임방문예지본), 子曰(자왈).

임방(林放)이 예(禮)의(之) 근본(本)을 묻자(問), 공자(子)께서 말씀하셨다(曰).

大哉(대재), 問(문). 禮與其奢也(예여기사야), 寧儉(영검), 喪與其易也(상여기이야), 寧戚(영척).

크(大)도다(哉), 물음(問)이. 예(禮)는 사치한 것(奢)보다(與其)는(也) 차라리(寧) 검소한 것(儉)이 낫고, 상(喪)은 편안한 것(易)보다(與其)는(也) 차라리(寧) 슬퍼하는 것(戚)이 낫다.

*林放(임방): 학자로 알려진 공자의 제자 ‖ *與其(여기)~寧(녕): ~하는 것보다 차라리 ~하는 것이 낫다 ‖ *易: (역) 바꾸다 / (이) 쉽다 ‖ *戚(척): 슬퍼하다.

· 之+명사: 之(관형격: ~의/~(하)는/~ㄴ) ‖ 禮之本: 예의 근본.

5장

子曰(자왈). 夷狄之有君(이적지유군), 不如諸夏之亡也(불여제하지무야).

공자(子)께서 말씀하셨다(曰). 이적(夷狄)에(之) 임금(君)이 있는(有) 것은 제하(諸夏)에(之) 없는(亡) 것과 같지(如) 않(不)다(也).

*夷狄(이적): 오랑캐 ‖ *諸夏(제하): 중국 본토 ‖ *亡: (망) 망하다 / (무) 없다.

· 之+술어: 之(주격: ~은(는)/~이(가), 목적격: ~을(를)) ‖ 夷狄之有: 이적이 ~을 가지고 있다, 諸夏之亡: 제하가 없다.

· 有+명사: ①~이(가) 있다(술어+보어), ②~을(를) 가지고 있다(술어+목적어).

· 不+동사/형용사 ↔ 非+명사(구) ‖ 不如: 같지 않다.

6장

季氏旅於泰山(계씨여어태산), 子謂冉有曰(자위염유왈). 女弗能救與(여불능구여)?

계씨(季氏)가 태산(泰山)에서(於) 산신제를 지내자(旅), 공자(子)께서 염유(冉有)에게 일러(謂) 말씀하셨다(曰). 네(女)가 구제할(救) 수(能) 없었느(弗)냐(與)?

對曰(대왈). 不能(불능).

대답하여(對) 말했다(曰). 할 수(能) 없었습니다(不).

子曰(자왈). 嗚呼(오호), 曾謂泰山(증위태산), 不如林放乎(불여임방호)?

공자(子)께서 말씀하셨다(曰). 아아(嗚呼), 일찍이(曾) 태산의 신령(泰山)이 (예의 근본을 묻던) 임방(林放)과 같지(如) 못하다(不)고 이르는(謂) 것인가(乎)?

※ 제후가 지내는 산신제를 대부인 계씨가 지내려고 하니, 예를 모르는 무도한 짓이라 비판한 것이다.

---

*季氏(계씨): 노(魯)나라에서 장기간 실권을 장악했던 삼가자 중 하나인 계손씨(季孫氏) ‖ *旅(여): 산신제를 지내다 ‖ *冉有(염유): 공자의 제자로 정치를 지향하고 현실적인 인물 ‖ *女(여): =汝 ‖ *弗: =不 ‖ *嗚呼(오호): 슬플 때나 탄식(歎息)할 때 '아', '어허' 등의 뜻으로 내는 소리 ‖ *林放(임방): 학자로 알려진 공자의 제자.

· 可(能/得/足)+술어: ~할 수 있다, ~할 만하다 / 목적어+술어 구조도 가능 ‖ 能救: 구제할 수 있다.

· 不+동사/형용사 ↔ 非+명사(구) ‖ 不能: 할 수 없다, 不如: 같지 않다.

7장

子曰(자왈). 君子無所爭(군자무소쟁), 必也射乎(필야사호).

공자(子)께서 말씀하셨다(曰). 군자(君子)는 다투는(爭, 경쟁하는) 것(所)이 없으나(無) (다투는 것이 있다면) 반드시(必也) 활쏘기(射)로다(乎).

揖讓而升(읍양이승), 下而飮(하이음), 其爭也君子(기쟁야군자).

읍하고(揖) 사양하(讓)며(而) (당에) 오르고(升), 내려와(下)서(而) (벌주를) 마시니(飮), 그(其) 다투는 것(爭)이(也) 군자(君子)이다.

· 수식어+者 ↔ 所+수식어(동사/형용사) ‖ 所爭: 다투는 것.
· 술어(부사어)+而+술어(부사어) ‖ 讓而升: 사양하고 오르다, 下而飮: 내려와서 마시다.

8장

子夏問曰(자하문왈). 巧笑倩兮(교소천혜), 美目盼兮(미목반혜), 素以爲絢兮(소이위현혜). 何謂也(하위야)?

자하(子夏)가 물어(問) 말했다(曰). (시경에) '예쁜(巧) 웃음(笑)의 아름다움(倩)이여(兮), 아름다운(美) 눈동자(目)의 예쁨(盼)이여(兮), 흰(素) (바탕)으로(以) 문채(絢)를 만드(爲)도다(兮).'라는 것은 무엇(何)을 말하는(謂) 것입니까(也)?

子曰(자왈). 繪事後素(회사후소). 曰(왈). 禮後乎(예후호)?

공자(子)께서 말씀하셨다(曰). 그리는(繪) 일(事)은 흰(素) (바탕) 뒤에 한다(後). 말했다(曰). (형식적인) 예(禮)는 뒤라는(後) 것인가요(乎)?

子曰(자왈). 起予者(기여자), 商也(상야).

공자(子)께서 말씀하셨다(曰). 나(予)를 일깨우는(起) 자(者)는 상(商, 자하)이도다(也).

始可與言詩已矣(시가여언시이의).

비로소(始) 함께(與) 시(詩, 시경)를 말할(言) 수(可) 있게 되었도다(已矣).

---

*子夏(자하): 공자의 제자 복상(卜商)의 자(字)로 시와 예에 능통한 인물 ‖ *巧(교): 예쁘다 ‖ *倩(천): 예쁘다, 아름답다 ‖ *兮(혜): 어조사 ‖ *盼(반): 눈이 예쁘다, 아름답다 ‖ *絢(현): 문채, 무늬 ‖ *繪(회): 그리다 ‖ *商(상): 공자의 제자 자하(子夏)의 이름 ‖ *已矣(이의): ①그만두다, 끝나다, ②단정종결사.

· 의문문에서 의문사(대명사) 도치 ‖ 何謂: 謂何의 何도치, 무엇을 말하는가?

· 수식어+者 ↔ 所+수식어(동사/형용사) ‖ 起予者: 나를 일으키는 자.

· 可(能/得/足)+술어: ~할 수 있다, ~할 만하다 / 목적어+술어 구조도 가능 ‖ 可言: 말할 수 있다.

9장

子曰(자왈). 夏禮(하례), 吾能言之(오능언지), 杞不足徵也(기부족징야), 殷禮(은례), 吾能言之(오능언지), 宋不足徵也(송부족징야).

공자(子)께서 말씀하셨다(曰). 하나라(夏)의 예(禮)는 내(吾)가 그것(之)을 말할(言) 수(能) 있지만, 기나라(杞)에서 충분히(足) 증명하지(徵) 못했(不)고(也),

은나라(殷)의 예(禮)는 내(吾)가 그것(之)을 말할(言) 수(能) 있지만,
송나라(宋)에서 충분히(足) 증명하지(徵) 못했(不)다(也).

※ 별해. 不足徵也: 증명할 수 없었다.

文獻不足故也(문헌부족고야). 足則吾能徵之矣(족즉오능징지의).

문헌(文獻)이 충분하지(足) 못했기(不) 때문(故)이다(也). 충분했다(足)면(則),
내(吾)가 그것(之)을 증명할(徵) 수(能) 있었을 것이다(矣).

*徵(징): 증명하다, 검증하다.
· 可(能/得/足)+술어: ~할 수 있다, ~할 만하다 / 목적어+술어 구조도 가능 ‖ 能言: 말할 수 있다, 能徵: 증명할 수 있다.
· 술어+之: 之(대명사: 그(것)을, 그(것)에) ‖ 言之: 그것을 말하다, 徵之: 그것을 증명하다.
· 不+동사/형용사 ↔ 非+명사(구) ‖ 不徵: 증명하지 못하다, 不足: 충분하지 못하다.

10장

子曰(자왈). 禘自旣灌而往者(체자기관이왕자), 吾不欲觀之矣(오불욕관지의).

공자(子)께서 말씀하셨다(曰). 체 제사에서(禘) 강신제 지내는 것(灌)을
끝내고(旣)부터(自) 이후(而往)의 것(者)은 내(吾)가 그것(之)을
보고(觀) 싶지(欲) 않(不)다(矣).

※ 강신제 이후는 성의가 흩어져서 보고 싶지 않다는 의미이다.

*禘(체): 천자가 종묘에서 그 조상에게 지내는 제사 ‖ *旣(기): 끝나다, 끝내다 ‖ *灌(관): 강신제를 지내다 ‖ *而往(이왕): =以後, 以上.
· 수식어+者 ↔ 所+수식어(동사/형용사) ‖ 而往者: 이후의 것.
· 不+동사/형용사 ↔ 非+명사(구) ‖ 不觀: 보지 않다.
· 술어+之: 之(대명사: 그(것)을, 그(것)에) ‖ 觀之: 그것을 보다.

11장

或問禘之說(혹문체지설), 子曰(자왈). 不知也(부지야).

어떤 사람(或)이 체 제사(禘)의(之) 설(說, 내용·이야기)을 묻자(問), 공자(子)께서 말씀하셨다(曰). 알지(知) 못한(不)다(也).

知其說者之於天下也(지기설자지어천하야), 其如示諸斯乎(기여시저사호). 指其掌(지기장).

그(其) 설(說)을 아는(知) 자(者)가(之) 천하(天下)를(於) (다스린다)면(也), 아마도(其) 그것(諸)을 여기(斯)에 놓고 보는(示) 것과 같을(如) 것이다(乎). 그(其) 손바닥(掌)을 가리키셨다(指).

---

*禘(체): 천자가 종묘에서 그 조상에게 지내는 제사.

· 之+명사: 之(관형격: ~의/~(하)는/~ㄴ) ‖ 禘之說: 제의 설.

· 不+동사/형용사 ↔ 非+명사(구) ‖ 不知: 알지 못한다.

· 수식어+者 ↔ 所+수식어(동사/형용사) ‖ 知其說者: 그 설을 아는 자.

· 之+술어: 之(주격: ~은(는)/~이(가), 목적격: ~을(를)) ‖ 者之於天下: ~자가 천하에 있다.(술어 생략)

· 諸(저): =之於 ‖ 諸斯=之於斯, 그것을 여기에.

12장

祭如在(제여재), 祭神如神在(제신여신재).

제사 지낼(祭) 때 (조상이) 계신(在) 듯하셨고(如), 신(神)에게 제사 지낼(祭) 때 신(神)이 계신(在) 듯하셨다(如).

子曰(자왈). 吾不與祭(오불여제), 如不祭(여부제).

공자(子)께서 말씀하셨다(曰). 내(吾)가 제사(祭)에 참여하지(與) 못하면(不), 제사 지내지(祭) 않은(不) 듯하다(如).

· 不+동사/형용사 ↔ 非+명사(구) ‖ 不與: 참여하지 않다, 不祭: 제사 지내지 않다.

13장

王孫賈問曰(왕손가문왈). 與其媚於奧(여기미어오), 寧媚於竈(영미어조), 何謂也(하위야)?

왕손가(王孫賈)가 물어(問) 말했다(曰). 아랫목(奧)에(於) 아첨하기(媚)보다(與其) 차라리(寧) 부엌(竈)에(於) 아첨하는 것(媚)이 낫다고 하는데, 무엇(何)을 말하는(謂) 것입니까(也)?

※ 문맥상 아랫목(奧, 어른)은 위(衛) 영공, 부엌(竈, 실권자)은 왕손가를 의미한다.

子曰(자왈). 不然(불연). 獲罪於天(획죄어천), 無所禱也(무소도야).

공자(子)께서 말씀하셨다(曰). 그러하지(然) 않습니다(不). 하늘(天)에서(於) 죄(罪)를 얻으면(獲), 빌(禱) 곳(所)이 없습니(無)다(也).

*王孫賈(왕손가): 위(衛) 영공(靈公) 때 대부 ‖ *與其(여기)~寧(녕): ~하는 것보다 차라리 ~하는 것이 낫다 ‖ *媚(미): 아첨하다 ‖ *奧(오): 아랫목 ‖ *竈(조): 부엌 ‖ *禱(도): 빌다, 기원하다.

· 술어+(목적어)+於(乎/于)+명사(구) ‖ 媚於奧: 아랫목에 아첨하다, 媚於竈: 부엌에 아첨하다, 獲罪於天: 하늘에 죄를 얻다.

· 의문문에서 의문사(대명사) 도치 ‖ 何謂: 謂何의 何도치, 무엇을 말하는가?

· 不+동사/형용사 ↔ 非+명사(구) ‖ 不然: 그러하지 않다.

· 수식어+者 ↔ 所+수식어(동사/형용사) ‖ 所禱: 빌 곳.

14장

子曰(자왈). **周監於二代**(주감어이대), **郁郁乎文哉**(욱욱호문재).
吾從周(오종주).

공자(子)께서 말씀하셨다(曰). 주나라(周)는 두(二) 대(代)의 (왕조)를(於) 거울로 삼았으니(監), 찬란하(郁郁)다(乎), 문(文)이여(哉). 나(吾)는 주나라(周)를 따르겠다(從).

*郁郁(욱욱): 문물이 성한 모양.
·술어+(목적어)+於(乎/于)+명사(구) ‖ 監於二代: 두 대를 거울로 삼다.

15장

子入大廟(자입태묘), **每事問**(매사문).

공자(子)께서는 태묘(大廟)에 들어가시면(入) 매사에(每事) 물어보셨다(問).

或曰(혹왈). **孰謂鄹人之子**(숙위추인지자), **知禮乎**(지례호)?
入大廟(입태묘), **每事問**(매사문).

어떤 사람(或)이 말했다(曰). 누(孰)가 추읍(鄹) 사람(人)의(之) 자식(子)이 예(禮)를 안다(知)고 말하던(謂)가(乎)? 태묘(大廟)에 들어가서(入) 매사에(每事) 묻는구나(問).

※ 鄹人之子: 공자를 가리킨다. 이는 공자의 아비 숙량흘(叔梁紇)이 노(魯)나라 추읍 사람이기 때문이다.

子聞之(자문지), 曰(왈). 是禮也(시예야).

공자(子)께서 그것(之)을 듣고(聞) 말씀하셨다(曰). 이것(是)이 예(禮)이다(也).

· 之+명사: 之(관형격: ~의/~(하)는/~ㄴ) ‖ 鄹人之子: 추인의 자식.
· 술어+之: 之(대명사: 그(것)을, 그(것)에) ‖ 聞之: 그것을 듣다.

16장

子曰(자왈). 射不主皮(사부주피), 爲力不同科(위역부동과), 古之道也(고지도야).

공자(子)께서 말씀하셨다(曰). 활쏘기(射)에 가죽(皮)을 (뚫는 것을) 주로 하지(主) 않는(不) 것은 힘(力)이란 등급(科)이 같지(同) 않기(不) 때문이니(爲), 옛날(古)의(之) (활을 쏘는) 도(道)였다(也).

*科(과): 품등, 등급 ‖ *古之(고지): 옛날에, 옛날의.
· 不+동사/형용사 ↔ 非+명사(구) ‖ 不主: 주로 하지 않다, 不同: 같지 않다.

17장

子貢欲去告朔之餼羊(자공욕거곡삭지희양), 子曰(자왈).

자공(子貢)이, 초하루(朔)에 고(告)하는(之) 희생(餼)양(羊)을 없애(去)고자 하자(欲), 공자(子)께서 말씀하셨다(曰).

賜也(사야), 爾愛其羊(이애기양)? 我愛其禮(아애기례).

사(賜)야(也), 너(爾)는 그(其) 양(羊)을 아끼느냐(愛)? 나(我)는 그(其) 예(禮)를 아낀다(愛).

*子貢(자공): 공자의 제자 단목사(端木賜)의 자(字)로 말솜씨와 정치적 수완이 뛰어난 인물 ‖ *告朔(곡삭): 옛날 천자가 매년 계동(季冬, 섣달)에 다음 해 책력(冊曆)을 제후에게 나눠주었는데, 제후는 이것을 받아서 선조의 종묘에 간직해 두고 매달 초하루에 양(羊)의 희생물을 바치고 종묘에 고한 후 그달의 책력을 꺼내어 정사를 펴던 일 ‖ *餼羊(희양): 살아 있는 희생양 ‖ *餼(희): 보내다, 쌀, 녹봉, 희생 ‖ *賜(사): 자공(子貢)의 이름 ‖ *愛(애): 사랑하다, 아끼다.

· 之+명사: 之(관형격: ~의/~(하)는/~ㄴ) ‖ 告朔之餼羊: 곡삭의 희생양.

18장

子曰(자왈). 事君盡禮(사군진례), 人(인), 以爲諂也(이위첨야).

공자(子)께서 말씀하셨다(曰). 임금(君)을 섬기는(事) 데 예(禮)를 다하는(盡) 것인데, 사람들(人)은 그것을(以) 아첨한다(諂)고 하는(爲)구나(也).

※ 以爲: '여기다'라는 숙어로 보면, '사람들은 아첨한다고 여긴다'로 번역할 수 있다.

*諂(첨): 아첨하다.

· 以+술어: =以+之(대명사)+술어 ‖ 以爲: =以之爲, 그것을 ~하다.

19장

定公問(정공문). 君使臣(군사신), 臣事君(신사군), 如之何(여지하)?

정공(定公)이 물었다(問). 임금(君)이 신하(臣)를 부리고(使) 신하(臣)가 임금(君)을 섬기는 데(事), 그것(之)을 어떻게(何) 해야 합니까(如)?

孔子對曰(공자대왈). 君使臣以禮(군사신이례), 臣事君以忠(신사군이충).

공자(孔子)께서 대답하여(對) 말씀하셨다(曰). 임금(君)은 예(禮)로써(以) 신하(臣)를 부리고(使), 신하(臣)는 충(忠)으로써(以) 임금(君)을 섬겨야 합니다(事).

*定公(정공): 노(魯)나라 군주 ‖ *如之何(여지하): 그것이 무엇과 같은가? 어떻게 하는가? 어찌할까? 어떻게 하여, 어떠한가?

· 以+명사(구): 명사(구)로(써) ‖ 以禮: 예로써, 以忠: 충으로써.

20장

子曰(자왈). 關雎(관저), 樂而不淫(낙이불음), 哀而不傷(애이불상).

공자(子)께서 말씀하셨다(曰). (시경) 관저(關雎)편에, 즐거워하(樂)면서도(而) 지나치지(淫) 않고(不), 슬퍼하(哀)면서도(而) 상하지(傷) 않는다(不).

*樂: (악) 노래 / (낙/락) 즐기다 / (요) 좋아하다 ‖ *淫(음): 음란하다, 과하다, 지나치다.

· 술어(부사어)+而+술어(부사어) ‖ 樂而淫: 즐거워하고 지나치다, 哀而傷: 슬퍼하고 상하다.

· 不+동사/형용사 ↔ 非+명사(구) ‖ 不淫: 지나치지 않다, 不傷: 상하지 않다.

21장

哀公問社於宰我(애공문사어재아), 宰我對曰(재아대왈).

애공(哀公)이 재아(宰我)에게(於) 토지신(社)을 묻자(問), 재아(宰我)가 대답하여(對) 말했다(曰).

夏后氏以松(하후씨이송), 殷人以栢(은인이백), 周人以栗(주인이율). 曰(왈), 使民戰栗(사민전율).

(사직단의 위패로) 하후씨(夏后氏)는 소나무(松)를 쓰고(以), 은나라(殷) 사람(人)은 측백나무(栢)를 쓰고(以), 주나라(周) 사람(人)은 밤나무(栗)를 썼습니다(以). 말하자면(曰), 백성(民)으로 하여금(使) 두려워하여(戰) 벌벌 떨게 하기 위해서입니다(栗).

※ 재아의 엉터리 언변을 잘 보여주는 예이다.

子聞之(자문지), 曰(왈). 成事不說(성사불설), 遂事不諫(수사불간), 旣往不咎(기왕불구).

공자(子)께서 그것(之)을 듣고(聞) 말씀하셨다(曰). (이미) 이루어진(成) 일(事)이라 말할(說) 수 없고(不), 끝난(遂) 일(事)이라 간할(諫) 수도 없고(不), 이미(旣) 지난 것(往)이라 탓할(咎) 수도 없도다(不).

---

*哀公(애공): 삼환(三桓)씨를 제거하려다 왕위에서 쫓겨난 노(魯)의 군주 ‖ *社(사): 토지신 ‖ *宰我(재아): 공자의 제자 재여(宰予)로 자는 자아(子我) 또는 재아(宰我)이며, 언변에 능한 인물 ‖ *夏后氏(하우씨): 우(禹)임금을 의미함 ‖ *以(이): 쓰다, 사용하다 ‖ *戰(전): 두려워하다, 두려워 떨다 ‖ *栗(율): 두려워하다 벌벌 떨다 ‖ *遂(수): 끝나다 ‖ *咎(구): 꾸짖다, 책망하다.

· 술어+(목적어)+於(乎/于)+명사(구) ‖ 問社於宰我: 재아에게 토지신을 묻다.

· 使+명사: 명사로 하여금 / 명사를 하게 하다 / 명사를 시키다 ‖ 使民戰栗:

백성으로 하여금 전율하게 하다.

· 술어+之: 之(대명사: 그(것)을, 그(것)에) ‖ 聞之: 그것을 듣다.

· 不+동사/형용사 ↔ 非+명사(구) ‖ 不說: 말하지 않다, 不諫: 간하지 않다, 不咎: 탓하지 않다.

22장

子曰(자왈). **管仲之器小哉**(관중지기소재). **或曰**(혹왈). **管仲儉乎**(관중검호)?

공자(子)께서 말씀하셨다(曰). 관중(管仲)의(之) 그릇(器)이 작(小)도다(哉). 어떤 사람(或)이 말했다(曰). 관중(管仲)이 검소했습니(儉)까(乎)?

曰(왈). **管氏有三歸**(관씨유삼귀), **官事不攝**(관사불섭), **焉得儉**(언득검)?

공자(子)께서 말씀하셨다(曰). 관씨(管氏)는 세 군데(三) 돌아갈 곳(歸)을 가지고 있었고(有), 직무(官)의 일(事)이 (서로) 겸하지(攝) 않도록(不) 했으니, 어찌(焉) 검소하다(儉)고 할 수(得) 있겠는가?

然則管仲(연즉관중), **知禮乎**(지례호)?

그렇다(然)면(則) 관중(管仲)은 예(禮)를 아는(知) 것입니까(乎)?

曰(왈). **邦君樹塞門**(방군수색문), **管氏亦樹塞門**(관씨역수색문), **邦君**(방군), **爲兩君之好**(위양군지호), **有反坫**(유반점), **管氏亦有反坫**(관씨역유반점), **管氏而知禮**(관씨이지례), **孰不知禮**(숙부지례)?

말씀하셨다(曰). 나라(邦)의 임금(君)만이 색문(塞門)을 세우는데(樹),

관씨(管氏)도 또한 색문(塞門)을 세웠으며(樹), 나라(邦)의 임금(君)만이 두(兩) 임금(君)의(之) 우호(好)를 위한(爲) 반점(反坫)이 있는데(有), 관씨(管氏)도 또한 반점(反坫)이 있었으니(有), 관씨(管氏)가 만약(而) 예(禮)를 안다고 하면(知) 누(孰)가 예(禮)를 알지(知) 못하겠는가(不)?

※ 塞門: '새문'으로도 독음할 수 있으나, '막다(塞, 색)'는 의미에서 '색문'으로 독음했다.

---

*管仲(관중): 관포지교(管鮑之交)로 알려진 제(齊)의 정치가 ‖ *攝(섭): 겸하다 ‖ *樹(수): 담을 세우다 ‖ *塞門(색문): 샛문 ‖ *反坫(반점): 주(周) 때 제후들의 회견에서 헌수(獻酬)한 술잔을 되돌려 놓던 대(臺) ‖ *而(이): 만약, 만일.

· 之+명사: 之(관형격: ~의/~(하)는/~ㄴ) ‖ 管仲之器: 관중의 그릇, 君之好: 임금의 우호.

· 有+명사: ①~이(가) 있다(술어+보어), ②~을(를) 가지고 있다(술어+목적어).

· 不+동사/형용사 ↔ 非+명사(구) ‖ 不攝: 겸하지 않다, 不知: 알지 못하다.

· 可(能/得/足)+술어: ~할 수 있다, ~할 만하다 / 목적어+술어 구조도 가능 ‖ 得儉: 검소할 수 있다.

· 술어(부사어)+而+술어(부사어) ‖ 管氏而知: 관씨에 있어서도 ~을 안다.

23장

子語魯大師樂曰(자어노태사악왈).

공자(子)께서 노나라(魯) 태사(大師, 악관)에게 음악(樂)을 일러(語) 말씀하셨다(曰).

樂(악), 其可知也(기가지야). 始作(시작), 翕如也(흡여야), 從之(종지), 純如也(순여야), 皦如也(교여야), 繹如也(역여야), 以成(이성).

음악(樂), 그것(其)은 알(知) 수(可) 있다(也). 처음(始) 시작할(作) 때 (음이) 합해지는(翕) 듯하(如)고(也), 그것(之)을 풀어놓을(從) 때 조화로운(純)

듯하(如)면서(也), 또렷한(皦) 듯하(如)고(也), 연달아 하는(繹) 듯하다(如)가(也) 그것으로(以) 완성된다(成).

*樂: (악) 노래 / (낙/락) 즐기다 / (요) 좋아하다 ‖ *翕(흡): 합하다 ‖ *純(순): 순수하다, 온화하다, 조화롭다 ‖ 皦(교): 깨끗하다, 또렷하다 ‖ *繹(역): 풀다, 연달아 하다.

· 以+술어: =以+之(대명사)+술어 ‖ 以成: =以之成, 그것으로 완성된다.

24장

儀封人請見曰(의봉인청현왈). 君子之至於斯也(군자지지어사야), 吾未嘗不得見也(오미상부득견야).

의땅(儀) 봉인(封人)이 뵙기(見)를 청하며(請) 말했다(曰). 군자(君子)가(之) 여기(斯)에(於) 이르(至)면(也), 제(吾)가 일찍이(嘗) 뵐(見) 수(得) 없었던(不) 적이 없습니(未)다(也).

從者見之(종자현지), 出曰(출왈). 二三子(이삼자), 何患於喪乎(하환어상호)? 天下之無道也久矣(천하지무도야구의), 天將以夫子(천장이부자), 爲木鐸(위목탁).

종자(從者)가 그(之)를 뵙게 해주니(見), 나와서(出) 말했다(曰). 여러분(二三子)은 어찌(何) 잃는 것(喪)을(於) 근심하십니(患)까(乎)? 천하(天下)에(之) 도(道)가 없는(無) 것이(也) 오래되었(久)으니(矣), 하늘(天)이 장차(將) 선생님(夫子)을(以) 목탁(木鐸)으로 삼으려는 것입니다(爲).

*封人(봉인): 변경을 지키는 관리 ‖ *二三子(이삼자): 스승이 제자를 부르거나, 임금이 신하를 부를 때 하는 말 ‖ *夫子(부자): 선생님 ‖ *以A爲B=A以爲B, A를 B로 여기다(삼다).

· 之+술어: 之(주격: ~은(는)/~이(가), 목적격: ~을(를)) ‖ 君子之至: 군자가

이르다, 天下之無道: 천하가 도를 가지고 있지 않다.
· 술어+(목적어)+於(乎/于)+명사(구) ‖ 君子之至於斯: 군자가 여기에 이르다, 患於喪: 잃는 것을 걱정하다.
· 不+동사/형용사 ↔ 非+명사(구) ‖ 不見: 보지 못하다.
· 可(能/得/足)+술어: ~할 수 있다, ~할 만하다 / 목적어+술어 구조도 가능 ‖ 得見: 볼 수 있다.
· 수식어+者 ↔ 所+수식어(동사/형용사) ‖ 從者: 따르는 자.
· 술어+之: 之(대명사: 그(것)을, 그(것)에) ‖ 見之: 그를 보다.

25장

子謂韶(자위소). 盡美矣(진미의), 又盡善也(우진선야).

공자(子)께서 소(韶, 순임금의 음악)를 평하셨다(謂). 아름다움(美)을 다하(盡)고(矣), 또(又) 선(善)을 다하였(盡)다(也).

謂武(위무). 盡美矣(진미의), 未盡善也(미진선야).

무(武, 무왕의 음악)를 평하셨다(謂). 아름다움(美)을 다하였(盡)으나(矣) 선(善)을 다하지는(盡) 못하였(未)다(也).

26장

子曰(자왈). 居上不寬(거상불관), 爲禮不敬(위례불경), 臨喪不哀(임상불애), 吾何以觀之哉(오하이관지재)?

공자(子)께서 말씀하셨다(曰). 윗자리(上)에 거하면서(居) 너그럽지(寬)

못하고(不), 예(禮)를 하면서(爲) 공경하지(敬) 않으며(不), 상(喪)에 임하여(臨) 슬퍼하지(哀) 않는(不) (사람이라면) 내(吾)가 무엇(何)을 가지고(以) 그(之)를 관찰하겠는(觀)가(哉)?

· 不+동사/형용사 ↔ 非+명사(구) ‖ 不寬: 너그럽지 않다, 不敬: 공경하지 않다, 不哀: 슬퍼하지 않다.

· 의문문에서 의문사(대명사) 도치 ‖ 何以: 以何의 何도치, 무엇을 가지고, 무엇으로써.

· 술어+之: 之(대명사: 그(것)을, 그(것)에) ‖ 觀之: 그를 보다.

4편

이인
里仁

1장

子曰(자왈). 里仁爲美(이인위미), 擇不處仁(택불처인), 焉得知(언득지)?

공자(子)께서 말씀하셨다(曰). 마을(里)에서는 인(仁)이 아름다움(美)이 되니(爲), 가려서(擇) 인(仁)에 처하지(處) 않는다면(不), 어찌(焉) 지혜롭다(知)고 할 수(得) 있겠는가?

· 不+동사/형용사 ↔ 非+명사(구) ‖ 不處: 처하지 않다.
· 可(能/得/足)+술어: ~할 수 있다, ~할 만하다 / 목적어+술어 구조도 가능 ‖ 得知: 지혜로울 수 있다.

2장

子曰(자왈). 不仁者(불인자), 不可以久處約(불가이구처약), 不可以長處樂(불가이장처락).

공자(子)께서 말씀하셨다(曰). 어질지(仁) 못한(不) 자(者)는 오래도록(久) 곤궁(約)에 처할(處) 수(可以) 없고(不), 오래도록(長) 즐거움(樂)에 처할(處) 수도(可以) 없다(不).

仁者安仁(인자안인), 知者利仁(지자이인).

어진(仁) 자(者)는 인(仁)을 편안히 여기고(安), 지혜로운(知) 자(者)는 인(仁)을 이롭게 여긴다(利).

*約(약): 약속하다, 검소, 곤궁 ‖ *樂: (악) 노래 / (낙/락) 즐기다 / (요) 좋아하다.
· 不+동사/형용사 ↔ 非+명사(구) ‖ 不仁: 어질지 않다, 不處: 처하지 않다.

· 수식어+者 ↔ 所+수식어(동사/형용사) ‖ 不仁者: 어질지 못한 자, 仁者: 어진 자, 知者: 지혜로운 자.
· 可(能/得/足)以+술어: ~할 수 있다, ~할 만하다 ‖ 可以處: 처할 수 있다.

3장

子曰(자왈). 惟仁者(유인자), 能好人(능호인), 能惡人(능오인).

공자(子)께서 말씀하셨다(曰). 오직(惟) 어진(仁) 자(者)만이 사람(人)을 좋아할(好) 수(能) 있고, 사람(人)을 미워할(惡) 수(能) 있다.

*惡: (악) 악하다 / (오) 미워하다.
· 수식어+者 ↔ 所+수식어(동사/형용사) ‖ 仁者: 어진 자.
· 可(能/得/足)+술어: ~할 수 있다, ~할 만하다 / 목적어+술어 구조도 가능 ‖ 能好: 좋아할 수 있다, 能惡: 미워할 수 있다.

4장

子曰(자왈). 苟志於仁矣(구지어인의), 無惡也(무악야).

공자(子)께서 말씀하셨다(曰). 진실로(苟) 인(仁)에(於) 뜻을 둔다(志)면(矣), 악(惡)은 없을(無) 것이다(也).

*惡: (악) 악하다 / (오) 미워하다.
· 술어+(목적어)+於(乎/于)+명사(구) ‖ 志於仁: 인에 뜻을 두다.

5장

子曰(자왈). 富與貴是人之所欲也(부여귀시인지소욕야), 不以其道得之(불이기도득지), 不處也(불처야), 貧與賤(빈여천), 是人之所惡也(시인지소오야), 不以其道得之(불이기도득지), 不去也(불거야).

공자(子)께서 말씀하셨다(曰). 부(富)와(與) 귀(貴), 이것(是)은 사람(人)이(之) 원하는(欲) 것(所)이지만(也), 그(其) 도(道)로써(以) 그것(之)을 얻지(得) 않는다면(不) 처하지(處) 않으(不)며(也), 빈(貧)과(與) 천(賤), 이것(是)은 사람(人)이(之) 싫어하는(惡) 것(所)이지만(也), 그(其) 도(道)로써(以) 그것(之)을 얻지(得) 않는다면(不) 버리지(去) 말아야(不) 한다(也).

君子去仁(군자거인), 惡乎成名(오호성명)?

군자(君子)가 인(仁)을 떠난다면(去), 무엇으로(惡) (군자라는) 이름(名)을 이루겠는(成)가(乎)?

君子無終食之間(군자무종식지간), 違仁(위인).

군자(君子)는 식사(食)를 마치(終)는(之) 사이(間)에도 인(仁)을 떠나서는(違) 안 된다(無).

造次(조차), 必於是(필어시), 顚沛(전패), 必於是(필어시).

잠시라도(造次) 이것(是)을(於) 반드시 하고(必), 위급한 상황(顚沛)에도 이것(是)을(於) 반드시 한다(必).

---

*惡: (악) 악하다 / (오) 미워하다 ‖ *惡乎(오호): 무엇을(어디에서, 惡) ~하겠는가(乎)? ‖ *終食之間(종식지간): 식사하는 짧은 시간, 얼마 되지 않는

동안 ‖ *違(위): 달아나다, 떠나다 ‖ *造次(조차): 잠시라도, 아주 짧은 시간 ‖ *顚沛(전패): 엎어지고 자빠지는 것, 위급한 상황.

· (명사)+與(及)+명사(구) ‖ 富與貴: 부와 귀, 貧與賤: 빈과 천.
· 之+所: 之(주격: ~은(는)/~이(가) ‖ 人之所欲: 사람이 원하는 것, 人之所惡: 사람이 싫어하는 것.
· 수식어+者 ↔ 所+수식어(동사/형용사) ‖ 所欲: 원하는 것, 所惡: 싫어하는 것.
· 不+동사/형용사 ↔ 非+명사(구) ‖ 不得: 얻지 못하다, 不處: 처하지 않다, 不去: 버리지 않다.
· 以+명사(구): 명사(구)로(써) ‖ 以其道: 그 도로써.
· 술어+之: 之(대명사: 그(것)을, 그(것)에) ‖ 得之: 그것을 얻다.
· 之+명사: 之(관형격: ~의/~(하)는/~ㄴ) ‖ 終食之間: 식사를 마치는 사이.
· 술어+(목적어)+於(乎/于)+명사(구) ‖ 必於是: 여기에서 반드시 하다.

6장

子曰(자왈). 我未見好仁者(아미견호인자), 惡不仁者(오불인자).

공자(子)께서 말씀하셨다(曰). 나(我)는 아직 인(仁)을 좋아하는(好) 자(者)와 불인(不仁)을 미워하는(惡) 자(者)를 보지(見) 못했다(未).

好仁者(호인자), 無以尙之(무이상지), 惡不仁者(오불인자), 其爲仁矣(기위인의), 不使不仁者(불사불인자), 加乎其身(가호기신).

인(仁)을 좋아하는(好) 자(者)는 그것(之)에 더할(尙) 것이 없고(無以), 불인(不仁)을 미워하는(惡) 자(者)는 그(其)가 인(仁)을 하는(爲) 것에(矣) 불인한(不仁) 것(者)으로 하여금(使) 그(其) 몸(身)에(乎) 더하지(加) 않도록 한다(不).

有能一日(유능일일), 用其力於仁矣乎(용기역어인의호)?
我未見力不足者(아미견역부족자).

하루(一日)라도 그(其) 힘(力)을 인(仁)에(於) 쓸(用) 수(能) 있는(有) (자가) 있는가(矣乎)? 나(我)는 아직 힘(力)이 부족한(不足) 자(者)를 보지(見) 못했다(未).

蓋有之矣(개유지의), 我未之見也(아미지견야).

아마도(蓋) 그런 자(之)도 있을(有) 테지만(矣), 나(我)는 아직 그런 자(之)를 보지(見) 못했(未)다(也).

---

*惡: (악) 악하다 / (오) 미워하다 ‖ *無以(무이): ~할 수가 없다, ~할 방법(것)이 없다 ‖ *尙(상): 더하다, 높이다 ‖ *矣乎(의호): 감탄·의문종결사.

· 수식어+者 ↔ 所+수식어(동사/형용사) ‖ 好仁者: 인을 좋아하는 자, 惡不仁者: 불인을 싫어하는 자, 不足者: 부족한 자.

· 不+동사/형용사 ↔ 非+명사(구) ‖ 不仁: 어질지 못하다, 不足: 충분하지 않다.

· 술어+之: 之(대명사: 그(것)을, 그(것)에) ‖ 尙之: 그것에 더하다.

· 使+명사: 명사로 하여금 / 명사를 하게 하다 / 명사를 시키다 ‖ 使不仁者: 불인한 자로 하여금.

· 술어+(목적어)+於(乎/于)+명사(구) ‖ 加乎其身: 그 몸에 가하다, 用其力於仁: 그 힘을 인에 쓰다.

· 可(能/得/足)+술어: ~할 수 있다, ~할 만하다 / 목적어+술어 구조도 가능 ‖ 能(一日)用: 쓸 수 있다.

· 有+명사: ①~이(가) 있다(술어+보어), ②~을(를) 가지고 있다(술어+목적어).

· 부정문에서 대명사 도치 ‖ 未之見: 未見之의 之도치, 아직 그런 자를 보지 못하다.

7장

子曰(자왈). 人之過也(인지과야), 各於其黨(각어기당), 觀過(관과), 斯知仁矣(사지인의).

공자(子)께서 말씀하셨다(曰). 사람(人)의(之) 잘못(過)은(也) 그(其) 무리(黨)에(於) 따라 각각이니(各), 잘못(過)을 보(觀)면(斯) 인(仁)을 알(知) 수 있다(矣).

· 之+명사: 之(관형격: ~의/~(하)는/~ㄴ) ‖ 人之過: 사람의 과오.
· 술어+(목적어)+於(乎/于)+명사(구) ‖ 各於其黨: 그 당에 각각이다.

8장

子曰(자왈). 朝聞道(조문도), 夕死可矣(석사가의).

공자(子)께서 말씀하셨다(曰). 아침(朝)에 도(道)를 들으면(聞), 저녁(夕)에 죽어도(死) 좋(可)다(矣).

9장

子曰(자왈). 士志於道而恥惡衣惡食者(사지어도이치악의악식자), 未足與議也(미족여의야).

공자(子)께서 말씀하셨다(曰). 선비(士)가 도(道)에(於) 뜻을 두었으면(志)서(而) 나쁜(惡) 옷(衣)과 나쁜(惡) 음식(食)을 부끄러워하는(恥) 자(者)는 더불어(與) 논의할(議) 만하지(足) 않(未)다(也).

*惡: (악) 악하다 / (오) 미워하다.
· 술어+(목적어)+於(乎/于)+명사(구) ‖ 志於道: 도에 뜻을 두다.
· 술어(부사어)+而+술어(부사어) ‖ 志而恥: 뜻을 두고 부끄러워하다.
· 수식어+者 ↔ 所+수식어(동사/형용사) ‖ 恥惡衣惡食者: 악의와 악식을 부끄러워하는 자.
· 可(能/得/足)+술어: ~할 수 있다, ~할 만하다 / 목적어+술어 구조도 가능 ‖ 足議: 논의할 만하다.

10장

子曰(자왈). 君子之於天下也(군자지어천하야), 無適也(무적야), 無莫也(무막야), 義之與比(의지여비).

공자(子)께서 말씀하셨다(曰). 군자(君子)가(之) 천하(天下)를(於) 대함에 있어서(也) 전일하는 것(適)도 없(無)고(也) 하지 않는 것(莫)도 없(無)으니(也), 의로운 것(義)을(之) 함께(與) 친하게 지낸다(比).

*適(적): 전일하다(마음과 힘을 모아 오직 한 곳에만 쓰다) ‖ *比(비): 친하게 지내다.
· 之+술어: 之(주격: ~은(는)/~이(가), 목적격: ~을(를)) ‖ 君子之於天下: 군자가 천하에 ~하다, 義之比: 比義의 義도치, 의를 친하게 지내다.
· 술어+(목적어)+於(乎/于)+명사(구) ‖ 君子之於天下: 군자가 천하에 ~하다.
· 莫(막): 대명사를 포함한 부정 ‖ ~하는 이가(것이) 없다.

11장

子曰(자왈). 君子懷德(군자회덕), 小人懷土(소인회토).

공자(子)께서 말씀하셨다(曰). 군자(君子)는 덕(德)을 생각하고(懷), 소인(小人)은 땅(土)을 생각한다(懷).

君子懷刑(군자회형), 小人懷惠(소인회혜).

군자(君子)는 형벌(刑)을 생각하고(懷), 소인(小人)은 은혜(惠)를 생각한다(懷).

12장

子曰(자왈). 放於利而行(방어리이행), 多怨(다원).

공자(子)께서 말씀하셨다(曰). 이(利)에(於) 의거해(放)서(而) 행동하면(行), 원망(怨)이 많다(多).

*放(방): 준하다, 의거하다.
· 술어+(목적어)+於(乎/于)+명사(구) ‖ 放於利: 이에 의거하다.
· 술어(부사어)+而+술어(부사어) ‖ 放而行: 의거하고 행하다.

13장

子曰(자왈). 能以禮讓爲國乎(능이예양위국호), 何有(하유)?

공자(子)께서 말씀하셨다(曰). 예(禮)와 겸양(讓)으로(以) 나라(國)를 다스릴(爲) 수(能) 있다면(乎), 무슨(何) (어려움이) 있겠는가(有)?

不能以禮讓爲國(불능이예양위국), 如禮何(여례하)?

예(禮)와 겸양(讓)으로(以) 나라(國)를 다스릴(爲) 수(能) 없다면(不), 예(禮)는 어떻게(何) 하겠는가(如)?

*何有(하유): 무엇이 있는가? 무슨 어려움이 있는가? 어렵지 않다 ‖ *如何(여하): 무엇과 같은가? 어떻게 하는가? 어떠한가?

· 可(能/得/足)+술어: ~할 수 있다, ~할 만하다 / 목적어+술어 구조도 가능 ‖ 能爲: 다스릴 수 있다.

· 以+명사(구): 명사(구)로(써) ‖ 以禮讓: 예와 겸양으로.

· 不+동사/형용사 ↔ 非+명사(구) ‖ 不爲: 다스릴 수 없다.

14장

子曰(자왈). 不患無位(불환무위), 患所以立(환소이립).
不患莫己知(불환막기지), 求爲可知也(구위가지야).

공자(子)께서 말씀하셨다(曰). 지위(位)가 없는(無) 것을 걱정하지(患) 말고(不), 서는(立) 방법(所以)을 걱정하라(患). 자기(己)를 알아주는(知) 이가 없는 것(莫)을 걱정하지(患) 말고(不), 알려질(知) 만하게(可) 되기(爲)를 구해(求)라(也).

*所以(소이): 방법, 까닭, 것.

· 不+동사/형용사 ↔ 非+명사(구) ‖ 不患: 걱정하지 않다.

· 莫(막): 대명사를 포함한 부정 ‖ ~하는 이가(것이) 없다.

· 부정문에서 대명사 도치 ‖ 莫己知: 莫知己의 己도치, 자기를 알아주는 이가 없다.

· 可(能/得/足)+술어: ~할 수 있다, ~할 만하다 / 목적어+술어 구조도 가능 ‖ 可知: 알 수 있다, 알 만하다.

15장

子曰(자왈). 參乎(삼호), 吾道一以貫之(오도일이관지).

공자(子)께서 말씀하셨다(曰). 삼(參)아(乎), 나(吾)의 도(道)는 하나(一), 그것으로써(以) 그것(之)을 꿰뚫고 있다(貫).

曾子曰(증자왈), 唯(유). 子出(자출), 門人問曰(문인문왈), 何謂也(하위야)?

증자(曾子)께서 "예(唯)"라고 말씀하셨다(曰). 공자(子)께서 나가시자(出), 문인(門人)이 물어(問) 말했다(曰). 무엇(何)을 말하는(謂) 것입니까(也)?

曾子曰(증자왈). 夫子之道(부자지도), 忠恕而已矣(충서이이의).

증자(曾子)께서 말씀하셨다(曰). 선생님(夫子)의(之) 도(道)는 충(忠)과 서(恕)일 뿐이다(而已矣).

*參(삼): 증자(曾子)의 이름 ‖ *曾子(증자): 공자의 제자 증삼(曾參)으로 공자 사상을 계승하는 데 역할을 한 인물 ‖ *唯(유): 예, 공손하게 대답하는 말 ‖ *夫子(부자): 선생님 ‖ *而已矣(이이의): 단정종결사.

· 以+술어: =以+之(대명사)+술어 ‖ 一以貫: =一以之貫, 하나 그것으로써 꿰뚫다.
· 술어+之: 之(대명사: 그(것)을, 그(것)에) ‖ 貫之: 그것을 꿰뚫다.
· 의문문에서 의문사(대명사) 도치 ‖ 何謂: 謂何의 何도치, 무엇을 말하는가?

16장

子曰(자왈). 君子喩於義(군자유어의), 小人喩於利(소인유어리).

공자(子)께서 말씀하셨다(曰). 군자(君子)는 의(義)에(於) 밝고(喩), 소인(小人)은

이(利)에(於) 밝다(喩).

*喩(유): 깨우치다, 밝다.
· 술어+(목적어)+於(乎/于)+명사(구) ‖ 喩於義: 의에 밝다, 喩於利: 이에 밝다.

17장

子曰(자왈). 見賢思齊焉(견현사제언), 見不賢而內自省也(견불현이내자성야).

공자(子)께서 말씀하셨다(曰). 어진 이(賢)를 보면(見) 그와(焉) 나란히 할 것(齊)을 생각하고(思), 어질지(賢) 못한 이(不)를 보(見)면(而) 안으로(內) 스스로(自) 반성해야(省) 한다(也).

*齊(제): 동등하다, 나란하다.
· 焉(언): =於之 ‖ 齊焉: =齊於之, 그와 나란히 하다.
· 不+동사/형용사 ↔ 非+명사(구) ‖ 不賢: 어질지 못하다.
· 술어(부사어)+而+술어(부사어) ‖ 賢而省: 어질고 살피다.

18장

子曰(자왈). 事父母(사부모), 幾諫(기간).

공자(子)께서 말씀하셨다(曰). 부모(父母)를 섬기는 데(事)에 (작은) 조짐(幾)으로 간해야 한다(諫).

見志不從(견지부종), 又敬不違(우경불위), 勞而不怨(노이불원).

뜻(志)이 따라지지(從) 않는(不) 것을 보더라도(見) 또한(又) 공경하고(敬) 거스르지(違)

않으며(不), 수고스럽더라(勞)도(而) 원망하지(怨) 않아야 한다(不).

· 不+동사/형용사 ↔ 非+명사(구) ‖ 不從: 따르지 않다, 不違: 거스르지 않다, 不怨: 원망하지 않다.
· 술어(부사어)+而+술어(부사어) ‖ 勞而不怨: 수고스러워도 원망하지 않다.

19장

子曰(자왈). 父母在(부모재), 不遠遊(불원유), 遊必有方(유필유방).

공자(子)께서 말씀하셨다(曰). 부모(父母)가 계시면(在) 멀리에서(遠) 놀지(遊) 않아야 하고(不), 놀더라도(遊) 반드시(必) 장소(方)가 있어야 한다(有).

· 不+동사/형용사 ↔ 非+명사(구) ‖ 不遊: 놀지 않다.
· 有+명사: ①~이(가) 있다(술어+보어), ②~을(를) 가지고 있다(술어+목적어).

20장

子曰(자왈). 三年無改於父之道(삼년무개어부지도), 可謂孝矣(가위효의).

공자(子)께서 말씀하셨다(曰). 삼 년간(三年) 아비(父)의(之) 도(道)를(於) 고치지(改) 않아야(無) 효(孝)라 말할(謂) 수(可) 있을 것이다(矣).

· 술어+(목적어)+於(乎/于)+명사(구) ‖ 改於父之道: 부모의 도를 고치다.
· 之+명사: 之(관형격: ~의/~(하)는/~ㄴ) ‖ 父之道: 부모의 도.
· 可(能/得/足)+술어: ~할 수 있다, ~할 만하다 / 목적어+술어 구조도 가능 ‖ 可謂: 말할 수 있다.

21장

子曰(자왈). 父母之年(부모지년), 不可不知也(불가부지야), 一則以喜(일즉이희), 一則以懼(일즉이구).

공자(子)께서 말씀하셨다(曰). 부모(父母)의(之) 나이(年)는 알지(知) 못할(不) 수(可) 없으(不)니(也), 하나(一)는 곧(則) 그것으로(以) 기쁘고(喜), 하나(一)는 곧(則) 그것으로(以) 두렵다(懼).

· 之+명사: 之(관형격: ~의/~(하)는/~ㄴ) ‖ 父母之年: 부모의 나이.
· 不+동사/형용사 ↔ 非+명사(구) ‖ 不知: 알지 못하다.
· 可(能/得/足)+술어: ~할 수 있다, ~할 만하다 / 목적어+술어 구조도 가능 ‖ 可不知: 알지 못할 수 있다.
· 以+술어: =以+之(대명사)+술어 ‖ 以喜: =以之喜, 그것으로 기쁘다, 以懼: =以之懼, 그것으로 두렵다.

22장

子曰(자왈). 古者(고자), 言之不出(언지불출), 恥躬之不逮也(치궁지불체야).

공자(子)께서 말씀하셨다(曰). 옛날(古)에(者) 말(言)이(之) 나가지(出) 않았는데(不), 몸(躬)이(之) 미치지(逮) 못하는(不) 것을 부끄럽게 여겼기(恥) 때문이다(也).

*古者(고자): 옛날에, 옛날의.
· 之+술어: 之(주격: ~은(는)/~이(가), 목적격: ~을(를)) ‖ 言之出: 말이 나가다, 躬之逮: 몸이 미치다.
· 不+동사/형용사 ↔ 非+명사(구) ‖ 不出: 나가지 못하다, 不逮: 미치지 못하다.

23장

子曰(자왈). 以約失之者鮮矣(이약실지자선의).

공자(子)께서 말씀하셨다(曰). 절제함(約)으로(以) 그것(之)을 잃는(失) 자(者)는 드물(鮮) 것이다(矣).

*約(약): 절제하다, 줄이다, 인색하다 ‖ *鮮(선): 드물다.
· 以+명사(구): 명사(구)로(써) ‖ 以約: 절제함으로.
· 술어+之: 之(대명사: 그(것)을, 그(것)에) ‖ 失之: 그것을 잃다.
· 수식어+者 ↔ 所+수식어(동사/형용사) ‖ 失之者: 그것을 잃는 자.

24장

子曰(자왈). 君子欲訥於言而敏於行(군자욕눌어언이민어행).

공자(子)께서 말씀하셨다(曰). 군자(君子)는, 말(言)에(於) 어눌하(訥)나(而) 행동(行)에(於) 민첩해지(敏)고자 한다(欲).

· 술어+(목적어)+於(乎/于)+명사(구) ‖ 訥於言: 말에 어눌하다, 敏於行: 행동에 민첩하다.
· 술어(부사어)+而+술어(부사어) ‖ 訥而敏: 어눌하고 민첩하다.

25장

子曰(자왈). 德不孤(덕불고), 必有隣(필유린).

공자(子)께서 말씀하셨다(曰). 덕(德)은 외롭지(孤) 않으니(不), 반드시(必) 이웃(隣)이 있다(有).

· 不+동사/형용사 ↔ 非+명사(구) ‖ 不孤: 외롭지 않다.
· 有+명사: ①~이(가) 있다(술어+보어), ②~을(를) 가지고 있다(술어+목적어).

26장

子遊曰(자유왈). 事君數斯辱矣(사군삭사욕의), 朋友數斯疏矣(붕우삭사소의).

자유(子遊)가 말했다(曰). 임금(君)을 섬길(事) 때 (간언을) 자주하(數)면(斯) 욕을 당하(辱)고(矣), 벗(朋友)에게 (간언을) 자주하(數)면(斯) 소원해진(疏)다(矣).

*子游(자유): 공자의 제자 언언(言偃)의 자(字)로 학문에 뛰어난 오(吳)의 사람 ‖
*數: (수) 셈 / (삭) 자주 / (촉) 촘촘하다.

5편

공야장
公冶長

1장

子謂公冶長(자위공야장). 可妻也(가처야). 雖在縲絏之中(수재누설지중), 非其罪也(비기죄야). 以其子(이기자), 妻之(처지).

공자(子)께서 공야장(公冶長, 자장)을 평하셨다(謂). (딸을) 시집보낼(妻) 만하(可)다(也). 비록(雖) 누설(縲絏, 구속)의(之) 중(中)에 있었지만(在), 그(其)의 죄(罪)가 아니었(非)다(也). 그(其) 자식(子, 딸)을(以) 그(之)에게 시집보내셨다(妻).

※ 논어에 등장하는 자장은 子張과 子長이 있다. 이 글에서는 언급된 公冶長은 子長이다.

子謂南容(자위남용), 邦有道(방유도), 不廢(불폐), 邦無道(방무도), 免於刑戮(면어형륙). 以其兄之子(이기형지자), 妻之(처지).

공자(子)께서 남용(南容, 남궁괄)을 평하셨다(謂). 나라(邦)에 도(道)가 있을(有) 때 폐출되지(廢) 않을 것이며(不), 나라(邦)에 도(道)가 없을(無) 때 형벌(刑)로 죽이는 것(戮)을(於) 면할 것이다(免). 그(其) 형(兄)의(之) 자식(子, 딸)을(以) 그(之)에게 시집보내셨다(妻).

*公冶長(공야장): 자장(子長)으로 공자의 제자이자 사위 ‖ *縲絏(누설): =捕繩(포승), 죄인을 묶던 노끈 ‖ *縲(누/루): 실, 명주 ‖ *絏(설): 매다, 묶다 ‖ *南容(남용): 남궁괄(南宮适)로 공자의 제자이자 조카사위 ‖ *刑戮(형륙): 죄지은 사람을 형벌에 따라 죽임 ‖ 戮(륙/육): 죽이다, 육시하다.

- 謂(위): 대상과 함께 있을 때 '말하다', 대상과 함께 있지 않을 때 '평하다'는 의미이다.
- 可(能/得/足)+술어: ~할 수 있다, ~할 만하다 / 목적어+술어 구조도 가능 ‖ 可妻: 시집보낼 만하다.
- 之+명사: 之(관형격: ~의/~(하)는/~ㄴ) ‖ 縲絏之中: 누설의 안, 兄之子: 형의 자식.
- 不+동사/형용사 ↔ 非+명사(구) ‖ 非其罪: 그의 죄가 아니다, 不廢: 폐하지 않다.
- 以+명사(구): 명사(구)로(써) ‖ 以其子: 그 자식을(으로), 以其兄之子: 그 형의

자식을(으로).
· 술어+之: 之(대명사: 그(것)을, 그(것)에) ‖ 妻之: 그에게 시집보내다.
· 술어+(목적어)+於(乎/于)+명사(구) ‖ 免於刑戮: 형륙을 면하다.

2장

子謂子賤(자위자천). 君子哉(군자재), 若人(약인).
魯無君子者(노무군자자), 斯焉取斯(사언취사)?

공자(子)께서 자천(子賤)을 평하셨다(謂). 군자(君子)답도다(哉), 이러한(若) 사람(人)은. 노나라(魯)에 군자다운(君子) 자(者)가 없었다(無)면(斯) 어디에서(焉) 이것(斯, 덕)을 취했겠는가(取)?

*子賤(자천): 공자의 제자 복부제(宓不齊)의 자(字)로 군자의 품성을 지닌 인물.
· 謂(위): 대상과 함께 있을 때 '말하다', 대상과 함께 있지 않을 때 '평하다'는 의미이다.
· 수식어+者 ↔ 所+수식어(동사/형용사) ‖ 君子者: 군자다운 자.

3장

子貢問曰(자공문왈). 賜也(사야), 何如(하여)?

자공(子貢)이 물어(問) 말했다(曰). 사(賜)는(也) 어떠(何)합니까(如)?

子曰(자왈). 女(여), 器也(기야). 曰(왈). 何器也(하기야)?

공자(子)께서 말씀하셨다(曰). 너(女)는 그릇(器)이다(也). 물었다(曰). 어떤(何) 그릇(器)입니까(也)?

曰(왈). 瑚璉也(호련야).

말씀하셨다(曰). 호련(瑚璉)이다(也).

*子貢(자공): 공자의 제자 단목사(端木賜)의 자(字)로 말솜씨와 정치적 수완이 뛰어난 인물 ‖ *賜(사): 자공(子貢)의 이름 ‖ *何如(하여): 무엇과 같은가? 어찌하여, 어떠한가? ‖ *女(여): =汝 ‖ *瑚璉(호련): 기장과 피를 담아 종묘에 바치는 예기.

4장

或曰(혹왈). 雍也(옹야), 仁而不佞(인이불녕).

어떤 사람(或)이 말했다(曰). 옹(雍, 염옹)은(也) 어질지(仁)만(而), 말을 잘하지는(佞) 못합니다(不).

子曰(자왈). 焉用佞(언용녕)? 禦人以口給(어인이구급), 屢憎於人(누증어인). 不知其仁(부지기인), 焉用佞(언용녕)?

공자(子)께서 말씀하셨다(曰). 어디에(焉) 말재주(佞)를 쓰겠느냐(用)? 사람(人)을 상대하는데(禦) 구급(口給)으로(以) 하기에 사람들(人)에게(於) 자주(屢) 미움을 받는다(憎). 그(其)가 인한 것(仁)을 알지(知) 못하지만(不), 어디에(焉) 말재주(佞)를 쓰겠느냐(用)?

*雍(옹): 공자의 제자 염옹(冉雍)으로 덕행을 인정받은 인물 ‖ *禦(어): 막다, 상대하다 ‖ *口給(구급): 말솜씨가 풍부하고 민첩함.

· 술어(부사어)+而+술어(부사어) ‖ 仁而佞: 어질고 말을 잘한다.

· 不+동사/형용사 ↔ 非+명사(구) ‖ 不佞: 말 잘하지 못하다, 不知: 알지 못하다.

· 以+명사(구): 명사(구)로(써) ‖ 以口給: 구급으로.

· 술어+(목적어)+於(乎/于)+명사(구) ‖ 憎於人: 사람에게 미움받다.

5장

子使漆雕開(자사칠조개), 仕(사).

공자(子)께서 칠조개(漆雕開)로 하여금(使) 벼슬하게 했다(仕).

對曰(대왈). 吾斯之未能信(오사지미능신). 子說(자열).

대답하여(對) 말했다(曰). 저(吾)는 이것(斯)을(之) 아직 확신할(信) 수(能) 없습니다(未). 공자(子)께서 기뻐하셨다(說).

*漆雕開(칠조개): 공자의 제자 중 현자로 평가받는 인물.

· 使+명사: 명사로 하여금 / 명사를 하게 하다 / 명사를 시키다 ‖ 使漆雕開仕: 칠조개로 하여금 벼슬하게 하다.

· 之+술어: 之(주격: ~은(는)/~이(가), 목적격: ~을(를)) ‖ 斯之未能信: 未能信斯의 斯도치, 이것을 확신할 수 없다.

· 可(能/得/足)+술어: ~할 수 있다, ~할 만하다 / 목적어+술어 구조도 가능 ‖ 能信: 믿을 수 있다.

6장

子曰(자왈). 道不行(도불행), 乘桴(승부), 浮于海(부우해), 從我者(종아자), 其由與(기유여).

공자(子)께서 말씀하셨다(曰). 도(道)가 행해지지(行) 않아(不) 뗏목(桴)을 타고(乘) 바다(海)로(于) 떠다니려 하는데(浮), 나(我)를 따를(從) 자(者)는 아마도(其) 유(由, 자로)일 것이다(與).

子路聞之(자로문지), **喜**(희).

자로(子路)가 그것(之)을 듣고(聞) 기뻐했다(喜).

子曰(자왈). **由也**(유야), **好勇過我**(호용과아), **無所取材**(무소취재).

공자(子)께서 말씀하셨다(曰). 유(由)는(也) 용맹(勇)을 좋아하는(好) 것이 나(我)를 넘어서지만(過), 재주(材)를 취할(取) 것(所)은 없다(無).

※ 별해. 無所取材: 사리에 맞게 판단하는 것이 없다.

---

*由(유): 공자의 제자 자로(子路)의 이름 ‖ *桴(부): 뗏목 ‖ *子路(자로): 공자의 제자 중유(仲由)의 자(字)로 솔직 담백하고 용맹한 정치가이자 무인.

· 不+동사/형용사 ↔ 非+명사(구) ‖ 不行: 행하지 않다.

· 술어+(목적어)+於(乎/于)+명사(구) ‖ 浮于海: 바다에 뜨다.

· 수식어+者 ↔ 所+수식어(동사/형용사) ‖ 從我者: 나를 따르는 자, 所取: 취하는 것.

· 술어+之: 之(대명사: 그(것)을, 그(것)에) ‖ 聞之: 그것을 듣다.

7장

孟武伯問(맹무백문). **子路**(자로), **仁乎**(인호)?

맹무백(孟武伯)이 물었다(問). 자로(子路)는 어진지(仁)요(乎)?

子曰(자왈). **不知也**(부지야). **又問**(우문), **子曰**(자왈). **由也**(유야), **千乘之國**(천승지국), **可使治其賦也**(가사치기부야), **不知其仁也**(부지기인야).

공자(子)께서 말씀하셨다(曰). 알지(知) 못한(不)다(也). 또(又) 물으니(問), 공자(子)께서 말씀하셨다(曰). 유(由)는(也) 천승(千乘)의(之) 나라(國)에서 (그로)

하여금 그(其) 군정(賦)을 다스리게(治) 할(使) 수(可) 있겠지만(也), 그(其)가 어진 것(仁)을 알지는(知) 못한(不)다(也).

求也(구야), 何如(하여)? 子曰(자왈). 求也(구야), 千室之邑(천실지읍), 百乘之家(백승지가), 可使爲之宰也(가사위지재야), 不知其仁也(부지기인야).

구(求, 염구)는(也) 어떠(何)합니까(如)? 공자(子)께서 말씀하셨다(曰). 구(求)는(也) 천실(千室)의(之) 읍(邑)이나 백승(百乘)의(之) 집(家)에서 그(之)를 수령(宰)이 되게(爲) 할(使) 수(可)는 있겠지만(也), 그(其)가 어진 것(仁)을 알지는(知) 못한(不)다(也).

赤也(적야), 何如(하여)?

적(赤, 공서적)은(也) 어떠(何)합니까(如)?

子曰(자왈). 赤也(적야), 束帶立於朝(속대입어조), 可使與賓客言也(가사여빈객언야), 不知其仁也(부지기인야).

공자(子)께서 말씀하셨다(曰). 적(赤)은(也) 띠(帶)를 묶고(束) 조정(朝)에(於) 서서(立) (그로) 하여금 빈객(賓客)과(與) 말하게(言) 할(使) 수(可) 있겠지만(也), 그(其)가 어진 것(仁)을 알지는(知) 못한(不)다(也).

---

*孟武伯(맹무백): 노(魯)의 대부 맹의자(孟懿子)의 아들 ‖ *子路(자로): 공자의 제자 중유(仲由)의 자(字)로 솔직 담백하고 용맹한 정치가이자 무인 ‖ *由(유): 자로(子路)의 이름 ‖ *千乘之國(천승지국): 병거(兵車) 천 대를 갖춘 제후가 다스리는 나라 ‖ *賦(부): 군사, 군정, 군비 ‖ *求(구): 공자의 제자 염구(冉求)로 자는 자유(子有)이며, 염유(冉有), 염자(冉子)로 불리는 정사에 능한 인물 ‖ *何如(하여): 무엇과 같은가? 어찌하여, 어떠한가? ‖ *赤(적): 공자의 제자 공서적(公西赤)의 이름으로 자는 자화(子華)이며, 예의와 외교에 재능이 있던 인물.

· 不+동사/형용사 ↔ 非+명사(구) ‖ 不知: 알지 못한다.
· 之+명사: 之(관형격: ~의/~(하)는/~ㄴ) ‖ 千乘之國: 천승의 나라, 千室之邑: 천실의 읍, 百乘之家: 백승의 집.
· 可(能/得/足)+술어: ~할 수 있다, ~할 만하다 / 목적어+술어 구조도 가능 ‖ 可使治: 다스리게 할 수 있다, 可使爲: 되게 할 수 있다, 可言: 말할 수 있다.
· 使+술어: =使+之+술어 ‖ 使治: =使之治, 그로 하여금 다스리게 하다, 使言: =使之言, 그로 하여금 말하게 하다.
· 술어+之: 之(대명사: 그(것)을, 그(것)에) ‖ 爲之: 그를 ~하다.
· 술어+(목적어)+於(乎/于)+명사(구) ‖ 立於朝: 조정에 서다.
· (명사)+與(及)+명사(구) ‖ 與賓客: 빈객과.

8장

子謂子貢曰(자위자공왈). 女與回也(여여회야), 孰愈(숙유)? 對曰(대왈). 賜也(사야), 何敢望回(하감망회)?

공자(子)께서 자공(子貢)에게 일러(謂) 말씀하셨다(曰). 너(女)와(與) 회(回, 안연) 중에(也) 누(孰)가 나으냐(愈)? 대답하여(對) 말했다(曰). 사(賜)가(也) 어찌(何) 감히(敢) 회(回)를 바라겠습니까(望)?

回也(회야), 聞一以知十(문일이지십), 賜也(사야), 聞一以知二(문일이지이).

회(回)는(也) 하나(一)를 들으면(聞), 그것으로(以) 열(十)을 알고(知), 사(賜)는(也) 하나(一)를 들으면(聞), 그것으로(以) 둘(二)을 알 뿐입니다(知).

子曰(자왈). 弗如也(불여야). 吾與女弗如也(오여여불여야).

공자(子)께서 말씀하셨다(曰). (안회와) 같지(如) 못하(弗)다(也). 나(吾)는 네(女)가 같지(如) 못한(弗) 것을 인정한(與)다(也).

*子貢(자공): 공자의 제자 단목사(端木賜)의 자(字)로 말솜씨와 정치적 수완이 뛰어난 인물 ‖ *女(여): =汝 ‖ *回(회): 32세에 요절한 공자의 제자 안회로 학문을 좋아한 인물 ‖ *賜(사): 자공(子貢)의 이름 ‖ *弗: =不 ‖ *與(여): 허락하다, 인정하다.

· (명사)+與(及)+명사(구) ‖ 女與回: 너와 회.

· 以+술어: =以+之(대명사)+술어 ‖ 一以知十: =一以之知十, 하나 그것으로 열을 알다, 一以知二: =一以之知二, 하나 그것으로 둘을 알다.

9장

宰予晝寢(재여주침), **子曰**(자왈). **朽木**(후목), **不可雕也**(불가조야), **糞土之墻**(분토지장), **不可杇也**(불가오야), **於予與**(어여여), **何誅**(하주)?

재여(宰予)가 낮(晝)에 자고(寢) 있었는데, 공자(子)께서 말씀하셨다(曰). 썩은(朽) 나무(木)는 새길(雕) 수(可) 없(不)고(也), 썩은(糞) 흙(土)의(之) 담(墻)은 흙손질할(杇) 수(可) 없으(不)니(也), 여(予)에게(於) 무엇(何)을 책하겠(誅)느냐(與)?

※ 於予與何誅: 이어지는 문장에 따라 與을 동사 또는 어조사로 볼 수도 있으나 의문종결사로 번역하였다.

子曰(자왈). **始吾於人也**(시오어인야), **聽其言而信其行**(청기언이신기행), **今吾於人也**(금오어인야), **聽其言而觀其行**(청기언이관기행), **於予與**(어여여), **改是**(개시).

공자(子)께서 말씀하셨다(曰). 처음(始)에 나(吾)는 사람(人)에(於) 대하여(也) 그(其) 말(言)을 듣(聽)고(而) 그(其) 행실(行)을 믿었는데(信), 이제(今) 나(吾)는 사람(人)에(於) 대하여(也) 그(其) 말(言)을 듣(聽)고(而) 그(其) 행실(行)도 보게 되었다(觀). 재여(予)에(於) 따라(與) 이것(是)을 고치게 되었다(改).

*宰予(재여): 공자의 제자로 자는 자아(子我) 또는 재아(宰我)이며, 언변에 능한 인물 ‖ *朽(후): 썩다 ‖ *雕(조): 새기다 ‖ *糞土(분토): 썩은 흙 ‖ *杇(오): 흙손, 벽에 흙을 바르다 ‖ *誅(주): 책하다 ‖ *與(여): 따르다.

· 不+동사/형용사 ↔ 非+명사(구) ‖ 不可雕: 새길 수 없다, 不可杇: 흙손질할 수 없다.

· 可(能/得/足)+술어: ~할 수 있다, ~할 만하다 / 목적어+술어 구조도 가능 ‖ 可雕: 새길 수 있다, 可杇: 흙손질할 수 있다.

· 之+명사: 之(관형격: ~의/~(하)는/~ㄴ) ‖ 糞土之墻: 분토의 담.

· 술어(부사어)+而+술어(부사어) ‖ 聽而信: 듣고 믿다, 聽而觀: 듣고 보다.

10장

子曰(자왈). 吾未見剛者(오미견강자). 或對曰(혹대왈). 申棖(신정).

공자(子)께서 말씀하셨다(曰). 나(吾)는 아직 강직한(剛) 자(者)를 보지(見) 못했다(未). 어떤 사람(或)이 대답하여(對) 말했다(曰). 신정(申棖)이 있습니다.

子曰(자왈). 棖也(정야), 慾(욕), 焉得剛(언득강)?

공자(子)께서 말씀하셨다(曰). 정(棖)은(也) 욕심(慾)이 있으니, 어찌(焉) 강직할(剛) 수(得) 있겠는가?

*申棖(신정): 공자의 제자로 육예(六藝)에 정통한 인물.

· 수식어+者 ↔ 所+수식어(동사/형용사) ‖ 剛者: 강직한 자.

· 可(能/得/足)+술어: ~할 수 있다, ~할 만하다 / 목적어+술어 구조도 가능 ‖ 得剛: 강직할 수 있다.

11장

子貢曰(자공왈). **我不欲人之加諸我也**(아불욕인지가저아야), **吾亦欲無加諸人**(오역욕무가저인).

자공(子貢)이 말했다(曰). 저(我)는, 남(人)이(之) 나(我)에게 그것(諸)을 가하려(加) 하지(欲) 않는다(不)면(也), 저(吾) 역시(亦) 남(人)에게 그것(諸)을 가하지(加) 않으려(無) 합니다(欲).

子曰(자왈). **賜也**(사야), **非爾所及也**(비이소급야).

공자(子)께서 말씀하셨다(曰). 사(賜, 자공)야(也), 네(爾)가 미치는(及) 것(所)이 아니(非)다(也).

---

*子貢(자공): 공자의 제자 단목사(端木賜)의 자(字)로 말솜씨와 정치적 수완이 뛰어난 인물 ‖ *賜(사): 자공(子貢)의 이름.

· 不+동사/형용사 ↔ 非+명사(구) ‖ 不欲: 하고 싶지 않다, 非爾所及: 네가 미치는 것이 아니다.

· 之+술어: 之(주격: ~은(는)/~이(가), 목적격: ~을(를)) ‖ 人之加: 남이 가하다.

· 諸(저): =之於 ‖ 加諸我: =加之於我, 그것을 나에게 가하다, 加諸人: =加之於人, 남에게 그것을 가하다.

· 수식어+者 ↔ 所+수식어(동사/형용사) ‖ 所及: 미치는 것.

12장

子貢曰(자공왈). **夫子之文章**(부자지문장), **可得而聞也**(가득이문야), **夫子之言性與天道**(부자지언성여천도), **不可得而聞也**(불가득이문야).

자공(子貢)이 말했다(曰). 선생님(夫子)의(之) 문장(文章)은 얻어(得)서(而) 들을(聞)

수(可) 있었지만(也), 선생님(夫子)께서(之) 성(性)과(與) 천도(天道)를 말씀하시는(言) 것은 (아무나) 얻어(得)서(而) 들을(聞) 수(可) 없었(不)다(也).

*子貢(자공): 공자의 제자 단목사(端木賜)의 자(字)로 말솜씨와 정치적 수완이 뛰어난 인물 ‖ *夫子(부자): 선생님.
· 之+명사: 之(관형격: ~의/~(하)는/~ㄴ) ‖ 夫子之文章: 부자의 문장.
· 可(能/得/足)+술어: ~할 수 있다, ~할 만하다 / 목적어+술어 구조도 가능 ‖ 可得: 얻을 수 있다.
· 술어(부사어)+而+술어(부사어) ‖ 得而聞: 얻어서 듣다.
· 之+술어: 之(주격: ~은(는)/~이(가), 목적격: ~을(를)) ‖ 夫子之言: 부자가 말하다.
· (명사)+與(及)+명사(구) ‖ 性與天道: 성과 천도.
· 不+동사/형용사 ↔ 非+명사(구) ‖ 不可得: 얻을 수 없다.

13장

子路有聞(자로유문), 未之能行(미지능행), 唯恐有聞(유공유문).

자로(子路)는 들은 것(聞)이 있어도(有) 그것(之)을 행할(行) 수(能) 없었다면(未), 오직(唯) (다시) 듣는 것(聞)이 있는(有) 것을 두려워했다(恐).

*子路(자로): 공자의 제자 중유(仲由)의 자(字)로 솔직 담백하고 용맹한 정치가이자 무인.
· 有+명사: ①~이(가) 있다(술어+보어), ②~을(를) 가지고 있다(술어+목적어).
· 부정문에서 대명사 도치 ‖ 未之能行: 未能行之의 之도치, 그것을 행할 수 없다.
· 술어+之: 之(대명사: 그(것)을, 그(것)에) ‖ 之行: 行之의 之도치, 그것을 행하다.
· 可(能/得/足)+술어: ~할 수 있다, ~할 만하다 / 목적어+술어 구조도 가능 ‖ 能行: 행할 수 있다.

14장

子貢問曰(자공문왈). 孔文子(공문자), 何以謂之文也(하이위지문야)?

자공(子貢)이 물어(問) 말했다(曰). 공문자(孔文子)는 무엇(何)으로(以) 그(之)를 문(文)이라 일컫게(謂) 되었습니까(也)?

子曰(자왈). 敏而好學(민이호학), 不恥下問(불치하문). 是以謂之文也(시이위지문야).

공자(子)께서 말씀하셨다(曰). 영민하(敏)고(而) 배우기(學)를 좋아하며(好), 아랫사람(下)에게 묻는(問) 것을 부끄러워하지(恥) 않았다(不). 이(是) 때문에(以) 그(之)를 문(文)이라 일컫는(謂)다(也).

---

*子貢(자공): 공자의 제자 단목사(端木賜)의 자(字)로 말솜씨와 정치적 수완이 뛰어난 인물 ∥ *孔文子(공문자): 위(衛)의 대부 공어(孔圉).
· 의문문에서 의문사(대명사) 도치 ∥ 何以: 何以의 何도치, 무엇으로.
· 술어+之: 之(대명사: 그(것)을, 그(것)에) ∥ 謂之: 그를 일컫다.
· 술어(부사어)+而+술어(부사어) ∥ 敏而好: 영민하고 좋아하다.
· 不+동사/형용사 ↔ 非+명사(구) ∥ 不恥: 부끄럽지 않다.

15장

子謂子產(자위자산). 有君子之道四焉(유군자지도사언), 其行己也恭(기행기야공), 其事上也敬(기사상야경), 其養民也惠(기양민야혜), 其使民也義(기사민야의).

공자(子)께서 자산(子產)을 평하셨다(謂). 군자(君子)의(之) 도(道), 네 가지(四)가 그에게(焉) 있었는데(有), 그(其)가 자기(己)를 행하는(行) 데(也) 공손했고(恭), 그(其)가 윗사람(上)을 섬기는(事) 데(也) 공경스러웠고(敬), 그(其)가 백성(民)을 기르는(養) 데(也) 은혜로웠고(惠), 그(其)가 백성(民)을 부리는(使) 데(也) 의로웠다(義).

*子産(자산): 정(鄭)의 정치가 공손교(公孫僑)로 진(晉)과 초(楚)의 관계를 이용하여 평화를 유지하고, 재정을 재건한 인물.

· 謂(위): 대상과 함께 있을 때 '말하다', 대상과 함께 있지 않을 때 '평하다'는 의미이다.

· 有+명사: ①~이(가) 있다(술어+보어), ②~을(를) 가지고 있다(술어+목적어).

· 之+명사: 之(관형격: ~의/~(하)는/~ㄴ) ‖ 君子之道: 군자의 도.

· 焉(언): =於之, 그에게.

· 使+명사: 명사로 하여금 / 명사를 하게 하다 / 명사를 시키다 ‖ 使民: 백성을 부리다.

16장

子曰(자왈). 晏平仲(안평중), 善與人交(선여인교), 久而敬之(구이경지).

공자(子)께서 말씀하셨다(曰). 안평중(晏平仲)은 남(人)과(與) 잘(善) 사귀었으니(交), 오래되어(久)도(而) 그(之)를 공경했다(敬).

*晏平仲(안평중): 제(齊)의 정치가이자 사상가 안영(晏嬰)으로 뛰어난 정치력을 소유한 인물로 이름은 영(嬰), 자는 중(仲)이며, 안자(晏子)로 불린 인물.

· (명사)+與(及)+명사(구) ‖ 與人: 남과.

· 술어(부사어)+而+술어(부사어) ‖ 久而敬: 오래되어도 공경하다.

· 술어+之: 之(대명사: 그(것)을, 그(것)에) ‖ 敬之: 그를 공경하다.

17장

子曰(자왈). 臧文仲(장문중), 居蔡(거채), 山節藻梲(산절조절), 何如其知也(하여기지야)?

공자(子)께서 말씀하셨다(曰). 장문중(臧文仲)이 거북(蔡)을 기르면서(居), 두공(節)에 산을 새기고(山), 동자기둥(梲)에 마름도 새겼으니(藻), 어찌(何)하여(如) 그(其)가 지혜롭겠(知)는가(也)?

*臧文仲(장문중): 공자보다 앞선 노(魯)의 장손진(臧孫辰)으로 자가 문중(文仲)이며 정경(正卿)을 지냄 ‖ *居蔡(거채): 채지방에서 난 큰 거북(蔡)을 기르다(居, 보관하다) ‖ *蔡(채): 거북 ‖ *山節藻梲(산절조절): 두공(枓栱)에 산을 새기고, 동자기둥에 마름을 새긴다 ‖ *節(절): 두공(기둥 위에 평방 방향으로 짜인 맨 밑의 첨차) ‖ *藻(조): 마름(수초) ‖ *梲(절): 동자기둥(들보 위에 세우는 짧은 기둥) ‖ *何如(하여): 무엇과 같은가? 어찌하여, 어떠한가?

18장

子張問曰(자장문왈). 令尹子文(영윤자문), 三仕爲令尹(삼사위영윤), 無喜色(무희색), 三已之(삼이지), 無慍色(무온색), 舊令尹之政(구영윤지정), 必以告新令尹(필이고신영윤), 何如(하여)?

자장(子張)이 물어(問) 말했다(曰). 영윤(令尹) 자문(子文)은 세 번(三) 벼슬하여(仕) 영윤(令尹)이 되었어도(爲) 기뻐하는(喜) 기색(色)이 없었고(無), 세 번(三) 그것(之)을 그만두었는데도(已) 성내는(慍) 기색(色)이 없었으며(無), 옛(舊) 영윤(令尹)의(之) 정사(政), 반드시(必) 그것으로(以) 새(新) 영윤(令尹)에게 알려주었으니(告), 어떠(何)합니까(如)?

子曰(자왈). 忠矣(충의). 曰(왈). 仁矣乎(인의호)? 曰(왈). 未知(미지). 焉得仁(언득인)?

공자(子)께서 말씀하셨다(曰). 충성스럽(忠)다(矣). 물었다(曰). 어집니(仁)까(矣乎)? 말씀하셨다(曰). 알지(知) 못한다(未). 어찌(焉) 어질다(仁)고 할 수(得) 있겠는가?

崔子弑齊君(최자시제군), 陳文子有馬十乘(진문자유마십승), 棄而違之(기이위지).

최자(崔子)가 제나라(齊) 임금(君)을 시해하자(弑), 진문자(陳文子)는 말(馬) 10승(十乘, 40필)을 가지고 있었으나(有) 버리(棄)고(而) 거기(之)에서 떠났습니다(違).

至於他邦(지어타방), 則曰(즉왈), 猶吾大夫崔子也(유오대부최자야), 違之(위지).

다른(他) 나라(邦)에(於) 이르러(至) 곧(則) 말하길(曰), '우리(吾) 대부(大夫) 최자(崔子)와 같(猶)다(也)'고 하고 거기(之)에서 떠났습니다(違).

之一邦(지일방), 則又曰(즉우왈), 猶吾大夫崔子也(유오대부최자야), 違之(위지).

한(一) 나라(邦)에 가서(之) 곧(則) 말하길(曰), '우리(吾) 대부(大夫) 최자(崔子)와 같(猶)다(也)'고 하고 거기(之)에서 떠났습니다(違).

何如(하여)? 子曰(자왈). 淸矣(청의). 曰(왈). 仁矣乎(인의호)? 曰(왈). 未知(미지). 焉得仁(언득인)?

어떠(何)합니까(如)? 공자(子)께서 말씀하셨다(曰). 깨끗하(淸)다(矣). 물었다(曰).

어집니(仁)까(矣乎)? 말씀하셨다(曰). 알지(知) 못한다(未). 어찌(焉) 어질다(仁)고 할 수(得) 있겠는가?

*子張(자장): 공자의 제자로 적극적인 성품을 소유한 인물 ‖ *令尹(영윤): 초(楚)의 관직명 ‖ *子文(자문): 초(楚)의 명재상으로 어릴 때 버려져 호랑이가 길렀다고 알려진 인물 ‖ *何如(하여): 무엇과 같은가? 어찌하여, 어떠한가? ‖ *矣乎(의호): 감탄·의문종결사 ‖ *崔子(최자): 제(齊)의 대부 최저(崔杼)로 최무자(崔武子)로도 불리며 장공(莊公)을 시해하고 경공(景公)을 세운 인물 ‖ *陳文子(진문자): 제(齊)의 대부 수무(須無)를 말함 ‖ *違(위): 달아나다, 떠나다 ‖ *之(지): 가다.

· 술어+之: 之(대명사: 그(것)을, 그(것)에) ‖ 已之: 그것을 그만두다, 違之: 그곳을 떠나다.
· 之+명사: 之(관형격: ~의/~(하)는/~ㄴ) ‖ 令尹之政: 영윤의 정치.
· 以+술어: =以+之(대명사)+술어 ‖ 以告: =以之告, 그것으로 알리다.
· 可(能/得/足)+술어: ~할 수 있다, ~할 만하다 / 목적어+술어 구조도 가능 ‖ 得仁: 어질 수 있다.
· 有+명사: ①~이(가) 있다(술어+보어), ②~을(를) 가지고 있다(술어+목적어).
· 술어(부사어)+而+술어(부사어) ‖ 棄而違: 버리고 떠나다.
· 술어+(목적어)+於(乎/于)+명사(구) ‖ 至於他邦: 다른 나라에 이르다.

19장

季文子三思而後(계문자삼사이후), 行(행), 子聞之(자문지), 曰(왈). 再斯可矣(재사가의).

계문자(季文子)는 세 번(三) 생각하고(思) 이후에(而後) 행했는데(行), 공자(子)께서 그것(之)을 듣고(聞) 말씀하셨다(曰). 두 번이라(再)면(斯) 괜찮(可)다(矣).

*季文子(계문자): 노(魯)의 대부로 신중하고 검소한 재상으로 알려진 인물.

· 술어(부사어)+而+술어(부사어) ‖ 思而後行: 생각하고 이후에 행하다.
· 술어+之: 之(대명사: 그(것)을, 그(것)에) ‖ 聞之: 그것을 듣다.

20장

子曰(자왈). 甯武子邦有道則知(영무자방유도즉지), 邦無道則愚(방무도즉우), 其知(기지), 可及也(가급야), 其愚(기우), 不可及也(불가급야).

공자(子)께서 말씀하셨다(曰). 영무자(甯武子)는 나라(邦)에 도(道)가 있으(有)면(則) 지혜롭고(知), 나라(邦)에 도(道)가 없으(無)면(則) 어리석었으니(愚), 그(其) 지혜(知)는 따라갈(及) 수(可) 있지만(也), 그(其) 어리석음(愚)은 따라갈(及) 수(可) 없(不)다(也).

---

*甯武子(영무자): 위(衛)의 대부 영유(甯兪)로 공자가 칭송한 인물.
· 有+명사: ①~이(가) 있다(술어+보어), ②~을(를) 가지고 있다(술어+목적어).
· 可(能/得/足)+술어: ~할 수 있다, ~할 만하다 / 목적어+술어 구조도 가능 ‖ 可及: 따라갈 수 있다.
· 不+동사/형용사 ↔ 非+명사(구) ‖ 不可及: 따라갈 수 없다.

21장

子在陳(자재진), 曰(왈). 歸與歸與(귀여귀여).

공자(子)께서 진나라(陳)에 계실(在) 때 말씀하셨다(曰). 돌아가야(歸)지(與), 돌아가야(歸)지(與).

吾黨之小子狂簡(오당지소자광간), 斐然成章(비연성장), 不知所以裁之(부지소이재지).

내(吾) 당(黨)의(之) 제자들(小子)은 뜻은 높으나(狂) 서툴러서(簡), 찬란한(斐然) 문채(章)를 이루었으나(成) 그것(之)을 재단하는(裁) 방법(所以)을 알지(知) 못하였다(不).

*狂簡(광간): 뜻하는 것이 크고 기상이 억세지만 치밀치 못하고 조잡하여 행함에 소루하며 거칠어서 부실함 ‖ *簡(간): 간략하다, 질박하다 ‖ *斐(비): 문채나다, 화려하다 ‖ *然(연): 상태를 나타내는 접미사 ‖ *所以(소이): 방법, 까닭, 것 ‖ *裁(재): (옷을) 재단하다, 만들다.

· 之+명사: 之(관형격: ~의/~(하)는/~ㄴ) ‖ 吾黨之小子: 내 당의 소자.

· 不+동사/형용사 ↔ 非+명사(구) ‖ 不知: 알지 못하다.

· 수식어+者 ↔ 所+수식어(동사/형용사) ‖ 所以裁之: 그것을 재단하는 방법.

· 술어+之: 之(대명사: 그(것)을, 그(것)에) ‖ 裁之: 그것을 재단하다.

22장

子曰(자왈). 伯夷叔齊(백이숙제), 不念舊惡(불념구악). 怨是用希(원시용희).

공자(子)께서 말씀하셨다(曰). 백이(伯夷)와 숙제(叔齊)는 옛(舊) 악행(惡)을 염두에 두지(念) 않았다(不). 원망(怨)이 이(是) 때문에(用) 드물었다(希).

*伯夷(백이)·叔齊(숙제): 주(周) 무왕(武王)이 은(殷)의 주왕(紂王)을 멸하자, 신하가 천자를 토벌한 것을 반대하여 주나라의 곡식을 거부하고 수양산에서 굶어 죽은 형제 ‖ *惡: (악) 악하다 / (오) 미워하다 ‖ *是用(시용): 이로써, 이 때문에 =是以.

· 不+동사/형용사 ↔ 非+명사(구) ‖ 不念: 생각하지 않다.

23장

子曰(자왈). 孰謂微生高直(숙위미생고직)? 或(혹), 乞醯焉(걸혜언), 乞諸其鄰而與之(걸저기린이여지).

공자(子)께서 말씀하셨다(曰). 누(孰)가 미생고(微生高)를 정직하다(直)고 말하는가(謂)? 어떤 사람(或)이 그에게(焉) 식초(醯)를 빌리려 하니(乞),

그것(諸)을 그(其) 이웃(隣)에서 빌려다(乞)가(而) 그(之)에게 주었다(與).

*微生高(미생고): 노(魯)의 무성(武城) 사람으로 당시 정직한 것으로 유명한 인물 ‖ *醯(혜): 식혜, 식초.
· 焉(언): =於之 ‖ 乞醯焉: =乞醯於之, 그에게 식초를 빌리다.
· 諸(저): =之於 ‖ 乞諸其隣: =乞之於其隣, 그 이웃에게 그것을 빌리다.
· 술어(부사어)+而+술어(부사어) ‖ 乞而與: 빌려서 주다.
· 술어+之: 之(대명사: 그(것)을, 그(것)에) ‖ 與之: 그것을 주다.

24장

子曰(자왈). 巧言令色足恭(교언영색주공), 左丘明恥之(좌구명치지), 丘亦恥之(구역치지).

공자(子)께서 말씀하셨다(曰). 말(言)을 교묘하게 하고(巧), 얼굴(色)을 아름답게 꾸미며(令), 지나치게(足) 공손한(恭) 것, 좌구명(左丘明)이 그것(之)을 부끄럽게 여겼는데(恥), 구(丘, 공자)도 또한(亦) 그것(之)을 부끄럽게 여긴다(恥).

匿怨而友其人(익원이우기인), 左丘明恥之(좌구명치지), 丘亦恥之(구역치지).

원망(怨)을 숨기(匿)고(而) 그(其) 사람(人)과 벗하는(友) 것, 좌구명(左丘明)이 그것(之)을 부끄럽게 여겼는데(恥), 구(丘, 공자)도 또한(亦) 그것(之)을 부끄럽게 여긴다(恥).

*巧(교): 교묘하게 하다 ‖ *令(영): 아름답다 ‖ *足恭(주공): 대단히 공손하다 ‖ *足: (족) 발 / (주) 지나치다 ‖ *左丘明(좌구명): 노(魯)의 태사(太史)로 춘추(春秋)를 토대로 좌전(左傳)을 지은 인물 ‖ *匿(익/닉): 숨기다.
· 술어+之: 之(대명사: 그(것)을, 그(것)에) ‖ 恥之: 그것을 부끄러워하다.
· 술어(부사어)+而+술어(부사어) ‖ 匿而友: 숨기고 벗하다.

25장

顔淵季路侍(안연계로시), 子曰(자왈). 盍各言爾志(합각언이지)?

안연(顔淵, 안회)과 계로(季路, 자로)가 모시고 있었는데(侍), 공자(子)께서 말씀하셨다(曰). 어찌(盍1) 각자(各) 너희(爾)의 뜻(志)을 말하지(言) 아니하느냐(盍2)?

子路曰(자로왈). 願車馬(원거마), 衣輕裘(의경구), 與朋友共(여붕우공), 敝之而無憾(폐지이무감).

자로(子路)가 말했다(曰). 거마(車馬)와 가벼운(輕) 갖옷(裘)을 입고(衣), 벗(朋友)과(與) 같이 쓰다가(共) 그것(之)을 해지게 하더라(敝)도(而), 섭섭함(憾)이 없기(無)를 원합니다(願).

顔淵曰(안연왈). 願無伐善(원무벌선), 無施勞(무시로).

안연(顔淵)이 말했다(曰). 잘하는 것(善)을 자랑함(伐)이 없고(無), 수고(勞)를 과시함(施)이 없기(無)를 원합니다(願).

子路曰(자로왈). 願聞子之志(원문자지지).

자로(子路)가 말했다(曰). 선생님(子)의(之) 뜻(志)을 듣기(聞)를 원합니다(願).

子曰(자왈). 老者安之(노자안지), 朋友信之(붕우신지), 少者懷之(소자회지).

공자(子)께서 말씀하셨다(曰). 늙은(老) 사람(者), 그(之)를 편안하게 해주고(安), 벗(朋友), 그(之)를 미덥게 하고(信), 젊은(少) 사람(者), 그(之)를 품어주는 것이다(懷).

※ 老者安之: 安老者와 의미가 같다. 老者를 도치하고, 대명사로 다시 받은 이유는 강조하기 위해서이다.

*顔淵(안연): 32세에 요절한 공자의 제자 안회로 학문을 좋아한 인물 ‖ *季路(계로): 공자의 제자 자로(子路) ‖ *盍(합): 어찌 아니하다 ‖ *子路(자로): 공자의 제자 중유(仲由)의 자(字)로 솔직 담백하고 용맹한 정치가이자 무인 ‖ *裘(구): 갖옷(짐승의 털가죽으로 안을 댄 옷) ‖ *伐(벌): 자랑하다.

· (명사)+與(及)+명사(구) ‖ 與朋友: 벗과.

· 술어+之: 之(대명사: 그(것)을, 그(것)에) ‖ 敝之: 그것을 해지게 하다, 安之: 그를 편안하게 하다, 信之: 그를 미덥게 하다, 懷之: 그를 품어주다.

· 술어(부사어)+而+술어(부사어) ‖ 敝而無: 해지더라도 ~이(가) 없다.

· 之+명사: 之(관형격: ~의/~(하)는/~ㄴ) ‖ 子之志: 선생님의 뜻.

· 수식어+者 ↔ 所+수식어(동사/형용사) ‖ 老者: 늙은 사람, 少者: 젊은 사람.

26장

子曰(자왈). 已矣乎(이의호).
吾未見能見其過而內自訟者也(오미견능견기과이내자송자야).

공자(子)께서 말씀하셨다(曰). 끝났(已)도다(矣乎). 나(吾)는 아직 그(其) 잘못(過)을 볼(見) 수(能) 있으면(而), 안으로(內) 스스로(自) 꾸짖는(訟) 자(者)를 보지(見) 못했(未)다(也).

*已矣(이의): ①그만두다, 끝나다, ②단정종결사 ‖ *矣乎(의호): 감탄·의문종결사 ‖ *訟(송): 꾸짖다, 자책하다.

· 술어(부사어)+而+술어(부사어) ‖ 見其過而內自訟: 그 잘못을 보고 안으로 스스로 꾸짖는다.

· 可(能/得/足)+술어: ~할 수 있다, ~할 만하다 / 목적어+술어 구조도 가능 ‖ 能見: 볼 수 있다.

· 수식어+者 ↔ 所+수식어(동사/형용사) ‖ 自訟者: 스스로 꾸짖는 자.

27장

子曰(자왈). 十室之邑(십실지읍), 必有忠信(필유충신), 如丘者焉(여구자언), 不如丘之好學也(불여구지호학야).

공자(子)께서 말씀하셨다(曰). 십실(十室)의(之) 읍(邑)이라도 반드시(必) 거기에(焉) 충(忠)과 신(信)이 구(丘, 공자)와 같은(如) 자(者)가 있겠지만(有), 구(丘)가(之) 배우기(學)를 좋아하는(好) 것과 같지는(如) 않을(不) 것이다(也).

*有~者: ~한 사람(경우)이 있다.
· 之+명사: 之(관형격: ~의/~(하)는/~ㄴ) ‖ 十室之邑: 십실의 읍.
· 有+명사: ①~이(가) 있다(술어+보어), ②~을(를) 가지고 있다(술어+목적어).
· 焉(언): =於之 ‖ 如丘者焉: =如丘者於之, 거기에 구와 같은 자.
· 수식어+者 ↔ 所+수식어(동사/형용사) ‖ 如丘者: 구와 같은 자.
· 不+동사/형용사 ↔ 非+명사(구) ‖ 不如: 같지 않다(못하다).
· 之+술어: 之(주격: ~은(는)/~이(가), 목적격: ~을(를)) ‖ 丘之好學: 구가 배우는 것을 좋아하다.

6편

옹야
雍也

1장

子曰(자왈). 雍也(옹야), 可使南面(가사남면).

공자(子)께서 말씀하셨다(曰). 옹(雍, 중궁)은(也) 남면(南面)을 하게 할(使) 만하다(可).

※ 南面: '남면하다'의 동사로 보면, 可使南面은 '그(옹)로 하여금 남면하게 할 만하다'로 번역할 수 있다.

仲弓問子桑伯子(중궁문자상백자), 子曰(자왈). 可也簡(가야간).

중궁(仲弓, 옹)이 자상백자(子桑伯子)를 물어보니(問), 공자(子)께서 말씀하셨다(曰). 괜찮(可)다(也), 대범하다(簡).

仲弓曰(중궁왈). 居敬而行簡(거경이행간), 以臨其民(이림기민), 不亦可乎(불역가호)?

중궁(仲弓)이 말했다(曰). 평소(居) 공경하(敬)고(而) 행동(行)에는 대범하니(簡), 그것으로(以) 그(其) 백성(民)에 임한다면(臨), 또한(亦) 괜찮지(可) 않겠습니(不)까(乎)?

居簡而行簡(거간이행간), 無乃大簡乎(무내태간호)?

평소(居) 대범하(簡)고(而) 행동(行)에도 대범하면(簡), 크게(大) 대범한(簡) 것이 아니겠습니(無乃)까(乎)?

子曰(자왈). 雍之言(옹지언), 然(연).

공자(子)께서 말씀하셨다(曰). 옹(雍)의(之) 말(言)이 옳다(然).

*雍(옹): 공자의 제자로 성은 염(冉), 자(字)는 중궁(仲弓)이며 덕행을 인정받은 인물 ‖ *南面(남면): 임금이 남쪽을 향하여 신하의 조례(朝禮)를 받은 것에서 유래 ‖ *仲弓(중궁): 염옹(冉雍)의 자(字) ‖ *子桑伯子(자상백자): 노(魯)나라 사람 외에 밝혀진 것이 없는 인물 ‖ *簡(간): 질박하다, 대범하다 ‖ *居(거): 평소, 평상시 ‖ *無乃(무내): 하지 않은가? ~이 아니겠는가? ‖ *然(연): 그러하다, 옳다.

· 使+명사: 명사로 하여금 / 명사를 하게 하다 ‖ 使南面: 남면을 하게 하다.
· 可(能/得/足)+술어: ~할 수 있다, ~할 만하다 / 목적어+술어 구조도 가능 ‖ 可使: 하게 할 만하다.
· 술어(부사어)+而+술어(부사어) ‖ 敬而簡: 공경하고 대범하다.
· 以+술어: =以+之(대명사)+술어 ‖ 以臨: =以之臨, 그것으로 임하다.
· 不+동사/형용사 ↔ 非+명사(구) ‖ 不可: 괜찮지 않다.
· 之+명사: 之(관형격: ~의/~(하)는/~ㄴ) ‖ 雍之言: 옹의 말.

2장

哀公問(애공문). 弟子孰爲好學(제자숙위호학)?

애공(哀公)이 물었다(問). 제자(弟子) 중 누(孰)가 배우는 것(學)을 좋아합(好)니까(爲)?

孔子對曰(공자대왈). 有顔回者好學(유안회자호학), 不遷怒(불천노), 不貳過(불이과), 不幸短命死矣(불행단명사의).

공자(孔子)께서 대답하여(對) 말씀하셨다(曰). 안회(顔回)라는 자(者)가 있는데(有), 배우는 것(學)을 좋아하여(好), 노여움(怒)을 옮기지(遷) 않고(不), 잘못(過)을 두 번 하지(貳) 않았는데(不), 불행히도(不幸) 짧은(短) 명(命)으로 죽었습니(死)다(矣).

今也則亡(금야즉무), 未聞好學者也(미문호학자야).

지금(今)은(也) 곧(則) (그런 자가) 없고(亡), 아직 배우는 것(學)을 좋아하는(好) 자(者)를 들어보지(聞) 못했습니(未)다(也).

*哀公(애공): 삼환(三桓)씨를 제거하려다 왕위에서 쫓겨난 노(魯)의 군주 ‖ *顏回(안회): 32세에 요절한 공자의 제자로 학문을 좋아한 인물 ‖ *有~者: ~한 사람(경우)이 있다 ‖ *亡: (망) 망하다 / (무) 없다.

· 수식어+者 ↔ 所+수식어(동사/형용사) ‖ 顏回者: 안회라고 하는 자, 好學者: 배우는 것을 좋아하는 자.

· 不+동사/형용사 ↔ 非+명사(구) ‖ 不遷: 옮기지 않다, 不貳: 두 번 하지 않다.

3장

子華使於齊(자화시어제), 冉子爲其母請粟(염자위기모청속).

자화(子華, 공서화)가 제나라(齊)에(於) 심부름 갈(使) 때, 염자(冉子, 염유)가 그(其)의 어머니(母)를 위하여(爲) 곡식(粟)을 청했다(請).

子曰(자왈). 與之釜(여지부). 請益(청익), 曰(왈). 與之庾(여지유). 冉子與之粟五秉(염자여지속오병).

공자(子)께서 말씀하셨다(曰). 그(之)에게 1부(釜, 6말 4되)를 주어라(與). 청하기(請) 더하니(益), 말씀하셨다(曰). 그(之)에게 1유(庾, 16말)를 주어라(與). 염자(冉子)가 그(之)에게 곡식(粟) 5병(五秉, 80섬)을 주었다(與).

子曰(자왈). 赤之適齊也(적지적제야), 乘肥馬(승비마), 衣輕裘(의경구).

공자(子)께서 말씀하셨다(曰). 적(赤, 자화)이(之) 제나라(齊)에 갈(適) 때에(也) 살찐(肥) 말(馬)을 타고(乘) 가벼운(輕) 갖옷(裘)을 입고 있었다(衣).

吾聞之也(오문지야), 君子周急(군자주급), 不繼富(불계부).

내(吾)가 그것(之)을 들었는(聞)데(也), 군자(君子)는 급한(궁핍한) 자(急)를 구제하고(周) 부유한 자(富)를 계속해서(繼) (구제하지는) 않는다(不)고 했다.

原思爲之宰(원사위지재), 與之粟九百(여지속구백), 辭(사).

원사(原思)가 그(之, 공자)의 가신(宰)이 되자(爲), 그(之)에게 곡식(粟) 구백(九百)을 주었는데(與), 사양했다(辭).

※ 구백 뒤에 단위가 없어, 원사에게 준 곡식의 양을 알 수 없다.

子曰(자왈). 毋(무), 以與爾隣里鄕黨乎(이여이인리향당호인저).

공자(子)께서 말씀하셨다(曰). (사양하지) 말라(毋), 그것을(以) 너(爾)의 이웃하는(隣) 마을(里)이나 향당(鄕黨)에 주어(與)라(乎).

---

*子華(자화): 공자의 제자 공서적(公西赤)의 자(字)이며, 예의와 외교에 재능이 있던 인물 ‖ *使(시): 보내다, 심부름 가다 ‖ *冉子(염자): 공자의 제자로 자는 자유(子有)이며, 정사에 재능이 많았던 인물로 염유(冉有) ‖ *釜(부): 용량 단위(6말 4되) ‖ *庾(유): 용량 단위(열여섯 말) ‖ *秉(병): 용량 단위(열엿 섬) ‖ *赤(적): 공서적의 이름 ‖ *裘(구): 갖옷(짐승의 털가죽으로 안을 댄 옷) ‖ *周(주): 구제하다, 베풀어 주다 ‖ *原思(원사): 노(魯)나라 사람인 공자의 제자 원헌(原憲)으로 가난했지만 절의를 지키고 안빈낙도의 삶으로 알려진 인물.

· 술어+(목적어)+於(乎/于)+명사(구) ‖ 使於齊: 제나라에 심부름 가다.

· 술어+之: 之(대명사: 그(것)을, 그(것)에) ‖ 與之: 그에게 주다, 聞之: 그것을 듣다, 爲之宰: 그의 가신이 되다.

· 之+술어: 之(주격: ~은(는)/~이(가), 목적격: ~을(를)) ‖ 赤之適: 적이 가다.

· 不+동사/형용사 ↔ 非+명사(구) ‖ 不繼: 계속하지 않다.

· 以+술어: =以+之(대명사)+술어 ‖ 以與: =以之與, 그것을 주다.

4장

子謂仲弓曰(자위중궁왈). 犂牛之子騂且角(이우지자성차각), 雖欲勿用(수욕물용), 山川(산천), 其舍諸(기사저)?

공자(子)께서 중궁(仲弓)을 평하여(謂) 말씀하셨다(曰). 얼룩소(犂牛)의(之) 새끼(子)가 (털이) 붉고(騂) 또(且) 뿔이 나면(角), 비록(雖) (제물로) 쓰지(用) 않으(勿)려 해도(欲) 산천(山川)이 장차(其) 그것(諸)을 버려두겠느냐(舍)?

*仲弓(중궁): 염옹(冉雍)의 자(字) ‖ *犂牛(이우): 얼룩소 ‖ *犂(리/이): 밭 갈다, 얼룩얼룩하다, 쟁기 ‖ *騂(성): 붉은 소.

· 謂(위): 대상과 함께 있을 때 '말하다', 대상과 함께 있지 않을 때 '평하다'는 의미이다.

· 之+명사: 之(관형격: ~의/~(하)는/~ㄴ) ‖ 犂牛之子: 이우의 새끼.

· 諸(저): =之乎 ‖ 舍諸: =舍之乎, 그것을 버리겠는가?

5장

子曰(자왈). 回也(회야), 其心(기심), 三月不違仁(삼월불위인), 其餘則日月至焉而已矣(기여즉일월지언이이의).

공자(子)께서 말씀하셨다(曰). 회(回)는(也) 그(其) 마음(心)이 삼 개월간(三月) 인(仁)을 어긋나지(違) 않으나(不), 그(其) 나머지(餘)는 곧(則) 하루(日)나 한 달간(月) 거기에(焉) 이를(至) 뿐이다(而已矣).

※ 별해. 그 나머지는 곧 하루나 한 달에 한 번 거기에 이를 뿐이다.

*回(회): 32세에 요절한 공자의 제자 안회로 학문을 좋아한 인물 ‖ *而已矣(이이의): 단정종결사.

· 不+동사/형용사 ↔ 非+명사(구) ‖ 不違: 어긋나지 않다.

· 焉(언): =於之 ‖ 至焉: =至於之, 거기에 이르다.

6장

季康子問(계강자문). 仲由(중유), 可使從政也與(가사종정야여)?

계강자(季康子)가 물었다(問). 중유(仲由, 자로)는 (그로) 하여금(使) 정사(政)에 종사하게 할(從) 만합니(可)까(也與)?

子曰(자왈). 由也(유야), 果(과), 於從政乎(어종정호), 何有(하유)?

공자(子)께서 말씀하셨다(曰). 유(由)는(也) 과감하니(果), 정사(政)에 종사하는(從) 데(於)에(乎) 무슨(何) (어려움이) 있겠는가(有)?

曰(왈). 賜也(사야), 可使從政也與(가사종정야여)?

말했다(曰). 사(賜, 자공)는(也) (그로) 하여금(使) 정사(政)에 종사하게 할(從) 만합니(可)까(也與)?

曰(왈). 賜也(사야), 達(달), 於從政乎(어종정호), 何有(하유)?

공자(子)께서 말씀하셨다(曰). 사(賜)는(也) 통달하였으니(達), 정사(政)에 종사하는(從) 데(於)에(乎) 무슨(何) (어려움이) 있겠는가(有)?

曰(왈). 求也(구야), 可使從政也與(가사종정야여)?

말했다(曰). 구(求, 염유)는(也) (그로) 하여금(使) 정사(政)에 종사하게 할(從) 만합니(可)까(也與)?

曰(왈). 求也(구야), 藝(예), 於從政乎(어종정호), 何有(하유)?

공자(子)께서 말씀하셨다(曰). 구(求)는(也) 재능이 있으니(藝), 정사(政)에 종사하는(從) 데(於)에(乎) 무슨(何) (어려움이) 있겠는가(有)?

---

*季康子(계강자): 계손사(季孫斯)의 아들로 노(魯)의 대부 ‖ *仲由(중유): 공자의 제자 자로의 성과 이름 ‖ *也與(야여): 추측·의문종결사 ‖ *果(과): 과감하다 ‖ *何有(하유): 무엇이 있는가? 무슨 어려움이 있는가? 어렵지 않다 ‖ *賜(사): 자공(子貢)의 이름 ‖ *也與(야여): 추측·의문종결사 ‖ *求(구): 공자의 제자 염구(冉求)로 자는 자유(子有)이며, 염유(冉有), 염자(冉子)로 불리는 정사에 능한 인물 ‖ *藝(예): 재주, 기예, 재주가 있다.

· 使+술어: =使+之+술어 ‖ 使從政: =使之從政, 그로 하여금 정치에 종사하게 하다.

· 可(能/得/足)+술어: ~할 수 있다, ~할 만하다 / 목적어+술어 구조도 가능 ‖ 可從: 종사할 만하다.

· 술어+(목적어)+於(乎/于)+명사(구) ‖ 於從政: 정치에 종사하다.

7장

季氏使閔子騫(계씨사민자건), 爲費宰(위비재), 閔子騫曰(민자건왈).

계씨(季氏)가 민자건(閔子騫)으로 하여금(使) 비읍(費)의 수령(宰)으로 삼으려 하니(爲), 민자건(閔子騫)이 말했다(曰).

善爲我辭焉(선위아사언). 如有復我者(여유복아자), 則吾必在汶上矣(즉오필재문상의).

나(我)를 위하여(爲) 그에게(焉) 잘(善) 사양해 주게(辭). 만일(如) 나(我)에게 다시(復) (오는) 자(者)가 있다(有)면(則), 나(吾)는 반드시(必) (떠나) 문수(汶)가(上)에 있을(在) 것이네(矣).

*季氏(계씨): 노(魯)나라에서 장기간 실권을 장악했던 삼가자 중 하나인 계손씨(季孫氏) ‖ *閔子騫(민자건): 공자의 제자 민손(閔損), 효행으로 알려진 노(魯)나라 사람 ‖ *有~者: ~한 사람(경우)이 있다.
· 焉(언): =於之 ‖ 辭焉: =辭於之, 그에게 사양하다.
· 수식어+者 ↔ 所+수식어(동사/형용사) ‖ 復我者: 나에게 다시 ~하는 자.

8장

伯牛有疾(백우유질), 子問之(자문지), 自牖(자유), 執其手曰(집기수왈).

백우(伯牛)가 질병(疾)이 있자(有), 공자(子)께서 그(之)를 문병할(問) 때, 창문(牖)으로부터(自) 그(其)의 손(手)을 잡고(執) 말씀하셨다(曰).

亡之(무지), 命矣夫(명의부). 斯人也(사인야), 而有斯疾也(이유사질야), 斯人也而有斯疾也(사인야이유사질야).

그것(之)이 없었어야(亡) 했는데, 천명(命)이로다(矣夫). 이러한(斯) 사람(人)인(也)데(而), 이러한(斯) 병(疾)이 있으(有)니(也), 이러한(斯) 사람(人)인(也)데(而), 이러한(斯) 병(疾)이 있으(有)니(也).

*伯牛(백우): 공자의 제자이자 노(魯)나라 사람 염경(冉耕)의 자(字)로 염백우(冉伯牛) 혹은 염자(冉子) ‖ *牖(유): 들창 ‖ *亡: (망) 망하다 / (무) 없다 ‖ *矣夫(의부): 감탄종결사.
· 有+명사: ①~이(가) 있다(술어+보어), ②~을(를) 가지고 있다(술어+목적어).
· 술어+之: 之(대명사: 그(것)을, 그(것)에) ‖ 問之: 그를 문병하다, 亡之: 그것이 없다(술어+보어).
· 술어(부사어)+而+술어(부사어) ‖ 人也而有: 사람인데 ~이 있다.

9장

子曰(자왈). **賢哉**(현재), **回也**(회야). **一簞食**(일단사), **一瓢飮**(일표음), **在陋巷**(재누항), **人不堪其憂**(인불감기우), **回也不改其樂**(회야불개기락), **賢哉**(현재), **回也**(회야).

공자(子)께서 말씀하셨다(曰). 어질(賢)도다(哉), 회(回)는(也). 한(一) 대그릇(簞) 밥(食)과 한(一) 표주박(瓢) 물(飮)로 누항(陋巷)에 있으면(在), 사람들(人)은 그(其) 근심(憂, 고통)을 견디지(堪) 못하는데(不), 회(回)는(也) 그것(其)을 즐거움(樂)으로 (여겨) 고치지(改) 않았으니(不), 어질(賢)도다(哉), 회(回)는(也).

*回(회): 32세에 요절한 공자의 제자 안회로 학문을 좋아한 인물 ‖ *簞(단): 대나무를 엮어 만든 작은 그릇 ‖ *瓢(표): 표주박, 바가지 ‖ *陋巷(누항): 누추하고 좁은 마을 ‖ *樂: (악) 노래 / (낙/락) 즐기다 / (요) 좋아하다.
· 不+동사/형용사 ↔ 非+명사(구) ‖ 不堪: 견디지 못하다, 不改: 고치지 않다.

10장

冉求曰(염구왈). **非不說子之道**(비불열자지도), **力不足也**(역부족야).

염구(冉求)가 말했다(曰). 선생님(子)의(之) 도(道)를 좋아하지(說) 않는(不) 것은 아닙니다만(非), 힘(力)이 충분하지(足) 않습니(不)다(也).

子曰(자왈). **力不足者**(역부족자), **中道而廢**(중도이폐), **今女**(금여), **畫**(획).

공자(子)께서 말씀하셨다(曰). 힘(力)이 부족한(不足) 자(者)는 중도가 되어(中道)서(而) 그만두는데(廢), 지금(今) 너(女)는 (미리) 선을 긋는구나(畫).

*冉求(염구): 공자의 제자로 자는 자유(子有)이며, 염유(冉有), 염자(冉子)로 불린 정사에 재능이 많았던 인물 ‖ *女(여): =汝 ‖ *畫(획): 선을 긋다.

· 不+동사/형용사 ↔ 非+명사(구) ‖ 非不說子之道: 非(不說子之道), (선생님의 도를 좋아하지 않는) 것은 아니다, 不說: 좋아하지 않다, 不足: 충분하지 않다.

· 之+명사: 之(관형격: ~의/~(하)는/~ㄴ) ‖ 子之道: 선생님의 도.

· 수식어+者 ↔ 所+수식어(동사/형용사) ‖ 不足者: 충분하지 않은 자.

· 술어(부사어)+而+술어(부사어) ‖ 中道而廢: 중도가 되어서 폐하다.

11장

子謂子夏曰(자위자하왈). 女爲君子儒(여위군자유), 無爲小人儒(무위소인유).

공자(子)께서 자하(子夏)에게 일러(謂) 말씀하셨다(曰). 너(女)는 군자다운(君子) 선비(儒)가 되어야지(爲) 소인 같은(小人) 선비(儒)는 되지(爲) 마라(無).

*子夏(자하): 공자의 제자 복상(卜商)의 자(字)로 시와 예에 능통한 인물 ‖ *女(여): =汝.

12장

子游爲武城宰(자유위무성재), 子曰(자왈). 女得人焉爾乎(여득인언이호)?

자유(子游)가 무성(武城)의 수령(宰)이 되자(爲), 공자(子)께서 말씀하셨다(曰). 너(女)는 거기에서(焉) 사람(人)을 얻었(得)느냐(爾乎)?

曰(왈). 有澹臺滅明者(유담대멸명자), 行不由徑(행불유경), 非公事(비공사), 未嘗至於偃之室也(미상지어언지실야).

말했다(曰). 담대멸명(澹臺滅明)이라는 자(者)가 있는데(有), 다닐(行) 때 지름길(徑)을 거치지(由) 않고(不), 공적인(公) 일(事)이 아니면(非) 일찍이(嘗) 언(偃, 자유)의(之) 방(室)에(於) 이르지(至) 않았습니(未)다(也).

---

*子游(자유): 공자의 제자 언언(言偃)의 자(字)로 학문에 뛰어난 오(吳)나라 사람 ‖ *女(여): =汝 ‖ *爾乎(이호): 의문종결사, 사서에서 유일한 예 ‖ *有~者: ~한 사람(경우)이 있다 ‖ *澹臺滅明(담대멸명): 공자의 제자 자우(子羽)의 이름이고, 교육가로 알려진 노(魯)나라 사람 ‖ *未嘗(미상): 일찍이 ~한 적이 없다(않다) ‖ *偃(언): 자유(子游)의 이름.

· 焉(언): =於之 ‖ '焉爾'을 '焉此' 혹은 '焉是'로 보는 예가 있다.

· 수식어+者 ↔ 所+수식어(동사/형용사) ‖ 澹臺滅明者: 담대멸명이라는 자.

· 不+동사/형용사 ↔ 非+명사(구) ‖ 不由: 거치지 않다 ‖ 非公事: 공사가 아니다.

· 술어+(목적어)+於(乎/于)+명사(구) ‖ 至於偃: 언에 이르다.

· 之+명사: 之(관형격: ~의/~(하)는/~ㄴ) ‖ 偃之室: 언의 방.

13장

子曰(자왈). 孟之反(맹지반), 不伐(불벌).

공자(子)께서 말씀하셨다(曰). 맹지반(孟之反)은 자랑하지(伐) 않는다(不).

奔而殿(분이전), 將入門(장입문), 策其馬曰(책기마왈).

(전쟁에서) 달아나(奔)면서(而) 후군이 되어(殿) 장차(將) 성문(門)에 들어서면서(入), 그(其) 말(馬)을 채찍질하며(策) 말했다(曰).

非敢後也(비감후야), 馬不進也(마부진야).

감히(敢) 뒤에 있으려는 것(後)이 아니(非)라(也), 말(馬)이 나아가지(進) 않아서(不)이다(也).

*孟之反(맹지반): 노(魯)의 대부 ‖ *伐(벌): 자랑하다 ‖ *奔(분): 달아나다, 패주하다 ‖ *殿(전): 후군(後軍).

· 不+동사/형용사 ↔ 非+명사(구) ‖ 不伐: 자랑하지 않다, 非敢後: 감히 뒤에 있으려는 것이 아니다, 不進: 나아가지 않다.

· 술어(부사어)+而+술어(부사어) ‖ 奔而殿: 달아나면서 후군이 되다.

14장

子曰(자왈). 不有祝鮀之佞(불유축타지녕), 而有宋朝之美(이유송조지미), 難乎免於今之世矣(난호면어금지세의).

공자(子)께서 말씀하셨다(曰). 축관(祝)인 타(鮀)의(之) 말재주(佞)가 있지(有) 않(不)고(而), 송나라(宋) (공자인) 조(朝)의(之) 아름다움(美)만 있다면(有), 어려울(難) 것이다(乎), 지금(今)의(之) 세상(世)에서(於) (화를) 면하기(免)가(矣).

※ 별해. 不을 '有祝鮀之佞'에서 '有宋朝之美'까지 보는 예도 있다.

*祝鮀(축타): 위(衛)의 대부인 축관 타(鮀) ‖ *宋朝(송조): 송나라 공자 조(朝) ‖ *今之(금지): 지금에, 지금의.

· 不+동사/형용사 ↔ 非+명사(구) ‖ 不有: 있지 않다.

· 之+명사: 之(관형격: ~의/~(하)는/~ㄴ) ‖ 祝鮀之佞: 축타의 말재주, 宋朝之美: 송조의 아름다움, 今之世: 지금의 세상.

· 술어(부사어)+而+술어(부사어) ‖ 有~而~有: ~이 있고, ~이 있다.

· 술어+(목적어)+於(乎/于)+명사(구) ‖ 免於今之世: 지금의 세상에서 면하다.

15장

子曰(자왈). 誰能出不由戶(수능출불유호)? 何莫由斯道也(하막유사도야)?

공자(子)께서 말씀하셨다(曰). 누군(誰)들 지게문(戶)을 거치지(由) 않고(不) (방을) 나갈(出) 수(能) 있겠는가? 어찌(何) 이(斯) 도(道)를 통하는(由) 이가 없는(莫)가(也)?

*戶(호): 지게문(마루와 방 사이의 문).
· 可(能/得/足)+술어: ~할 수 있다, ~할 만하다 / 목적어+술어 구조도 가능 ‖ 能出: 나갈 수 있다.
· 不+동사/형용사 ↔ 非+명사(구) ‖ 不由: 거치지 않다.
· 莫(막): 대명사를 포함한 부정 ‖ ~하는 이가(것이) 없다.

16장

子曰(자왈). 質勝文則野(질승문즉야), 文勝質則史(문승질즉사).

공자(子)께서 말씀하셨다(曰). 실질(質, 바탕)이 문채(文)를 이기(勝)면(則) 질박하고(野), 문채(文)가 실질(質)을 이기(勝)면(則) 번지르르하다(史).

文質(문질), 彬彬然後(빈빈연후), 君子(군자).

문채(文)와 실질(質)이 잘 어우러진(彬彬) 뒤에야(然後) 군자(君子)이다.

*野(야): 들, 질박하다 ‖ *史(사): 역사, 화사하다, 꾸밈이 있어 아름답다 ‖ *彬彬(빈빈): 서로 알맞게 갖추어져 있어 아름다운 모양 ‖ *彬(빈): 빛나다.

17장

子曰(자왈). 人之生也直(인지생야직), 罔之生也(망지생야), 幸而免(행이면).

공자(子)께서 말씀하셨다(曰). 사람(人)이(之) 사는(生) 것은(也) 정직이니(直), 그것(之)을 잃어버리고(罔) 사는(生) 것은(也) 요행히(幸)도(而) (화, 또는 죽음을) 면하는 것이다(免).

· 之+술어: 之(주격: ~은(는)/~이(가), 목적격: ~을(를)) ‖ 人之生: 사람이 살다.
· 술어+之: 之(대명사: 그(것)을, 그(것)에) ‖ 罔之: 그것을 잃다(술어+목적어), 그것이 없다(술어+보어).
· 술어(부사어)+而+술어(부사어) ‖ 幸而免: 요행히도 면하다.

18장

子曰(자왈). 知之者不如好之者(지지자불여호지자), 好之者不如樂之者(호지자불여낙지자).

공자(子)께서 말씀하셨다(曰). 그것(之)을 아는(知) 자(者)는 그것(之)을 좋아하는(好) 자(者)와 같지(如) 못하고(不), 그것(之)을 좋아하는(好) 자(者)는 그것(之)을 즐기는(樂) 자(者)와 같지(如) 못하다(不).

*樂: (악) 노래 / (낙/락) 즐기다 / (요) 좋아하다.
· 술어+之: 之(대명사: 그(것)을, 그(것)에) ‖ 知之: 그것을 알다, 好之: 그것을 좋아하다, 樂之: 그것을 즐기다.
· 수식어+者 ↔ 所+수식어(동사/형용사) ‖ 知之者: 그것을 아는 자, 好之者: 그것을 좋아하는 자, 樂之者: 그것을 즐기는 자.
· 不+동사/형용사 ↔ 非+명사(구) ‖ 不如: 같지 않다(못하다).

19장

子曰(자왈). 中人以上(중인이상), 可以語上也(가이어상야), 中人以下(중인이하), 不可以語上也(불가이어상야).

공자(子)께서 말씀하셨다(曰). 보통(中) 사람(人) 이상(以上)은 상(上, 높은 차원의 도)을 말할(語) 수(可以) 있으나(也), 보통(中) 사람(人) 이하(以下)는 상(上)을 말할(語) 수(可以) 없(不)다(也).

· 可(能/得/足)以+술어: ~할 수 있다, ~할 만하다 ‖ 可以語: 말할 수 있다.
· 不+동사/형용사 ↔ 非+명사(구) ‖ 不可以語: 말할 수 없다.

20장

樊遲問知(번지문지), 子曰(자왈). 務民之義(무민지의), 敬鬼神而遠之(경귀신이원지), 可謂知矣(가위지의).

번지(樊遲)가 지혜(知)를 묻자(問), 공자(子)께서 말씀하셨다(曰). 민(民)의(之) 의(義)에 힘쓰고(務), 귀신(鬼神)을 공경하면서(敬)도(而) 그것(之)을 멀리한다면(遠), 지혜롭다(知)고 말할(謂) 수(可) 있을 것이다(矣).

問仁(문인), 曰(왈). 仁者先難而後獲(인자선난이후획), 可謂仁矣(가위인의).

인(仁)을 묻자(問), 말씀하셨다(曰). 인자(仁者)는 어려운 일(難)을 먼저 하(先)고(而), 수확하는 일(獲)을 뒤에 하니(後), (이러하다면) 인(仁)이라 말할(謂) 수(可) 있을 것이다(矣).

*樊遲(번지): 공자의 제자 번수(樊須)로 모략과 용기를 지닌 인물.
· 之+명사: 之(관형격: ~의/~(하)는/~ㄴ) ‖ 民之義: 민의 의.
· 술어(부사어)+而+술어(부사어) ‖ 敬~而遠: 공경하되 멀리하다, 先~而後~: ~을 먼저 하고 ~을 나중에 하다.
· 술어+之: 之(대명사: 그(것)을, 그(것)에) ‖ 遠之: 그것을 멀리하다.
· 可(能/得/足)+술어: ~할 수 있다, ~할 만하다 / 목적어+술어 구조도 가능 ‖ 可謂: 말할 수 있다.
· 수식어+者 ↔ 所+수식어(동사/형용사) ‖ 仁者: 어진 자.

21장

子曰(자왈). 知者樂水(지자요수), 仁者樂山(인자요산).

공자(子)께서 말씀하셨다(曰). 지혜로운(知) 자(者)는 물(水)을 좋아하고(樂), 어진(仁) 자(者)는 산(山)을 좋아한다(樂).

知者動仁者靜(지자동인자정), 知者樂仁者壽(지자락인자수).

지혜로운(知) 자(者)는 동적이고(動) 어진(仁) 자(者)는 정적이며(靜), 지혜로운(知) 자(者)는 즐겁고(樂) 어진(仁) 자(者)는 장수한다(壽).

*樂: (악) 노래 / (낙/락) 즐기다 / (요) 좋아하다.
· 수식어+者 ↔ 所+수식어(동사/형용사) ‖ 知者: 지혜로운 자, 仁者: 어진 자.

22장

子曰(자왈). 齊一變(제일변), 至於魯(지어노), 魯一變(노일변), 至於道(지어도).

공자(子)께서 말씀하셨다(曰). 제나라(齊)가 한 번(一) 변하면(變) 노나라(魯)(수준)에(於) 이르고(至), 노나라(魯)가 한 번(一) 변하면(變) 도(道)에(於) 이른다(至).

· 술어+(목적어)+於(乎/于)+명사(구) ‖ 至於魯: 노나라에 이르다, 至於道: 도에 이르다.

23장

子曰(자왈). 觚不觚(고불고), 觚哉觚哉(고재고재)?

공자(子)께서 말씀하셨다(曰). 고(觚)가 모나지(觚) 않다면(不), 고(觚)이겠는가(哉), 고(觚)이겠는가(哉)?

*觚(고): 청동으로 만든 술잔으로 제기로 사용, 모가 난 술잔.
· 不+동사/형용사 ↔ 非+명사(구) ‖ 不觚: 고(×)가 아니다, 모나지(○) 않다.

24장

宰我問曰(재아문왈). 仁者(인자), 雖告之曰(수고지왈), 井有仁焉(정유인언), 其從之也(기종지야)?

재아(宰我)가 물어(問) 말했다(曰). 어진(仁) 자(者), 비록(雖) 그(之)에게 고하여(告) 말하길(曰), '우물(井), 거기에(焉) 인(仁)이 있다(有)'고 하면,

그(其)는 그것(之)을 쫓아가겠습니(從)까(也)?

子曰(자왈). 何爲其然也(하위기연야)?

공자(子)께서 말씀하셨다(曰). 어찌하여(何) 그(其)가 그렇게(然) 하겠(爲)느냐(也)?

君子(군자), 可逝也(가서야), 不可陷也(불가함야), 可欺也(가기야), 不可罔也(불가망야).

군자(君子)는 가게 할(逝) 수(可) 있더라도(也) 빠지게 할(陷) 수(可)는 없(不)고(也), 속일(欺) 수(可) 있더라도(也) (비정상적인 말로) 넘볼(罔) 수(可)는 없(不)다(也).

---

*宰我(재아): 공자의 제자 재여(宰予)로 자는 자아(子我) 또는 재아(宰我)이며, 언변에 능한 인물 ‖ *逝(서): 가다 ‖ *罔(망): 속이다, 넘보다.

· 수식어+者 ↔ 所+수식어(동사/형용사) ‖ 仁者: 어진 자.

· 술어+之: 之(대명사: 그(것)을, 그(것)에) ‖ 告之: 그에게 고하다, 從之: 그것을 쫓다.

· 有+명사: ①~이(가) 있다(술어+보어), ②~을(를) 가지고 있다(술어+목적어).

· 焉(언): =於之 ‖ 有仁焉: =有仁於之, 거기에 인이 있다.

· 可(能/得/足)+술어: ~할 수 있다, ~할 만하다 / 목적어+술어 구조도 가능 ‖ 可逝: 갈 수 있다, 可陷: 빠질 수 있다, 可欺: 속일 수 있다, 可罔: 속일 수 있다.

· 不+동사/형용사 ↔ 非+명사(구) ‖ 不可陷: 빠질 수 없다, 不可罔: 속일 수 없다.

25장

子曰(자왈). 君子博學於文(군자박학어문), 約之以禮(약지이례), 亦可以弗畔矣夫(역가이불반의부).

공자(子)께서 말씀하셨다(曰). 군자(君子)가 널리(博) 글(文)을(於) 배우고(學), 예(禮)로써(以) 그것(之)을 절제한다면(約), 또한(亦) 어긋나지(畔) 않을(弗)

수(可以) 있을 것이로다(矣夫).

*弗(불): =不 ‖ *畔(반): 밭두둑, 배반하다 ‖ *矣夫(의부): 감탄종결사.
· 술어+(목적어)+於(乎/于)+명사(구) ‖ 學於文: 글을 배우다.
· 술어+之: 之(대명사: 그(것)을, 그(것)에) ‖ 約之: 그것을 절제하다.
· 以+명사(구): 명사(구)로(써) ‖ 以禮: 예로.
· 可(能/得/足)以+술어: ~할 수 있다, ~할 만하다 ‖ 可以弗畔: 어긋나지 않을 수 있다.

26장

子見南子(자견남자), 子路不說(자로불열).

공자(子)께서 남자(南子)를 보자(見), 자로(子路)가 기뻐하지(說) 않았다(不).

夫子矢之曰(부자시지왈). 予所否者(여소부자),
天厭之天厭之(천염지천염지).

선생님(夫子)께서 그것(之)을 맹세하여(矢) 말씀하셨다(曰). 내(予)가 부정한(否) 것(所)이 있다면(者), 하늘(天)이 그것(之)을 싫어할 것이다(厭), 하늘(天)이 그것(之)을 싫어할 것이다(厭).

*南子(남자): 위(衛)의 영공(靈公) 부인 ‖ *子路(자로): 공자의 제자 중유(仲由)의 자(字)로 솔직 담백하고 용맹한 정치가이자 무인 ‖ *夫子(부자): 선생님 ‖ *矢(시): 화살, 맹세하다, 서약하다 ‖ *厭: (염) 싫어하다 / (엽) 누르다 / (암) 빠지다 / (읍) 젖다.
· 不+동사/형용사 ↔ 非+명사(구) ‖ 不說: 기뻐하지 않다.
· 술어+之: 之(대명사: 그(것)을, 그(것)에) ‖ 矢之: 그것을 맹세하다, 厭之: 그것을 싫어하다.
· 수식어+者 ↔ 所+수식어(동사/형용사) ‖ 所否: 부정한 것, 所否者: 부정한 것이라는 것.

27장

子曰(자왈). 中庸之爲德也(중용지위덕야), 其至矣乎(기지의호)! 民鮮久矣(민선구의).

공자(子)께서 말씀하셨다(曰). 중용(中庸)의(之) 덕(德)됨(爲)은(也) 참으로(其) 지극하(至)도다(矣乎). 백성(民)이 드문지(鮮), 오래되었(久)다(矣).

---

*矣乎(의호): 감탄·의문종결사 ‖ *鮮(선): 드물다.
· 之+명사: 之(관형격: ~의/~(하)는/~ㄴ) ‖ 中庸之爲德: 중용의 덕됨.

28장

子貢曰(자공왈). 如有博施於民而能濟衆(여유박시어민이능제중), 何如(하여)? 可謂仁乎(가위인호)?

자공(子貢)이 말했다(曰). 만일(如) 백성(民)에게(於) 널리(博) 베풀어(施)서(而) 무리(衆)를 구제할(濟) 수(能) 있다면(有), 어떠(何)합니까(如)? 인(仁)이라 말할(謂) 수(可) 있습니까(乎)?

子曰(자왈). 何事於仁(하사어인)? 必也聖乎(필야성호).

공자(子)께서 말씀하셨다(曰). 어찌(何) 인(仁)에(於)만 일삼겠느냐(事)? 반드시(必也) 성인(聖)일 것이다(乎).

堯舜(요순), 其猶病諸(기유병저).

요임금(堯)과 순임금(舜)도 아마(其) 오히려(猶) 그것(諸)을 병으로 여겼을 것이다(病).

夫仁者(부인자), 己欲立而立人(기욕립이입인), 己欲達而達人(기욕달이달인).

무릇(夫) 어진(仁) 자(者)는 자기(己)가 서고(立)자 하(欲)면(而) 남(人)을 세우고(立), 자기(己)가 통달하고(達)자 하(欲)면(而) 남(人)을 통달하게 한다(達).

能近取譬(능근취비), 可謂仁之方也已(가위인지방야이).

가까이(近) 취하여(取) 비유할(譬) 수(能) 있다면, 인(仁)의(之) 방법(方)이라 말할(謂) 수(可) 있을 것이다(也已).

---

*子貢(자공): 공자의 제자 단목사(端木賜)의 자(字)로 말솜씨와 정치적 수완이 뛰어난 인물 ‖ *何如(하여): 무엇과 같은가? 어찌하여, 어떠한가? ‖ *事: ~뿐이다, 일삼다 ‖ *病(병): 어려워하다, 꺼리다 ‖ *譬(비): 비유하다, 깨닫다 ‖ *也已(야이): 종결사.

· 有+명사: ①~이(가) 있다(술어+보어), ②~을(를) 가지고 있다(술어+목적어).
· 술어+(목적어)+於(乎/于)+명사(구) ‖ 施於民: 백성에게 베푼다, 事於仁: 인에 일삼는다.
· 술어(부사어)+而+술어(부사어) ‖ 施~而~濟: 베풀고 구제하다, 立而立: 서고 서다, 達而達: 통할하고 통달하다.
· 可(能/得/足)+술어: ~할 수 있다, ~할 만하다 / 목적어+술어 구조도 가능 ‖ 能濟: 구제할 수 있다, 可謂: 말할 수 있다, 能譬: 비유할 수 있다.
· 諸(저): =之乎 ‖ 病諸: =病之乎, 그것을 병으로 하다.
· 수식어+者 ↔ 所+수식어(동사/형용사) ‖ 仁者: 어진 자.
· 之+명사: 之(관형격: ~의/~(하)는/~ㄴ) ‖ 仁之方: 인의 방법.

7편

술이
述而

1장

子曰(자왈). 述而不作(술이부작), 信而好古(신이호고), 竊比於我老彭(절비어아노팽).

공자(子)께서 말씀하셨다(曰). (옛것을) 전술하기만 하(述)고(而), (새로운 것을) 짓지(作) 않으며(不) 옛것(古)을 믿(信)고(而) 좋아하며(好), 마음속으로(竊) 우리(我) 노팽(老彭)과(於) 견주어 본다(比).

*述(술): 전술(傳述)하다 ‖ *竊(절): 남몰래, 마음속으로 ‖ *老彭(노팽): 은(殷)의 대부, 팽조, 노자 등 여러 설 있음.

· 술어(부사어)+而+술어(부사어) ‖ 述而不作: 전술하나 짓지 않다, 信而好: 믿고 좋아하다.

· 不+동사/형용사 ↔ 非+명사(구) ‖ 不作: 짓지 않다.

· 술어+(목적어)+於(乎/于)+명사(구) ‖ 比於我老彭: 우리 노팽과 비교하다.

2장

子曰(자왈). 黙而識之(묵이지지), 學而不厭(학이불염), 誨人不倦(회인불권), 何有於我哉(하유어아재).

공자(子)께서 말씀하셨다(曰). 묵묵하(黙)게(而) 그것(之)을 외우고(識), 배우면(學)서(而) 싫어하지(厭) 않으며(不), 남(人)을 가르치는(誨) 데 게으르지(倦) 않은(不) 것, 무엇(何)이 나(我)에게(於) 있는(有)가(哉)?

*識: (식) 알다 / (지) 적다, 기록하다, 기억하다 ‖ *厭(염): 싫어하다 ‖ *誨(회): 가르치다 ‖ *倦(권): 게으르다 ‖ *何有(하유): 무엇이 있는가? 무슨 어려움이 있는가? 어렵지 않다.

· 술어(부사어)+而+술어(부사어) ‖ 黙而識之: 묵묵하게 그것을 기억하다,

學而不厭: 배우면서 싫어하지 않다.
· 不+동사/형용사 ↔ 非+명사(구) ‖ 不厭: 싫어하지 않다, 不倦: 게으르지 않다.
· 술어+(목적어)+於(乎/于)+명사(구) ‖ 有於我: 나에게 있다.

3장

子曰(자왈). 德之不修(덕지불수), 學之不講(학지불강), 聞義不能徙(문의불능사), 不善不能改(불선불능개), 是吾憂也(시오우야).

공자(子)께서 말씀하셨다(曰). 덕(德)이(之) 닦여지지(修) 않는(不) 것, 학문(學)이(之) 강습되지(講) 않는(不) 것, 의(義)를 듣고도(聞) 옮겨갈(徙) 수(能) 없는(不) 것, 선하지(善) 않은(不) 것이 고쳐질(改) 수(能) 없는(不) 것, 이것(是)이 나(吾)의 근심(憂)이다(也).

*講(강): 암송하다, 익히다, 연구하다 ‖ *徙(사): 옮기다, 교화하다.
· 之+술어: 之(주격: ~은(는)/~이(가), 목적격: ~을(를)) ‖ 德之不修: 덕이 닦이지 않다, 學之不講: 학문이 강습되지 않다.
· 不+동사/형용사 ↔ 非+명사(구) ‖ 不修: 닦지 않다, 不講: 강습하지 않다, 不能徙: 옮길 수 없다, 不善: 선하지 않다, 不能改: 고칠 수 없다.
· 可(能/得/足)+술어: ~할 수 있다, ~할 만하다 / 목적어+술어 구조도 가능 ‖ 能徙: 옮길 수 있다, 能改: 고칠 수 있다.

4장

子之燕居(자지연거), 申申如也(신신여야), 夭夭如也(요요여야).

공자(子)께서(之) 집에서 편안히(燕) 계실(居) 때, 편안한(申申) 듯하(如)셨고(也), 부드러운(夭夭) 듯하(如)셨다(也).

*燕居(연거): 하는 일 없이 집에 한가히 있음 ‖ *燕(연): 편안하다 ‖ *申申(신신): 여러 번 다짐하는 모양 ‖ 申申如(신신여): 몸가짐이 편안한 모습 ‖ *夭夭(요요): 생기가 있고 얼굴빛이 환하고 부드러움.

· 之+술어: 之(주격: ~은(는)/~이(가), 목적격: ~을(를)) ‖ 子之燕居: 공자가 연거하다.

5장

子曰(자왈). 甚矣(심의), 吾衰也(오쇠야). 久矣(구의), 吾不復夢見周公(오불부몽견주공).

공자(子)께서 말씀하셨다(曰). 심해졌(甚)도다(矣), 나(吾)의 노쇠함(衰)이여(也). 오래되었(久)도다(矣), 내(吾)가 다시(復) 꿈(夢)에서 주공(周公)을 뵙지(見) 못한(不) 지도.

*不復(불부): 더는 ~않다, 다시 ~않다 ‖ *復: (복) 회복하다, 돌아오다 / (부): 다시, 거듭 ‖ *周公(주공): 주(周) 무왕(武王)의 동생으로 노(魯)의 제후.

· 不+동사/형용사 ↔ 非+명사(구) ‖ 不見: 보지 못하다.

6장

子曰(자왈). 志於道(지어도), 據於德(거어덕), 依於仁(의어인), 游於藝(유어예).

공자(子)께서 말씀하셨다(曰). 도(道)에(於) 뜻을 두고(志), 덕(德)에(於) 근거하며(據), 인(仁)에(於) 의지하고(依), 예(藝)에(於) 노닐어야 한다(游).

· 술어+(목적어)+於(乎/于)+명사(구) ‖ 志於道: 도에 뜻 두다, 據於德: 덕에 근거하다, 依於仁: 인에 의지하다, 游於藝: 예에 노닌다.

7장

子曰(자왈). 自行束脩以上(자행속수이상), 吾未嘗無誨焉(오미상무회언).

공자(子)께서 말씀하셨다(曰). 속수(束脩) 이상(以上)을 행한(行) 이로부터(自) 내(吾)가 일찍이(嘗) 그에게(焉) 가르쳐 주지(誨) 않은(無) 적이 없었다(未).

*束脩(속수): 묶은 육포로 처음 스승을 뵐 때 가지고 간 간단한 예물 ‖ *脩(수): 포(脯), 포육(脯肉: 얇게 저미어서 양념하여 말린 고기) ‖ *誨(회): 가르치다.
· 焉(언): =於之 ‖ 誨焉: =誨於之, 그에게 가르치다.

8장

子曰(자왈). 不憤不啓(불분불계), 不悱不發(불비불발), 擧一隅(거일우), 不以三隅反(불이삼우반), 則不復也(즉불부야).

공자(子)께서 말씀하셨다(曰). 분발하지(憤) 않으면(不) 열어주지(啓) 않았고(不), 표현하려 애쓰지(悱) 않으면(不) 터주지(發) 않았으며(不), 한(一) 모퉁이(隅)를 들었는데(擧), (나머지) 세(三) 모퉁이(隅)로(以) 반증하지(反) 않으(不)면(則) 다시(復) (가르쳐 주지) 않았(不)다(也).

*憤(분): 힘쓰다, 분발하다 ‖ *悱(비): 표현을 못하다, 표현하려고 애쓰다 ‖ *隅(우): 모퉁이 ‖ *不復(불부): 더는 ~않다, 다시 ~않다.
· 不+동사/형용사 ↔ 非+명사(구) ‖ 不憤: 분발하지 않다, 不啓: 열지 않다, 不悱: 표현하여 애쓰지 않다, 不發: 터주지 않다, 不(以三隅)反: 반증하지 않다, 不復: 다시 하지 않다.
· 以+명사(구): 명사(구)로(써) ‖ 以三隅: 세 모퉁이로.

9장

子食於有喪者之側(자식어유상자지측), 未嘗飽也(미상포야).

공자(子)께서는 상(喪)이 있는(有) 자(者)의(之) 곁(側)에서(於) 먹을(食) 때 일찍이(嘗) 배부르게 먹은(飽) 적이 없으(未)셨다(也).

子於是日(자어시일), 哭則不歌(곡즉불가).

공자(子)께서 이(是)날(日)에(於) 곡을 하시(哭)면(則), (그날은) 노래하지(歌) 않으셨다(不).

※ 於是日: 보어로 문장에서 그 위치가 비교적 자유롭다. 於是日哭은 문맥상 哭於是日으로 추정된다.

· 술어+(목적어)+於(乎/于)+명사(구) ‖ 食於有喪者之側: 유상자의 곁에서 먹다.
· 수식어+者 ↔ 所+수식어(동사/형용사) ‖ 有喪者: 상이 있는 자.
· 之+명사: 之(관형격: ~의/~(하)는/~ㄴ) ‖ 喪者之側: 상자의 곁.

10장

子謂顔淵曰(자위안연왈). 用之則行(용지즉행), 舍之則藏(사지즉장), 惟我與爾有是夫(유아여이유시부).

공자(子)께서 안연(顔淵)에게 말씀하셨다(曰). 그(之)를 쓰(用)면(則) 행하고(行), 그(之)를 버리(舍)면(則) 숨기는(藏) 것, 오직(惟) 나(我)와(與) 너(爾)만이 이것(是)을 가지고 있(有)구나(夫).

子路曰(자로왈). 子行三軍(자행삼군), 則誰與(즉수여)?

자로(子路)가 말했다(曰). 선생님(子)께서 삼군(三軍)을 행하신다(行)면(則), 누구(誰)와 함께하시겠습니까(與)?

子曰(자왈). 暴虎馮河(포호빙하), 死而無悔者(사이무회자), 吾不與也(오불여야).

공자(子)께서 말씀하셨다(曰). 호랑이(虎)를 맨손으로 치고(暴) 황하(河)를 걸어서 건너려다가(馮) 죽어(死)도(而) 후회(悔)가 없는(無) 자(者), 나(吾)는 (그와) 함께하지(與) 않겠(不)다(也).

必也臨事而懼(필야임사이구), 好謀而成者也(호모이성자야).

반드시(必也) 일(事)에 임하여(臨)서(而) 두려워하고(懼), 도모하기(謀)를 좋아하여(好)서(而) 이루는(成) 자(者)와 (함께 할) 것이다(也).

---

*顔淵(안연): 32세에 요절한 공자의 제자 안회로 학문을 좋아한 인물 ‖ *舍(사): 버리다 ‖ *子路(자로): 공자의 제자 중유(仲由)의 자(字)로 솔직 담백하고 용맹한 정치가이자 무인 ‖ *三軍(삼군): 주(周) 때 제후가 출병시키던 상군, 중군, 하군으로 각 군은 1만 2천 500명 ‖ *暴(포): 맨손으로 치다 ‖ *馮(빙): 걸어서 물을 건너다.

· 술어+之: 之(대명사: 그(것)을, 그(것)에) ‖ 用之: 그를 쓰다, 舍之: 그를 버리다.
· (명사)+與(及)+명사(구) ‖ 我與爾: 나와 너.
· 有+명사: ①~이(가) 있다(술어+보어), ②~을(를) 가지고 있다(술어+목적어).
· 술어(부사어)+而+술어(부사어) ‖ 死而無悔: 죽어도 후회가 없다, 臨事而懼: 일에 임하여 두려워하다, 好謀而成: 도모하기를 좋아하고 이루다.
· 수식어+者 ↔ 所+수식어(동사/형용사) ‖ 無悔者: 후회하지 않는 자, 成者: 이루는 자.
· 不+동사/형용사 ↔ 非+명사(구) ‖ 不與: 함께하지 않다.

11장

子曰(자왈). 富而可求也(부이가구야), 雖執鞭之士(수집편지사), 吾亦爲之(오역위지), 如不可求(여불가구), 從吾所好(종오소호).

공자(子)께서 말씀하셨다(曰). 부(富)가 만일(而) 구할(求) 수(可) 있는 것이라면(也), 비록(雖) 채찍(鞭)을 잡(執)는(之) 선비(士)라도 나(吾)는 또한(亦) 그것(之)을 하겠지만(爲), 만일(如) 구할(求) 수(可) 없다(不)면, 나(吾)는 좋아하는(好) 것(所)을 따르겠다(從).

※ 而와如: '같다'는 의미가 있다. 따라서 富而可求는 '부가 구할 수 있는 것과 같다'로, 如不可求는 '구할 수 없는 것과 같다'로 번역할 수 있다.

---

*而(이): 만약, 만일 ‖ *鞭(편): 재찍.
· 可(能/得/足)+술어: ~할 수 있다, ~할 만하다 / 목적어+술어 구조도 가능 ‖ 可求: 구할 수 있다.
· 之+명사: 之(관형격: ~의/~(하)는/~ㄴ) ‖ 執鞭之士: 재찍을 잡는 선비.
· 술어+之: 之(대명사: 그(것)을, 그(것)에) ‖ 爲之: 그것을 하다.
· 不+동사/형용사 ↔ 非+명사(구) ‖ 不可求: 구할 수 없다.
· 수식어+者 ↔ 所+수식어(동사/형용사) ‖ 所好: 좋아하는 것.

12장

子之所愼(자지소신), 齊戰疾(재전질).

공자(子)께서(之) 삼가는(愼) 것(所)은 재계하는 것(齊), 전쟁(戰), 질병(疾)이었다.

---

*齊: (제) 가지런하다 / (재) 재계하다, 삼가다 / (자) 옷자락 / (전) 자르다.
· 之+所: 之(주격: ~은(는)/~이(가) ‖ 子之所愼: 공자가 삼가는 것.
· 수식어+者 ↔ 所+수식어(동사/형용사) ‖ 所愼: 삼가는 것.

13장

子在齊(자재제), 聞韶(문소), 三月(삼월), 不知肉味(부지육미).

공자(子)께서 제나라(齊)에 계실(在) 때 소(韶, 순임금의 악)를 들으시고(聞), 삼개월간(三月) 고기(肉) 맛(味)을 알지(知) 못하셨다(不).

曰(왈). 不圖爲樂之至於斯也(부도위악지지어사야).

말씀하셨다(曰). 음악(樂)을 만든(爲) 것이(之) 여기(斯)에(於) 이를(至) 줄을 헤아리지(圖, 생각하지) 못했(不)다(也).

*韶(소): 풍류 이름 ‖ *圖(도): 헤아리다 ‖ *樂: (악) 노래 / (낙/락) 즐기다 / (요) 좋아하다.

- 不+동사/형용사 ↔ 非+명사(구) ‖ 不知: 알지 못하다, 不圖: 헤아리지 못하다.
- 之+술어: 之(주격: ~은(는)/~이(가), 목적격: ~을(를)) ‖ 爲樂之至: 음악을 만든 것이 이르다.
- 술어+(목적어)+於(乎/于)+명사(구) ‖ 至於斯: 여기에 이르다.

14장

冉有曰(염유왈). 夫子爲衛君乎(부자위위군호)? 子貢曰(자공왈). 諾(낙), 吾將問之(오장문지).

염유(冉有)가 말했다(曰). 선생님(夫子)께서 위나라(衛) 임금(君)을 도우실(爲)까(乎)? 자공(子貢)이 말했다(曰). 좋아(諾), 내(吾)가 장차(將) 그것(之)을 물어보겠네(問).

入曰(입왈), 伯夷叔齊(백이숙제), 何人也(하인야)?

들어가서(入) 말하길(曰), 백이(伯夷)와 숙제(叔齊)는 어떤(何) 사람(人)입니까(也)?

曰(왈). 古之賢人也(고지현인야). 曰(왈), 怨乎(원호)?

말씀하셨다(曰). 옛날(古)의(之) 현인(賢人)이시다(也). 말하길(曰), 원망했습니(怨)까(乎)?

曰(왈). 求仁而得仁(구인이득인), 又何怨(우하원)?

말씀하셨다(曰). 인(仁)을 구하다(求)가(而) 인(仁)을 얻었는데(得), 또(又) 무엇(何)을 원망하겠느냐(怨)?

出曰(출왈). 夫子不爲也(부자불위야).

나와서(出) 말했다(曰). 선생님(夫子)께서는 (위나라 임금을) 돕지(爲) 않을(不) 것이네(也).

---

*冉有(염유): 공자의 제자로 정치를 지향하고 현실적인 인물 ‖ *夫子(부자): 선생님 ‖ *子貢(자공): 공자의 제자 단목사(端木賜)의 자(字)로 말솜씨와 정치적 수완이 뛰어난 인물 ‖ *伯夷(백이)·叔齊(숙제): 주(周) 무왕(武王)이 은(殷)의 주왕(紂王)을 멸하자, 신하가 천자를 토벌한 것을 반대하여 주나라 곡식을 거부하고 수양산에서 굶어 죽은 형제 ‖ *古之(고지): 옛날에, 옛날의.

· 술어+之: 之(대명사: 그(것)을, 그(것)에) ‖ 問之: 그것을 묻다.
· 술어(부사어)+而+술어(부사어) ‖ 求仁而得仁: 인을 구하고 인을 얻다.
· 의문문에서 의문사(대명사) 도치 ‖ 何怨: 怨何의 何도치, 무엇을 원망하다.
· 不+동사/형용사 ↔ 非+명사(구) ‖ 不爲: 하지 않다.

15장

子曰(자왈). 飯疏食飮水(반소사음수), 曲肱而枕之(곡굉이침지), 樂亦在其中矣(낙역재기중의), 不義而富且貴(불의이부차귀), 於我(어아), 如浮雲(여부운).

공자(子)께서 말씀하셨다(曰). 거친(疏) 밥(食)을 먹고(飯) 물(水)을 마시며(飮), 팔뚝(肱)을 굽혀(曲)서(而) 그것(之)을 베고(枕), 즐거움(樂)이 또한(亦) 그(其) 가운데(中) 있으(在)니(矣), 의롭지(義) 않고(不)서(而) 부유하고(富) 또한(且) 귀한(貴) 것은 나(我)에게(於) 뜬(浮)구름(雲)과 같다(如).

※ 於我如浮雲: 於我는 보어로 문장에서 위치가 비교적 자유롭다. 如於我浮雲 혹은 如浮雲於我의 형태도 가능하다.

---

*肱(굉): 팔뚝 ‖ *樂: (악) 노래 / (낙/락) 즐기다 / (요) 좋아하다.

· 술어(부사어)+而+술어(부사어) ‖ 曲肱而枕: 팔뚝을 구부려서 베다, 義而富: 의롭고 부유하다.

· 不+동사/형용사 ↔ 非+명사(구) ‖ 不義: 의롭지 않다.

16장

子曰(자왈). 加我數年(가아수년), 五十以學易(오십이학역), 可以無大過矣(가이무대과의).

공자(子)께서 말씀하셨다(曰). 나(我)에게 몇(數) 년(年)을 더해주어(加) 오십(五十)에(以) 주역(易)을 배운다면(學), 큰(大) 허물(過)이 없을(無) 수(可以) 있을 것이다(矣).

---

*以(이): 시간 표시.

· 可(能/得/足)以+술어: ~할 수 있다, ~할 만하다 ‖ 可以無: 없을 수 있다.

17장

子所雅言(자소아언), 詩書執禮(시서집례). 皆雅言也(개아언야).

공자(子)께서 본디(雅, 평소) 말한(言) 것(所)은 시경(詩), 서경(書), 예(禮)를 집행하는 것이다(執). 모두(皆) 본디(雅) 말한(言) 것이다(也).

*雅(아): 맑다, 본디→ 평소.
· 수식어+者 ↔ 所+수식어(동사/형용사) ‖ 所雅言: 본디 말한 것.

18장

葉公問孔子於子路(섭공문공자어), 子路不對(자로부대).

섭공(葉公)이 자로(子路)에게(於) 공자(孔子)를 묻자(問), 자로(子路)가 대답하지(對) 못했다(不).

子曰(자왈). 女奚不曰(여해불왈), 其爲人也發憤忘食(기위인야발분망식), 樂以忘憂(낙이망우), 不知老之將至云爾(부지노지장지운이).

공자(子)께서 말씀하셨다(曰). '너(女)는 어찌(奚) 말하지(曰) 못했느냐(不), 그(其) 사람(人)됨(爲)이(也), 발분하면(發憤) 먹는 것(食)도 잊고(忘), (알면) 즐거움(樂) 그것으로(以) 근심(憂)을 잊으며(忘), 늙음(老)이(之) 장차(將) 이르는(至) 것도 알지(知) 못한다(不)'라고(云爾).

*子路(자로): 공자의 제자 중유(仲由)의 자(字)로 솔직 담백하고 용맹한 정치가이자 무인 ‖ *女(여): =汝 ‖ *發憤(발분): 마음과 힘을 떨쳐 일으킴 ‖ *樂: (악) 노래 / (낙/락) 즐기다 / (요) 좋아하다 ‖ *云爾(운이): 이와 같이, ~라고 한다, 이와 같을

뿐이다.

· 술어+(목적어)+於(乎/于)+명사(구) ‖ 問孔子於子路: 자로에게 공자를 묻다.
· 不+동사/형용사 ↔ 非+명사(구) ‖ 不對: 대답하지 못하다, 不曰: 말하지 못하다, 不知: 알지 못하다.
· 以+술어: =以+之(대명사)+술어 ‖ 樂以忘: =樂以之忘, 즐거움 그것으로 잊다.
· 之+술어: 之(주격: ~은(는)/~이(가), 목적격: ~을(를)) ‖ 老之將至: 늙음이 장차 이르다.

19장

子曰(자왈). 我非生而知之者(아비생이지지자).
好古敏以求之者也(호고민이구지자야).

공자(子)께서 말씀하셨다(曰). 나(我)는 나면(生)서(而), 그것(之)을 아는(知) 자(者)가 아니다(非). 옛것(古)을 좋아해서(好) 민첩함(敏), 그것으로(以) 그것(之)을 구하는(求) 자(者)이다(也).

· 不+동사/형용사 ↔ 非+명사(구) ‖ 非(生而知之)者: (나서 그것을 아는) 자가 아니다.
· 술어(부사어)+而+술어(부사어) ‖ 生而知之: 나서 그것을 알다.
· 술어+之: 之(대명사: 그(것)을, 그(것)에) ‖ 知之: 그것을 알다, 求之: 그것을 구하다.
· 수식어+者 ↔ 所+수식어(동사/형용사) ‖ 知之者: 그것을 아는 자, 그것을 구하는 자.
· 以+술어: =以+之(대명사)+술어 ‖ 敏以求: =敏以之求, 민첩함, 그것으로 구하다.

20장

子不語怪力亂神(자불어괴력난신).

공자(子)께서는 괴이함(怪), 용력(力), 어지러운 일(亂), 귀신(神)을 말하지(語) 않으셨다(不).

· 不+동사/형용사 ↔ 非+명사(구) ‖ 不語: 말하지 않다.

21장

子曰(자왈). 三人行(삼인행), 必有我師焉(필유아사언).

공자(子)께서 말씀하셨다(曰). 세(三) 사람(人)이 가면(行), 반드시(必) 거기에(焉) 나(我)의 스승(師)이 있다(有).

擇其善者而從之(택기선자이종지), 其不善者而改之(기불선자이개지).

그(其) 선한(善) 것(者)을 택하여(擇)서(而) 그것(之)을 따르고(從), 그(其) 선하지(善) 못한(不) 것(者)을 (택하여)서(而) 그것(之)을 고친다(改).

· 有+명사: ①~이(가) 있다(술어+보어), ②~을(를) 가지고 있다(술어+목적어).
· 焉(언): =於之 ‖ 我師焉: =我師於之, 거기에 나의 스승.
· 수식어+者 ↔ 所+수식어(동사/형용사) ‖ 善者: 선한 것.
· 술어(부사어)+而+술어(부사어) ‖ 擇~而從之: 택하여 그것을 따르다, (擇)~而改之: 택하여 그것을 고치다.
· 술어+之: 之(대명사: 그(것)을, 그(것)에) ‖ 從之: 그것을 따르다, 改之: 그것을 고치다.
· 不+동사/형용사 ↔ 非+명사(구) ‖ 不善: 선하지 않다.

22장

子曰(자왈). 天生德於予(천생덕어여), 桓魋其如予何(환퇴기여여하)?

공자(子)께서 말씀하셨다(曰). 하늘(天)이 나(予)에게(於) 덕(德)을 내렸으니(生), 환퇴(桓魋)가 장차(其) 나(予)를 어찌(何)하겠는가(如)?

*桓魋(환퇴): 공자를 죽이려 했던 송(宋)의 대부 ‖ *如何(여하): 무엇과 같은가? 어떻게 하는가? 어떠한가?
· 술어+(목적어)+於(乎/于)+명사(구) ‖ 生德於予: 나에게 덕을 내리다.

23장

子曰(자왈). 二三子(이삼자), 以我爲隱乎(이아위은호)?
吾無隱乎爾(오무은호이).

공자(子)께서 말씀하셨다(曰). 너희들(二三子)은 나(我)를(以) 숨긴다(隱)고 여기느(爲)냐(乎)? 나(吾)는 너희(爾)에게(乎) 숨기는 것(隱)이 없다(無).

吾無行而不與二三子者(오무행이불여이삼자자), 是丘也(시구야).

나(吾)는 행하(行)면서(而) 너희들(二三子)과 함께하지(與) 않은(不) 것(者)이 없으니(無), 이 사람(是)이 구(丘, 공자)이다(也).

*二三子(이삼자): 스승이 제자를 부르거나, 임금이 신하를 부를 때 하는 말 ‖ *以A爲B=A以爲B, A를 B로 여기다(삼다) ‖ *乎爾(호이): ①너희에게, ②어기사 ‖ *爾(이): 너, 당신.
· 술어+(목적어)+於(乎/于)+명사(구) ‖ 隱乎爾: 너희에게 숨기다.

· 술어(부사어)+而+술어(부사어) ‖ 行而不與: 행하면서 함께하지 않다.
· 不+동사/형용사 ↔ 非+명사(구) ‖ 不與: 함께하지 않다.
· 수식어+者 ↔ 所+수식어(동사/형용사) ‖ 不與二三子者: 너희와 함께하지 않은 것.

24장

子以四教(자이사교), 文行忠信(문행충신).

공자(子)는 네 가지(四)를(以) 가르치셨는데(教), 문(文), 행(行), 충(忠), 신(信)이었다.

· 以+명사(구): 명사(구)로(써) ‖ 以四: 네 가지를.

25장

子曰(자왈). 聖人(성인), 吾不得而見之矣(오부득이견지의), 得見君子者(득견군자자), 斯可矣(사가의).

공자(子)께서 말씀하셨다(曰). 성인(聖人)이라면, 내(吾)가 그(之)를 볼(見) 수(得而) 없으(不)니(矣), 군자다운(君子) 자(者)를 볼(見) 수(得) 있다면(斯) 좋겠(可)다(矣).

※ 별해. 吾不得而見之矣: 내가 그를 얻어서 보지 못한다.

子曰(자왈). 善人(선인), 吾不得而見之矣(오부득이견지의), 得見有恒者(득견유항자), 斯可矣(사가의).

공자(子)께서 말씀하셨다(曰). 선인(善人)이라면, 내(吾)가 그(之)를 볼(見) 수(得而) 없으(不)니(矣), 항심(恒)을 가진(有) 자(者)를 볼(見) 수(得) 있다면(斯) 좋겠(可)다(矣).

亡而爲有(무이위유), 虛而爲盈(허이위영), 約而爲泰(약이위태), 難乎有恒矣(난호유항의).

없으(亡)면서(而) 있다(有)고 하고(爲), 비었으(虛)면서(而) 가득하다(盈)고 하고(爲), 적으(約)면서(而) 크다(泰)고 하면(爲), 어려울(難) 것이다(乎), 항심(恒)을 가지고 있기(有)에(矣).

*得而(득이): =得以. ~수(만) 있다(하다) ‖ *亡: (망) 망하다 / (무) 없다 ‖ *約(약): 아끼다, 인색하다, 적다.
· 不+동사/형용사 ↔ 非+명사(구) ‖ 不得而見: 볼 수 없다.
· 술어+之: 之(대명사: 그(것)을, 그(것)에) ‖ 見之: 그를 보다.
· 수식어+者 ↔ 所+수식어(동사/형용사) ‖ 君子者: 군자다운 자.
· 可(能/得/足)+술어: ~할 수 있다, ~할 만하다 / 목적어+술어 구조도 가능 ‖ 得見: 볼 수 있다.
· 술어(부사어)+而+술어(부사어) ‖ 亡而爲: 없으면서 ~하다, 虛而爲: 비어있으면서 ~하다, 約而爲: 적으면서 ~하다.
· 有+명사: ①~이(가) 있다(술어+보어), ②~을(를) 가지고 있다(술어+목적어).

26장

子(자), 釣而不綱(조이불강), 弋不射宿(익불사숙).

공자(子)께서는 낚시질하더라(釣)도(而) 그물질하지(綱) 않으셨으며(不), 주살질하더라도(弋) 잠자는(宿) (새를) 쏘지(射) 않으셨다(不).

*弋(익): 주살(활의 오늬에 줄을 매어 쏘는 화살).
· 술어(부사어)+而+술어(부사어) ‖ 釣而不綱: 낚시질하더라도 그물질하지 않다.
· 不+동사/형용사 ↔ 非+명사(구) ‖ 不綱: 그물질하지 않다, 不射: 쏘지 않다.

27장

子曰(자왈). 蓋有不知而作之者(개유부지이작지자), 我無是也(아무시야).

공자(子)께서 말씀하셨다(曰). 대개(蓋) 알지(知) 못하(不)면서(而) 그것(之)을 만드는(作) 자(者)가 있는데(有), 나(我)는 이러한 것(是)이 없(無)다(也).

多聞(다문), 擇其善者而從之(택기선자이종지), 多見而識之(다견이지지), 知之次也(지지차야).

많이(多) 들어(聞) 그(其) 선한(善) 것(者)을 가려(擇)서(而) 그것(之)을 따르고(從), 많이(多) 보아(見)서(而) 그것(之)을 아는(識) 것이, 아는 것(知)의(之) 다음(次)이다(也).

---

*有~者: ~한 사람(경우)이 있다.

· 不+동사/형용사 ↔ 非+명사(구) ‖ 不知: 알지 못하다.

· 술어(부사어)+而+술어(부사어) ‖ 不知而作之: 알지 못하고 그것을 만들다, 擇~而從之: 택하여 그것을 따르다, 見而識之: 보고 그것을 기억하다.

· 술어+之: 之(대명사: 그(것)을, 그(것)에) ‖ 作之: 그것을 만들다, 從之: 그것을 따르다, 識之: 그것을 기억하다.

· 수식어+者 ↔ 所+수식어(동사/형용사) ‖ 作之者: 그것을 만드는 자, 善者: 선한 것.

· 之+명사: 之(관형격: ~의/~(하)는/~ㄴ) ‖ 知之次: 아는 것의 다음.

28장

互鄕(호향), 難與言(난여언), 童子見(동자현), 門人(문인), 惑(혹).

호향(互鄕) (사람들은) 더불어(與) 말하기(言)가 어려운데(難), 동자(童子)가 뵙자(見), 문인들(門人)이 의혹하였다(惑).

子曰(자왈). 與其進也(여기진야), 不與其退也(불여기퇴야), 唯何甚(유하심)?

공자(子)께서 말씀하셨다(曰). 그(其)가 찾아온 것(進)을 인정한(與) 것이지(也), 그(其)가 물러가 (불선한 것을 하는) 것(退)까지 인정하지는(與) 않은(不) 것인데(也), 다만(唯) 어찌(何) 심하겠느냐(甚)?

人(인), 潔己以進(결기이진), 與其潔也(여기결야), 不保其往也(불보기왕야).

사람(人)이 자기(己)를 깨끗이 하여(潔) 그것으로(以) 찾아오면(進) 그(其) 깨끗함(潔)을 인정한(與) 것이지(也), 그(其) 지난 것(往)까지 보증하지는(保) 않는(不) 것이다(也).

*互鄕(호향): 당시 선하지 못한 사람들이 살았던 마을 ‖ *與(여): 허락하다, 인정하다.
· 不+동사/형용사 ↔ 非+명사(구) ‖ 不與: 허락하지 않다, 不保: 보증하지 않다.
· 以+술어: =以+之(대명사)+술어 ‖ 以進: =以之進, 그것으로 나아가다.

29장

子曰(자왈). 仁遠乎哉(인원호재)? 我欲仁(아욕인), 斯仁至矣(사인지의).

공자(子)께서 말씀하셨다(曰). 인(仁)이 멀리 있(遠)더냐(乎哉)? 내(我)가 인하(仁)고자 하(欲)면(斯), 인(仁)이 이르는(至) 것이다(矣).

*乎哉(호재): 감탄·의문종결사.

30장

陳司敗問(진사패문), 昭公(소공), 知禮乎(지례호)?

진나라(陳) 사패(司敗)가 묻기를(問), 소공(昭公)은 예(禮)를 아는(知) 분입니까(乎)?

孔子曰(공자왈). 知禮(지례).

공자(子)께서 말씀하셨다(曰). 예(禮)를 아신다(知).

孔子退(공자퇴), 揖巫馬期(읍무마기), 而進之曰(이진지왈).

공자(孔子)께서 물러가자(退), 무마기(巫馬期)에게 읍을 하(揖)고(而) 그에게(之) 나아가(進) 말했다(曰).

吾聞(오문), 君子不黨(군자부당), 君子亦黨乎(군자역당호)?

내(吾)가 듣기로(聞), 군자(君子)는 편당 짓지(黨) 않는다(不)고 했는데, 군자(君子)도 또한(亦) 편당 짓는(黨)가(乎)?

君(군), 取於吳(취어오), 爲同姓(위동성), 謂之吳孟子(위지오맹자).

임금(君)이 오나라(吳)에(於) 장가들어(取) (오나라가 노나라와) 동성(同姓)이 되었는데(爲), (이를 숨기려고) 그(之)를 오맹자(吳孟子)라 말했다(謂).

君而知禮(군이지례), 孰不知禮(숙부지례)?

(이러한 자도) 임금이 되어(君)서(而) 예(禮)를 안다(知)고 하면, 누군(孰)들 예(禮)를 알지(知) 못하겠는가(不)?

巫馬期以告(무마기이고), **子曰**(자왈).

무마기(巫馬期)가 그것을(以) 고하자(告), 공자(子)께서 말씀하셨다(曰).

丘也(구야), **幸**(행). **苟有過**(구유과), **人必知之**(인필지지).

구(丘, 공자)는(也) 다행스럽다(幸). 진실로(苟) 허물(過)이 있으면(有), 사람들(人)이 반드시(必) 그것(之)을 아는구나(知).

---

*司敗(사패): 진(陳)·한(漢)에서 형벌을 맡아보는 관리 ‖ *昭公(소공): 노(魯)의 군주 ‖ *巫馬期(무마기): 잘 알려지지 않은 공자의 제자로 노(魯)나라 사람 혹은 진(晉)나라 사람이라는 설이 있음 ‖ *黨(당): 편들다, 치우치다, 아첨하다 ‖ *取(취): 장가들다 ‖ *吳孟子(오맹자): 노(魯)의 소공(昭公)이 오(吳)에 장가들면서 바꾼 이름.

· 술어(부사어)+而+술어(부사어) ‖ 揖~而進之: 읍하고 그에게 나아가다, 君而知禮: 임금이 되어서 예를 알다.

· 술어+之: 之(대명사: 그(것)을, 그(것)에) ‖ 進之: 그에게 나아가다, 謂之: 그를 말하다, 知之: 그것을 알다.

· 술어+(목적어)+於(乎/于)+명사(구) ‖ 取於吳: 오나라에 장가든다.

· 不+동사/형용사 ↔ 非+명사(구) ‖ 不知: 알지 못하다.

· 有+명사: ①~이(가) 있다(술어+보어), ②~을(를) 가지고 있다(술어+목적어).

31장

子與人歌(자여인가), **而善必使反之**(이선필사반지), **而後和之**(이후화지).

공자(子)께서는 남(人)과(與) 노래하는(歌)데(而) 잘하면(善), 반드시(必) (그로) 하여금(使) 그것(之)을 반복하게 하시고(反) 이후에(而後) 그것(之)에 화답하셨다(和).

· (명사)+與(及)+명사(구) ‖ 與人: 남과.
· 술어(부사어)+而+술어(부사어) ‖ 歌而善: 노래하는데 잘하다.
· 使+술어: =使+之+술어 ‖ 使反之: =使之反之, 그로 하여금 그것을 반복하게 하다.
· 술어+之: 之(대명사: 그(것)을, 그(것)에) ‖ 反之: 그것을 반복하다, 和之: 그것에 화답하다.

32장

子曰(자왈). 文莫吾猶人也(문막오유인야)? 躬行君子(궁행군자), 則吾未之有得(즉오미지유득).

공자(子)께서 말씀하셨다(曰). 글(文)이야 내(吾)가 남들(人)과 같지(猶) 않은 것(莫)이 있겠는가(也)? 몸소(躬) 군자(君子)를 행함(行)은(則) 내(吾)가 아직 그것(之)을 얻은 것(得)이 있지는(有) 않다(未).

· 莫(막): 대명사를 포함한 부정 ‖ ~하는 이가(것이) 없다.
· 부정문에서 대명사 도치 ‖ 未之有得: 未有得之의 之도치, 그것을 얻음이 있지 않다.
· 有+명사: ①~이(가) 있다(술어+보어), ②~을(를) 가지고 있다(술어+목적어).

33장

子曰(자왈). 若聖與仁(약성여인), 則吾豈敢(즉오기감), 抑爲之不厭(억위지불염), 誨人不倦(회인불권), 則可謂云爾已矣(즉가위운이이의).

공자(子)께서 말씀하셨다(曰). 만약(若) 성(聖)과(與) 인(仁)이라면(則), 내(吾)가 어찌(豈) 감히(敢) (하겠느냐)만(抑), 그것(之)을 하는(爲) 것을 싫어하지(厭)

않으며(不), 사람(人)을 가르치는(誨) 것에 게을리하지(倦) 않는(不) 것이라면(則), (그렇다) 말할(謂) 수(可) 있다고 이를(云) 뿐이니라(爾已矣).

公西華曰(공서화왈). 正唯弟子不能學也(정유제자불능학야).

공서화(公西華)가 말했다(曰). 바로(正) 오직(唯) (이것이) 제자들(弟子)이 배울(學) 수(能) 없는(不) 것입니다(也).

*抑(억): 아니면, 하지만, 그러나 ‖ *厭(염): 싫어하다 ‖ *誨(회): 가르치다 ‖ *倦(권): 게으르다 ‖ *爾已矣(이이의): 단정종결사 ‖ *公西華(공서화): 공자의 제자 공서적(公西赤)으로 예의와 외교에 재능이 있던 인물.

· (명사)+與(及)+명사(구) ‖ 聖與仁: 성과 인.
· 술어+之: 之(대명사: 그(것)을, 그(것)에) ‖ 爲之: 그것을 하다.
· 不+동사/형용사 ↔ 非+명사(구) ‖ 不厭: 싫어하지 않다, 不倦: 게으르지 않다, 不能學: 배울 수 없다.
· 可(能/得/足)+술어: ~할 수 있다, ~할 만하다 / 목적어+술어 구조도 가능 ‖ 可謂: 말할 수 있다, 能學: 배울 수 있다.

34장

子疾病(자질병), 子路請禱(자로청도). 子曰(자왈). 有諸(유저)?

공자(子)께서 병(病)을 앓자(疾), 자로(子路)가 빌기(禱)를 청했다(請). 공자(子)께서 말씀하셨다(曰). 그런 일(諸)이 있었느냐(有)?

子路對曰(자로대왈). 有之(유지). 誄曰(뇌왈), 禱爾于上下神祇(도이우상하신기).

자로(子路)가 대답하여(對) 말했다(曰). 그런 것(之)이 있었습니다(有). 뇌문(誄) 이르길(曰), '너(爾)를 상하(上下) 천신(神)과 지신(祇)께(于) 빈다(禱)'고 하였습니다.

子曰(자왈). 丘之禱久矣(구지도구의).

공자(子)께서 말씀하셨다(曰). (그러하다면) 구(丘, 공자)가(之) 기도한(禱) 것이 오래되었(久)다(矣).

※ 丘之禱久矣: 禱를 명사로 보면, '구의 기도가 오래되었다'로 번역할 수 있다.

*子路(자로): 공자의 제자 중유(仲由)의 자(字)로 솔직 담백하고 용맹한 정치가이자 무인 ‖ *禱(도): 빌다, 바라다 ‖ *有諸(유저): =有之乎. 그러한 일(것)이 있는가? ‖ *誄(뇌): 뇌문(죽은 사람을 애도하기 위해 짓는 제문과 성격이 유사하면서 행적을 서술하는 전장의 내용이 담긴 한문 문체) ‖ *爾(이): 너, 그대 ‖ *神祇(신기): 천신(天神)과 지기(地祇)를 이르는 말로 하늘의 신령과 땅의 신령을 의미함 ‖ *祇(기): 땅귀신.

· 有+명사: ①~이(가) 있다(술어+보어), ②~을(를) 가지고 있다(술어+목적어).
· 술어+(목적어)+於(乎/于)+명사(구) ‖ 禱爾于上下: 상하에 너를 빈다.
· 之+술어: 之(주격: ~은(는)/~이(가), 목적격: ~을(를)) ‖ 丘之禱: 구가 기도하다.

35장

子曰(자왈). 奢則不孫(사즉불손), 儉則固(검즉고), 與其不孫也(여기불손야), 寧固(영고).

공자(子)께서 말씀하셨다(曰). 사치하(奢)면(則) 공손하지(孫) 못하고(不), 검소하(儉)면(則) 고루하니(固), 공손하지(孫) 않은(不) 것보다(與其)는(也) 차라리(寧) 고루한 것(固)이 낫다.

*奢(사): 사치하다, 낭비하다 ‖ *與其(여기)~寧(녕): ~하는 것보다 차라리 ~하는 것이 낫다.

· 不+동사/형용사 ↔ 非+명사(구) ‖ 不孫: 공손하지 않다.

36장

子曰(자왈). 君子(군자), 坦蕩蕩(탄탕탕), 小人(소인), 長戚戚(장척척).

공자(子)께서 말씀하셨다(曰). 군자(君子)는 (마음이) 평탄하고(坦) 아득히 넓으며(蕩蕩), 소인(小人)은 늘(長) 근심한다(戚戚).

*坦(탄): 평탄하다, 너그럽다 ‖ *蕩蕩(탕탕): 넓고 아득한 모양 ‖ *蕩(탕): 넓고 크다 ‖ *長(장): 늘, 항상 ‖ *戚戚(척척): 근심하고 두려워하는 모양 ‖ *戚(척): 근심하다.

37장

子(자), 溫而厲(온이려), 威而不猛(위이불맹), 恭而安(공이안).

공자(子)께서 온화하면(溫)서도(而) 엄숙하시며(厲), 위엄있으면(威)서도(而) 사납지(猛) 않으시며(不), 공손하면(恭)서도(而) 편안해하셨다(安).

*厲(려): 맹렬하다, 엄숙하다 ‖ *猛(맹): 사납다.

· 술어(부사어)+而+술어(부사어) ‖ 溫而厲: 온화하면서도 엄숙하다, 威而不猛: 위엄이 있으면서 사납지 않다, 恭而安: 공손하면서도 편안하다.

· 不+동사/형용사 ↔ 非+명사(구) ‖ 不猛: 사납지 않다.

8편

태백
泰伯

1장

子曰(자왈). 泰伯(태백), 其可謂至德也已矣(기가위지덕야이의). 三以天下讓(삼이천하양), 民無得而稱焉(민무득이칭언).

공자(子)께서 말씀하셨다(曰). 태백(泰伯)은 아마도(其) 지극한(至) 덕(德)이라 말할(謂) 수(可) 있을 것이다(也已矣). 세 번(三)이나 천하(天下)를(以) 사양했으나(讓), (자취가 없어서) 백성(民)이 그것을(焉) 칭송할(稱) 수(得而) 없다(無).

*泰伯(태백): 주(周) 태왕(太王)의 장자, 아우 계력(季歷)의 아들인 문왕(文王)에게 성덕(聖德)이 있어 왕위를 양보하고 형월(荊越) 지방에 은둔한 인물 ‖ *也已矣(야이의): 단정종결사 ‖ *得而(득이): =得以. ~할 수(만) 있다.

· 可(能/得/足)+술어: ~할 수 있다, ~할 만하다 / 목적어+술어 구조도 가능 ‖ 可謂: 말할 수 있다.
· 以+명사(구): 명사(구)로(써) ‖ 以天下: 천하를.
· 可(能/得/足)以+술어: ~할 수 있다, ~할 만하다 ‖ 得而稱: =得以稱, 칭송할 수 있다.
· 焉(언): =於之 ‖ 稱焉: =稱於之, 그것을 칭송하다.

2장

子曰(자왈). 恭而無禮則勞(공이무례즉노), 愼而無禮則葸(신이무례즉사), 勇而無禮則亂(용이무례즉난), 直而無禮則絞(직이무례즉교).

공자(子)께서 말씀하셨다(曰). 공손하(恭)나(而) 예(禮)가 없으(無)면(則) 수고스럽고(勞), 신중하(愼)나(而) 예(禮)가 없으(無)면(則) 두렵고(葸), 용맹하(勇)나(而) 예(禮)가 없으(無)면(則) 난폭하고(亂), 강직하(直)나(而) 예(禮)가 없으(無)면(則) 여유가 없다(絞).

君子篤於親則民興於仁(군자독어친즉민흥어인), 故舊不遺則民不偸(고구불유즉민불투).

군자(君子)가 친족(親)에게(於) 돈독하(篤)면(則) 백성(民)이 인(仁)을(於) 일으키고(興), 옛(故) 친구(舊), (그것도) 버리지(遺) 않는다(不)면(則) 백성(民)이 야박해지지(偸) 않는다(不).

---

*葸(사/시): 두려워하다 ‖ *絞(교): 목매다, 엄하다, 여유가 없다 ‖ *故舊(고구): 사귄 지 오래된 친구 ‖ *偸(투): 훔치다, 야박하다, 남몰래.

· 술어(부사어)+而+술어(부사어) ‖ 恭而無: 공손하나 ~이 없다, 愼而無: 신중하나 ~이 없다, 勇而無: 용맹하나 ~이 없다, 直而無: 강직하나 ~이 없다.

· 술어+(목적어)+於(乎/于)+명사(구) ‖ 篤於親: 친족에 돈독하다, 興於仁: 인을 일으키다.

· 不+동사/형용사 ↔ 非+명사(구) ‖ 不遺: 버리지 않다, 不偸: 야박하지 않다.

3장

曾子有疾(증자유질), 召門弟子曰(소문제자왈).

증자(曾子)께서 병(疾)이 있을(有) 때, 문하(門)의 제자들(弟子)을 불러(召) 말했다(曰).

啓予足(계여족), 啓予手(계여수).

내(予) 발(足)을 열어 보고(啓), 내(予) 손(手)을 열어 보아라(啓).

詩云(시운), 戰戰兢兢(전전긍긍), 如臨深淵(여림심연), 如履薄氷(여리박빙).

시경(詩)에 이르길(云), '두려워하고(戰戰) 조심하라(兢兢), 깊은(深) 못(淵)에 임한(臨) 듯하고(如), 얇은(薄) 얼음(氷)을 밟는(履) 듯하라(如)'고 하였다.

而今而後(이금이후), 吾知免夫(오지면부), 小子(소자).

지금(而今) 이후에(而後) 나(吾)는 (이런 것들을) 면한 것(免)을 알겠(知)구나(夫), 너희들(小子)아.

*曾子(증자): 공자의 제자 증삼(曾參)으로 공자 사상을 계승하는 데 역할을 한 인물 ‖ *戰戰兢兢(전전긍긍): 겁을 먹고 벌벌 떨며 몸을 움츠린다는 뜻으로, 위기감에 절박해진 심정을 비유한 말 ‖ *戰戰(전전): 몹시 두려워하여 벌벌 떪 ‖ *兢兢(긍긍): 조마조마하여 마음을 놓지 못하는 모양 ‖ *履(리/이): 밟다, 신다 ‖ *薄(박): 엷다, 얇다 ‖ *而今(이금): 현재, 지금.

· 有+명사: ①~이(가) 있다(술어+보어), ②~을(를) 가지고 있다(술어+목적어).

4장

曾子有疾(증자유질), 孟敬子問之(맹경자문지).

증자(曾子)께서 병(疾)이 있을(有) 때, 맹경자(孟敬子)가 그(之)를 문안했다(問).

曾子言曰(증자언왈), 鳥之將死(조지장사), 其鳴也哀(기명야애), 人之將死(인지장사), 其言也善(기언야선).

증자(曾子)께서 말씀하여(言) 이르셨다(曰), 새(鳥)가(之) 장차(將) 죽으려(死) 하매 그(其) 울음(鳴)이(也) 슬프고(哀), 사람(人)이(之) 장차(將) 죽으려(死) 하매 그(其) 말(言)이(也) 선하다(善).

君子所貴乎道者三(군자소귀호도자삼), 動容貌(동용모), 斯遠暴慢矣(사원포만의), 正顔色(정안색), 斯近信矣(사근신의), 出辭氣(출사기), 斯遠鄙倍矣(사원비패의).

군자(君子)가 도(道)라는 것(者)에(乎) 귀하게 여기는(貴) 것(所)이 세 가지(三)이니, 용모(容貌)를 움직일(動) 때면(斯) 거침(暴)과 오만(慢)을 멀리하(遠)고(矣), 안색(顏色)을 바르게 할(正) 때면(斯) 믿음(信)을 가까이하(近)고(矣), 말(辭氣)을 낼(出) 때면(斯) 비루함(鄙)과 어긋남(倍)을 멀리해야 한(遠)다(矣).

籩豆之事(변두지사), 則有司存(즉유사존).

변두(籩豆, 자질구레한 일)의(之) 일(事)은 곧(則) 유사(有司)가 있다(存, 하는 것이다).

*曾子(증자): 공자의 제자 증삼(曾參)으로 공자 사상을 계승하는 데 역할을 한 인물 ‖ *孟敬子(맹경자): 노(魯)의 대부 중손씨(仲孫氏) ‖ *慢(만): 거만하다 ‖ *辭氣(사기): 말과 얼굴빛→ 앞에 안색이 있으므로 '말'을 의미함 ‖ *鄙(비): 더럽다, 비루하다 ‖ *倍: (배) 곱 / (패) 등지다 ‖ *籩豆(변두): 대나무와 나무로 만든 제기 / 籩豆之事: 제사 ‖ *有司(유사): 단체에서 사무를 맡은 직책.

· 有+명사: ①~이(가) 있다(술어+보어), ②~을(를) 가지고 있다(술어+목적어).
· 之+술어: 之(주격: ~은(는)/~이(가), 목적격: ~을(를)) ‖ 鳥之將死: 새가 장차 죽다, 人之將死: 사람이 장차 죽다.
· 수식어+者 ↔ 所+수식어(동사/형용사) ‖ 所貴: 귀한 것, 道者: 도라는 것.
· 술어+(목적어)+於(乎/于)+명사(구) ‖ 貴乎道: 도에 귀하다.
· 之+명사: 之(관형격: ~의/~(하)는/~ㄴ) ‖ 籩豆之事: 변두의 일.

5장

曾子曰(증자왈). 以能(이능), 問於不能(문어불능), 以多(이다), 問於寡(문어과), 有若無(유약무), 實若虛(실약허), 犯而不校(범이불교).

증자(曾子)께서 말씀하셨다(曰). 능한 것(能)으로(以) 능하지(能) 못한(不) (사람)에게(於) 묻고(問), 많은 것(多)으로(以) 적은(寡) (사람)에게(於) 물으며(問),

있으면서(有) 없는(無) 듯하고(若), 실하면서(實) 빈(虛) 듯하며(若),
거슬러(犯)도(而) 따져보지(校) 않는다(不).

昔者吾友嘗從事於斯矣(석자오우상종사어사의).

옛날(昔)에(者) 나(吾)의 벗(友, 안연)이 일찍이(嘗) 이것(斯)에(於) 종사했었(從事)다(矣).

*曾子(증자): 공자의 제자 증삼(曾參)으로 공자 사상을 계승하는 데 역할을 한 인물 ‖ *犯(범): 범하다, 어기다, 거스르다 ‖ *校(교): 헤아리다, 따져보다 ‖ *昔者(석자): 옛적, 옛날에.

· 以+명사(구): 명사(구)로(써) ‖ 以能: 능한 것으로, 以多: 많은 것으로.
· 술어+(목적어)+於(乎/于)+명사(구) ‖ 問於不能: 능하지 못한 사람에게 묻다, 問於寡: 적은 사람에게 묻다, 從事於斯: 이것에 종사하다.
· 不+동사/형용사 ↔ 非+명사(구) ‖ 不能: 능하지 못하다, 不校: 따지지 않다.
· 술어(부사어)+而+술어(부사어) ‖ 犯而不校: 거슬러도 따지지 않다.

6장

曾子曰(증자왈). 可以託六尺之孤(가이탁육척지고),
可以寄百里之命(가이기백리지명), 臨大節而不可奪也(임대절이불가탈야),
君子人與(군자인여)? 君子人也(군자인야).

증자(曾子)께서 말씀하셨다(曰). 육척(六尺)의(之) 고아(孤, 군주)를 부탁할(託) 만하고(可以), 백(百) 리(里)의(之) 명(命, 제후국)을 맡길(寄) 만하며(可以), 큰(大) 절개(節, 위기)에 임하여서(臨)도(而) (그 뜻을) 빼앗을(奪) 수(可) 없(不)다면(也), 군자다운(君子) 사람(人)인가(與)? 군자다운(君子) 사람(人)이다(也).

*曾子(증자): 공자의 제자 증삼(曾參)으로 공자 사상을 계승하는 데 역할을 한 인물.
· 可(能/得/足)以+술어: ~할 수 있다, ~할 만하다 ‖ 可以託: 부탁할 만하다,

可以寄: 맡길 만하다.

· 可(能/得/足)+술어: ~할 수 있다, ~할 만하다 / 목적어+술어 구조도 가능 ‖ 可奪: 빼앗을 수 있다.

· 之+명사: 之(관형격: ~의/~(하)는/~ㄴ) ‖ 六尺之孤: 육척의 고아, 百里之命: 백리의 명.

· 술어(부사어)+而+술어(부사어) ‖ 臨~而不可奪: 임하여서도 ~을 빼앗을 수 없다.

· 不+동사/형용사 ↔ 非+명사(구) ‖ 不可奪: 빼앗을 수 없다.

7장

曾子曰(증자왈). 士不可以不弘毅(사불가이불홍의). 任重而道遠(임중이도원).

증자(曾子)께서 말씀하셨다(曰). 선비(士)는 크고(弘) 굳세지(毅) 않을(不) 수(可以) 없다(不). 임무(任)는 중하(重)고(而) (가야 할) 길(道)은 멀기 (때문)이다(遠).

仁以爲己任(인이위기임), 不亦重乎(불역중호)? 死而後已(사이후이), 不亦遠乎(불역원호)?

인(仁)을(以) 자기(己)의 임무(任)로 여기니(爲), 또한(亦) 중하지(重) 아니한(不)가(乎)? 죽은(死) 이후에야(而後) 멈추니(已), 또한(亦) 멀지(遠) 아니한(不)가(乎)?

*曾子(증자): 공자의 제자 증삼(曾參)으로 공자 사상을 계승하는 데 역할을 한 인물 ‖ *弘毅(홍의): 뜻이 넓고 굳셈 ‖ *以A爲B=A以爲B, A를 B로 여기다(삼다).

· 不+동사/형용사 ↔ 非+명사(구) ‖ 不弘毅: 크고 굳세지 않다, 不重: 중하지 않다, 不遠: 멀지 않다.

· 可(能/得/足)以+술어: ~할 수 있다, ~할 만하다 ‖ 可以不弘毅: 크고 굳세지 않을 수 있다.

· 술어(부사어)+而+술어(부사어) ‖ 任重而道遠: 임무는 중하고 도는 멀다.

8장

子曰(자왈). 興於詩(흥어시), 立於禮(입어례), 成於樂(성어악).

공자(子)께서 말씀하셨다(曰). 시(詩)에서(於) 일으키고(興), 예(禮)에서(於) 서며(立), 악(樂)에서(於) 완성한다(成).

*樂: (악) 노래 / (낙/락) 즐기다 / (요) 좋아하다.

· 술어+(목적어)+於(乎/于)+명사(구) ‖ 興於詩: 시에서 흥하다, 立於禮: 예에 서다, 成於樂: 악에서 이루다.

9장

子曰(자왈). 民可使由之(민가사유지), 不可使知之(불가사지지).

공자(子)께서 말씀하셨다(曰). 백성(民)은 (그들로) 하여금(使) 그것(之)을 따르게 할(由) 수(可) 있어도, (그들로) 하여금(使) 그것(之)을 알게 할(知) 수(可) 없다(不).

*由(유): 좇다, 따르다.

· 可(能/得/足)+술어: ~할 수 있다, ~할 만하다 / 목적어+술어 구조도 가능 ‖ 可由: 따르게 할 수 있다, 可知: 알게 할 수 있다.

· 使+술어: =使+之+술어 ‖ 使由: =使之由, 그로 하여금 따르게 하다, 使知: =使之知, 그로 하여금 알게 하다.

· 술어+之: 之(대명사: 그(것)을, 그(것)에) ‖ 由之: 그것을 따르다, 知之: 그것을 알다.

· 不+동사/형용사 ↔ 非+명사(구) ‖ 不知: 알지 못하다.

10장

子曰(자왈). 好勇疾貧(호용질빈), 亂也(난야). 人而不仁(인이불인), 疾之已甚(질지이심), 亂也(난야).

공자(子)께서 말씀하셨다(曰). 용맹(勇)을 좋아하면서(好) 가난(貧)을 미워하면(疾) 난동하(亂)며(也), 사람이 되어(人)서(而) 어질지(仁) 못한(不) 것, 그것(之)을 미워하길(疾) 너무(已) 심하게 하면(甚) 난동한(亂)다(也).

*疾(질): 근심하다, 미워하다.
· 술어(부사어)+而+술어(부사어) ‖ 人而不仁: 사람이 되어서 어질지 못하다.
· 不+동사/형용사 ↔ 非+명사(구) ‖ 不仁: 어질지 못하다.
· 술어+之: 之(대명사: 그(것)을, 그(것)에) ‖ 疾之: 그것을 미워하다.

11장

子曰(자왈). 如有周公之才之美(여유주공지재지미), 使驕且吝(사교차인), 其餘(기여), 不足觀也已(부족관야이).

공자(子)께서 말씀하셨다(曰). 만일(如) 주공(周公)의(之) 재주(才)와 같은(之) 아름다움(美)을 가지고 있더라도(有), 가령(使) 교만하고(驕) 또(且) 인색하면(吝) 그(其) 나머지(餘)는 볼(觀) 만하지(足) 않을(不) 뿐이다(也已).

※ 周公之才之美: 之 관형격. 다만, '~의'가 반복되어 뒤의 之는 '~와 같은'으로 번역하였다.

*周公(주공): 주(周) 무왕(武王)의 동생으로 노(魯)의 제후 ‖ *使(사): 가령, 설사 ‖ *吝(린/인): 인색하다 ‖ *也已(야이): 종결사.
· 有+명사: ①~이(가) 있다(술어+보어), ②~을(를) 가지고 있다(술어+목적어).
· 之+명사: 之(관형격: ~의/~(하)는/~ㄴ) ‖ 周公之才: 주공의 재주, 才之美: 재주의 아름다움.

· 不+동사/형용사 ↔ 非+명사(구) ‖ 不觀: 관찰하지 못하다.
· 可(能/得/足)+술어: ~할 수 있다, ~할 만하다 / 목적어+술어 구조도 가능 ‖
不足觀: 관찰할 만하지 못하다.

12장

子曰(자왈). 三年學(삼년학), 不至於穀(부지어곡), 不易得也(불이득야).

공자(子)께서 말씀하셨다(曰). 삼 년(三年) 배우고도(學) 곡식(穀, 녹봉)에(於) (뜻이) 이르지(至) 않는(不) 것, (그러한 것은) 쉽게(易) 얻을(得) 수 없(不)다(也).

*易: (역) 바꾸다 / (이) 쉽다.
· 不+동사/형용사 ↔ 非+명사(구) ‖ 不至: 이르지 않다, 不得: 얻지 못하다.
· 술어+(목적어)+於(乎/于)+명사(구) ‖ 至於穀: 곡식에 이르다.

13장

子曰(자왈). 篤信好學(독신호학), 守死善道(수사선도).

공자(子)께서 말씀하셨다(曰). 돈독하게(篤) 믿고(信) 배우기(學)를 좋아하며(好), 선한(善) 도(道)를 죽음(死)으로 지킨다(守).

危邦不入(위방불입), 亂邦不居(난방불거), 天下有道則見(천하유도즉현), 無道則隱(무도즉은).

위태로운(危) 나라(邦)에 들어가지(入) 않고(不), 어지러운(亂) 나라(邦)에 살지(居) 않으며(不), 천하(天下)에 도(道)가 있으(有)면(則) 나타나고(見), 도(道)가 없으(無)면(則) 숨는다(隱).

邦有道(방유도), 貧且賤焉(빈차천언), 恥也(치야), 邦無道(방무도), 富且貴焉(부차귀언), 恥也(치야).

나라(邦)에 도(道)가 있는데(有) 거기에서(焉) 가난하고(貧) 또(且) 천한(賤) 것은 부끄러운(恥) 것이고(也), 나라(邦)에 도(道)가 없는데(無) 거기에서(焉) 부유하고(富) 또(且) 귀한(貴) 것은 부끄러운(恥) 것이다(也).

· 不+동사/형용사 ↔ 非+명사(구) ‖ 不入: 들어가지 않다, 不居: 살지 않다.
· 有+명사: ①~이(가) 있다(술어+보어), ②~을(를) 가지고 있다(술어+목적어).
· 焉(언): =於之 ‖ 거기에서.

14장

子曰(자왈). 不在其位(부재기위), 不謀其政(불모기정).

공자(子)께서 말씀하셨다(曰). 그(其) 지위(位)에 있지(在) 않거든(不), 그(其) 정사(政)를 꾀하지(謀) 말아야 한다(不).

· 不+동사/형용사 ↔ 非+명사(구) ‖ 不在: 있지 않다, 不謀: 도모하지 않는다.

15장

子曰(자왈). 師摯之始(사지지시), 關雎之亂(관저지란), 洋洋乎盈耳哉(양양호영이재).

공자(子)께서 말씀하셨다(曰). 악사(師)인 지(摯)가(之) (벼슬을) 시작할(始) 때 (연주하던) 관저(關雎)의(之) 종장(亂)이 양양하게(洋洋乎) 귀(耳)를 채우는(盈)구나(哉).

*師摯(사지): 노(魯)의 태사 지(摯, 이름) ‖ *關雎(관저): 시경의 한 곡 ‖ *亂(란): 악장, 악곡의 마지막 장.

· 之+술어: 之(주격: ~은(는)/~이(가), 목적격: ~을(를)) ‖ 師摯之始: 태사 지가 시작하다.

· 之+명사: 之(관형격: ~의/~(하)는/~ㄴ) ‖ 關雎之亂: 관저의 종장.

16장

子曰(자왈). 狂而不直(광이부직), 侗而不愿(통이불원), 悾悾而不信(공공이불신), 吾不知之矣(오부지지의).

공자(子)께서 말씀하셨다(曰). 거만하(狂)고(而) 바르지(直) 못하거나(不), 미련하(侗)면서(而) 성실하지(愿) 못하거나(不), 무지몽매하(悾悾)면서(而) 미덥지(信) 못하다면(不), (그런 사람은) 나(吾)도 그것(之)을 알지(知, 이해하지) 못하(不)겠다(矣).

*狂(광): 거만하다 ‖ *侗(통): 미련하다, 무지하다 ‖ *愿(원): 성실하다 ‖ *悾悾(공공): 무지몽매한 모양 ‖ *悾(공): 공허하다, 어리석다.

· 술어(부사어)+而+술어(부사어) ‖ 狂而不直: 거만하고 바르지 못하다, 侗而不愿: 미련하면서 성실하지 못하다, 悾悾而不信: 무지몽매하면서 미덥지 못하다.

· 不+동사/형용사 ↔ 非+명사(구) ‖ 不直: 바르지 않다, 不愿: 성실하지 않다, 不信: 미덥지 않다, 알지 못하다.

· 술어+之: 之(대명사: 그(것)을, 그(것)에) ‖ 知之: 그것을 알다.

17장

子曰(자왈). 學如不及(학여불급), 猶恐失之(유공실지).

공자(子)께서 말씀하셨다(曰). 학문(學)은 (힘이) 미치지(及) 못한(不) 듯해야(如) 하고, 오히려(猶) 그것(之, 얻은 것)을 잃을 것(失)을 두려워해야 한다(恐).

· 不+동사/형용사 ↔ 非+명사(구) ‖ 不及: 미치지 못하다.
· 술어+之: 之(대명사: 그(것)을, 그(것)에) ‖ 失之: 그것을 잃다.

18장

子曰(자왈). 巍巍乎(외외호),
舜禹之有天下也而不與焉(순우지유천하야이불여언).

공자(子)께서 말씀하셨다(曰). 외외하(巍巍)도다(乎), 순임금(舜)과 우임금(禹)은(之) 천하(天下)를 가지고 있었(有)어(也)도(而) 거기에(焉) 관여하지(與) 않으셨으니(不).

*巍巍(외외): 뛰어나게 높고 우뚝 솟은 모양 ‖ *巍(외): 높고 크다.
· 之+술어: 之(주격: ~은(는)/~이(가), 목적격: ~을(를)) ‖ 舜禹之有: 순과 우가 가지고 있다.
· 有+명사: ①~이(가) 있다(술어+보어), ②~을(를) 가지고 있다(술어+목적어).
· 술어(부사어)+而+술어(부사어) ‖ 有~而不與: 있고 관여하지 않는다.
· 不+동사/형용사 ↔ 非+명사(구) ‖ 不與: 관여하지 않는다.
· 焉(언): =於之 ‖ 與焉: =與於之, 거기에 관여하다.

19장

子曰(자왈). 大哉(대재), 堯之爲君也(요지위군야).

공자(子)께서 말씀하셨다(曰). 위대하(大)도다(哉), 요임금(堯)의(之) 임금(君)됨(爲)이여(也).

巍巍乎(외외호), 唯天(유천), 爲大(위대), 唯堯則之(유요칙지).

외외하(巍巍)도다(乎), 오직(唯) 하늘(天)만이 큰 것(大)이 되는데(爲), 오직(唯)

요임금(堯)만이 그것(之)을 본받으셨다(則).

蕩蕩乎(탕탕호), 民無能名焉(민무능명언). 巍巍乎(외외호), 其有成功也(기유성공야). 煥乎(환호), 其有文章(기유문장).

탕탕하(蕩蕩)도다(乎), 백성(民)이 그것을(焉) 이름할(名) 수(能) 없다(無).
외외하(巍巍)도다(乎), 그(其)가 공(功)을 이룬(成) 것이 있음(有)이(也).
빛나(煥)도다(乎), 그(其)가 문장(文章)을 가지고 있음이(有).

---

*巍巍(외외): 뛰어나게 높고 우뚝 솟은 모양 ‖ *則(칙): 본받다 ‖ *蕩蕩(탕탕): 넓고 아득한 모양 ‖ *煥(환): 불꽃, 빛나다.
· 之+명사: 之(관형격: ~의/~(하)는/~ㄴ) ‖ 堯之爲君: 요의 임금됨.
· 술어+之: 之(대명사: 그(것)을, 그(것)에) ‖ 則之: 그것을 본받다.
· 可(能/得/足)+술어: ~할 수 있다, ~할 만하다 / 목적어+술어 구조도 가능 ‖ 能名: 이름할 수 있다.
· 焉(언): =於之 ‖ 名焉: =名於之, 그것을 이름하다.
· 有+명사: ①~이(가) 있다(술어+보어), ②~을(를) 가지고 있다(술어+목적어).

20장

舜有臣五人而天下治(순유신오인이천하치).

순임금(舜)은 신하(臣) 다섯(五) 명(人)을 가지고 있어(有)서(而) 천하(天下)가 다스려졌다(治).

武王曰(무왕왈). 予有亂臣十人(여유난신십인).

무왕(武王)이 말씀하셨다(曰). 나(予)는 다스리는(亂) 신하(臣) 열(十) 명(人)을 가지고 있다(有).

孔子曰(공자왈). 才難(재난), 不其然乎(불기연호)?

공자(子)께서 말씀하셨다(曰). 인재 얻기(才)가 어려우니(難), 과연(其) 그렇지(然) 아니(不)한가(乎)?

唐虞之際於斯爲盛(당우지제어사위성), 有婦人焉(유부인언), 九人而已(구인이이).

당우(唐虞)의(之) 즈음(際)에 이(斯, 주나라)보다(於) 성대함(盛)이 있었지만(爲), 거기에(焉) 부인(婦人)이 있었으니(有), 아홉(九) 사람(人)일 뿐이다(而已).

三分天下(삼분천하), 有其二(유기이), 以服事殷(이복사은), 周之德(주지덕), 其可謂至德也已矣(기가위지덕야이의).

천하(天下)를 셋으로(三) 나누어(分), 그(其) 둘(二)을 가지고 있어도(有), 그것으로(以) 은나라(殷)를 복종하여(服) 섬겼으니(事), 주나라(周)의(之) 덕(德)은 아마도(其) 지극한(至) 덕(德)이라고 말할(謂) 수(可) 있을 것이다(也已矣).

---

*亂(란/난): 어지럽히다, 다스리다 ‖ *唐虞(당우): 요(堯)임금인 도당씨(陶唐氏)와 순(舜)임금인 유우씨(有虞氏)로, 요순시대 ‖ *而已(이이): ~일 뿐이다 ‖ *服事(복사): 복종하여 섬김 ‖ *也已矣(야이의): 단정종결사.

- 有+명사: ①~이(가) 있다(술어+보어), ②~을(를) 가지고 있다(술어+목적어).
- 술어(부사어)+而+술어(부사어) ‖ 有~而~治: 가지고 있어서 다스리다.
- 不+동사/형용사 ↔ 非+명사(구) ‖ 不然: 그렇지 않다.
- 之+명사: 之(관형격: ~의/~(하)는/~ㄴ) ‖ 唐虞之際: 당우의 즈음, 周之德: 주의 덕.
- 焉(언): =於之 ‖ 有婦人焉: =有婦人於之, 거기에 부인이 있다.
- 以+술어: =以+之(대명사)+술어 ‖ 以服: =以之服: 그것으로 복종하다.
- 可(能/得/足)+술어: ~할 수 있다, ~할 만하다 / 목적어+술어 구조도 가능 ‖ 可謂: 말할 수 있다.

21장

子曰(자왈). 禹(우), 吾無間然矣(오무간연의).

공자(子)께서 말씀하셨다(曰). 우임금(禹)은 내(吾)가 헐뜯을 만한(間) 그러한 것(然)이 없(無)도다(矣).

菲飮食而致孝乎鬼神(비음식이치효호귀신),
惡衣服而致美乎黻冕(악의복이치미호불면),
卑宮室而盡力乎溝洫(비궁실이진력호구혁), 禹(우), 吾無間然矣(오무간연의).

음식(飮食)을 엷게 했으(菲)나(而) 귀신(鬼神)에게(乎) 효(孝)를 다했고(致), 의복(衣服)을 조악하게 했으(惡)나(而) 불면(黻冕)에는(乎) 아름다움(美)을 다하셨으며(致), 궁실(宮室)을 낮게 했으(卑)나(而) 구혁(溝洫)에는(乎) 힘(力)을 다하셨으니(盡), 우임금(禹)은 내(吾)가 헐뜯을 만한(間) 그러한 것(然)이 없(無)도다(矣).

---

*間(간): 이간하다, 헐뜯다 ‖ *菲(비): 엷다, 박하다 ‖ *惡: (악) 악하다 / (오) 미워하다 ‖ *黻冕(불면): 무릎 가리개와 관(冠)으로, 제복(祭服)을 일컫는 말 ‖ *溝洫(구혁): 길가나 논밭 사이의 작은 도랑.

· 술어(부사어)+而+술어(부사어) ‖ 菲~而致: ~엷게 했으나 다하다, 惡~而致: 조악하게 했으나 다하다, 卑~而盡: 낮게 했으나 다하다.

· 술어+(목적어)+於(乎/于)+명사(구) ‖ 致孝乎鬼神: 귀신에 효를 다하다, 致美乎黻冕: 불면에 아름다움을 다하다, 盡力乎溝洫: 구혁에 힘을 다하다.

9편

자한
子罕

1장

子罕言利與命與仁(자한언이여명여인).

공자(子)께서는 이(利)와(與) 명(命)과(與) 인(仁)을 드물게(罕) 말씀하셨다(言).

*罕(한): 드물다.

· (명사)+與(及)+명사(구) ‖ 利與命與仁: 이와 명과 인.

2장

達港黨人曰(달항당인왈), 大哉(대재), 孔子(공자).
博學而無所成名(박학이무소성명).

달항(達港) 마을(黨) 사람(人)이 말했다(曰). 위대하(大)도다(哉), 공자(孔子)여! 널리(博) 배웠으(學)나(而) (하나로) 이름(名)을 이룬(成) 것(所)은 없도다(無).

子聞之(자문지), 謂門弟子曰(위문제자왈).

공자(子)께서 그것(之)을 들으시고(聞), 문하(門)의 제자들(弟子)에게 일러(謂) 말씀하셨다(曰).

吾何執(오하집)? 執御乎(집어호)? 執射乎(집사호)? 吾執御矣(오집어의).

내(吾)가 무엇(何)을 잡아야(執) 하는가? 수레를 모는 일(御)을 잡을(執)까(乎)? 활쏘는 일(射)을 잡을(執)까(乎)? 나(吾)는 수레를 모는 일(御)을 잡아야(執)지(矣).

*達港(달항): 고을 이름 ∥ *黨(당): 무리, 마을 ∥ *執(집): 잡다→ 전문으로 하다 ∥ *御(어): 거느리다, 다스리다, 어거하다(수레의 소나 말을 부리어 몰다).
· 술어(부사어)+而+술어(부사어) ∥ 博學而無所~: 널리 배웠으나 ~한 것은 없다.
· 수식어+者 ↔ 所+수식어(동사/형용사) ∥ 所成: 이룬 것.
· 술어+之: 之(대명사: 그(것)을, 그(것)에) ∥ 聞之: 그것을 듣다.

3장

子曰(자왈). 麻冕禮也(마면예야), 今也純(금야순), 儉(검). 吾從衆(오종중).

공자(子)께서 말씀하셨다(曰). 마면(麻冕)이 예(禮)이지만(也), 지금(今)은(也) 명주실로 만드니(純) 검소하다(儉). 나(吾)는 대중(衆)을 따르리라(從).

拜下禮也(배하예야), 今拜乎上(금배호상), 泰也(태야). 雖違衆(수위중), 吾從下(오종하).

(당) 아래에서(下) 절하는 것(拜)이 예(禮)인데(也), 지금은(今) (당) 위(上)에서(乎) 절하니(拜), 교만하(泰)다(也). 비록(雖) 대중(衆)과 다르더라도(違) 나(吾)는 (당) 아래(下)를 따르리라(從).

*麻冕(마면): 삼베로 만든 것으로 유생들이 평상시 쓰는 검은빛의 갓 ∥ *冕(면): 면류관 ∥ *純: (순) 순수하다, 명주실 / (준) 가선 / (돈) 묶다 / (전) 온전하다 / (치) 검은 비단 ∥ '순'으로 독음하지 않고, '치'로 독음하는 예도 있다 ∥ *泰(태): 크다, 심하다, 교만하다.
· 술어+(목적어)+於(乎/于)+명사(구) ∥ 拜乎上: 위에서 절하다.

4장

子絶四(자절사). 毋意毋必毋固毋我(무의무필무고무아).

공자(子)께서는 네 가지(四)를 끊으셨다(絶). (사사로운) 뜻(意)이 없었고(毋), 반드시라는 것(必)이 없었고(毋), 완고한 것(固)이 없었고(毋), 아집을 부리는 것(我)이 없으셨다(毋).

*我(아): 외고집, 아집을 부리다.

5장

子畏於匡(자외어광), 曰(왈).

공자(子)께서 광땅(匡)에서(於) 두려움을 겪을(畏) 때, 말씀하셨다(曰).

文王(문왕), 旣沒(기몰), 文不在玆乎(문부재자호)?

문왕(文王)이 이미(旣) 돌아가셨으나(沒), 문(文)이 여기에(玆) 있지(在) 않은(不)가(乎)?

天之將喪斯文也(천지장상사문야),
後死者不得與於斯文也(후사자부득여어사문야).

하늘(天)이(之) 장차(將) 이(斯) 문(文)을 버리려 했다(喪)면(也), 뒤에(後) 죽을(死) 자(者)는 이(斯) 문(文)에(於) 참여할(與) 수(得) 없었을(不) 것이다(也).

※ 後死者: 공자를 일컫는다.

天之未喪斯文也(천지미상사문야), 匡人(광인), 其如予何(기여여하)?

하늘(天)이(之) 아직 이(斯) 문(文)을 버리지(喪) 않았으(未)니(也), 광땅(匡)의 사람(人)이 장차(其) 나(予)를 어떻게(何) 하겠느냐(如)?

*文(문): 예악 ‖ *如何(여하): 무엇과 같은가? 어떻게 하는가? 어떠한가?

· 술어+(목적어)+於(乎/于)+명사(구) ‖ 畏於匡: 광에서 두려움을 겪다, 與於斯文: 이 문에 참여하다.

· 不+동사/형용사 ↔ 非+명사(구) ‖ 不在: 있지 않다, 不與: 참여하지 못하다.

· 之+술어: 之(주격: ~은(는)/~이(가), 목적격: ~을(를)) ‖ 天之將喪: 하늘이 장차 버리다, 天之未喪: 하늘이 버리지 않다.

· 수식어+者 ↔ 所+수식어(동사/형용사) ‖ 後死者: 뒤에 죽을 자.

· 可(能/得/足)+술어: ~할 수 있다, ~할 만하다 / 목적어+술어 구조도 가능 ‖ 得與: 참여할 수 있다.

6장

大宰問於子貢曰(태재문어자공왈), 夫子聖者與(부자성자여)? 何其多能也(하기다능야)?

태재(大宰)가 자공(子貢)에게(於) 물어(問) 말했다(曰). 선생님(夫子)께서는 성자(聖者)이신가(與)? 어찌(何) 그리도(其) 능한 것(能)이 많은(多)가(也)?

子貢曰(자공왈). 固天縱之將聖(고천종지장성), 又多能也(우다능야).

자공(子貢)이 말했다(曰). 진실로(固) 하늘(天)이 허락하(縱)신(之) 대저(將) 성인(聖)이시고, 또(又) 능한 것(能)도 많으십니(多)다(也).

子聞之曰(자문지왈). 大宰知我乎(태재지아호)! 吾少也(오소야), 賤(천), 故多能鄙事(고다능비사). 君子(군자), 多乎哉(다호재)? 不多也(부다야).

공자(子)께서 그것(之)을 듣고(聞) 말씀하셨다(曰). 태재(大宰)가 나(我)를 아는(知)구나(乎)! 나(吾)는 젊어(少)서(也) 미천했기(賤) 때문에(故) 비루한(鄙) 일(事)에 능한 것(能)이 많았다(多). 군자(君子)는 (재능이) 많아야(多) 하겠느냐(乎哉)? 많지(多) 않(不)다(也).

牢曰(뇌왈). 子云(자운), 吾不試(오불시), 故藝(고예).

뇌(牢)가 말했다(曰). 공자(子)께서 이르시길(云), '내(吾)가 쓰이지(試) 못했기(不) 때문에(故) 재주가 있다(藝)'고 하셨습니다.

*大宰: =太宰(태재), 관직 ‖ *子貢(자공): 공자의 제자 단목사(端木賜)의 자(字)로 말솜씨와 정치적 수완이 뛰어난 인물 ‖ *夫子(부자): 선생님 ‖ *天縱(천종): 하늘로부터 타고난다는 의미로 천종지성(天縱之聖)이라 하여 성덕을 칭송하는 말로도 사용됨 ‖ *縱(종): 세로, 늘어지다, 제멋대로 하다→ 허락하다 ‖ *將(장): 대저, 무릇 ‖ *鄙(비): 더럽다, 비루하다 ‖ *乎哉(호재): 감탄·의문종결사 ‖ *牢(뇌): 자장(子張)이라는 설도 있고, 위(衛)나라 사람이라는 설도 있음 ‖ *試(시): 쓰다, 사용하다 ‖ *藝(예): 재주가 있다.

· 술어+(목적어)+於(乎/于)+명사(구) ‖ 問於子貢: 자공에게 묻다.
· 수식어+者 ↔ 所+수식어(동사/형용사) ‖ 聖者: 성자.
· 之+명사: 之(관형격: ~의/~(하)는/~ㄴ) ‖ 天縱之聖: 하늘이 내린 성인.
· 술어+之: 之(대명사: 그(것)을, 그(것)에) ‖ 聞之: 그것을 듣다.
· 不+동사/형용사 ↔ 非+명사(구) ‖ 不多: 많지 않다, 不試: 쓰지 않다.

7장

子曰(자왈). 吾有知乎哉(오유지호재)? 無知也(무지야).
有鄙夫問於我(유비부문어아), 空空如也(공공여야),
我叩其兩端而竭焉(아고기양단이갈언).

공자(子)께서 말씀하셨다(曰). 내(吾)가 아는 것(知)이 있겠(有)느냐(乎哉)? 아는 것(知)이 없(無)다(也). 어떤(有) 비루한(鄙) 사람(夫)이 나(我)에게(於) 묻는다면(問), 텅 빈(空空) 듯하(如)더라도(也) 나(我)는 그(其) 양단(兩端)을 물어(叩)서(而) 그것을(焉) 다해준다(竭).

---

*乎哉(호재): 감탄·의문종결사 ∥ *有(유): 어떤 ∥ *鄙(비): 더럽다, 비루하다 ∥ *空空如(공공여): 텅 비어 아무것도 없다 ∥ *叩(고/구): 두드리다, 묻다 ∥ *竭(갈/걸): 다하다.

· 有+명사: ①~이(가) 있다(술어+보어), ②~을(를) 가지고 있다(술어+목적어).
· 술어+(목적어)+於(乎/于)+명사(구) ∥ 問於我: 나에게 묻다.
· 술어(부사어)+而+술어(부사어) ∥ 叩~而竭: ~을 두드려서 다하다.
· 焉(언): =於之 ∥ 竭焉: =竭於之, 그것을 다하다.

8장

子曰(자왈). 鳳鳥不至(봉조부지), 河不出圖(하불출도), 吾已矣夫(오이의부).

공자(子)께서 말씀하셨다(曰). 봉조(鳳鳥)도 이르지(至) 않고(不), 황하(河)에서 그림(圖)도 나오지(出) 않으니(不), 나(吾)는 끝났(已)도다(矣夫).

---

*鳳鳥(봉조): 봉황 ∥ *已矣(이의): ①그만두다, 끝나다, ②단정종결사 ∥ *矣夫(의부): 감탄종결사.

· 不+동사/형용사 ↔ 非+명사(구) ∥ 不至: 이르지 않다, 不出: 나오지 않다.

9장

子見齊衰者(자견자최자), **冕衣裳者**(면의상자), **與瞽者**(여고자), **見之**(견지), **雖少**(수소), **必作**(필작), **過之必趨**(과지필추).

공자(子)께서 상복을 입은(齊衰) 자(者), 관복을 입은(冕衣裳) 자(者)와(與) 소경(瞽者)을 보면(見), 그들(之)을 보고서(見) 비록(雖) 어리더라도(少) 반드시(必) 일어나셨으며(作), 그들(之)을 지날(過) 때 반드시(必) 종종걸음치셨다(趨).

*齊衰(자최): 거친 생마포로 아랫단을 접어서 지은 상복 ‖ *冕衣裳(면의상): 면복(冕服) ‖ *瞽(고): 맹인, 악인(樂人) ‖ *趨(추): 달아나다, 달려가다.
· 수식어+者 ↔ 所+수식어(동사·형용사) ‖ 齊衰者: 자최자, 冕衣裳者: 면의상자, 瞽者: 고자.
· (명사)+與(及)+명사(구) ‖ 冕衣裳者與瞽者: 면의상자와 고자.
· 술어+之: 之(대명사: 그(것)을, 그(것)에) ‖ 見之: 그를 보다, 過之: 그를 지나다.

10장

顔淵喟然歎曰(안연위연탄왈), **仰之彌高**(앙지미고), **鑽之彌堅**(찬지미견), **瞻之在前**(첨지재전), **忽焉在後**(홀언재후).

안연(顔淵)이 깊이 탄식하고(喟然) 찬탄하며(歎) 말했다(曰). 그것(之)을 우러르면(仰) 더욱(彌) 높고(高), 그것(之)을 파고들면(鑽) 더욱(彌) 견고하며(堅), 그것(之)을 바라보면(瞻) 앞에(前) 있다가(在) 홀연히(忽焉) 뒤에(後) 있는 듯하다(在).

夫子循循然善誘人(부자순순연선유인), 博我以文(박아이문), 約我以禮(약아이례).

선생님(夫子)께서는 순서대로(循循然) 사람(人)을 잘(善) 이끄시어(誘), 문(文)으로(以) 나(我)를 넓히시고(博) 예(禮)로(以) 나(我)를 단속(절제)하셨다(約).

欲罷不能(욕파불능), 既竭吾才(기갈오재), 如有所立(여유소립), 卓爾(탁이).

그만두려(罷) 해도(欲) 할 수(能) 없어서(不), 이미(既) 나(吾)의 재주(才, 능력)를 다하였으나(竭), (공자의 도가) 우뚝하게(卓爾) 선(立) 것(所)이 있는(有) 듯하였다(如).

雖欲從之(수욕종지), 末由也已(말유야이).

비록(雖) 그것(之)을 따라가려(從) 해도(欲) 좇아가지(由) 못하는(末)구나(也已).

*顔淵(안연): 32세에 요절한 공자의 제자 안회로 학문을 좋아한 인물 ‖ *喟然(위연): 한숨을 쉬며 서글프게 탄식하는 모양 ‖ *彌(미): 미륵(彌勒), 두루, 널리, 더욱 ‖ *鑽(찬): 뚫다, 깊이 연구하다 ‖ *瞻(첨): 보다 ‖ *忽焉(홀언): 뜻하지 않은 사이에 갑자기 / '焉(언)'을 '그러하다' 혹은 '~와(과) 같다(然, 如)'로 번역할 수도 있다 ‖ *夫子(부자): 선생님 ‖ *循循然(순순연): 차근차근, 순서대로 ‖ *誘(유): 꾀다, 달래다 ‖ *約(약): 맺다, 묶다, 단속하다 ‖ *卓爾(탁이): =卓然. 높이 뛰어나 의젓한 모양, 탁월한 모양 ‖ *末(말): 끝, 없다 ‖ *也已(야이): 종결사.

· 술어+之: 之(대명사: 그(것)을, 그(것)에) ‖ 仰之: 그것을 우러러보다, 鑽之: 그것을 파고들다, 瞻之: 그것을 바라보다, 從之: 그것을 따르다.
· 以+명사(구): 명사(구)로(써) ‖ 以文: 문으로, 以禮: 예로.
· 不+동사/형용사 ↔ 非+명사(구) ‖ 不能: 할 수 없다.
· 有+명사: ①~이(가) 있다(술어+보어), ②~을(를) 가지고 있다(술어+목적어).
· 수식어+者 ↔ 所+수식어(동사/형용사) ‖ 所立: 선 것.

11장

子疾病(자질병), 子路使門人(자로사문인), 爲臣(위신).

공자(子)께서 병(病)을 앓자(疾), 자로(子路)가 문인(門人)으로 하여금(使) 가신(臣)으로 삼으려 했다(爲).

病間曰(병간왈). 久矣哉(구의재), 由之行詐也(유지행사야).

병환(病)이 조금 뜸해지자(間), 말씀하셨다(曰). 오래되었(久)도다(矣哉), 유(由, 자로)가(之) 거짓(詐)을 행한(行) 것이(也).

無臣而爲有臣(무신이위유신), 吾誰欺(오수기)? 欺天乎(기천호).

가신(臣)이 없는(無)데(而) 가신(臣)이 있게(有) 했으니(爲), 내(吾)가 누구(誰)를 속인(欺) 것인가? 하늘(天)을 속인(欺) 것이로다(乎).

且予與其死於臣之手也(차여여기사어신지수야),
無寧死於二三子之手乎(무녕사어이삼자지수호)?

또(且) 내(予)가 가신(臣)의(之) 손(手)에(於) 죽는 것(死)보다(與其)는(也) 차라리(寧) 너희들(二三子)의(之) 손(手)에(於) 죽는 것(死)이 낫지 않겠(無)느냐(乎)?

且予縱不得大葬(차여종부득대장), 予死於道路乎(여사어도로호)?

또(且) 내(予) 비록(縱) 성대한(大) 장례(葬)를 얻지(得) 못하더라도(不), 내(予)가 도로(道路)에서(於) 죽기야(死) 하겠느냐(乎)?

*子路(자로): 공자의 제자 중유(仲由)의 자(字)로 솔직 담백하고 용맹한 정치가이자 무인 ‖ *病間(병간): ①병을 앓는 동안, ②병이 뜸하자 ‖ *矣哉(의재): 단정·감탄종결사 ‖ *由(유): 공자의 제자 자로(子路)의 이름 ‖ *與其(여기)~寧(녕): ~하는 것보다 차라리 ~하는 것이 낫다 ‖ *二三子(이삼자): 스승이 제자를 부르거나, 임금이 신하를 부를 때 하는 말 ‖ *縱(종): 세로, 멋대로 하다, 비록.

· 使+명사: 명사로 하여금 / 명사를 하게 하다 / 명사를 시키다 ‖ 使門人: 문인으로 하여금.
· 之+술어: 之(주격: ~은(는)/~이(가), 목적격: ~을(를)) ‖ 由之行: 유가 행하다.
· 술어(부사어)+而+술어(부사어) ‖ 無臣而爲: 가신이 없는데 ~하다.
· 有+명사: ①~이(가) 있다(술어+보어), ②~을(를) 가지고 있다(술어+목적어).
· 의문문에서 의문사(대명사) 도치 ‖ 吾誰欺: 吾欺誰의 誰도치, 내가 누구를 속였는가?
· 술어+(목적어)+於(乎/于)+명사(구) ‖ 死於臣之手: 신하의 손에 죽다, 死於二三子之手: 너희들 손에 죽다, 死於道路: 도로에서 죽다.
· 之+명사: 之(관형격: ~의/~(하)는/~ㄴ) ‖ 臣之手: 신하의 손, 二三子之手: 너희들의 손.
· 不+동사/형용사 ↔ 非+명사(구) ‖ 不得: 얻지 못하다.

12장

子貢曰(자공왈). 有美玉於斯(유미옥어사), 韞匵而藏諸(온독이장저)? 求善賈而沽諸(구선가이고저)?

자공(子貢)이 말했다(曰). 아름다운(美) 옥(玉)이 여기(斯)에(於) 있다면(有), 궤(匵) 속에 감추어(韞)서(而) 그것(諸)을 간직해둬야(藏) 합니까? 좋은(善) 값(賈)을 구해(求)서(而) 그것(諸)을 팔아야(沽) 합니까?

子曰(자왈). 沽之哉沽之哉(고지재고지재). 我待賈者也(아대가자야).

공자(子)께서 말씀하셨다(曰). 그것(之)을 팔아야(沽)지(哉), 그것(之)을 팔아야(沽)지(哉). 나(我)는 값(賈)을 기다리는(待) 자(者)이다(也).

*子貢(자공): 공자의 제자 단목사(端木賜)의 자(字)로 말솜씨와 정치적 수완이 뛰어난 인물 ‖ *韞(온/운): 감추다, 싸다 ‖ *匵(독): 궤 ‖ *沽(고): 판다.
· 有+명사: ①~이(가) 있다(술어+보어), ②~을(를) 가지고 있다(술어+목적어).
· 술어+(목적어)+於(乎/于)+명사(구) ‖ 有美玉於斯: 여기에 아름다운 옥이 있다.
· 술어(부사어)+而+술어(부사어) ‖ 韞而藏: 감추어서 간직하다, 求而沽: 구해서 판다.
· 諸(저): =之乎 ‖ 藏諸: 藏之乎, 그것을 간직하는가? 沽諸: 沽之乎, 그것을 파는가?
· 술어+之: 之(대명사: 그(것)을, 그(것)에) ‖ 沽之: 그것을 판다.
· 수식어+者 ↔ 所+수식어(동사/형용사) ‖ 待賈者: 값을 기다리는 자.

13장

子欲居九夷(자욕거구이). 或曰(혹왈), 陋如之何(누여지하)?

공자(子)께서 구이(九夷)에 살고(居)자 하셨다(欲). 어떤 사람(或)이 말했다(曰). 누추한데(陋) 그것(之)을 어떻게(何) 하시겠습니까(如)?

子曰(자왈). 君子居之(군자거지), 何陋之有(하루지유)?

공자(子)께서 말씀하셨다(曰). 군자(君子)가 거기(之)에 살면(居), 무슨(何) 누추함(陋)이(之) 있겠는가(有)?

*九夷(구이): 중국에서 이르던 동쪽의 아홉 오랑캐로, 견이(畎夷), 우이(于夷), 방이(方夷), 황이(黃夷), 백이(白夷), 적이(赤夷), 현이(玄夷), 풍이(風夷), 양이(陽夷) ‖ *陋(누): 더럽다, 누추하다 ‖ *如之何(여지하): 그것이 무엇과 같은가? 어떻게 하는가? 어찌할까? 어떻게 하여, 어떠한가?
· 술어+之: 之(대명사: 그(것)을, 그(것)에) ‖ 居之: 거기에 산다.
· 之+술어: 之(주격: ~은(는)/~이(가), 목적격: ~을(를)) ‖ 陋之有: 누추함이 있다.
· 有+명사: ①~이(가) 있다(술어+보어), ②~을(를) 가지고 있다(술어+목적어).

14장

子曰(자왈). 吾自衛反魯然後(오자위반로연후), 樂正(악정), 雅頌各得其所(아송각득기소).

공자(子)께서 말씀하셨다(曰). 내(吾)가 위나라(衛)로부터(自) 노나라(魯)로 돌아온(反) 연후에(然後) 음악(樂)이 바르게 되어(正) 아(雅)와 송(頌)이 각각(各) 그(其) 자리(所)를 얻게 되었다(得).

*樂: (악) 노래 / (낙/락) 즐기다 / (요) 좋아하다 ‖ *雅頌(아송): 시경의 아(雅)와 송(頌)으로 아(雅)는 정악이고 송(頌)은 조상의 공덕을 기리는 노래.

15장

子曰(자왈). 出則事公卿(출즉사공경), 入則事父兄(입즉사부형), 喪事不敢不勉(상사불감불면), 不爲酒困(불위주곤), 何有於我哉(하유어아재)?

공자(子)께서 말씀하셨다(曰). 나가(出)면(則) 공경(公卿)을 섬기는(事) 것, 들어오(入)면(則) 부형(父兄)을 섬기는(事) 것, 상사(喪事)는 감히(敢) 힘쓰지(勉) 않을(不) 수 없는(不) 것, 술(酒) 때문에(爲) 곤란하지(困) 않은(不) 것, 무엇(何)이 나(我)에게(於) 있겠는(有)가(哉)?

*何有(하유): 무엇이 있는가? 무슨 어려움이 있는가? 어렵지 않다.
· 不+동사/형용사 ↔ 非+명사(구) ‖ 不勉: 힘쓰지 않다, 不困: 곤란하지 않다.
· 술어+(목적어)+於(乎/于)+명사(구) ‖ 有於我: 나에게 있다.

16장

子在川上曰(자재천상왈). 逝者如斯夫(서자여사부)! 不舍晝夜(불사주야).

공자(子)께서 시냇(川)가(上)에 계시면서(在) 말씀하셨다(曰). 가는(逝) 것(者)이 이(斯)와 같(如)구나(夫)! 밤낮(晝夜)으로 쉬지(舍) 않는구나(不).

*舍(사): 집, 버리다, 쉬다.
· 수식어+者 ↔ 所+수식어(동사/형용사) ‖ 逝者: 가는 것.
· 不+동사/형용사 ↔ 非+명사(구) ‖ 不舍: 쉬지 않다.

17장

子曰(자왈). 吾未見好德(오미견호덕), 如好色者也(여호색자).

공자(子)께서 말씀하셨다(曰). 나(吾)는 아직 덕(德)을 좋아하기(好)를 색(色)을 좋아하는(好) 듯한(如) 자(者)를 보지(見) 못했(未)다(也).

· 수식어+者 ↔ 所+수식어(동사/형용사) ‖ 好色者: 색을 좋아하는 자.

18장

子曰(자왈). 譬如爲山(비여위산), 未成一簣(미성일궤), 止(지), 吾止也(오지야), 譬如平地(비여평지), 雖覆一簣(수부일궤), 進(진), 吾往也(오왕야).

공자(子)께서 말씀하셨다(曰). (학문은) 비유하자면(譬) 산(山)을 만드는(爲) 것과 같으니(如), 한(一) 삼태기(簣)를 완성하지(成) 못하여(未) 그만두는(止) 것도,

내(吾)가 그만두는(止) 것이며(也), 비유하자면(譬) 평지(平地)에 비록(雖) 한(一) 삼태기(簣)를 덮어(覆) 나아가더라도(進) 내(吾)가 (만들어) 가는(往) 것이다(也).

*譬如(비여): 비유하면 ~와(과) 같다 ‖ *簣(궤): 삼태기 / 功虧一簣(공휴일궤): 공(功)도 한(一) 삼태기(簣)로 이지러진다(虧).

19장

子曰(자왈). 語之而不惰者(어지이불타자), 其回也與(기회야여).

공자(子)께서 말씀하셨다(曰). 그것(之)을 말해주(語)면(而) 게으르지(惰) 않은(不) 자(者)는 아마도(其) 회(回, 안회)일 것이다(也與).

*惰(타): 게으르다, 아름답다 ‖ *回(회): 32세에 요절한 공자의 제자 안회로 학문을 좋아한 인물 ‖ *也與(야여): 추측·의문종결사.
· 술어+之: 之(대명사: 그(것)을, 그(것)에) ‖ 語之: 그것을 말하다.
· 술어(부사어)+而+술어(부사어) ‖ 語之而不惰: 그것을 말하면 게으르지 않다.
· 不+동사/형용사 ↔ 非+명사(구) ‖ 不惰: 게으르지 않다.
· 수식어+者 ↔ 所+수식어(동사/형용사) ‖ 不惰者: 게으르지 않은 자.

20장

子謂顔淵曰(자위안연왈). 惜乎(석호), 吾見其進也(오견기진야), 未見其止也(미견기지야).

공자(子)께서 안연(顔淵)을 평가하여(謂) 말씀하셨다(曰). 애석하(惜)도다(乎), 나(吾)는 그(其)가 나아가는(進) 것을 보았지(見)만(也), 아직 그(其)가 멈추는(止) 것을 보지(見) 못했(未)다(也).

※ 안회의 죽음에 관한 공자의 탄식이다.

*顔淵(안연): 32세에 요절한 공자의 제자 안회로 학문을 좋아한 인물.
· 謂(위): 대상과 함께 있을 때 '말하다', 대상과 함께 있지 않을 때 '평하다'는 의미이다.

21장

子曰(자왈). 苗而不秀者有矣夫(묘이불수자유의부),
秀而不實者有矣夫(수이부실자유의부).

공자(子)께서 말씀하셨다(曰). 싹 틔우고(苗)도(而) 꽃 피지(秀) 못하는(不) 경우(者)도 있(有)고(矣夫), 꽃 피우(秀)고도(而) 열매 맺지(實) 못하는(不) 경우(者)도 있(有)도다(矣夫).

*秀(수): 꽃이 피다 ‖ *矣夫(의부): 감탄종결사.
· 술어(부사어)+而+술어(부사어) ‖ 苗而不秀: 싹 틔우고 꽃 피우지 못하다, 秀而不實: 꽃 피웠으나 열매 맺지 못하다.
· 不+동사/형용사 ↔ 非+명사(구) ‖ 不秀: 꽃 피우지 못하다, 不實: 열매 맺지 못하다.
· 수식어+者 ↔ 所+수식어(동사/형용사) ‖ 不秀者: 꽃 피우지 못하는 것, 不實者: 열매 맺지 못하는 것.

22장

子曰(자왈). 後生可畏(후생가외),
焉知來者之不如今也(언지내자지불여금야)?

공자(子)께서 말씀하셨다(曰). 후생(後生)이 두려울(畏) 만하니(可), 어찌(焉) 올(來) 자(者)가(之) 지금(今)과 같지(如) 못하다는(不) 것을 알겠는(知)가(也)?

四十五十而無聞焉(사십오십이무문언), 斯亦不足畏也已(사역부족외야이).

40(四十), 50(五十)이 되어도(而) 거기에(焉) 명성(聞)이 없다(無)면(斯), 또한(亦) 두려워할(畏) 만하지(足) 못할(不) 뿐이다(也已).

*後生(후생): 뒤에 낳은 사람, 뒤에 태어날 사람 ∥ *也已(야이): 종결사.
· 可(能/得/足)+술어: ~할 수 있다, ~할 만하다 / 목적어+술어 구조도 가능 ∥ 可畏: 두려울 수 있다.
· 수식어+者 ↔ 所+수식어(동사/형용사) ∥ 來者: 올 자.
· 之+술어: 之(주격: ~은(는)/~이(가), 목적격: ~을(를)) ∥ 來者之不如: 올 자가 같지 않다.
· 不+동사/형용사 ↔ 非+명사(구) ∥ 不如: 같지 않다(못하다), 不足: 충분하지 않다.
· 술어(부사어)+而+술어(부사어) ∥ 五十而無: 50이 되어도 ~이(가) 없다.
· 焉(언): =於之 ∥ 無聞焉: 無聞於之, 거기에 명성이 없다.

23장

子曰(자왈). 法語之言(법어지언), 能無從乎(능무종호)?
改之爲貴(개지위귀).

공자(子)께서 말씀하셨다(曰). 법어(法語)의(之) 말(言)은 따르지(從) 않을(無) 수(能) 있는가(乎)? 그것(之)을 고치는(改) 것이 귀중(貴)하다(爲).

巽與之言(손여지언), 能無說乎(능무열호)? 繹之爲貴(역지위귀).

손여(巽與)의(之) 말(言)은 기뻐하지(說) 않을(無) 수(能) 있는가(乎)? 그것(之)을 풀어내는(繹) 것이 귀중(貴)하다(爲).

說而不繹(열이불역), 從而不改(종이불개),
吾末如之何也已矣(오말여지하야이의).

좋아하기만 하(說)고(而) 풀지(繹) 않거나(不), 따르기만 하(從)고(而) 고치지(改) 않는다면(不), 나(吾)도 그것(之)을 어찌(何) 하지(如) 못할(末) 뿐이다(也已矣).

*法語(법어): 올바른 법을 주장하는 말 ‖ *巽與(손여): 완곡하고 공손한, 부드러운 ‖ *繹(역): 풀다, 찾다 ‖ *末(말)=無 ‖ *如之何(여지하): 그것이 무엇과 같은가? 어떻게 하는가? 어찌할까? 어떻게 하여, 어떠한가? ‖ *也已矣(야이의): 단정종결사.

· 之+명사: 之(관형격: ~의/~(하)는/~ㄴ) ‖ 法語之言: 법어의 말, 巽與之言: 손여의 말.
· 可(能/得/足)+술어: ~할 수 있다, ~할 만하다 / 목적어+술어 구조도 가능 ‖ 能無: 않을 수 있다.
· 술어+之: 之(대명사: 그(것)을, 그(것)에) ‖ 改之: 그것을 고치다, 繹之: 그것을 풀어내다.
· 술어(부사어)+而+술어(부사어) ‖ 說而不繹: 좋아하기만 하고 풀지 못하다, 從而不改: 따르기만 하고 고치지 못하다.
· 不+동사/형용사 ↔ 非+명사(구) ‖ 不繹: 풀지 못하다, 不改: 고치지 못하다.

24장

子曰(자왈). 主忠信(주충신), 毋友不如己者(무우불여기자),
過則勿憚改(과즉물탄개).

공자(子)께서 말씀하셨다(曰). 충(忠)과 신(信)을 주로 하고(主), 자기(己)와 같지(如) 못한(不) 자(者)를 벗하지(友) 말고(毋), 잘못하(過)면(則) 고치는 것(改)을 꺼리지(憚) 말라(勿).

· 不+동사/형용사 ↔ 非+명사(구) ‖ 不如: 같지 않다(못하다).
· 수식어+者 ↔ 所+수식어(동사/형용사) ‖ 不如己者: 자기와 같지 못한 자.

25장

子曰(자왈). 三軍(삼군), 可奪帥也(가탈수야), 匹夫(필부), 不可奪志也(불가탈지야).

공자(子)께서 말씀하셨다(曰). 삼군(三軍)에게서 장수(帥)를 빼앗을(奪) 수(可) 있어도(也), 필부(匹夫)에게서 지조(志)를 빼앗을(奪) 수(可) 없(不)다(也).

*三軍(삼군): 주(周) 때 제후가 출병시키던 상군, 중군, 하군으로 각 군은 1만 2천 500명.

· 可(能/得/足)+술어: ~할 수 있다, ~할 만하다 / 목적어+술어 구조도 가능 ‖ 可奪: 빼앗을 수 있다.

· 不+동사/형용사 ↔ 非+명사(구) ‖ 不可奪: 빼앗을 수 없다.

26장

子曰(자왈). 衣敝縕袍(의폐온포), 與衣狐貉者(여의호락자), 立而不恥者(입이불치자), 其由也與(기유야여). 不忮不求(불기불구), 何用不臧(하용부장)?

공자(子)께서 말씀하셨다(曰). 해진(敝) 헌솜(縕) 옷(袍)을 입고서(衣) 여우(狐)나 담비(貉)를 입은(衣) 자(者)와(與) 서(立)도(而) 부끄러워하지(恥) 않을(不) 자(者)는 아마(其) 유(由, 자로)일 것이다(也與). (시경에) '해치지도(忮) 않고(不) 탐내지도(求) 않으면(不) 무엇(何)으로(用) 착하다(臧, 훌륭하다)고 아니(不) 하겠는가?'라고 하였다.

子路終身誦之(자로종신송지), **子曰**(자왈). **是道也**(시도야), **何足以臧**(하족이장)?

자로(子路)가 종신토록(終身) 그것(之)을 외우자(誦), 공자(子)께서 말씀하셨다(曰). 이(是) 방법(道)만이(也), 어찌(何) 착하다(臧, 훌륭하다)고 할 수(足以) 있겠는가?

*衣(의): 입다 ‖ *敝縕袍(폐온포): 해진 솜옷, 떨어진 핫옷 / 핫옷: 안에 솜을 두어 만든 옷 ‖ *由(유): 공자의 제자 자로(子路)의 이름 ‖ *也與(야여): 추측·의문종결사 ‖ *忮(기): 해치다 ‖ *何用(하용): 어찌, 무엇 때문에, 用=以 ‖ *臧(장): 착하다, 좋다, 오장(간장, 심장, 비장, 폐장, 신장) ‖ *子路(자로): 공자의 제자 중유(仲由)의 자(字)로 솔직 담백하고 용맹한 정치가이자 무인.

· (명사)+與(及)+명사(구) ‖ 與衣狐貉者: 여우나 담비를 입은 자와.
· 술어(부사어)+而+술어(부사어) ‖ 立而不恥: 서도 부끄럽지 않다.
· 不+동사/형용사 ↔ 非+명사(구) ‖ 不恥: 부끄럽지 않다, 不忮: 해치지 않다, 不求: 탐내지 않다.
· 수식어+者 ↔ 所+수식어(동사/형용사) ‖ 不恥者: 부끄럽지 않은 자.
· 술어+之: 之(대명사: 그(것)을, 그(것)에) ‖ 誦之: 그것을 외다.
· 可(能/得/足)以+술어: ~할 수 있다, ~할 만하다 ‖ 足以臧: 착하다고 할 만하다.

27장

子曰(자왈). **歲寒然後**(세한연후), **知松栢之後彫也**(지송백지후조야).

공자(子)께서 말씀하셨다(曰). 날씨(歲)가 추워진(寒) 연후에(然後) 소나무(松)와 측백나무(栢)가(之) 늦게(後) 시든다는 것(彫)을 안(知)다(也).

*歲寒(세한): 몹시 추운 한 겨울의 추위 ‖ *彫(조): 새기다, 시든다.

· 之+술어: 之(주격: ~은(는)/~이(가), 목적격: ~을(를)) ‖ 松栢之彫: 소나무와 측백나무가 시든다.

28장

子曰(자왈). 知者不惑(지자불혹), 仁者不憂(인자불우), 勇者不懼(용자불구).

공자(子)께서 말씀하셨다(曰). 지자(知者)는 미혹되지(惑) 않고(不), 인자(仁者)는 근심하지(憂) 않고(不), 용자(勇者)는 두려워하지(懼) 않는다(不).

· 수식어+者 ↔ 所+수식어(동사/형용사) ‖ 知者: 지혜로운 자, 仁者: 어진 자, 勇者: 용맹한 자.
· 不+동사/형용사 ↔ 非+명사(구) ‖ 不惑: 미혹하지 않다, 不憂: 걱정하지 않다, 不懼: 두렵지 않다.

29장

子曰(자왈). 可與共學(가여공학), 未可與適道(미가여적도), 可與適道(가여적도), 未可與立(미가여립), 可與立(가여립), 未可與權(미가여권).

공자(子)께서 말씀하셨다(曰). 더불어(與) 함께(共) 배울(學) 수(可) 있어도 더불어(與) 도(道)에 나아갈(適) 수(可) 없고(未), 더불어(與) 도(道)에 나아갈(適) 수(可) 있어도 더불어(與) 설(立) 수(可) 없으며(未), 더불어(與) 설(立) 수(可) 있어도 더불어(與) 권도(權)를 할 수(可) 없다(未).

*權(권): =權道(특수하고 예외적인 상황에서 임시적인 정당성을 가지는 행위규범).
· 可(能/得/足)+술어: ~할 수 있다, ~할 만하다 / 목적어+술어 구조도 가능 ‖ 可學: 배울 수 있다, 可適: 나아갈 수 있다, 可立: 설 수 있다, 可權: 권도를 할 수 있다.

30장

唐棣之華(당체지화), 偏其反而(편기번이). 豈不爾思(기불이사), 室是遠而(실시원이).

앵두나무(唐棣)의(之) 꽃(華)이 나부끼며(偏) 그것(其)이 반복되(反)네(而). 어찌(豈) 너(爾)를 생각하지(思) 않겠느냐만(不), 집(室)이 진실로(是) 멀(遠)도다(而).

子曰(자왈). 未之思也(미지사야), 夫何遠之有(부하원지유)?

공자(子)께서 말씀하셨다(曰). 그것(之)을 생각하지(思) 않은(未) 것이지(也), 대저(夫) 무슨(何) 멂(遠)이(之) 있겠는가(有)?

---

*唐棣(당체): 앵두나무 ‖ *華(화): 꽃 ‖ *偏(편): 치우치다, 나부끼다 ‖ *反(반): 반복하다 ‖ *而(이): 어기사 ‖ *爾(이): 너, 그대.

· 之+명사: 之(관형격: ~의/~(하)는/~ㄴ) ‖ 唐棣之華: 앵두나무의 꽃.

· 不+동사/형용사 ↔ 非+명사(구) ‖ 不思: 생각하지 않다.

· 부정문에서 대명사 도치 ‖ 不爾思: 不思爾의 爾도치, 너를 생각하지 않다, 未之思: 未思之의 之도치, 그것을 생각하지 않다.

· 之+술어: 之(주격: ~은(는)/~이(가), 목적격: ~을(를)) ‖ 遠之有: 멂이 있다.

10편

향당
鄕黨

1장

孔子於鄕黨(공자어향당), 恂恂如也(순순여야), 似不能言者(사불능언자).

공자(孔子)께서는 향당(鄕黨)에서(於) 순순한(恂恂) 듯하(如)시며(也), 말(言)을 잘하지(能) 못하는(不) 사람(者) 같으셨다(似).

其在宗廟朝廷(기재종묘조정), 便便言(편편언), 唯謹爾(유근이).

그(其)가 종묘(宗廟)나 조정(朝廷)에 계실(在) 때, 편편하게(便便) 말씀하셨으나(言), 다만(唯) 삼갔을(謹) 뿐이다(爾).

*恂恂(순순): 공손한 모양, 두려워하는 모양 ‖ *恂(순): 참된 마음 ‖ *便便(편편): 말을 잘하다 ‖ '변변'으로 독음하는 예도 있다 ‖ *便(편): 말을 잘하다 ‖ *爾(이): 어조사.
· 不+동사/형용사 ↔ 非+명사(구) ‖ 不能: 잘하지 못하다.
· 수식어+者 ↔ 所+수식어(동사/형용사) ‖ 不能言者: 말을 잘하지 못하는 자.

2장

朝(조), 與下大夫言(여하대부언), 侃侃如也(간간여야),
與上大夫言(여상대부언), 誾誾如也(은은여야).

조정(朝)에서 하대부(下大夫)와(與) 말씀하실(言) 때 간간한(侃侃) 듯하(如)시고(也), 상대부(上大夫)와(與) 말씀하실(言) 때 은은한(誾誾) 듯하(如)셨다(也).

君在(군재), 踧踖如也(축척여야), 與與如也(여여여야).

임금(君)께서 계시면(在) 축척하는(踧踖) 듯하(如)시며(也) 여여하는(與與) 듯하(如)셨다(也).

*侃侃(간간): 성품이나 행실 따위가 꼿꼿하고 굳셈 ‖ *誾誾(은은): 공손한 태도로 논쟁하는 모양 ‖ *踧踖(축적): 공경하고 삼가는 모양, 공손하고 조심하는 모양 ‖ *踧(축): 삼가다 ‖ *踖(적): 삼가는 모양 ‖ *與與(여여): 위의가 있는 모양, 몸가짐이 법도에 맞는 모양.

3장

君(군), 召使擯(소사빈), 色勃如也(색발여야), 足躩如也(족확여야).

임금(君)께서 불러(召) (그로) 하여금(使) 빈객을 인도하게(擯) 하시면, 안색(色)이 변하는(勃) 듯하(如)셨으며(也) 발걸음(足)이 빠른(躩) 듯하(如)셨다(也).

揖所與立(읍소여립), 左右手(좌우수), 衣前後襜如也(의전후첨여야).

함께(與) 서 있는(立) 사람(所)에게 읍할(揖) 때, 손(手)을 좌우로 하시고(左右), 옷(衣)은 앞뒤(前後)로 가지런한(襜) 듯하(如)셨다(也).

趨進(추진), 翼如也(익여야).

종종걸음으로(趨) 나가실(進) 때, 날개를 편(翼) 듯하(如)셨다(也).

賓退(빈퇴), 必復命曰(필복명왈), 賓不顧矣(빈불고의).

손님(賓)이 돌아가면(退) 반드시(必) 복명하시며(復命) 말하시길(曰), '빈객(賓)이 돌아보지(顧) 않으셨습니(不)다(矣)'라고 하셨다.

*擯(빈): 빈객을 인도하다 ‖ *色勃(색발): 안색이 바뀌다, 얼굴빛을 정중하게 하다 ‖ *躩(확): 바삐 가다, 뛰다 ‖ *揖(읍): (인사하는 예의 하나) 읍하다 ‖

*左右手(좌우수): 손을 좌우로 하다, 왼쪽, 오른쪽으로 읍하는 모양 ‖ *襜(첨): 행주치마, 가지런한 모양 ‖ *趨(추): 달아나다, 달려가다.

· 使+술어: =使+之+술어 ‖ 使擯: =使之擯, 그로 하여금 빈객을 인도하게 하다.

· 수식어+者 ↔ 所+수식어(동사/형용사) ‖ 所與立: 함께 서 있는 사람.

· 不+동사/형용사 ↔ 非+명사(구) ‖ 不顧: 돌아보지 않다.

4장

入公門(입공문), 鞠躬如也(국궁여야), 如不容(여불용).

공문(公門)에 들어갈(入) 때 몸(躬)을 굽히(鞠) 듯하여(如)서(也) 허용되지(容) 못하는(不) 것 같았다(如).

立不中門(입부중문), 行不履閾(행불이역).

서(立) 있을 때 문(門)에 가운데 있지(中) 않으시고(不), 움직일(行) 때 문지방(閾)을 밟지(履) 않으셨다(不).

過位(과위), 色勃如也(색발여야), 足躩如也(족확여야), 其言(기언), 似不足者(사부족자).

(임금의) 자리(位)를 지날(過) 때 안색(色)이 변하는(勃) 듯하(如)셨으며(也) 발걸음(足)이 빠른(躩) 듯하(如)셨으며(也) 그(其) 말(言)이 충분하지(足) 않은(不) 것(者) 같으셨다(似).

攝齊升堂(섭자승당), 鞠躬如也(국궁여야), 屛氣(병기), 似不息者(사불식자).

옷자락(齊)을 잡고(攝) 당(堂)에 오를(升) 때 몸(躬)을 굽히는(鞠) 듯하(如)여(也) 숨(氣)을 감추시어(屛) 숨쉬지(息) 않는(不) 것(者) 같으셨다(似).

出降一等(출강일등), **逞顔色**(영안색), **怡怡如也**(이이여야), **沒階**(몰계), **趨進翼如也**(추진익여야), **復其位**(복기위), 踧踖**如也**(축척여야).

나와서(出) 한(一) 계단(等)을 내려서서(降) 안색(顔色)을 즐겁게 하시어(逞) 온화한(怡怡) 듯하(如)며(也), 층계(階)를 다하시면(沒) 종종걸음으로(趨) 나아가되(進) 날개를 편(翼) 듯하(如)며(也), 그(其) 자리(位)에 돌아와서는(復) 축척한(踧踖) 듯하(如)셨다(也).

---

*公門(공문): 대궐문 ‖ *鞠(국): 굽히다 ‖ *履(리/이): 밟다 ‖ *閾(역): 문지방 ‖ *色勃(색발): 안색이 바뀌다, 얼굴빛을 정중하게 하다 ‖ *躩(확): 바삐 가다, 뛰다 ‖ *攝齊(섭자): 옷자락을 잡아 올리다 ‖ *攝(섭): 잡다 ‖ *齊(자): 옷자락 ‖ *屛(병): 숨기다, 감추다 ‖ *等(등): 계단 ‖ *逞(령/영): 쾌하다, 즐겁다 ‖ *怡怡(이이)=怡然, 기쁘고 좋음 ‖ *趨(추): 달아나다, 달려가다 ‖ *踧踖(축적): 공경하고 삼가는 모양, 공손하고 조심하는 모양 ‖ *踧(축): 삼가다 ‖ *踖(적): 삼가는 모양.

· 不+동사/형용사 ↔ 非+명사(구) ‖ 不容: 허용하지(용납하지) 않다, 不中: 가운데 있지 않다, 不履: 밟지 않다, 不足: 충분하지 않다, 不息: 숨 쉬지 않다.

· 수식어+者 ↔ 所+수식어(동사/형용사) ‖ 不足者: 충분하지 않은 것, 不息者: 숨 쉬지 않는 것.

5장

執圭(집규), **鞠躬如也**(국궁여야), **如不勝**(여불승).

홀(圭)을 잡을(執) 때 몸(躬)을 굽히(鞠) 듯하여(如)서(也) 감당하지(勝) 못하시는(不) 것 같았다(如).

上如揖(상여읍), **下如授**(하여수).

위(上)로는 읍하는(揖) 듯하고(如), 아래(下)로는 주는(授) 듯하였다(如).

勃如戰色(발여전색), 足蹜蹜如有循(족축축여유순).

(안색이) 변하는 것(勃)이 두려워하는(戰) 기색(色)과 같고(如), 발(足)은 축축하여(蹜蹜) 마치 좇는 것(循)이 있는(有) 것 같았다(如).

享禮(향례), 有容色(유용색), 私覿(사적), 愉愉如也(유유여야).

향례(享禮)에서는 용모(容)와 안색(色)이 있었으며(有), 사사로이(私) 뵐(覿) 적엔 유유하는(愉愉) 듯하(如)셨다(也).

---

*鞠(국): 굽히다 ‖ *揖(읍): (인사하는 예의 하나) 읍하다 ‖ *戰色(전색): 두려워 떠는 기색(모습) ‖ *蹜蹜(축축): 종종걸음으로 빨리 걷는 모양 ‖ *蹜(축): 종종걸음치다 ‖ *循(순): 좇다 ‖ *覿(적): 보다, 뵈다 ‖ *愉愉(유유): 좋아하는 모양 ‖ *愉(유): 즐겁다, 기뻐하다.

· 不+동사/형용사 ↔ 非+명사(구) ‖ 不勝: 감당하지 못하다, 견디지 못하다.

· 有+명사: ①~이(가) 있다(술어+보어), ②~을(를) 가지고 있다(술어+목적어).

6장

君子(군자), 不以紺緅(불이감추), 飾(식), 紅紫(홍자), 不以爲褻服(불이위설복).

군자(君子)는 감색(紺)이나 검붉은색(緅)으로(以) (옷깃을) 꾸미지(飾) 않으셨고(不), 분홍색(紅)과 자주색(紫) 그것으로(以) 평상복(褻服)을 만들지(爲) 않으셨다(不).

※ 君子(군자): 공자로 보는 것이 일반적인 견해이다.

當暑(당서), 袗絺綌(진치격), 必表而出之(필표이출지).

더위(暑)을 만나면(當) 홑옷(袗)의 치격(絺綌)으로 반드시(必) 겉에 입고(表)서(而) 거기에(之) 외출하셨다(出).

緇衣羔裘(치의고구), 素衣麑裘(소의예구), 黃衣狐裘(황의호구).

검은(緇) 옷(衣)에는 고구(羔裘), 흰(素) 옷(衣)에는 예구(麑裘), 누런(黃) 옷(衣)에는 호구(狐裘)가 있으셨다.

褻裘(설구), 長(장), 短右袂(단우메).

평상복(褻裘)은 길게 하되(長), 오른쪽(右) 소매(袂)를 짧게 하셨다(短).

必有寢衣(필유침의), 長(장), 一身有半(일신유반).

반드시(必) 잠옷(寢衣)이 있었는데(有), 길이(長)가 한(一) 길(身)과(有) 반(半)이었다.

狐貉之厚(호락지후), 以居(이거).

여우(狐)나 담비(貉)의(之) 두터운(厚) (가죽), 그것으로(以) 거처하셨다(居).

※ 居: '앉다'로 보면, 여우나 담비의 가죽을 깔고 앉았다는 의미로도 볼 수 있다.

去喪(거상), 無所不佩(무소불패).

상(喪)을 마치시면(去) (패물을) 차지(佩) 않는(不) 것(所)이 없으셨다(無).

※ 去喪: '상에 가다'로 번역하는 예도 있다.

非帷裳(비유상), 必殺之(필쇄지).

유상(帷裳)이 아니면(非), 반드시(必) 그것(之)을 줄이셨다(殺).

羔裘玄冠(고구현관), 不以弔(불이조), 吉月(길월), 必朝服而朝(필조복이조).

고구(羔裘)나 검은(玄) 관(冠)은 조문(弔)에 쓰지(以) 않았으며(不), 초하루(吉月)에는 반드시(必) 조복을 입(朝服)고(而) 조회하셨다(朝).

*紺(감): 감색 ‖ *緅(추): 검붉다 ‖ *飾(식): 꾸미다, 장식하다 ‖ *褻服(설복): 평상복 ‖ *褻(설): 더럽다, 평복 ‖ *袗(진): 홑옷, 홑옷을 입다 ‖ *絺綌(치격): 발을 곱게 짠 갈포(葛布)와 굵게 짠 갈포 ‖ *絺(치): 칡베(칡으로 짠 고운 베) ‖ *綌(격): 칡베(칡으로 짠 거친 베) ‖ *緇(치): 검다 ‖ *羔裘(고구): 대부 예복의 하나로 새끼양 가죽으로 만듦 ‖ *裘(구): 갖옷(짐승의 털가죽으로 안을 댄 옷) ‖ *麑裘(예구): 어린 사슴 가죽으로 만든 갖옷 ‖ *麑(예): 사자, 사슴의 새끼 ‖ *狐裘(호구): 여우의 겨드랑이 밑에 있는 흰 털로 만든 갖옷 ‖ *褻裘(설구): 평상시 입는 갖옷 ‖ *袂(메): 소매 ‖ *有(유): 또, 그리고, 와/과 ‖ *狐貉(호락): 여우와 담비 ‖ *佩(패): 차다, 휴대하다 ‖ *帷裳(유상): 예복의 하단, 주름치마 ‖ *殺: (살) 죽이다 / (쇄) 감하다, 덜다 ‖ *吉月(길월): 매월 초하루 혹은 운이 좋고 상서로운 달.

· 以+명사(구): 명사(구)로(써) ‖ 以紺緅: 감색이나 검붉은색으로.
· 以+술어: =以+之(대명사)+술어 ‖ 以爲褻服: =以之爲褻服, 그것으로 평상복을 만들다.
· 不+동사/형용사 ↔ 非+명사(구) ‖ 不飾: 꾸미지 않다, 不爲: 만들지 않다, 不佩: 차지 않다, 不以: 쓰지 않다, 非帷裳: 유상이 아니다.
· 술어(부사어)+而+술어(부사어) ‖ 表而出: 겉에 입고서 나가다, 朝服而朝: 조복을 입고서 조회하다.
· 술어+之: 之(대명사: 그(것)을, 그(것)에) ‖ 出之: 그곳에 나가다, 殺之: 그것을 줄이다.
· 有+명사: ①~이(가) 있다(술어+보어), ②~을(를) 가지고 있다(술어+목적어).
· 수식어+者 ↔ 所+수식어(동사/형용사) ‖ 所不佩: 차지 않는 것.

7장

齊必有明衣(재필유명의), 布(포).

(공자께서는) 재계하실(齊) 때 반드시(必) 명의(明衣)가 있었는데(有), 베로 하셨다(布).

齊必變食(재필변식), 居必遷坐(거필천좌).

재계하실(齊) 때 반드시(必) 음식(食)을 달리하시고(變), 거처할(居) 때 반드시(必) 자리(坐)를 옮기셨다(遷).

*明衣(명의): 염습(斂襲) 때, 사자(死者)에게 맨 먼저 입히는 옷 또는 목욕 후 입는 깨끗한 옷.
· 有+명사: ①~이(가) 있다(술어+보어), ②~을(를) 가지고 있다(술어+목적어).

8장

食不厭精(사불염정), 膾不厭細(회불염세).

밥(食)은 곱게 찧은 쌀(精)을 싫어하지(厭) 않으셨고(不), 회(膾)는 가늘게 썬 것(細)을 싫어하지(厭) 않으셨다(不).

食饐而餲(사애이애), 魚餒而肉敗(어뇌이육패), 不食(불식), 色惡不食(색악불식), 臭惡不食(취악불식), 失飪不食(실임불식), 不時不食(불시불식).

밥(食)이 쉬거(饐)나(而) 변한(餲) 것, 생선(魚)이 썩거(餒)나(而) 고기(肉)가 부패한(敗) 것은 드시지(食) 않았고(不), 색(色)이 나쁘면(惡) 드시지(食) 않았고(不), 냄새(臭)가 나빠도(惡) 드시지(食) 않았고(不), 삶는 정도(飪)를 놓쳐도(失) 드시지(食) 않았고(不), 때에 맞지(時) 않아도(不) 드시지(食) 않았다(不).

割不正(할부정), 不食(불식), 不得其醬(부득기장), 不食(불식).

자른 것(割)이 바르지(正) 않으면(不) 드시지(食) 않았고(不), 그(其) 장(醬)을 얻지(得) 못하면(不) 드시지(食) 않았다(不).

肉雖多(육수다), 不使勝食氣(불사승사기), 唯酒無量(유주무량), 不及亂(불급란).

고기(肉)가 비록(雖) 많아도(多) 그것으로 하여금(使) 밥(食)의 기(氣)를 이기게 하지(勝) 않았고(不), 오직(唯) 술(酒)은 양(量)이 없었지만(無), 흐트러지는(亂) 데에 이르지(及) 않으셨다(不).

沽酒市脯(고주시포), 不食(불식), 不撤薑食(불철강식), 不多食(부다식).

산(沽) 술(酒) 또는 시포(市脯)는 드시지(食) 않았고(不), 생강(薑) 음식(食)을 그만두지(撤) 않으셨으나(不), 많이(多) 드시지는(食) 않았다(不).

祭於公(제어공), 不宿肉(불숙육), 祭肉(제육), 不出三日(불출삼일), 出三日(출삼일), 不食之矣(불식지의).

공(公)에서(於) 제사하면(祭) 고기(肉)를 묵히지(宿) 않으시고(不), 제사한(祭) 고기(肉)는 사흘(三日)을 넘기지(出) 않고(不), 사흘(三日)을 넘기면(出) 그것(之)을 드시지(食) 않으셨(不)다(矣).

食不語(식불어), 寢不言(침불언).

먹을(食) 때 대답하지(語) 않으셨고(不), 주무실(寢) 때도 말하지(言) 않으셨다(不).

※ 먹을 때 대화하지 않고, 주무실 때 혼잣말을 하지 않았다. 일반적으로 語는 상대가 있을 때 하는 말이고, 言은 상대가 없이도 하는 말로 쓰이나, 실제 語와 言의 쓰임을 크게 구별하지 않는다.

雖疏食菜羹(수소사채갱), 瓜祭(과제), 必齊如也(필제여야).

비록(雖) 거친(疏) 밥(食)과 나물(菜)국(羹)이라도 고수레하시고(瓜祭), 반드시(必) 재계하는(齊) 듯하(如)셨다(也).

※ 瓜祭: '必祭(반드시 제사하다)'로 보는 예도 있다.

*食: (식) 먹다 / (사) 밥, 먹이다 ‖ *厭(염): 싫어하다 ‖ *精(정): 찧다(쌀을 곱게 쓿다) ‖ *膾(회): 회(얇게 썬 고기) ‖ *饐(애): 쉬다 ‖ *餲(애): 쉬다, 변하다 ‖ *餒(뇌): 주리다, 굶기다, 썩다 ‖ *惡: (악) 악하다 / (오) 미워하다 ‖ *失飪(실임): 음식물을 덜 익히거나 너무 익히다 ‖ *飪(임): 익히다, 삶다 ‖ *不時(불시): 제철이 아닌 ‖ *醬(장): 장 ‖ *沽(고): 판다, 구하다 ‖ *市脯(시포) 시장에서 산 말린 고기 ‖ *脯(포): 포 ‖ *撤(철): 거두다, 제거하다, 그만두다 ‖ *薑(황): 생강 ‖ *羹(갱): 끓인 국 ‖ *瓜祭(과제): 고수레 혹은 그 해의 맨 처음에 나는 오이를 먹기 전에 드리는 제사.

· 不+동사/형용사 ↔ 非+명사(구) ‖ 不厭: 싫어하지 않다, 不食: 먹지 않다, 不時: 때에 맞지 않다, 不正: 바르지 않다, 不得: 얻지 못하다, 不勝: 이기지 못하다, 不及: 이르지 않다, 不撤: 그만두지 않다, 不宿: 묵히지 않다, 不出: 넘지 않다, 不語: 말하지 않다, 不言: 말하지 않다.
· 술어(부사어)+而+술어(부사어) ‖ 饐而餲: 쉬거나 변하다, 餒而敗: 썩거나 부패하다.
· 使+술어: =使+之+술어 ‖ 使勝食氣: =使之勝食氣, 그것으로 하여금 밥의 기운을 이기게 하다.
· 술어+(목적어)+於(乎/于)+명사(구) ‖ 祭於公: 공에서 제사하다.
· 술어+之: 之(대명사: 그(것)을, 그(것)에) ‖ 食之: 그것을 먹다.

9장

席不正(석부정), 不坐(부좌).

자리(席)가 바르지(正) 않으면(不), 앉지(坐) 않으셨다(不).

· 不+동사/형용사 ↔ 非+명사(구) ‖ 不正: 바르지 않다, 不坐: 앉지 않다.

10장

鄕人飮酒(향인음주), 杖者出(장자출), 斯出矣(사출의).

향인(鄕人)과 술(酒)을 마실(飮) 때, 장자(杖者)가 나가(出)면(斯) (따라서) 나가셨(出)다(矣).

鄕人儺(향인나), 朝服而立於阼階(조복이입어조계).

향인(鄕人)이 나례하면(儺) 조복을 입으시(朝服)고(而) 동쪽(阼) 계단(階)에(於) 서서 계셨다(立).

*杖者(장자): 지팡이 짚은 사람, 노인 ‖ *儺(나): 푸닥거리, 역귀를 쫓는 행사 ‖ *阼階(조계): 관혼상제 때 주인이 손님을 접대하는 동쪽 섬돌 ‖ *阼(조): 동편 층계.

· 수식어+者 ↔ 所+수식어(동사/형용사) ‖ 杖者: 지팡이 짚은 사람.

· 술어(부사어)+而+술어(부사어) ‖ 朝服而立: 조복을 입고 서다.

· 술어+(목적어)+於(乎/于)+명사(구) ‖ 立於阼階: 동편 계단에 서다.

11장

問人於他邦(문인어타방), 再拜而送之(재배이송지).

다른(他) 나라(邦)에(於) 사람(人)을 문안 보낼(問) 때 재배하고(再拜)서(而) 그(之)를 보냈다(送).

康子饋藥(강자궤약), 拜而受之曰(배이수지왈).

계강자(康子)가 약(藥)을 보내오자(饋), 절을 하시(拜)고(而) 그것(之)을 받고(受) 말씀하셨다(曰).

丘未達(구미달), 不敢嘗(불감상).

구(丘, 공자)가 아직 (그것에) 통달하지(達) 못하여(未) 감히(敢) 맛보지(嘗) 못하겠습니다(不).

*康子(강자): 계손사(季孫斯)의 아들인 계강자(季康子)로 노(魯)의 대부 ‖ *饋(궤): 보내다, 권하다, 먹이다.
· 술어+(목적어)+於(乎/于)+명사(구) ‖ 問人於他邦: 다른 나라에 사람을 문안하다.
· 술어(부사어)+而+술어(부사어) ‖ 拜而送: 절하고 보내다, 拜而受: 절하고 받다.
· 술어+之: 之(대명사: 그(것)을, 그(것)에) ‖ 送之: 그를 보내다, 受之: 그것을 받다.
· 不+동사/형용사 ↔ 非+명사(구) ‖ 不嘗: 맛보지 않다.

12장

廐焚(구분), 子退朝曰(자퇴조왈), 傷人乎(상인호), 不問馬(불문마).

마구간(廐)이 불타자(焚), 공자(子)께서 조정(朝)에서 물러 나와(退) 말씀하시길(曰), "사람(人)을 상하게(傷) 했느냐(乎)?"라고 하시고, 말(馬)을 묻지는(問) 않으셨다(不).

*廐(구): 마구간, 모이다 / 失牛治廐(실우치마): 소 잃고 외양간 고친다 ‖ *焚(분): 불사르다, 타다.
· 不+동사/형용사 ↔ 非+명사(구) ‖ 不問: 묻지 않다.

13장

君賜食(군사식), 必正席先嘗之(필정석선상지), 君賜腥(군사성), 必熟而薦之(필숙이천지), 君賜生(군사생), 必畜之(필휵지).

임금(君)이 음식(食)을 하사하시면(賜) 반드시(必) 자리(席)를 바르게 하고(正) 그것(之)을 먼저(先) 맛보셨고(嘗), 임금(君)이 날고기(腥)를 하사하시면(賜) 반드시(必) 익혀(熟)서(而) (조상님께) 그것(之)을 올리셨고(薦), 임금(君)이 살아 있는 것(生)을 하사하시면(賜) 반드시(必) 그것(之)을 기르셨다(畜).

侍食於君(시식어군), 君祭(군제), 先飯(선반).

임금(君)을(於) 모시고(侍) 먹을(食) 때 임금(君)이 제사 지내시면(祭) 먼저(先) 드셨다(飯).

疾(질), 君視之(군시지), 東首(동수), 加朝服拖紳(가조복타신).

병들어(疾) 임금(君)이 그(之)를 보러오면(視), 머리(首)를 동으로 하시고(東), 조복(朝服)을 더 하고(加) 띠(紳)를 늘어뜨리셨다(拖).

君命召(군명소), 不俟駕行矣(불사가행의).

임금(君)이 명(命)으로 부르시면(召) (수레에) 멍에 매기(駕)를 기다리지(俟) 않고(不) 가셨(行)다(矣).

入太廟(입태묘), 每事(매사), 問(문).

태묘(太廟)에 들어가서(入)는 매사에(每事) 물으셨다(問).

*賜(사): 주다, 하사하다, 베푼다, 은덕 ‖ 腥(성): 날고기 ‖ *薦(천): 천거하다, 드리다, 올리다 ‖ *畜: (축) 짐승, 모으다, 쌓다 / (휵) 기르다, 먹이다, 효도하다 ‖ *飯(반): 밥, 먹다, 먹이다 ‖ *拖(타): 끌다, 끌어당기다, 풀어놓다 ‖ *紳(신): 큰 띠, 벼슬아치 ‖ *俟(사): 기다리다 ‖ *駕(가): 멍에, 멍에 매다, 탈 것 ‖ *太廟(태묘): 종묘 ‖ *每事(매사): 일마다, 모든 일.

· 술어(부사어)+而+술어(부사어) ‖ 熟而薦: 익혀서 올리다.
· 술어+之: 之(대명사: 그(것)을, 그(것)에) ‖ 嘗之: 그것을 맛보다, 薦之: 그것을 올리다, 畜之: 그것을 기르다, 視之: 그를 보다.
· 술어+(목적어)+於(乎/于)+명사(구) ‖ 侍食於君: 임금을 모시고 먹다.
· 不+동사/형용사 ↔ 非+명사(구) ‖ 不俟: 기다리지 않다.

14장

朋友死(붕우사), 無所歸(무소귀), 曰(왈). 於我殯(어아빈).

벗(朋友)이 죽어(死) 돌아갈(歸) 곳(所)이 없으면(無) 말씀하셨다(曰). 내 집(我)에서(於) 초빈하라(殯).

朋友之饋(붕우지궤), 雖車馬(수거마), 非祭肉(비제육), 不拜(불배).

벗(朋友)의(之) 선물(饋)은 비록(雖) 수레(車)와 말(馬)이라도, 제사(祭) 고기(肉)가 아니면(非), 절하지(拜) 않으셨다(不).

※ 제수에 쓰인 고기에 절하는 것은 그 조상을 공경하기 때문이다.

*殯(빈): 초빈(草殯)하다(시체를 입관한 후 장사 지낼 때까지 안치하다) ‖ *饋(궤): 보내다, 선물.

· 수식어+者 ↔ 所+수식어(동사/형용사) ‖ 所歸: 돌아갈 곳.
· 술어+(목적어)+於(乎/于)+명사(구) ‖ 於我殯: 내 (집)에 초빈하라, 於+명사(구)는 자리가 유연하다.

· 之+명사: 之(관형격: ~의/~(하)는/~ㄴ) ‖ 朋友之饋: 벗의 선물.
· 不+동사/형용사 ↔ 非+명사(구) ‖ 非祭肉: 제사 고기가 아니다, 不拜: 절하지 않다.

15장

寢不尸(침불시), 居不容(거불용).

잘(寢) 때 시체처럼 하지(尸) 않으시고(不), 거할(居) 때 치장하지(容) 않으셨다(不).

見齊衰者(견자최자), 雖狎(수압), 必變(필변),
見冕者與瞽者(견면자여고자), 雖褻(수설), 必以貌(필이모).

상복을 입은(齊衰) 자(者)를 보시면(見) 비록(雖) 익숙하더라도(狎) 반드시(必) (얼굴빛을) 바꾸셨으며(變), 면류관을 쓴(冕) 자(者)와(與) 소경(瞽者)을 보시면(見), 비록(雖) 평복(褻)이라도 반드시(必) 몸가짐(貌)으로(以) 하였다.

凶服者式之(흉복자식지), 式負版者(식부판자).

흉복을 입은(凶服) 자(者), 그(之)에게 경의를 표하셨고(式), 판(版)을 진(負) 자(者), 그(之)에게 경의를 표하셨다(式).

有盛饌(유성찬), 必變色而作(필변색이작), 迅雷風烈(신뢰풍렬), 必變(필변).

성찬(盛饌)이 있으면(有) 반드시(必) 안색(色)을 바꾸면(變)서(而) 일어나셨고(作), 맹렬한(迅) 우레(雷)와 바람(風)이 세차도(烈) 반드시(必) (얼굴빛을) 바꾸셨다(變).

*尸(시): 시체, 신주, 시체 같다 ‖ *容(용): 얼굴, 용모, 몸가짐, 몸을 꾸미다, 치장하다 ‖ *齊: (제) 가지런하다 / (재) 재계하다 / (자) 옷자락, 상복 / (전) 자르다 ‖ *衰: (쇠) 쇠하다 / (최) 상복 / (사) 도롱이 ‖ *齊衰(자최): 거친 생마포로 아랫단을 접어서 지은 상복 ‖ *狎(압/합): 익숙하다, 희롱하다 ‖ *冕(면): 면류관, 관을 쓰다 ‖ *瞽(고): 맹인, 악인(樂人) ‖ *褻(설): 더럽다, 평복(平服) ‖ *貌(모): 모양, 얼굴, 자태 ‖ *凶服(흉복): =상복 ‖ *式(식): 제도, 법식, 머리를 숙여 경의를 표하다, 삼가다 ‖ *負版(부판): 나라의 토지, 예기(禮器) 따위를 기록한 판(版)을 짊어짐 또는 상복의 등 뒤에 늘어뜨리는 베 조각 ‖ *迅(신): 빠르다, 뛰어넘다 ‖ *迅雷風烈(신뢰풍렬): 맹렬한 우레와 세찬 바람.

· 不+동사/형용사 ↔ 非+명사(구) ‖ 不尸: 시체처럼 하지 않다, 不容: 용모내지 않다.
· 수식어+者 ↔ 所+수식어(동사·형용사) ‖ 齊衰者: 자최자, 冕者: 면자, 瞽者: 고자, 凶服者: 흉복자, 負版者: 부판자.
· (명사)+與(及)+명사(구) ‖ 冕者與瞽者: 면자와 고자.
· 以+명사(구): 명사(구)로(써) ‖ 以貌: 몸가짐으로.
· 술어+之: 之(대명사: 그(것)을, 그(것)에) ‖ 式之: 그에게 경의를 표하다.
· 有+명사: ①~이(가) 있다(술어+보어), ②~을(를) 가지고 있다(술어+목적어).
· 술어(부사어)+而+술어(부사어) ‖ 變色而作: 안색을 바꾸어 일어나다.

16장

升車(승거), 必正立執綏(필정립집수).

수레(車)에 오를(升) 때 반드시(必) 바르게(正) 서서(立) (수레의) 줄(綏)을 잡으셨다(執).

車中(거중), 不內顧(불내고), 不疾言(부질언), 不親指(불친지).

수레(車) 중에서는(中) 안으로(內) 돌아보지(顧) 않으셨고(不), 빨리(疾) 말하지(言) 않으셨고(不), 직접(親) 가리키지(指) 않으셨다(不).

*綏: (수) 편안하다, 끈, 줄 / (유) 깃장식 / (타) 내리다 ‖ *疾(질): 병, 흠, 시샘하다, 빠르다.
· 不+동사/형용사 ↔ 非+명사(구) ‖ 不顧: 돌아보지 않다, 不言: 말하지 않다, 不指: 가리키지 않다.

17장

色斯擧矣(색사거의), 翔而後集(상이후집).

(사람의) 안색이 있으(色)면(斯) (새가) 날아 올라(擧)서(矣), 빙빙 돌다(翔)가 이후에(而後) 내려앉았다(集).

曰(왈). 山梁雌雉(산량자치), 時哉時哉(시재시재).

말씀하셨다(曰). 산의 다리(山梁)에 까투리(雌雉)가 때를 만났(時)도다(哉), 때를 만났(時)도다(哉).

子路共之(자로공지), 三嗅而作(삼후이작).

자로(子路)가 그것(之)을 바치자(共), (공자께서) 세 번(三) 냄새를 맡(嗅)고(而) 일어나셨다(作).

*集(집): 모이다, 이르다 ‖ *山梁(산량): 산골짜기를 건너지른 다리 또는 꿩 ‖ *雌雉(자치): 까투리 ‖ *子路(자로): 공자의 제자 중유(仲由)의 자(字)로 솔직 담백하고 용맹한 정치가이자 무인 ‖ *共(공): 바치다, 올리다.
· 술어+之: 之(대명사: 그(것)을, 그(것)에) ‖ 共之: 그것을 바치다.
· 술어(부사어)+而+술어(부사어) ‖ 嗅而作: 냄새를 맡고 일어서다.

11편

선진
先進

1장

子曰(자왈). 先進(선진), 於禮樂(어예악), 野人也(야인야), 後進(후진), 於禮樂(어예악), 君子也(군자야), 如用之則吾從先進(여용지즉오종선진).

공자(子)께서 말씀하셨다(曰). 선진(先進)의 예약(禮樂)에(於) 대해서 야인(野人)이라(也) 하고, 후진(後進)의 예악(禮樂)에(於) 대해서 군자(君子)라(也) (평가)하는데, 만약(如) 그것(之)을 쓴다(用)면(則) 나(吾)는 선진(先進)을 따르겠다(從).

※ 별해. 先進於禮樂: 먼저 예약에 나아가다, 後進於禮樂: 뒤에 예약에 나아가다.

*先進(선진): 학문·연령 등이 앞서거나 먼저 벼슬길에 나아간 사람, 선배 ‖ *樂: (악) 노래 / (낙/락) 즐기다 / (요) 좋아하다 ‖ *野人(야인): 교양이 없고 거친 사람 ‖ *後進(후진): 어떤 발전 수준에 뒤지거나 뒤떨어지거나 그런 사람, 후배.
·술어+之: 之(대명사: 그(것)을, 그(것)에) ‖ 用之: 그것을 쓰다.

2장

子曰(자왈). 從我於陳蔡者皆不及門也(종아어진채자개불급문야).

공자(子)께서 말씀하셨다(曰). 진나라(陳)와 채나라(蔡)에서(於) 나(我)를 따르던(從) 자(者), 모두(皆) 문하(門)에 이르지(及) 않았(不)구나(也).

德行(덕행), 顔淵閔子騫冉伯牛仲弓(안연민자건염백우중궁),

덕행(德行)으로는 안연(顔淵, 안회), 민자건(閔子騫, 민손), 염백우(冉伯牛, 염경), 중궁(仲弓, 염옹)이고,

言語(언어), **宰我子貢**(재아자공), **政事**(정사), **冉有季路**(염유계로), **文學**(문학), **子游子夏**(자유자하).

언어(言語)로는 재아(宰我, 재여)와 자공(子貢, 단목사)이며,
정사(政事)로는 염유(冉有, 염구)와 계로(季路, 중유)이고,
문학(文學)으로는 자유(子游, 언언)와 자하(子夏, 복상)이다.

---

*顔淵(안연): 32세에 요절한 공자의 제자 안회로 학문을 좋아한 인물 ‖ *閔子騫(민자건): 공자의 제자 민손(閔損), 효행으로 알려진 노(魯)나라 사람 ‖ *冉伯牛(염백우): 공자의 제자 염경(冉耕)의 자(字)로 염자(冉子)로도 불리는 노(魯)나라 사람 ‖ *仲弓(중궁): 공자의 제자 염옹(冉雍)의 자(字)로 덕행으로 알려진 인물 ‖ *宰我(재아): 공자의 제자 재여(宰予)로 자는 자아(子我) 또는 재아(宰我)이며, 언변에 능한 인물 ‖ *子貢(자공): 공자의 제자 단목사(端木賜)의 자(字)로 말솜씨와 정치적 수완이 뛰어난 인물 ‖ *冉有(염유): 공자의 제자로 정치를 지향하고 현실적인 인물 ‖ *季路(계로): 공자의 제자 자로(子路) ‖ *子游(자유): 공자의 제자 언언(言偃)의 자(字)로 학문에 뛰어난 오(吳)나라 사람 ‖ *子夏(자하): 공자의 제자 복상(卜商)의 자(字)로 시와 예에 능통한 인물.

· 술어+(목적어)+於(乎/于)+명사(구) ‖ 從我於陳蔡: 진과 채에서 나를 따르다.
· 수식어+者 ↔ 所+수식어(동사/형용사) ‖ 從我於陳蔡者: 진과 채에서 나를 따르는 자.
· 不+동사/형용사 ↔ 非+명사(구) ‖ 不及: 이르지 않다.

3장

子曰(자왈). **回也**(회야), **非助我者也**(비조아자야). **於吾言**(어오언), **無所不說**(무소불열).

공자(子)께서 말씀하셨다(曰). 회(回, 안회)는(也) 나(我)를 도와주는(助) 자(者)가 아니(非)다(也). 내(吾) 말(言)에(於) 기뻐하지(說) 않는(不) 것(所)이 없었다(無).

*回(회): 32세에 요절한 공자의 제자 안회로 학문을 좋아한 인물.
· 不+동사/형용사 ↔ 非+명사(구) ‖ 非助我者: 나를 도와주는 자가 아니다, 不說: 기뻐하지 않다.
· 수식어+者 ↔ 所+수식어(동사/형용사) ‖ 助我者: 나를 도와주는 자, 所不說: 기뻐하지 않는 것.

4장

子曰(자왈). 孝哉(효재), 閔子騫(민자건).

공자(子)께서 말씀하셨다(曰). 효성스럽(孝)도다(哉), 민자건(閔子騫)은.

人不間於其父母昆弟之言(인불간어기부모곤제지언).

사람들(人)이 그(其) 부모(父母)와 형제들(昆弟)의(之) (칭찬하는) 말(言)에 대해서(於) 헐뜯지(間) 못하는구나(不).

*閔子騫(민자건): 공자의 제자 민손(閔損), 효행으로 알려진 노(魯)나라 사람 ‖ *間(간): 이간질하다, 헐뜯다 ‖ *昆弟(곤제): 형과 아우를 아울러 이르는 말.
· 不+동사/형용사 ↔ 非+명사(구) ‖ 不間: 헐뜯지 못하다.
· 술어+(목적어)+於(乎/于)+명사(구) ‖ 間於其父母昆弟之言: 그 부모와 형제의 말에 헐뜯는다.
· 之+명사: 之(관형격: ~의/~(하)는/~ㄴ) ‖ 昆弟之言: 형제의 말.

5장

南容(남용), 三復白圭(삼복백규), 孔子以其兄之子(공자이기형지자), 妻之(처지).

남용(南容)이 (시경의) 백규(白圭)를 세 번(三) 반복하자(復), 공자(孔子)께서 그(其) 형(兄)의(之) 자식(子)을(以) 그(之)에게 시집보냈다(妻).

*南容(남용): 남궁괄(南宮适)로 공자의 제자이자 조카사위 ∥ *三復白圭(삼복백규): 백규를 세 번 반복한다는 의미로, 말을 깊이 삼가라는 뜻(시경 원문: 白圭之玷, 尙可磨也, 斯言之玷, 不可爲也).

· 以+명사(구): 명사(구)로(써) ∥ 以其兄之子: 그 형의 자식으로.

· 之+명사: 之(관형격: ~의/~(하)는/~ㄴ) ∥ 其兄之子: 그 형의 자식.

· 술어+之: 之(대명사: 그(것)을, 그(것)에) ∥ 妻之: 그에게 시집보내다.

6장

季康子問(계강자문). 弟子孰爲好學(제자숙위호학)?

계강자(季康子)가 물었다(問). 제자(弟子) 중 누(孰)가 배우는 것(學)을 좋아(好)합니까(爲)?

孔子對曰(공자대왈), 有顔回者好學(유안회자호학), 不幸短命死矣(불행단명사의).

공자(孔子)께서 대답하여(對) 말씀하셨다(曰). 안회(顔回)라는 자(者)가 있어(有) 배우는 것(學)을 좋아했는데(好), 불행히도(不幸) 짧은(短) 명(命)으로 죽었습니(死)다(矣).

今也則亡(금야즉무).

지금(今)은(也) 즉(則) 없습니다(亡).

---

*季康子(계강자): 계손사(季孫斯)의 아들로 노(魯)의 대부 ‖ *顔回(안회): 32세에 요절한 공자의 제자로 학문을 좋아한 인물 ‖ *有~者: ~한 사람(경우)이 있다 ‖ *亡: (망) 망하다 / (무) 없다.

· 수식어+者 ↔ 所+수식어(동사/형용사) ‖ 顔回者: 안회라는 자.

7장

顔淵死(안연사), 顔路請子之車(안로청자지거), 以爲之槨(이위지곽).

안연(顔淵)이 죽자(死), 안로(顔路)가 공자(子)의(之) 수레(車), 그것으로(以) 그(之) 곽(槨)을 만들기(爲)를 청했다(請).

子曰(자왈). 才不才(재부재), 亦各言其子也(역각언기자야).
鯉也死(이야사), 有棺無槨(유관이무곽호).

공자(子)께서 말씀하셨다(曰). 재주가 있건(才) 재주가 있지(才) 않건(不), 또한(亦) 각자(各) 그(其) 자식(子)을 말한(言)다(也). 이(鯉)가(也) 죽었을(死) 때, 관(棺)만 있었고(有) 곽(槨)은 없었다(無).

吾不徒行(오부도행), 以爲之槨(이위지곽),
以吾從大夫之後(이오종대부지후), 不可徒行也(불가도행야).

내(吾)가 걸어(徒) 다니면서도(行) 그것으로(以) 그(之) 곽(槨)을 만들지(爲) 않은(不) 것은 내(吾)가 대부(大夫)의(之) 뒤(後)를 따라서(從) 걸어(徒) 다닐(行) 수(可) 없었기(不) 때문(以)이다(也).

※ 大夫之後: 말석이라도 '대부였다'는 의미가 담겨있다.

*顔淵(안연): 32세에 요절한 공자의 제자 안회로 학문을 좋아한 인물 ‖ *顔路(안로): 안회의 부 ‖ *槨(곽): 외관, 덧널 ‖ *鯉(리): 공자의 아들로 자(字)는 백어(伯魚) ‖ *徒行(도행): 걸어서 감.

· 之+명사: 之(관형격: ~의/~(하)는/~ㄴ) ‖ 子之車: 공자의 수레, 大夫之後: 대부의 뒤.
· 以+술어: =以+之(대명사)+술어 ‖ 以爲之槨: =以之爲之槨, 그것으로 그 곽을 만들다.
· 술어+之: 之(대명사: 그(것)을, 그(것)에) ‖ 爲之槨: 그 곽을 만들다.
· 不+동사/형용사 ↔ 非+명사(구) ‖ 不才: 재주가 없다, 不(徒行以)爲: 만들지 않다, 不可徒行: 걸어서 다닐 수 없다.
· 有+명사: ①~이(가) 있다(술어+보어), ②~을(를) 가지고 있다(술어+목적어).
· 可(能/得/足)+술어: ~할 수 있다, ~할 만하다 / 목적어+술어 구조도 가능 ‖ 可徒行: 걸어 다닐 수 있다.

8장

顔淵死(안연사). 子曰(자왈). 噫(희), 天喪予(천상여). 天喪予(천상여).

안연(顔淵)이 죽자(死), 공자(子)께서 말씀하셨다(曰). 아아(噫), 하늘(天)이 나(予)를 망하게 하는구나(喪). 하늘(天)이 나(予)를 망하게 하는구나(喪).

*顔淵(안연): 32세에 요절한 공자의 제자 안회로 학문을 좋아한 인물 ‖ *噫(희): 아!

9장

顔淵死(안연사), 子哭之慟(자곡지통).

안연(顔淵)이 죽자(死), 공자(子)의 곡(哭)이(之) 대단히 슬펐다(慟).

從者曰(종자왈). 子慟矣(자통의). 曰(왈). 有慟乎(유통호)?

종자(從者)가 말했다(曰). 선생님(子)께서는 대단히 슬퍼하시(慟)네요(矣).
말씀하셨다(曰). 애통함(慟)이 있었느(有)냐(乎)?

非夫人之爲慟(비부인지위통), 而誰爲(이수위)?

저(夫) 사람(人)을(之) 위해(爲) 애통함(慟)이 아니고(非)서(而) 누구(誰)를 위하겠는가(爲)?

---

*顔淵(안연): 32세에 요절한 공자의 제자 안회로 학문을 좋아한 인물 ‖ *慟(통): 서러워하다, 대단히 슬퍼하다.

· 之+술어: 之(주격: ~은(는)/~이(가), 목적격: ~을(를)) ‖ 哭之慟: 곡이 대단히 슬프다, 人之爲: 爲人의 도치, 사람을 위하다.

· 수식어+者 ↔ 所+수식어(동사/형용사) ‖ 從者: 따르는 자.

· 有+명사: ①~이(가) 있다(술어+보어), ②~을(를) 가지고 있다(술어+목적어).

· 不+동사/형용사 ↔ 非+명사(구) ‖ 非(夫人之爲)慟: 애통함이 아니다.

· 술어(부사어)+而+술어(부사어) ‖ 非(夫人之爲慟)而(誰)爲: 아니고서 ~하다.

· 의문문에서 의문사(대명사) 도치 ‖ 誰爲: 爲誰의 誰도치, 누구를 위하는가?

10장

顔淵死(안연사), 門人(문인), 欲厚葬之(욕후장지).

안연(顔淵)이 죽자(死), 문인들(門人)이 그(之)를 후하게(厚) 장사 지내(葬)려 했다(欲).

子曰(자왈). 不可(불가). 門人(문인), 厚葬之(후장지).

공자(子)께서 말씀하셨다(曰). 옳지(可) 않다(不). (그래도) 문인들(門人)이 그(之)를 후하게(厚) 장사 지냈다(葬).

子曰(자왈). 回也(회야), 視予猶父也(시여유부야), 予不得視猶子也(여부득시유자야).

공자(子)께서 말씀하셨다(曰). 회(回, 안회)는(也) 나(予)를 아비(父)같이(猶) 보았는(視)데(也), 나(予)는 (그를) 자식(子)같이(猶) 볼(視) 수(得) 없구(不)나(也).

非我也(비아야), 夫二三子也(부이삼자야).

내(我)가 아니(非)라(也), 무릇(夫) 너희들(二三子) (잘못)이다(也).

*顔淵(안연): 32세에 요절한 공자의 제자 안회로 학문을 좋아한 인물 ‖ *二三子(이삼자): 스승이 제자를 부르거나, 임금이 신하를 부를 때 하는 말.
· 술어+之: 之(대명사: 그(것)을, 그(것)에) ‖ 그를 장사 지내다.
· 不+동사/형용사 ↔ 非+명사(구) ‖ 不可: 옳지 않다, 불가하다, 不得視: 볼 수 없다, 非我: 내가 아니다.
· 可(能/得/足)+술어: ~할 수 있다, ~할 만하다 / 목적어+술어 구조도 가능 ‖ 得視: 볼 수 있다.

11장

季路問事鬼神(계로문사귀신).

계로(季路, 자로)가 귀신(鬼神)을 섬기는(事) 것을 물었다(問).

子曰(자왈). 未能事人(미능사인), 焉能事鬼(언능사귀)?

공자(子)께서 말씀하셨다(曰). 아직 사람(人)을 섬길(事) 수(能) 없는데(未), 어찌(焉) 귀신(鬼)을 섬길(事) 수(能) 있겠느냐?

※ 별해. 未能事人: 아직 사람을 섬기는 것을 잘하지 못하다.

敢問死(감문사). 曰(왈), 未知生(미지생), 焉知死(언지사)?

감히(敢) 죽음(死)을 묻습니다(問). 말씀하셨다(曰). 아직 삶(生)을 알지(知) 못하는데(未), 어찌(焉) 죽음(死)을 알겠느냐(知)?

---

*季路(계로): 공자의 제자 자로(子路).
· 可(能/得/足)+술어: ~할 수 있다, ~할 만하다 / 목적어+술어 구조도 가능 ‖ 能事: 섬길 수 있다.

12장

閔子侍側(민자시측), 誾誾如也(은은여야), 子路(자로), 行行如也(항항여야), 冉有子貢(염유자공), 侃侃如也(간간여야), 子樂(자락).

민자(閔子, 민자건)가 곁에서(側) 모실(侍) 때, 은은한(誾誾) 듯(如)하고(也), 자로(子路)는 항항한(行行) 듯(如)하며(也), 염유(冉有)와 자공(子貢)은 간간한(侃侃) 듯(如)했는데(也), 공자(子)께서 즐거워하셨다(樂).

若由也(약유야), 不得其死然(부득기사연).

유(由, 자로)와 같은 이(若)는(也) 그(其) 죽음(死)을 얻지(得) 못할(不) 듯하구나(然).

*閔子(민자): 공자의 제자 민손(閔損)이자 민자건(閔子騫), 효행으로 알려진 노(魯)나라 사람 ‖ *誾誾如(은은여): 공손한 모양, 온화한 모양 ‖ *子路(자로): 공자의 제자 중유(仲由)의 자(字)로 솔직 담백하고 용맹한 정치가이자 무인 ‖ 行行如(항항여): 굳센 모양 ‖ *行(항): 의자가 굳센 모양 ‖ *冉有(염유): 공자의 제자로 정치를 지향하고 현실적인 인물 ‖ *子貢(자공): 공자의 제자 단목사(端木賜)의 자(字)로 말솜씨와 정치적 수완이 뛰어난 인물 ‖ 侃侃如(간간여): 강직한 모양 ‖ *樂: (악) 노래 / (낙/락) 즐기다 / (요) 좋아하다 ‖ *由(유): 공자의 제자 자로(子路)의 이름.

· 不+동사/형용사 ↔ 非+명사(구) ‖ 不得: 얻지 못하다.

13장

魯人(노인), 爲長府(위장부), 閔子騫(민자건), 曰(왈).

노나라(魯) 사람들(人)이 장부(長府)를 만들자(爲), 민자건(閔子騫)이 말했다(曰).

仍舊貫如之何(잉구관여지하)? 何必改作(하필개작)?

옛(舊) 제도(貫)를 그대로 따르는(仍) 것, 그것(之)이 어떠(何)한(如)가?
하필(何必) 고쳐(改) 지어야만(作) 하는가?

子曰(자왈). 夫人不言(부인불언), 言必有中(언필유중).

공자(子)께서 말씀하셨다(曰). 저(夫) 사람(人)은 말하지(言) 않지만(不),

말하면(言) 꼭(必) 적중함(中)이 있다(有).

*長府(장부): 창고 ‖ *閔子騫(민자건): 공자의 제자 민손(閔損), 효행으로 알려진 노(魯)나라 사람 ‖ *舊貫(구관): 옛 제도, 전례 ‖ *如之何(여지하): 그것이 무엇과 같은가? 어떻게 하는가? 어찌할까? 어떻게 하여, 어떠한가?
· 不+동사/형용사 ↔ 非+명사(구) ‖ 不言: 말하지 않다.
· 有+명사: ①~이(가) 있다(술어+보어), ②~을(를) 가지고 있다(술어+목적어).

14장

子曰(자왈). 由之瑟(유지슬), 奚爲於丘之門(해위어구지문)?

공자(子)께서 말씀하셨다(曰). 유(由, 자로)의(之) 비파(瑟)가 어찌(奚) 구(丘, 공자)의(之) 문(門)에서(於) (연주)되는가(爲)?

門人(문인), 不敬子路(불경자로), 子曰(자왈).

문인들(門人)이 자로(子路)를 공경하지(敬) 않자(不), 공자(子)께서 말씀하셨다(曰).

由也(유야), 升堂矣(승당의), 未入於室也(미입어실야).

유(由)는(也) 대청(堂)에는 올라섰으(升)나(矣) 아직 방(室)에는(於) 들어가지(入) 못했(未)다(也).

※ 자로의 학문 수준을 언급한 대목이다.

*由(유): 공자의 제자 자로(子路)의 이름 ‖ *瑟(슬): 비파.
· 之+명사: 之(관형격: ~의/~(하)는/~ㄴ) ‖ 由之瑟: 유의 비파, 丘之門: 구의 문.
· 술어+(목적어)+於(乎/于)+명사(구) ‖ 爲於丘之門: 구의 문에서 하다, 入於室: 방에 들어가다.
· 不+동사/형용사 ↔ 非+명사(구) ‖ 不敬: 공경하지 않다.

15장

子貢問(자공문). 師與商也孰賢(사여상야숙현)?

자공(子貢)이 물었다(問). 사(師, 자장)와(與) 상(商, 자하) 중에(也) 누(孰)가 낫습니까(賢)?

子曰(자왈). 師也過(사야과), 商也不及(상야불급).

공자(子)께서 말씀하셨다(曰). 사(師)는(也) 지나치고(過), 상(商)은(也) 미치지(及) 못한다(不).

曰(왈). 然則師愈與(연즉사유여)?

말했다(曰). 그렇다(然)면(則) 사(師)가 낫습니(愈)까(與)?

子曰(자왈). 過猶不及(과유불급).

공자(子)께서 말씀하셨다(曰). 지나친 것(過)은 미치지(及) 못하는(不) 것과 같다(猶).

---

*子貢(자공): 공자의 제자 단목사(端木賜)의 자(字)로 말솜씨와 정치적 수완이 뛰어난 인물 ‖ *師(사): 공자의 제자 자장(子張)의 이름으로 적극적인 성품을 소유한 인물 ‖ *商(상): 공자의 제자 자하(子夏)의 이름으로 시와 예에 능통한 인물 ‖ *賢(현): 어질다, 현명하다, 낫다 ‖ *愈(유): 낫다, 뛰어나다.

· (명사)+與(及)+명사(구) ‖ 師與商: 사와 상.

· 不+동사/형용사 ↔ 非+명사(구) ‖ 不及: 미치지 못하다.

16장

季氏富於周公(계씨부어주공),
而求也爲之聚斂而附益之(이구야위지취렴이부익지).

계씨(季氏)가 주공(周公)보다(於) 부유한(富)데도(而) 구(求, 염유)가(也) 그(之)를 위해(爲) 취렴해(聚斂)서(而) 그것(之)을 보태주었다(附益).

子曰(자왈). **非吾徒也**(비오도야), **小子**(소자), **鳴鼓而攻之可也**(명고이공지가야).

공자(子)께서 말씀하셨다(曰). 우리(吾) 무리(徒)가 아니(非)니(也), 너희들(小子)은 북(鼓)을 울려(鳴)서(而) 그(之)를 공격해도(攻) 괜찮(可)다(也).

---

*季氏(계씨): 노(魯)나라에서 장기간 실권을 장악했던 삼가자 중 하나인 계손씨(季孫氏) ‖ *周公(주공): 주(周) 무왕(武王)의 동생으로 노(魯)의 제후 ‖ *求(구): 공자의 제자 염구(冉求)로 자는 자유(子有)이며, 염유(冉有), 염자(冉子)로 불리는 정사에 능한 인물 ‖ *聚斂(취렴): 백성의 재물을 탐내어 함부로 걷는 것 ‖ *附益(부익): 덧붙이거나 보탬 ‖ *鳴鼓(명고): 북을 치면서 죄인의 죄상을 성토하다.

· 술어+(목적어)+於(乎/于)+명사(구) ‖ 富於周公: 주공보다 부유하다.
· 술어(부사어)+而+술어(부사어) ‖ 富(於周公)而(求也爲之)聚斂而附益: 부유한데 취렴해서 보태주다, 鳴鼓而攻: 북을 울려서 공격하다.
· 술어+之: 之(대명사: 그(것)을, 그(것)에) ‖ 爲之: 그를 위하다, 附益之: 그것을 보태주다, 攻之: 그를 공격하다.
· 不+동사/형용사 ↔ 非+명사(구) ‖ 非吾徒: 나의 무리가 아니다.

17장

柴也愚(시야우), 參也魯(삼야노), 師也辟(사야벽), 由也喭(유야언).

시(柴, 자고)는(也) 우직하고(愚), 삼(參, 증자)은(也) 노둔하고(魯), 사(師, 자장)는(也) 편벽되고(辟), 유(由, 자로)는(也) 거칠다(喭).

*柴(시): 공자의 제자 고시(高柴)로 자는 자고(子羔)이며 우직하고 성실한 인물 ‖ *參(삼): 공자의 제자 증자(曾子)로 공자 사상을 계승하는 데 역할을 한 인물 ‖ *師(사): 공자의 제자 자장(子張)의 이름으로 적극적인 성품을 소유한 인물 ‖ *由(유): 공자의 제자 자로 ‖ *喭(언): 거칠다.

18장

子曰(자왈). 回也(회야), 其庶乎(기서호), 屢空(누공).

공자(子)께서 말씀하셨다(曰). 회(回, 안연)는(也) 아마도(其) (도에) 가까웠으(庶)나(乎), 자주(屢) (그릇이) 비었다(空).

賜(사), 不受命(불수명), 而貨殖焉(이화식언), 億則屢中(억즉누중).

사(賜, 자공)는 명(命)을 받지(受) 않(不)고(而) 그에게(焉) 재물(貨)이 불어났는데(殖), 헤아리(億)면(則) 자주(屢) 적중했다(中).

*回(회): 32세에 요절한 공자의 제자 안회로 학문을 좋아한 인물 ‖ *賜(사): 자공(子貢)의 이름 ‖ *貨殖(화식): 재물을 늘림.
· 不+동사/형용사 ↔ 非+명사(구) ‖ 不受: 받지 않는다.
· 술어(부사어)+而+술어(부사어) ‖ 不受命而貨殖: 명을 받지 않고 재물이 늘다.
· 焉(언): =於之 ‖ 殖焉: 殖於之, 그에게 불어나다.

19장

子張問善人之道(자장문선인지도), 子曰(자왈).

자장(子張)이 선인(善人)의(之) 도(道)를 묻자(問), 공자(子)께서 말씀하셨다(曰).

不踐迹(불천적), 亦不入於室(역불입어실).

자취(迹)를 밟지(踐) 못했으며(不), 또한(亦) 방(室)에도(於) 들어가지(入) 못했다(不).

*子張(자장): 공자의 제자로 적극적인 성품을 소유한 인물 ‖ *迹(적): 자취.
· 之+명사: 之(관형격: ~의/~(하)는/~ㄴ) ‖ 善人之道: 선인의 도.
· 不+동사/형용사 ↔ 非+명사(구) ‖ 不踐: 밟지 못하다, 不入: 들어가지 못하다.
· 술어+(목적어)+於(乎/于)+명사(구) ‖ 入於室: 방에 들어가다.

20장

子曰(자왈). 論篤(논독), 是與(시여), 君子者乎(군자자호)?
色莊者乎(색장자호)?

공자(子)께서 말씀하셨다(曰). 언론(論)이 독실하여(篤) 이것(是)이 인정되면(與), 군자다운(君子) 자(者)인가(乎)? 안색(色)만 엄숙한(莊) 자(者)인가(乎)?

*論篤(논독): 언론이 독실함 ‖ *與(여): 허락하다, 인정하다.
· 수식어+者 ↔ 所+수식어(동사/형용사) ‖ 君子者: 군자다운 자, 莊者: 엄숙한 자.

21장

子路問(자로문). 聞斯行諸(문사행제)?

자로(子路)가 물었다(問). 들으(聞)면(斯) 그것(諸)을 행해야 합니까(行)?

子曰(자왈). 有父兄在(유부형재), 如之何其聞斯行之(여지하기문사행지)?

공자(子)께서 말씀하셨다(曰). 또한(有) 부형(父兄)이 계시는데(在) 그것(之)을 어찌(何)하여(如) 장차(其) 들으(聞)면(斯) 그것(之)을 행하겠는가(行)?

※ 별해. 有父兄在: 부형이 계신 것이 있다.

冉有問(염유문). 聞斯行諸(문사행제)?

염유(冉有)가 물었다(問). 들으(聞)면(斯) 그것(諸)을 행해야 합니까(行)?

子曰(자왈). 聞斯行之(문사행지).

공자(子)께서 말씀하셨다(曰). 들으(聞)면(斯) 그것(之)을 행해야 한다(行).

公西華曰(공서화왈), 由也問聞斯行諸(유야문문사행제)? 子曰(자왈), 有父兄在(유부형재).

공서화(公西華)가 말했다(曰). 유(由, 자로)가(也) '들으(聞)면(斯) 그것(諸)을 행해야 합니까(行)'라 묻자(問), 선생님(子)께서 말씀하시길(曰), '또한(有) 부형(父兄)이 계신다(在)'고 하셨습니다.

求也問聞斯行諸(구야문문사행제)? 子曰(자왈), 聞斯行之(문사행지).

구(求, 염유)가(也) '들으(聞)면(斯) 그것(諸)을 행해야 합니까(行)'라 묻자(問), 선생님(子)께서 말씀하시길(日), '들으(聞)면(斯) 그것(之)을 행해야 한다(行)'고 하셨습니다.

赤也惑(적야혹), 敢問(감문).

적(赤, 공서적)은(也) 의혹되어(惑) 감히(敢) 묻습니다(問).

子曰(자왈). 求也(구야), 退故(퇴고), 進之(진지), 由也(유야), 兼人故(겸인고), 退之(퇴지).

공자(子)께서 말씀하셨다(日). 구(求)는(也) 물러서기(退) 때문에(故) 그(之)를 나아가게 했고(進), 유(由)는(也) 남(人)보다 뛰어나기(兼) 때문에(故) 그(之)를 물러서게 한 것이다(退).

---

*子路(자로): 공자의 제자 중유(仲由)의 자(字)로 솔직 담백하고 용맹한 정치가이자 무인 ‖ *有(유): 혹, 또한 ‖ *如之何(여지하): 그것이 무엇과 같은가? 그것을 어떻게 하는가? 어찌할까? 어떻게 하여 ‖ *冉有(염유): 공자의 제자로 정치를 지향하고 현실적인 인물 ‖ *公西華(공서화): 공자의 제자 공서적(公西赤)으로 예의와 외교에 재능이 있던 인물 ‖ *赤(적): 공자의 제자 공서적의 이름으로 자는 자화(子華)이며, 예의와 외교에 재능이 있던 인물 ‖ *兼人(겸인): 혼자서 두 사람 몫을 하다, 능력이 남보다 배가 뛰어나다.

· 諸(저): =之乎 ‖ 行諸: 行之乎, 그것을 행합니까?

· 술어+之: 之(대명사: 그(것)을, 그(것)에) ‖ 行之: 그것을 행하다, 進之: 그를 나가게 하다, 退之: 그를 물러나게 하다.

22장

子畏於匡(자외어광), 顔淵(안연), 後(후).

공자(子)께서 광땅(匡)에서(於) 두려움(畏)을 겪을 때 안연(顔淵)이 뒤처졌었다(後).

子曰(자왈). 吾以女爲死矣(오이여위사의).

공자(子)께서 말씀하셨다(曰). 나(吾)는 너(女)를(以) 죽었다(死)고 여겼(爲)다(矣).

曰(왈), 子在(자재), 回何敢死(회하감사)?

말했다(曰). 선생님(子)께서 계시는데(在) 회(回, 안회)가 어찌(何) 감히(敢) 죽겠습니까(死)?

---

*顔淵(안연): 32세에 요절한 공자의 제자 안회로 학문을 좋아한 인물 ‖ *以A爲B=A以爲B, A를 B로 여기다(삼다) ‖ *女(여): =汝.
· 술어+(목적어)+於(乎/于)+명사(구) ‖ 畏於匡: 광에서 두려움을 겪다.

23장

季子然問(계자연문). 仲由冉求(중유염구), 可謂大臣與(가위대신여)?

계자연(季子然)이 물었다(問). 중유(仲由, 자로)와 염구(冉求, 염유)는 대신(大臣)이라 말할(謂) 수(可) 있습니까(與)?

子曰(자왈). 吾以子爲異之問(오이자위이지문), 曾由與求之問(증유여구지문).

공자(子)께서 말씀하셨다(曰). 나(吾)는 선생님(子)께서(以) 특이(異)한(之) 물음(問)을 (할 것으로) 여겼는데(爲), 결국(曾) 유(由)와(與) 구(求)를(之) 물으시는군요(問).

所謂大臣者(소위대신자), 以道事君(이도사군), 不可則止(불가즉지), 今由與求也(금유여구야), 可謂具臣矣(가위구신의).

이른바(所謂) 대신(大臣)이란 것(者)은 도(道)로(以) 임금(君)을 섬기다가(事) 불가(不可)하면(則) 그만두니(止), 지금(今) 유(由)와(與) 구(求)는(也) 구신(具臣)이라 말할(謂) 수(可) 있습니다(矣).

曰(왈). 然則從之者與(연즉종지자여)?

말했다(曰). 그렇다(然)면(則) 그(之)를 따르는(從) 자(者)입니까(與)?

子曰(자왈). 弑父與君(시부여군), 亦不從也(역부종야).

공자(子)께서 말씀하셨다(曰). 아비(父)와(與) 임금(君)을 죽이는(弑) 것은 또한(亦) 따르지(從) 않을(不) 것이다(也).

---

*季子然(계자연): 노(魯)의 대부이자 실권자 ‖ *仲由(중유): 공자의 제자 자로의 성과 이름 ‖ *冉求(염구): 공자의 제자로 자는 자유(子有)이며, 염유(冉有), 염자(冉子)로 불리는 정사에 능한 인물 ‖ *以A爲B=A以爲B, A를 B로 여기다(삼다) ‖ *曾(증): 결국, 고작 ‖ *由(유): 공자의 제자 자로(子路)의 이름 ‖ *具臣(구신): 수효를 채우기 위한 신하.

· 可(能/得/足)+술어: ~할 수 있다, ~할 만하다 / 목적어+술어 구조도 가능 ‖ 可謂: 말할 수 있다.

· 之+명사: 之(관형격: ~의/~(하)는/~ㄴ) ‖ 異之問: 특이한 질문, 다른 질문.

· (명사)+與(及)+명사(구) ‖ 由與求: 유와 구, 父與君: 아비와 임금.

· 之+술어: 之(주격: ~은(는)/~이(가), 목적격: ~을(를)) ‖ 求之問: 구가 묻다.
· 수식어+者 ↔ 所+수식어(동사/형용사) ‖ 所謂: 이른 바, 大臣者: 대신이란 것, 從之者: 그를 따르는 자.
· 以+명사(구): 명사(구)로(써) ‖ 以道: 도로써.
· 술어+之: 之(대명사: 그(것)을, 그(것)에) ‖ 從之: 그를 따르다.
· 不+동사/형용사 ↔ 非+명사(구) ‖ 不從: 따르지 않다.

24장

子路使子羔(자로사자고), 爲費宰(위비재).

자로(子路)가 자고(子羔)로 하여금(使) 비읍(費)의 수령(宰)이 되게 했다(爲).

子曰(자왈). 賊夫人之子(적부인지자).

공자(子)께서 말씀하셨다(曰). 저(夫) 남(人)의(之) 자식(子)을 해치는구나(賊).

子路曰(자로왈). 有民人焉(유민인언), 有社稷焉(유사직언). 何必讀書然後(하필독서연후), 爲學(위학)?

자로(子路)가 말했다(曰). 백성(民人)이 거기에(焉) 있고(有), 사직(社稷)이 거기에(焉) 있습니다(有). 하필(何必) 글(書)을 읽은(讀) 연후에야(然後) 배움(學)이 되는 것이겠습니까(爲)?

子曰(자왈). 是故(시고), 惡夫佞者(오부영자).

공자(子)께서 말씀하셨다(曰). 이(是) 때문에(故) 저(夫) 말 잘하는(佞) 자(者)를 미워하는 것이다(惡).

*子路(자로): 공자의 제자 중유(仲由)의 자(字)로 솔직 담백하고 용맹한 정치가이자 무인 ‖ *子羔(자고): 공자의 제자 고시(高柴)로 우직하고 성실한 인물 ‖ *夫(부): 발어사 ‖ *惡: (악) 악하다 / (오) 미워하다 ‖ *佞(녕): 아첨하다, 말 잘하다.

· 使+명사: 명사로 하여금 / 명사를 하게 하다 / 명사를 시키다 ‖ 使子羔: 자고로 하여금.

· 之+명사: 之(관형격: ~의/~(하)는/~ㄴ) ‖ 人之子: 남의 자식.

· 焉(언): =於之 ‖ 民人焉: 民人於之: 거기에 백성, 社稷焉: 社稷於之: 거기에 사직.

· 有+명사: ①~이(가) 있다(술어+보어), ②~을(를) 가지고 있다(술어+목적어).

· 수식어+者 ↔ 所+수식어(동사/형용사) ‖ 佞者: 말 잘하는 자.

25장

子路曾晳冉有公西華侍坐(자로증석염유공서화시좌).

자로(子路), 증석(曾晳), 염유(冉有), 공서화(公西華)가 (공자를) 모시고(侍) 앉았다(坐).

子曰(자왈). 以吾一日長乎爾(이오일일장호이), 毋吾以也(무오이야).

공자(子)께서 말씀하셨다(曰). 내(吾)가 너희(爾)보다(乎) 하루(一日) 많은(長) 것으로(以), 나(吾) 때문에(以) (말하기 어려워하지) 말거(毋)라(也).

※ 나이가 많다고 말하는 것을 어려워하지 말라는 의미이다.

居則曰(거즉왈), 不吾知也(불오지야).

평소에(居) 곧(則) 말하길(曰), '나(吾)를 알아주지(知) 못한(不)다(也)'고 한다.

如或知爾(여혹지이), 則何以哉(즉하이재)?

만약(如) 혹시(或) 너희(爾)를 알아준다(知)면(則) 어디에(何) 쓰이겠(以)느냐(哉)?

子路率爾而對曰(자로솔이이대왈).

자로(子路)가 경솔하(率爾)게(而) 대답하여(對) 말했다(曰).

千乘之國(천승지국), 攝乎大國之間(섭호대국지간),
加之以師旅(가지이사려), 因之以饑饉(인지이기근), 由也爲之(유야위지),
比及三年(비급삼년), 可使有勇(가사유용), 且知方也(차지방야).

천승지국(千乘之國)이 대국(大國)의(之) 사이(間)에(乎) 끼여서(攝) 그들(之)에게 군대(師旅)로(以) 가하고(加), 그들(之)에게 기근(饑饉)으로(以) 겹쳤을(因) 때, 유(由, 자로)가(也) 그것(之)을 다스린다면(爲), 삼 년(三年)의 때에 이르러(比及) 그들로 하여금(使) 용맹(勇)이 있도록(有) 할 수(可) 있으며, 또한(且) 예법(方)을 알게(知) 하겠습니다(也).

夫子哂之(부자신지).

선생님(夫子)께서 그것(之)을 웃으셨다(哂).

求(구), 爾何如(이하여)?

구(求, 염유)야, 너(爾)는 어떠(何)하냐(如)?

對曰(대왈). **方六七十**(방육칠십), **如五六十**(여오륙십),
求也爲之(구야위지), **比及三年**(비급삼년), **可使足民**(가사족민),
如其禮樂(여기예악), **以俟君子**(이사군자).

(염유가) 대답하여(對) 말했다(曰). 사방(方) 6(六), 70(七十)리 혹은(如) 5(五), 60(六十)리에 구(求)가(也) 그것(之)을 다스린다면(爲), 삼 년(三年)의 때에 이르러(比及) 백성(民)을 풍족하게(足) 하도록(使) 할 수(可) 있지만, 그(其) 예악(禮樂)과 같은(如) 것이라면(以) 군자(君子)를 기다리겠습니다(俟).

赤(적), **爾何如**(이하여)?

적(赤, 공서화)아, 너(爾)는 어떠(何)하냐(如)?

對曰(대왈). **非曰能之**(비왈능지), **願學焉**(원학언). **宗廟之事**(종묘지사),
如會同(여회동), **端章甫**(단장보), **願爲小相焉**(원위소상언).

(공서화가) 대답하여(對) 말했다(曰). 그것(之)을 할 수 있다(能)는 말(曰)이 아니라(非), 그것을(焉) 배우기(學)를 원합니다(願). 종묘(宗廟)의(之) 일(事)이나(如) 회동(會同)에서 예복(端)과 예관(章甫)을 입고 거기에서(焉) 소상(小相)이 되기(爲)를 원합니다(願).

點(점), **爾何如**(이하여)?

점(點, 증석)아, 너(爾)는 어떠(何)하냐(如)?

鼓瑟希(고슬희), **鏗爾舍瑟而作**(갱이사슬이작), **對曰**(대왈).
異乎三子者之撰(이호삼자자지선).

비파(瑟)를 연주하는 것(鼓)이 잦아들다가(希) '딩(鏗爾)'하고 비파(瑟)를 내버려두고(舍)서(而) 일어나(作) 대답하여(對) 말했다(曰). 세(三) 사람(子者)이(之) 선택한(撰, 가린, 구비한) 것과(乎) 다릅니다(異).

子曰(자왈). 何傷乎(하상호)? 亦各言其志也(역각언기지야).

공자(子)께서 말씀하셨다(曰). 무엇(何)을 근심하느(傷)냐(乎)? 또한(亦) 각자(各) 그(其) 뜻(志)을 말한(言) 것이다(也).

曰(왈). 莫春者(모춘자), 春服既成(춘복기성), 冠者五六人(관자오륙인), 童子六七人(동자육칠인), 浴乎沂(욕호기), 風乎舞雩(풍호무우), 詠而歸(영이귀).

(증석이) 말했다(曰). 모춘(莫春)에(者) 봄옷(春服)이 이미(既) 완성되면(成), 성인(冠者) 5, 6인(五六人)과 동자(童子) 6, 7인(六七人)으로 기수(沂)에서(乎) 목욕하고(浴) 무우(舞雩)에서(乎) 바람 쐬고(風), 노래하면(詠)서(而) 돌아오겠습니다(歸).

夫子喟然歎曰(부자위연탄왈). 吾與點也(오여점야).

선생님(夫子)께서 한숨을 쉬며(喟然) 찬탄하며(歎) 말씀하셨다(曰). 내(吾)가 점(點)과 함께하겠(與)다(也).

※ 별해. 吾與點也: 與를 '인정하다'로 보면, '내가 점을 인정하겠다'라고 번역할 수도 있다.

三子者出(삼자자출), 曾晳(증석), 後(후), 曾晳曰(증석왈). 夫三子者之言(부삼자자지언), 何如(하여)?

세(三) 사람(子者)이 나가고(出) 증석(曾晳)이 뒤에 남았는데(後), 증석(曾晳)이 말했다(曰). 저(夫) 세(三) 사람(子者)의(之) 말(言)이 어떠(何)합니까(如)?

子曰(자왈). 亦各言其志也已矣(역각언기지야이의).

공자(子)께서 말씀하셨다(曰). 또한(亦) 각자(各) 그(其) 뜻(志)을 말했을(言)

뿐이다(也已矣).

曰(왈). 夫子何哂由也(부자하신유야)?

(증석이) 말했다(曰). 선생님(夫子)께서는 어째서(何) 유(由, 자로)를 웃으셨습니(哂)까(也)?

曰(왈). 爲國以禮(위국이례), 其言不讓(기언불양), 是故哂之(시고신지).

(공자께서) 말씀하셨다(曰). 나라(國)를 다스리는 것(爲)은 예(禮)로써(以) 하는데, 그(其) 말(言)이 겸손하지(讓) 않아서(不) 이(是) 때문에(故) 그것(之)을 웃었다(哂).

唯求則非邦也與(유구즉비방야여)?

단지(唯) 구(求, 염유)가 (말한 것은) 즉(則) 나라(邦)가 아닙니(非)까(也與)?

安見方六七十(안견방육칠십),
如五六十而非邦也者(여오륙십이비방야자)?

사방(方) 6(六), 70(七十)리 또는(如) 5(五), 60(六十)리나 되는데(而) 나라(邦)가 아닌(非) 것(也者)을 어디(安)에서 보겠느냐(見)?

唯赤則非邦也與(유적즉비방야여)?

단지(唯) 적(赤, 공서화)이 (말한 것은) 즉(則) 나라(邦)가 아닙니(非)까(也與)?

宗廟會同(종묘회동), 非諸侯而何(비제후이하)?

종묘(宗廟)나 회동(會同)은 제후(諸侯)가 아니(非)고(而) 무엇이더냐(何)?

赤也爲之小(적야위지소), 孰能爲之大(숙능위지대)?

적(赤)이(也) 그(之) 작은 것(小)을 하면(爲), 누(孰)가 그(之) 큰 것(大)을 할(爲) 수(能) 있겠느냐?

*子路(자로): 공자의 제자 중유(仲由)의 자(字)로 솔직 담백하고 용맹한 정치가이자 무인 ‖ *曾晳(증석): 공자의 제자이자 증자의 부 ‖ *冉有(염유): 공자의 제자로 정치를 지향하고 현실적인 인물 ‖ *公西華(공서화): 공자의 제자 공서적(公西赤)으로 예의와 외교에 재능이 있던 인물 ‖ *一日長(일일장): 나이·경험이 조금 위일 때 사용하는 표현 ‖ *居(거): 거하다, 앉다, 평상시 ‖ *以(이): 쓰다, 하다 ‖ *率爾(솔이): 급작스러움, 성질이나 언행이 신중하지 않고 소홀함 ‖ *率(솔): 경솔하다 ‖ *千乘之國(천승지국): 병거(兵車) 천 대를 갖춘 제후가 다스리는 나라 ‖ *攝(섭): 사이에 끼다 ‖ *師旅(사려): 전쟁, 군대 ‖ *由(유): 공자의 제자 자로(子路)의 이름 ‖ *比及(비급): 때에 이르다, 때가 되다 ‖ *知方(지방): 예법을 앎 ‖ *夫子(부자): 선생님 ‖ *哂(신): 웃다, 미소짓다 ‖ *求(구): 공자의 제자 염구(冉求)로 자는 자유(子有)이며, 염유(冉有), 염자(冉子)로 불리는 정사에 능한 인물 ‖ *何如(하여): 무엇과 같은가? 어찌하여, 어떠한가? ‖ *如(여): ~와, 과, 접속사(而) ‖ *樂: (악) 노래 / (낙/락) 즐기다 / (요) 좋아하다 ‖ *以: =而, 卽 ‖ *赤(적): 공자의 제자 공서적의 이름으로 자는 자화(子華)이며, 예의와 외교에 재능이 있던 인물 ‖ *端章甫(단장보): 단(端)은 현단(玄端)의 복으로 주대에 제후가 조회할 때 입던 흑색의 정복이며, 장보(章甫)는 은대의 예관(禮冠)으로, 이것은 예복과 예관을 말함 ‖ *小相(소상): 작은 관리, 하찮은 관리 ‖ *鏗爾(갱이): 현악기 연주 소리, 의성어 '딩' ‖ *點(점): 공자의 제자이자 증자의 아비 증석(曾晳) ‖ *莫春(모춘): 음력 3월 ‖ *冠者(관자): 관례(冠禮)를 행하는 젊은이, 성인 ‖ *喟然(위연): 한숨을 쉬며 탄식하는 모양 ‖ *也已矣(야이의): 단정종결사 ‖ *也與(야여): 추측·의문종결사 ‖ *也者(야자): ~라고 하는 것.

· 술어+(목적어)+於(乎/于)+명사(구) ‖ 長乎爾: 너보다 많다, 攝乎大國之間: 대국의 사이에 끼다, 異乎三子者: 세 사람과 다르다, 浴乎沂: 기수에서 목욕하다, 風乎舞雩: 무우에서 바람쐬다.

· 부정문에서 대명사 도치 ‖ 不吾知: 不知吾의 吾도치, 나를 알지 못하다.

· 不+동사/형용사 ↔ 非+명사(구) ‖ 不知: 알지 못하다, 非曰: 말이 아니다, 不讓: 겸손하지 않다, 非邦: 나라가 아니다, 非諸侯: 제후가 아니다.

· 之+명사: 之(관형격: ~의/~(하)는/~ㄴ) ‖ 千乘之國: 천승의 나라, 大國之間: 대국의 사이, 三子者之言: 세 사람의 말.
· 술어+之: 之(대명사: 그(것)을, 그(것)에) ‖ 加之: 그에게 가하다, 因之: 그에게 겹치다, 爲之: 그것을 다스리다, 能之: 그것을 할 수 있다, 哂之: 그것을 웃다.
· 以+명사(구): 명사(구)로(써) ‖ 以師旅: 군대로, 以饑饉: 기근으로, 以禮: 예로.
· 可(能/得/足)+술어: ~할 수 있다, ~할 만하다 / 목적어+술어 구조도 가능 ‖ 可使: 하게 할 수 있다, 能爲: 할 수 있다.
· 有+명사: ①~이(가) 있다(술어+보어), ②~을(를) 가지고 있다(술어+목적어).
· 焉(언): =於之 ‖ 學焉: =學於之, 그것을 배우다, 爲小相焉: =爲小相於之, 그것에 소상이 되다.
· 술어(부사어)+而+술어(부사어) ‖ 舍瑟而作: 비파를 두고서 일어나다, 詠而歸: 노래하며 돌아오다, 五六十而非邦: 50, 60이나 되는데 나라가 아니다, 非諸侯而何: 제후가 아니고 무엇이냐?
· 之+술어: 之(주격: ~은(는)/~이(가), 목적격: ~을(를)) ‖ 三子者之撰: 세 사람이 선택하다.
· 의문문에서 의문사(대명사) 도치 ‖ 何傷: 傷何의 何도치, 무엇을 근심하는가?

12편

안연
顔淵

1장

顏淵問仁(안연문인), 子曰(자왈). 克己復禮爲仁(극기복례위인).

안연(顏淵)이 인(仁)을 묻자(問), 공자(子)께서 말씀하셨다(曰). 자기(己)를 이겨서(克) 예(禮)를 회복하는(復) 것이 인(仁)을 하는 것이다(爲).

一日克己復禮(일일극기복례), 天下歸仁焉(천하귀인언).

하루(一日)라도 자기(己)를 이겨서(克) 예(禮)를 회복한다면(復), 천하(天下)가 인(仁)을 그에게(焉) 귀속시킬 것이다(歸).

爲仁(위인), 由己(유기), 而由人乎哉(이유인호재)?

인(仁)을 하는(爲) 것은 자기(己)에게서 연유하는(由) 것인데(而) 남(人)에게서 연유하는(由) 것이겠는가(乎哉)?

顏淵曰(안연왈). 請問其目(청문기목).

안연(顏淵)이 말했다(曰). 청컨대(請), 그(其) 조목(目)을 묻습니다(問).

子曰(자왈). 非禮勿視(비례물시), 非禮勿聽(비례물청), 非禮勿言(비례물언), 非禮勿動(비례물동).

공자(子)께서 말씀하셨다(曰). 예(禮)가 아니면(非) 보지(視) 말고(勿), 예(禮)가 아니면(非) 듣지(聽) 말고(勿), 예(禮)가 아니면(非) 말하지(言) 말고(勿), 예(禮)가 아니면(非) 움직이지(動) 말라(勿).

顏淵曰(안연왈), 回雖不敏(회수불민), 請事斯語矣(청사사어의).

안연(顏淵)이 말했다(曰). 회(回, 안연)가 비록(雖) 영민하지(敏) 못하지만(不), 청컨대(請), 이(斯) 말씀(語)을 일삼겠습니(事)다(矣).

---

*顏淵(안연): 32세에 요절한 공자의 제자 안회로 학문을 좋아한 인물 ‖ *克己(극기): 자기의 감정이나 욕심, 충동 등을 이성적 의지로 눌러 이김 ‖ 復禮(복례): 예를 좇아 행함 ‖ *由(유): 말미암다(어떤 현상이나 사물 따위가 원인이나 이유가 되다) ‖ *乎哉(호재): 감탄·의문종결사 ‖ *回(회): 안연의 이름 ‖ *不敏(불민): 둔하고 재빠르지 못함, 슬기롭고 민첩하지 못함 ‖ 事(사): 일삼다, 종사하다.

· 焉(언): =於之 ‖ 歸仁焉: 歸仁於之, 그에게 인을 귀속시킨다.
· 술어(부사어)+而+술어(부사어) ‖ 由己而由人: 자기에게 연유하니 남에게 연유하다.
· 不+동사/형용사 ↔ 非+명사(구) ‖ 非禮: 예가 아니다, 不敏: 영민하지 못하다.

2장

仲弓問仁(중궁문인), 子曰(자왈). 出門如見大賓(출문여견대빈), 使民如承大祭(사민여승대제), 己所不欲(기소불욕), 勿施於人(물시어인), 在邦無怨(재방무원), 在家無怨(재가무원).

중궁(仲弓)이 인(仁)을 묻자(問), 공자(子)께서 말씀하셨다(曰). 문(門)을 나서면(出) 마치 큰(大) 손님(賓)을 보는(見) 듯하고(如), 백성(民)을 부릴(使) 때, 마치 큰(大) 제사(祭)를 받드는(承) 듯하고(如), 자기(己)가 하고 싶지(欲) 않은(不) 것(所)을 남(人)에게(於) 베풀지(施) 않으면(勿), 나라(邦)에 있어도(在) 원망(怨)이 없고(無), 집(家)에 있어도(在) 원망(怨)이 없다(無).

仲弓曰(중궁왈), 雍雖不敏(옹수불민), 請事斯語矣(청사사어의).

중궁(仲弓)이 말했다(曰). 옹(雍, 중궁)이 비록(雖) 영민하지(敏) 못하지만(不), 청컨대(請), 이(斯) 말씀(語)을 일삼겠습니(事)다(矣).

*仲弓(중궁): 공자의 제자로 염옹(冉雍)의 자(字)로 덕행을 인정받은 인물 ‖ *雍(옹): 공자의 제자 중궁(仲弓)의 이름.

· 使+명사: 명사로 하여금 / 명사를 하게 하다 / 명사를 시키다 ‖ 使民: 백성을 시키다.

· 수식어+者 ↔ 所+수식어(동사/형용사) ‖ 所不欲: 하고 싶지 않은 것.

· 不+동사/형용사 ↔ 非+명사(구) ‖ 不欲: 하고 싶지 않다, 不敏: 영민하지 못하다.

· 술어+(목적어)+於(乎/于)+명사(구) ‖ 施於人: 남에게 베푼다.

3장

司馬牛問仁(사마우문인), 子曰(자왈). 仁者(인자), 其言也訒(기언야인).

사마우(司馬牛)가 인(仁)을 묻자(問), 공자(子)께서 말씀하셨다(曰). 인자(仁者)는 그(其) 말(言)이(也), 과묵하다(訒).

曰(왈). 其言也訒(기언야인), 斯謂之仁矣乎(사위지인의호)?

말했다(曰). 그(其) 말(言)이(也), 과묵하다(訒)면(斯) 그것(之)을 인(仁)이라 말할(謂) 수 있습니까(矣乎)?

子曰(자왈). 爲之難(위지난), 言之得無訒乎(언지득무인호)?

공자(子)께서 말씀하셨다(曰). 그것(之)을 하는(爲) 것이 어려우니(難), 그것(之)을 말하는(言) 것이 과묵하지(訒) 않을(無) 수(得) 있겠는가(乎)?

*司馬牛(사마우): 공자의 제자이자 당시 악인이었던 환퇴(桓魋)의 동생 ‖ *訒(인): 말을 더듬다, 과묵하다 ‖ *矣乎(의호): 감탄·의문종결사.
· 수식어+者 ↔ 所+수식어(동사/형용사) ‖ 仁者: 어진 자.
· 술어+之: 之(대명사: 그(것)을, 그(것)에) ‖ 謂之: 그것을 말하다, 爲之: 그것을 하다, 言之: 그것을 말하다.
· 可(能/得/足)+술어: ~할 수 있다, ~할 만하다 / 목적어+술어 구조도 가능 ‖ 得無訒: 과묵하지 않을 수 있다.

4장

司馬牛問君子(사마우문군자), 子曰(자왈). 君子(군자), 不憂不懼(불우불구).

사마우(司馬牛)가 군자(君子)를 묻자(問), 공자(子)께서 말씀하셨다(曰). 군자(君子)는 근심하지(憂) 않고(不) 두려워하지도(懼) 않는다(不).

曰(왈). 不憂不懼(불우불구), 斯謂之君子矣乎(사위지군자의호)?

말했다(曰). 근심하지(憂) 않고(不) 두려워하지도(懼) 않으(不)면(斯) 그것(之)을 군자(君子)라 말할(謂) 수 있습니까(矣乎)?

子曰(자왈). 內省不疚(내성불구), 夫何憂何懼(부하우하구)?

공자(子)께서 말씀하셨다(曰). 안으로(內) 살펴도(省) 꺼림직하지(疚) 않은데(不), 대저(夫) 무엇(何)을 근심하고(憂) 무엇(何)을 두려워하겠는가(懼)?

*司馬牛(사마우): 공자의 제자이자 당시 악인이었던 환퇴(桓魋)의 동생 ‖ *矣乎(의호): 감탄·의문종결사 ‖ *疚(구): 오랜 병, 근심하다, 꺼림직하다 ‖ *夫(부): 대저(발어사).

· 不+동사/형용사 ↔ 非+명사(구) ‖ 不憂: 근심하지 않다, 不懼: 두려워하지 않다, 不疚: 꺼림직하지 않다.
· 술어+之: 之(대명사: 그(것)을, 그(것)에) ‖ 謂之: 그것을 말하다.
· 의문문에서 의문사(대명사) 도치 ‖ 何憂: 憂何의 何도치, 무엇을 근심하는가? 何懼: 懼何의 何도치, 무엇을 두려워하는가?

5장

司馬牛憂曰(사마우우왈). 人皆有兄弟(인개유형제), 我獨亡(아독무).

사마우(司馬牛)가 근심하여(憂) 말했다(曰). 사람들(人)은 모두(皆) 형제(兄弟)가 있는데(有), 나(我)만 홀로(獨) 없다(亡).

子夏曰(자하왈). 商(상), 聞之矣(문지의), 死生有命(사생유명), 富貴在天(부귀재천).

자하(子夏)가 말했다(曰). 상(商, 자하)이 그것(之)을 들었(聞)는데(矣), '사생(死生)은 천명(命)에 있고(有), 부귀(富貴)는 하늘(天)에 달려 있다(在)'고 했다.

君子敬而無失(군자경이무실), 與人恭而有禮(여인공이유례), 四海之內皆兄弟也(사해지내개형제야),

군자(君子)는 삼가(敬)서(而) 실수(失)가 없고(無), 사람들(人)과 더불어(與) 공손하(恭)고(而) 예(禮)가 있으면(有), 사해(四海)의(之) 안(內)에 모두(皆)가 형제(兄弟)이다(也).

君子何患乎無兄弟也(군자하환호무형제야)?

군자(君子)가 무엇(何)을 근심하는(患)가(乎)? 형제(兄弟)가 없다(無)고(也).

*司馬牛(사마우): 공자의 제자이자 당시 악인이었던 환퇴(桓魋)의 동생 ‖ *亡: (망) 망하다 / (무) 없다 ‖ *子夏(자하): 공자의 제자 복상(卜商)의 자(字)로 시와 예에 능통한 인물 ‖ *商(상): 공자의 제자 자하(子夏)의 이름.

· 有+명사: ①~이(가) 있다(술어+보어), ②~을(를) 가지고 있다(술어+목적어).

· 술어+之: 之(대명사: 그(것)을, 그(것)에) ‖ 聞之: 그것을 듣다.

· 술어(부사어)+而+술어(부사어) ‖ 敬而無失: 삼가서 실수가 없다, 恭而有禮: 공손하고 예가 있다.

· 之+명사: 之(관형격: ~의/~(하)는/~ㄴ) ‖ 四海之內: 사해의 안.

· 의문문에서 의문사(대명사) 도치 ‖ 何患: 患何의 何도치, 무엇을 근심하는가?

6장

子張問明(자장문명), 子曰(자왈). 浸潤之譖(침윤지참), 膚受之愬(부수지소), 不行焉(불행언), 可謂明也已矣(가위명야이의).

자장(子張)이 밝음(明)을 묻자(問), 공자(子)께서 말씀하셨다(曰). 침륜(浸潤)하는(之) 참소(譖)와 부수(膚受)하는(之) 하소연(愬)이 그에게서(焉) 행해지지(行) 않으면(不), 밝음(明)이라 말할(謂) 수(可) 있다(也已矣).

浸潤之譖(침윤지참), 膚受之愬不行焉(부수지소불행언), 可謂遠也已矣(가위원야이의).

침륜(浸潤)하는(之) 참소(譖)와 부수(膚受)하는(之) 하소연(愬)이 그에게서(焉) 행해지지(行) 않으면(不), 원대하다(遠)고 말할(謂) 수(可) 있다(也已矣).

*子張(자장): 공자의 제자로 적극적인 성품을 소유한 인물 ‖ *浸潤(침륜): 점점 배어들다 ‖ *譖(참): 참소하다, 하소연하다 ‖ *膚受(부수): 참언이나 중상 따위가 살이 에이는 것같이 통절하다 ‖ *愬(소): 하소연하다, 참소하다 ‖ *也已矣(야이의): 단정종결사.

· 之+명사: 之(관형격: ~의/~(하)는/~ㄴ) ‖ 浸潤之譖: 침륜하는 참소, 膚受之愬: 부수하는 하소연.
· 不+동사/형용사 ↔ 非+명사(구) ‖ 不行: 행하지 않다.
· 焉(언): =於之 ‖ 行焉: =行於之, 그에게 행하다.
· 可(能/得/足)+술어: ~할 수 있다, ~할 만하다 / 목적어+술어 구조도 가능 ‖ 可謂: 말할 수 있다.

7장

子貢問政(자공문정), 子曰(자왈). 足食足兵(족식족병), 民(민), 信之矣(신지의).

자공(子貢)이 정사(政)를 묻자(問), 공자(子)께서 말씀하셨다(曰). 식(食)을 풍족하게 하고(足) 군대(兵)를 풍족하게 하고(足), 백성(民)이 그것(之)을 믿는(信) 것이다(矣).

子貢曰(자공왈). 必不得已而去(왈필부득이이거), 於斯三者(어사삼자), 何先(하선)?

자공(子貢)이 말했다(曰). 반드시(必) 부득이(不得已)해서(而) 버린다면(去), 이(斯) 삼자(三者)에서(於) 무엇(何)을 먼저 합니까(先)?

曰(왈). 去兵(거병).

(공자께서) 말씀하셨다(曰). 군대(兵)를 버린다(去).

子貢曰(자공왈). 必不得已而去(필부득이이거), 於斯二者(어사이자), 何先(하선)?

자공(子貢)이 말했다(曰). 반드시(必) 부득이(不得已)해서(而) 버린다면(去), 이(斯) 이자(二者)에서(於) 무엇(何)을 먼저 합니까(先)?

曰(왈). 去食(거식).

(공자께서) 말씀하셨다(曰). 식(食)을 버린다(去).

自古皆有死(자고개유사), 民無信不立(민무신불립).

예(古)로부터(自) 모두(皆) 죽음(死)은 있었지만(有), 백성(民)에게 믿음(信)이 없으면(無) 존립하지(立) 못한다(不).

*子貢(자공): 공자의 제자 단목사(端木賜)의 자(字)로 말솜씨와 정치적 수완이 뛰어난 인물 ‖ *不得已: 마지못하여서 하는 수 없이.
· 술어+之: 之(대명사: 그(것)을, 그(것)에) ‖ 信之: 그것을 믿다.
· 술어(부사어)+而+술어(부사어) ‖ 不得已而去: 부득이해서 버리다.
· 수식어+者 ↔ 所+수식어(동사/형용사) ‖ 三者: 세 가지, 二者: 두 가지.
· 의문문에서 의문사(대명사) 도치 ‖ 何先: 先何의 何도치, 무엇을 먼저 하는가?
· 有+명사: ①~이(가) 있다(술어+보어), ②~을(를) 가지고 있다(술어+목적어).
· 不+동사/형용사 ↔ 非+명사(구) ‖ 不立: 설 수 없다.

8장

棘子成曰(극자성왈). 君子(군자), 質而已矣(질이이의), 何以文爲(하이문위)?

극자성(棘子成)이 말했다(曰). 군자(君子)는 질박할(質) 뿐이지(而已矣), 문(文)으로(以) 무엇(何)을 하겠습니까(爲)?

※ 별해. 何以: 무엇 때문에.

子貢曰(자공왈), 惜乎(석호), 夫子之說君子也(부자지설군자야).

자공(子貢)이 말했다(曰). 애석하(惜)군요(乎), 선생님(夫子)께서(之) 군자(君子)를 말한(說) 것이(也).

駟不及舌(사불급설).

사마(駟)도 혀(舌)를 따라가지는(及) 못합니다(不).

※ 駟不及舌(사불급설): 네 마리 말이 끄는 수레도 혀에는 미치지 못한다는 말로, 소문은 빨리 퍼지니 말을 삼가하라는 뜻이다.

文猶質也(문유질야), 質猶文也(질유문야), 虎豹之鞟(호표지곽), 猶犬羊之鞟(유견양지곽).

문(文)은 질(質)과 같(猶)고(也), 질(質)은 문(文)과 같(猶)으니(也), 범(虎)과 표범(豹)의(之) 생가죽(鞟)도 개(犬)나 양(羊)의(之) 생가죽(鞟)과 같습니다(猶).

---

*棘子成(극자성): 위(衛)의 대부 ‖ *質(질): 질박하다, 소박하다 ‖ *而已矣(이이의): 단정종결사 ‖ *文(문): 꾸미다 ‖ *何以文爲: 문으로 무엇을 하는가? ‖ *子貢(자공): 공자의 제자 단목사(端木賜)의 자(字)로 말솜씨와 정치적 수완이 뛰어난 인물 ‖ *夫子: 선생님 ‖ *駟(사): 사마(한 채의 수레를 끄는 네 필의 말) ‖ *鞟(곽): 생가죽, 털만 벗긴 날가죽.

- 의문문에서 의문사(대명사) 도치 ‖ 何以文爲: 以文爲何의 何도치, 문으로 무엇을 하는가?
- 以+명사(구): 명사(구)로(써) ‖ 以文: 문으로.
- 之+술어: 之(주격: ~은(는)/~이(가), 목적격: ~을(를)) ‖ 夫子之說: 부자가 말하다.
- 不+동사/형용사 ↔ 非+명사(구) ‖ 不及: 따라가지 못하다.
- 之+명사: 之(관형격: ~의/~(하)는/~ㄴ) ‖ 虎豹之鞟: 호표의 곽, 犬羊之鞟: 견양의 곽.

9장

哀公問於有若曰(애공문어유약왈). 年饑用不足(연기용부족), 如之何(여지하)?

애공(哀公)이 유약(有若)에게(於) 물었다(問). 연기(年饑)로 쓸 것(用)이 풍족하지(足) 않으니(不), 그것(之)을 어떻게(何) 하겠소(如)?

有若對曰(유약대왈). 盍徹乎(합철호)?

유약(有若)이 대답하여(對) 말했다(曰). 어찌(盍1) 철법(徹)을 하지 않으(盍2)십니까(乎)?

曰(왈). 二(이), 吾猶不足(오유부족), 如之何其徹也(여지하기철야)?

말했다(曰). (십분의) 이(二)도 나(吾)는 오히려(猶) 풍족하지(足) 않은데(不), 그것(之)을 어떻게(何) 하여(如) 그(其) 철법(徹)이란 말이요(也)?

對曰(대왈). 百姓足(백성족), 君孰與不足(군숙여부족), 百姓不足(백성부족), 君孰與足(군숙여족)?

대답하여(對) 말했다(曰). 백성(百姓)이 풍족하면(足) 임금(君)은 누구(孰)와 더불어(與) 풍족하지(足) 않겠으며(不), 백성(百姓)이 풍족하지(足) 않으면(不) 임금(君)은 누구(孰)와 더불어(與) 풍족하겠습니까(足)?

---

*哀公(애공): 삼환(三桓)씨를 제거하려다 왕위에서 쫓겨난 노(魯)의 군주 ‖ *有若(유약): 공자의 제자 유자(有子)로 효제를 강조한 노(魯)나라 사람 ‖ *年饑(연기): 흉년으로 기근이 듦 ‖ *如之何(여지하): 그것이 무엇과 같은가? 그것을 어떻게 하는가? 어찌할까? 어떻게 하여 ‖ *盍(합): 어찌 아니하다 ‖ *徹(철): =철법(徹法), 십분의 일 조세법 ‖ *其(기): 강조의 어기사.

· 술어+(목적어)+於(乎/于)+명사(구) ‖ 問於有若: 유약에게 묻다.

· 不+동사/형용사 ↔ 非+명사(구) ‖ 不足: 충분하지 않다.

10장

子張問崇德辨惑(자장문숭덕변혹), 子曰(자왈).

자장(子張)이 덕(德)을 높이고(崇) 미혹(惑)을 분별하는(辨) 것을 묻자(問), 공자(子)께서 말씀하셨다(曰).

主忠信(주충신), **徙義崇德也**(사의숭덕야).

충(忠)과 신(信)을 주로 하고(主), 의(義)로 옮겨 가는 것(徙)이 덕(德)을 높이는(崇) 것이다(也).

愛之(애지), **欲其生**(욕기생), **惡之**(오지), **欲其死**(욕기사),
旣欲其生(기욕기생), **又欲其死**(우욕기사), **是惑也**(시혹야).

그(之)를 사랑하면(愛) 그(其)가 살기(生)를 바라고(欲) 그(之)를 미워하면(惡) 그(其)가 죽기(死)를 바라는데(欲), 이미(旣) 그(其)가 살기(生)를 바라다가(欲) 또(又) 그(其)가 죽기(死)를 바라는 것(欲), 이것(是)이 미혹(惑)이다(也).

誠不以富(성불이부), **亦祇以異**(역지이이).

진실로(誠) 그것으로(以) 부유하지(富) 못하고(不) 또한(亦) 단지(祇) 그것을(以) 다르게 여긴다(異).

※ 시경을 인용한 것으로 착간(錯簡)으로 보는 예가 있고, 以를 '때문'으로 보는 예가 있다.

---

*子張(자장): 공자의 제자로 적극적인 성품을 소유한 인물 ‖ *徙(사): 옮기, 교화하다 ‖ *惡: (악) 악하다 / (오) 미워하다 ‖ *祇(지): 다만.

· 술어+之: 之(대명사: 그(것)을, 그(것)에) ‖ 愛之: 그를 사랑하다, 惡之: 그를 미워하다.

· 不+동사/형용사 ↔ 非+명사(구) ‖ 不富: 부유하지 않다.

11장

齊景公問政於孔子(제경공문정어공자), **孔子對曰**(공자대왈).

제나라(齊) 경공(景公)이 공자(孔子)에게(於) 정사(政)를 묻자(問), 공자(孔子)께서 대답하여(對) 말씀하셨다(曰).

君君臣臣父父子子(군군신신부부자자).

임금(君)은 임금답고(君), 신하(臣)는 신하답고(臣), 아비(父)는 아비답고(父), 자식(子)은 자식다운(子) 것입니다.

公曰(공왈). 善哉(선재). 信如君不君(신여군불군), 臣不臣(신불신) 父不父(부불부), 子不子(자부자), 雖有粟(수유속), 吾得而食諸(오득이식제).

경공(公)이 말했다(曰). 좋습니(善)다(哉). 진실로(信) 가령(如) 임금(君)이 임금답지(君) 못하고(不), 신하(臣)가 신하답지(臣) 못하고(不), 아비(父)가 아비답지(父) 못하고(不), 자식(子)이 자식답지(子) 못하다면(不), 비록(雖) 곡식(粟)이 있어도(有) 내(吾)가 그것(諸)을 먹을(食) 수(得而) 있겠습니까?

※ 별해. 吾得而食諸: 내가 얻어서 그것을 먹겠습니까?

---

*景公(경공): 제(齊)의 군주 ‖ *善哉(선재): 좋다, 좋구나 ‖ *信(신): 정말로 ‖ *如(여): 가령, 만일 ‖ 得而(득이): =得以.

· 술어+(목적어)+於(乎/于)+명사(구) ‖ 問政於孔子: 공자에게 정치를 묻다.

· 不+동사/형용사 ↔ 非+명사(구) ‖ 不君: 임금이 아니다(×), 임금답지 않다(○), 不臣: 신하답지 않다, 不父: 아비답지 않다, 不子: 자식답지 않다.

· 有+명사: ①~이(가) 있다(술어+보어), ②~을(를) 가지고 있다(술어+목적어).

· 諸(저): =之乎 ‖ 食諸: =食之乎, 그것을 먹겠는가?

12장

子曰(자왈). 片言(편언), 可以折獄者(가이절옥자), 其由也與(기유야여).

공자(子)께서 말씀하셨다(曰). 한마디(片) 말(言)로 송사(獄)를 판결할(折) 수(可以) 있는 자(者)는 아마도(其) 유(由, 자로)일 것이다(也與).

子路(자로), 無宿諾(무숙락).

자로(子路)는 승낙한 것(諾)을 묵혀둠(宿)이 없다(無).

*片言(편언): ①한쪽 사람이 하는 말, ②한마디의 말, 척언(隻言) ‖ *折獄(절옥): 옥사를 처결함, 송사를 판결함 ‖ *折(절): 판단하다 ‖ *其(기): 아마도 ‖ *由(유): 공자의 제자 자로(子路)의 이름 ‖ *也與(야여): 추측·의문종결사 ‖ *子路(자로): 공자의 제자 중유(仲由)의 자(字)로 솔직 담백하고 용맹한 정치가이자 무인.
· 수식어+者 ↔ 所+수식어(동사/형용사) ‖ 折獄者: 송사를 판결하는 자.

13장

子曰(자왈). 聽訟(청송), 吾猶人也(오유인야), 必也使無訟乎(필야사무송호).

공자(子)께서 말씀하셨다(曰). 소송(訟)을 판결하는(聽) 것에, 나(吾)도 남(人)과 같겠지(猶)만(也), 반드시(必也) (그것으로) 하여금(使) 송사(訟)가 없도록(無) 할 것이다(乎).

*聽(청): 판결하다.
· 使+술어: =使+之+술어 ‖ 使無: =使之無. 그것으로 하여금 ~없게 하다.

14장

子張問政(자장문정), 子曰(자왈). 居之無倦(거지무권), 行之以忠(행지이충).

자장(子張)이 정사(政)를 묻자(問), 공자(子)께서 말씀하셨다(曰). 그것(之)에 거하는(居) 것에 게으름(倦)이 없고(無), 그것(之)을 행하는(行) 것에 충(忠)으로(以) 한다.

*子張(자장): 공자의 제자로 적극적인 성품을 소유한 인물 ‖ *倦(권): 게으르다.
· 술어+之: 之(대명사: 그(것)을, 그(것)에) ‖ 居之: 거기에 거하다, 行之: 그것을 행하다.
· 以+명사(구): 명사(구)로(써) ‖ 以忠: 충으로.

15장

子曰(자왈). 博學於文(박학어문), 約之以禮(약지이례), 亦可以弗畔矣夫(역가이불반의부).

공자(子)께서 말씀하셨다(曰). 널리(博) 문(文)을(於) 배우고(學) 그것(之)을 절제하는(約) 것에 예(禮)로(以) 하면, 또한(亦) 어긋나지(畔) 않을(弗) 수(可以) 있을 것이로다(矣夫).

*弗(불): =不 ‖ *畔(반): 밭두둑, 배반하다 ‖ *矣夫(의부): 감탄종결사.
· 술어+(목적어)+於(乎/于)+명사(구) ‖ 學於文: 문을 배우다.
· 술어+之: 之(대명사: 그(것)을, 그(것)에) ‖ 約之: 그것을 절제하다.
· 以+명사(구): 명사(구)로(써) ‖ 以禮: 예로.
· 可(能/得/足)以+술어: ~할 수 있다, ~할 만하다 ‖ 可以弗畔: 어긋나지 않을 수 있다.

16장

子曰(자왈). 君子(군자), 成人之美(성인지미), 不成人之惡(불성인지악), 小人反是(소인반시).

공자(子)께서 말씀하셨다(曰). 군자(君子)는 남(人)의(之) 미(美)를 이루어 주고(成), 남(人)의(之) 악(惡)을 이루지(成) 않도록(不) 하는데, 소인(小人)은 이것(是)을 반대로 한다(反).

*惡: (악) 악하다 / (오) 미워하다.
· 之+명사: 之(관형격: ~의/~(하)는/~ㄴ) ‖ 人之美: 남의 미, 人之惡: 남의 악.
· 不+동사/형용사 ↔ 非+명사(구) ‖ 不成: 이루지 않다.

17장

季康子問政於孔子(계강자문정어공자), 孔子對曰(공자대왈).

계강자(季康子)가 공자(孔子)에게(於) 정사(政)를 묻자(問), 공자(孔子)께서 대답하여(對) 말씀하셨다(曰).

政者(정자), 正也(정야), 子帥以正(자솔이정), 孰敢不正(숙감부정)?

정사(政)라는 것(者)은 바름(正)이니(也), 당신(子)께서 바름(正)으로(以) 앞장서면(帥), 누(孰)가 감히(敢) 바르지(正) 않겠습니까(不)?

*季康子(계강자): 계손사(季孫斯)의 아들로 노(魯)의 대부 ‖ *帥: (수) 장수 / (솔) 거느리다, 앞장서다.
· 술어+(목적어)+於(乎/于)+명사(구) ‖ 問政於孔子: 공자에게 정사를 묻다.
· 수식어+者 ↔ 所+수식어(동사/형용사) ‖ 政者: 정사라는 것.
· 以+명사(구): 명사(구)로(써) ‖ 以正: 바름으로.
· 不+동사/형용사 ↔ 非+명사(구) ‖ 不正: 바르지 않다.

18장

季康子患盜問於孔子(계강자환도문어공자), 孔子對曰(공자대왈).

계강자(季康子)가 도둑(盜)을 근심하여(患) 공자(孔子)에게(於) 묻자(問),

공자(孔子)께서 대답하여(對) 말씀하셨다(曰).

苟子之不欲(구자지불욕), 雖賞之(수상지), 不竊(부절).

진실로(苟) 당신(子)께서(之) 욕심부리지(欲) 않는다면(不) 비록(雖) 그것(之)에 상을 주더라도(賞) 도둑질하지(竊) 않을 것입니다(不).

---

*季康子(계강자): 계손사(季孫斯)의 아들로 노(魯)의 대부.
· 술어+(목적어)+於(乎/于)+명사(구) ‖ 問於孔子: 공자에게 묻다.
· 之+술어: 之(주격: ~은(는)/~이(가), 목적격: ~을(를)) ‖ 子之不欲: 그대가 욕심부리지 않다.
· 不+동사/형용사 ↔ 非+명사(구) ‖ 不欲: 욕심부리지 않다, 不竊: 훔치지 않다.
· 술어+之: 之(대명사: 그(것)을, 그(것)에) ‖ 賞之: 그것에 상주다.

19장

季康子問政於孔子曰(계강자문정어공자왈).

계강자(季康子)가 공자(孔子)에게(於) 정사(政)를 물어(問) 말했다(曰).

如殺無道(여살무도), 以就有道(이취유도), 何如(하여)?

만일(如) 도(道)가 없는(無) 자를 죽여서(殺), 그렇게 함으로(以) 도(道)가 있는(有) 곳에 나아가면(就), 어떠(何)합니까(如)?

孔子對曰(공자대왈). 子爲政(자위정), 焉用殺(언용살)?

공자(孔子)께서 대답하여(對) 말씀하셨다(曰). 당신(子)께서 정사(政)를 하면서(爲) 어찌(焉) 살(殺)을 쓰십니까(用)?

子欲善(자욕선), 而民善矣(이민선의).

당신(子)께서 선해지고(善)자 하(欲)면(而), 백성(民)도 선해질(善) 것입니다(矣).

君子之德(군자지덕), 風(풍), 小人之德(소인지덕), 草(초), 草上之風(초상지풍), 必偃(필언).

군자(君子)의(之) 덕(德)은 바람(風)이고 소인(小人)의(之) 덕(德)은 풀(草)이니, 풀(草) 위(上)에(之) 바람이 불면(風) (풀은) 반드시(必) 눕는다(偃).

---

*季康子(계강자): 계손사(季孫斯)의 아들로 노(魯)의 대부 ‖ *何如(하여): 무엇과 같은가? 어찌하여, 어떠한가? ‖ *偃(언): 나부끼다, 쓰러지다, 눕다.

· 술어+(목적어)+於(乎/于)+명사(구) ‖ 問政於孔子: 공자에게 정치를 묻다.

· 以+술어: =以+之(대명사)+술어 ‖ 以就: =以之就: 그것으로 나아가다.

· 有+명사: ①~이(가) 있다(술어+보어), ②~을(를) 가지고 있다(술어+목적어).

· 술어(부사어)+而+술어(부사어) ‖ 善而民善: 선하면 백성도 선하다.

· 之+명사: 之(관형격: ~의/~(하)는/~ㄴ) ‖ 君子之德: 군자의 덕, 小人之德: 소인의 덕.

· 之+술어: 之(주격: ~은(는)/~이(가), 목적격: ~을(를)) ‖ 草上之風: 風草上의 도치, 풀위에 바람이 불다.

20장

子張問(자장문), 士何如(사하여), 斯可謂之達矣(사가위지달의)?

자장(子張)이 물었다(問). 선비(士)는 무엇(何)과 같으(如)면(斯) 그것(之)을 통달했다(達)고 말할(謂) 수(可) 있습니까(矣)?

子曰(자왈). 何哉(하재)? 爾所謂達者(이소위달자).

공자(子)께서 말씀하셨다(曰). 무엇(何)이냐(哉)? 네(爾)가 말하는(謂) 바(所), 통달(達)이란 것(者)은.

子張對曰(자장대왈). 在邦必聞(재방필문), 在家必聞(재가필문).

자장(子張)이 대답하여(對) 말했다(曰). 나라(邦)에 있어서(在) 반드시(必) 소문나고(聞) 집(家)에 있어서도(在) 반드시(必) 소문나는 것입니다(聞).

子曰(자왈). 是聞也(시문야), 非達也(비달야).

공자(子)께서 말씀하셨다(曰). 이것(是)은 명성(聞)이지(也) 통달(達)이 아니(非)다(也).

夫達也者(부달야자), 質直而好義(질직이호의), 察言而觀色(찰언이관색), 慮以下人(여이하인).

무릇(夫) 통달(達)이란(也) 것(者)은 질박하고(質), 정직하면(直)서(而) 의(義)를 좋아하고(好), 말(言)을 살피(察)고(而) 안색(色)을 관찰해서(觀), 헤아림(慮), 그것으로(以) 남(人)에게 낮추는 것이다(下).

在邦必達(재방필달), 在家必達(재가필달).

나라(邦)에 있어서(在) 반드시(必) 통달하며(達) 집(家)에 있어서도(在) 반드시(必) 통달할 것이다(達).

夫聞也者(부문야자), 色取仁而行違(색취인이행위), 居之不疑(거지불의), 在邦必聞(재방필문), 在家必聞(재가필문).

무릇(夫) 명성(聞)이란(也) 것(者)은 안색(色)으로는 인(仁)을 취하지(取)만(而) 행동(行)은 어긋나며(違), 거기(之)에 거한다(居)고 여겨서 의심하지(疑) 않는(不) 것이니, (이렇게 하면) 나라(邦)에 있어서(在) 반드시(必) 소문나고(聞) 집(家)에 있어서도(在) 반드시(必) 소문날 것이다(聞).

*子張(자장): 공자의 제자로 적극적인 성품을 소유한 인물 ‖ *何如(하여): 무엇과 같은가? 어찌하여, 어떠한가? ‖ *爾(이): 너, 그대 ‖ *也者(야자): ~라고 하는 것은.
· 可(能/得/足)+술어: ~할 수 있다, ~할 만하다 / 목적어+술어 구조도 가능 ‖ 可謂: 말할 수 있다.
· 술어+之: 之(대명사: 그(것)을, 그(것)에) ‖ 謂之: 그것을 말하다, 居之: 거기에 거하다.
· 수식어+者 ↔ 所+수식어(동사/형용사) ‖ 所謂: 말하는 것, 達者: 통달이라는 것.
· 不+동사/형용사 ↔ 非+명사(구) ‖ 非達: 통달이 아니다, 不疑: 의심하지 않다.
· 술어(부사어)+而+술어(부사어) ‖ 直而好義: 정직하고 의를 좋아하다, 察言而觀色: 말을 살피고 안색을 관찰하다, 色取仁而行違: 안색으로 인을 취하고 행동은 어긋나다.
· 以+술어: =以+之(대명사)+술어 ‖ 慮以下: =慮以之下, 헤아림, 그것으로 낮추다.

21장

樊遲從遊於舞雩之下曰(번지종유어무우지하왈).
敢問崇德修慝辨惑(감문숭덕수특변혹).

번지(樊遲)가 (공자를) 따라(從) 무우(舞雩)의(之) 아래(下)에서(於) 노닐다가(遊) 말했다(日). 덕(德)을 높이고(崇), 사특함(慝)을 닦고(修), 미혹(惑)을 분별하는(辨) 것을 감히(敢) 묻습니다(問).

子曰(자왈). 善哉(선재), 問(문).

공자(子)께서 말씀하셨다(日). 좋(善)구나(哉), 묻는 것(問)이.

先事後得(선사후득), 非崇德與(비숭덕여)?

일(事)을 앞에 두고(先) 얻는 것(得)을 뒤에 두면(後), 덕(德)을 높이는(崇) 것이 아니(非)겠는가(與)?

攻其惡(공기악), 無攻人之惡(무공인지악), 非修慝與(비수특여)?

자기(其) 악(惡)을 공격하고(攻) 남(人)의(之) 악(惡)을 공격하지(攻) 않는 것(無)이 사특함(慝)을 닦는(修) 것이 아니(非)겠는가(與)?

一朝之忿(일조지분), 忘其身(망기신), 以及其親(이급기친), 非惑與(비혹여)?

하루(一)아침(朝)의(之) 분노(忿)로 그(其) 자신(身)을 잊고(忘), 그렇게 함으로(以) 그(其) 부모(親)에게 (화가) 미치는(及) 것이 미혹(惑) 아니(非)겠는가(與)?

---

*樊遲(번지): 공자의 제자 번수(樊須)로 모략과 용기를 지닌 인물 ‖ *舞雩(무우): 기우제 지내는 제단 ‖ *惡: (악) 악하다 / (오) 미워하다 ‖ *慝(특): 사특하다, 악하다 ‖ *善哉(선재): 좋다, 좋구나 ‖ *忿(분): 성내다.

· 술어+(목적어)+於(乎/于)+명사(구) ‖ 遊於舞雩: 무우에서 노닌다.

· 之+명사: 之(관형격: ~의/~(하)는/~ㄴ) ‖ 舞雩之下: 무우의 아래, 人之惡: 남의 악, 一朝之忿: 하루아침의 분노.

· 不+동사/형용사 ↔ 非+명사(구) ‖ 非崇德: 덕을 높이는 것이 아니다, 非修慝: 사특함을 닦는 것이 아니다, 非惑: 미혹이 아니다.

· 以+술어: =以+之(대명사)+술어 ‖ 以及: =以之及, 그렇게 함으로 이르다.

22장

樊遲問仁(번지문인), 子曰(자왈). 愛人(애인).

번지(樊遲)가 인(仁)을 묻자(問), 공자(子)께서 말씀하셨다(曰). 사람(人)을 사랑하는 것이다(愛).

問知(문지), 子曰(자왈). 知人(지인).

지혜(知)를 묻자(問), 공자(子)께서 말씀하셨다(曰). 사람(人)을 아는 것이다(知).

樊遲未達(번지미달), 子曰(자왈).

번지(樊遲)가 미처 깨닫지(達) 못하자(未), 공자(子)께서 말씀하셨다(曰).

擧直錯諸枉(거직조저왕), 能使枉者直(능사왕자직).

곧은 것(直)을 들어서(擧) 그것(諸)을 굽은 것(枉)에 두면(錯), 굽은(枉) 것(者)으로 하여금(使) 곧게 할(直) 수(能) 있다.

樊遲退(번지퇴), 見子夏曰(견자하왈).

번지(樊遲)가 물러나(退) 자하(子夏)를 보고(見) 말했다(曰).

鄕也(향야), 吾見於夫子而問知(오현어부자이문지), 子曰(자왈).

조금 전(鄕)에(也) 내(吾)가 선생님(夫子)을(於) 뵙(見)고(而) 지혜(知)를 물으니(問), 선생님(子)께서 말씀하셨다(曰).

擧直錯諸枉(거직조저왕), 能使枉者直(능사왕자직).

곧은 것(直)을 들어서(擧) 그것(諸)을 굽은 것(枉)에 두면(錯), 굽은(枉) 것(者)으로 하여금(使) 곧게 할(直) 수(能) 있다.

何謂也(하위야)? 子夏曰(자하왈). 富哉(부재), 言乎(언호).

무엇(何)을 말하는(謂) 것입니까(也)? 자하(子夏)가 말했다(曰). 넓(富)도다(哉), 말씀하신 것(言)이(乎).

舜有天下(순유천하), 選於衆(선어중), 擧皐陶(거고요), 不仁者遠矣(불인자원의).

순임금(舜)이 천하(天下)를 가지고 있을(有) 때, 무리(衆)에서(於) 뽑아(選) 고요(皐陶)를 등용하자(擧) 어질지(仁) 못한(不) 자들(者)이 멀어졌(遠)다(矣).

湯有天下(탕유천하), 選於衆(선어중), 擧伊尹(거이윤), 不仁者遠矣(불인자원의).

탕임금(湯)이 천하(天下)를 가지고 있을(有) 때, 무리(衆)에서(於) 뽑아(選) 이윤(伊尹)을 등용하자(擧) 어질지(仁) 못한(不) 자들(者)이 멀어졌(遠)다(矣).

---

*樊遲(번지): 공자의 제자 번수(樊須)로 모략과 용기를 지닌 인물 ‖ *子夏(자하): 공자의 제자 복상(卜商)의 자(字)로 시와 예에 능통한 인물 ‖ *鄕(향): 지난번 ‖ *夫子(부자): 선생님 ‖ *皐陶(고요): 순임금(舜)의 신하로 법리(法理)에 통달하여 법을 세워 형벌을 제정한 것으로 알려진 인물 ‖ *伊尹(이윤): 탕임금(湯)의 신하로 은(殷)의 명재상.

· 諸(저): =之於 ‖ 錯諸枉: =錯之於枉, 그것을 굽은 것에 두다.
· 수식어+者 ↔ 所+수식어(동사/형용사) ‖ 枉者: 굽은 것, 仁者: 어진 자.
· 可(能/得/足)+술어: ~할 수 있다, ~할 만하다 / 목적어+술어 구조도 가능 ‖ 能(使枉者)直: (굽은 것으로 하여금) 곧게 할 수 있다.
· 의문문에서 의문사(대명사) 도치 ‖ 何謂: 謂何의 何도치, 무엇을 말하는가?
· 술어+(목적어)+於(乎/于)+명사(구) ‖ 見於夫子: 선생님을 뵙다, 選於衆: 무리에서 뽑다.
· 술어(부사어)+而+술어(부사어) ‖ 見(於夫子)而問: 선생님을 뵙고 묻다.
· 有+명사: ①~이(가) 있다(술어+보어), ②~을(를) 가지고 있다(술어+목적어).
· 不+동사/형용사 ↔ 非+명사(구) ‖ 不仁: 어질지 않다.

23장

子貢問友(자공문우), 子曰(자왈).

자공(子貢)이 벗(友)을 묻자(問), 공자(子)께서 말씀하셨다(曰).

忠告而善道之(충고이선도지), 不可則止(불가즉지), 無自辱焉(무자욕언).

충(忠)으로 고하(告)고(而) 그(之)를 잘(善) 인도하다가(道) 불가(不可)하면(則) 그만두고(止), 스스로(自) 이것에(焉) 욕을 당하지(辱) 않도록 한다(無).

*子貢(자공): 공자의 제자 단목사(端木賜)의 자(字)로 말솜씨와 정치적 수완이 뛰어난 인물.

· 술어(부사어)+而+술어(부사어) ‖ 告而善道: 고하고 잘 인도하다.

· 술어+之: 之(대명사: 그(것)을, 그(것)에) ‖ 道之: 그를 인도하다.

· 不+동사/형용사 ↔ 非+명사(구) ‖ 不可: 옳지 않다.

· 焉(언): =於是 ‖ 辱焉: =辱於是, 이것에 욕되다.

24장

曾子曰(증자왈). 君子(군자), 以文會友(이문회우), 以友輔仁(이우보인).

증자(曾子)께서 말씀하셨다(曰). 군자(君子)는 문(文)으로(以) 벗(友)을 모으고(會), 벗(友)으로(以) 인(仁)을 돕는다(輔).

*曾子(증자): 공자의 제자 증삼(曾參)으로 공자 사상을 계승하는 데 역할을 한 인물 ‖ *輔(보): 돕다.

· 以+명사(구): 명사(구)로(써) ‖ 以文: 문으로, 以友: 벗으로.

13편

자로
子路

1장

子路問政(자로문정), 子曰(자왈). 先之勞之(선지노지).

자로(子路)가 정사(政)를 물으니(問), 공자(子)께서 말씀하셨다(曰). 그들(之)에 앞서 하고서(先), 그들(之)을 수고롭게 한다(勞).

請益(청익), 曰(왈), 無倦(무권).

더(益) 청하니(請), 말씀하셨다(曰). 게을리하지(倦) 마라(無).

*子路(자로): 공자의 제자 중유(仲由)의 자(字)로 솔직 담백하고 용맹한 정치가이자 무인 ‖ *倦(권): 게으르다.

· 술어+之: 之(대명사: 그(것)을, 그(것)에) ‖ 先之: 그것을 앞서 하다, 그를 앞서 하다, 勞之: 그것을 수고롭게 하다, 그를 수고롭게 하다.

2장

仲弓爲季氏宰問政(중궁위계씨재문정), 子曰(자왈). 先有司(선유사), 赦小過(사소과), 擧賢才(거현재).

중궁(仲弓)이 계씨(季氏)의 가신(宰)이 되어(爲) 정사(政)를 물으니(問), 공자(子)께서 말씀하셨다(曰). 유사(有司)보다 앞서 하고(先), 작은(小) 허물(過)을 용서하며(赦), 현명한(賢) 인재(才)를 등용해라(擧).

曰(왈). 焉知賢才而擧之(언지현재이거지)?

말했다(曰). 어떻게(焉) 현명한(賢) 인재(才)를 알(知)고서(而) 그(之)를 등용하는지요(擧)?

曰(왈). 擧爾所知(거이소지), 爾所不知(이소부지), 人其舍諸(인기사저)?

말씀하셨다(曰). 네(爾)가 아는(知) 자(所)를 등용하면(擧), 네(爾)가 알지(知) 못하는(不) 자(所)가 있더라도, 사람들(人)이 장차(其) 그(諸)를 버려두겠느냐(舍)?

*仲弓(중궁): 염옹(冉雍)의 자(字) ‖ *季氏(계씨): 노(魯)나라에서 장기간 실권을 장악했던 삼가자 중 하나인 계손씨(季孫氏) ‖ *有司(유사): 단체에서 사무를 맡은 직책 ‖ *赦(사): 용서하다 ‖ *爾(이): 너, 그대 ‖ *舍(사): 버리다.

· 술어(부사어)+而+술어(부사어) ‖ 知賢才而擧: 현재를 알고 등용하다.
· 술어+之: 之(대명사: 그(것)을, 그(것)에) ‖ 擧之: 그를 등용하다.
· 수식어+者 ↔ 所+수식어(동사/형용사) ‖ 所知: 아는 것, 所不知: 알지 못하는 것.
· 不+동사/형용사 ↔ 非+명사(구) ‖ 不知: 알지 못하다.
· 諸(저): =之乎 ‖ 舍諸: =舍之乎, 그것을 버리겠는가?

3장

子路曰(자로왈). 衛君待子而爲政(위군대자이위정), 子將奚先(자장해선)?

자로(子路)가 말했다(曰). 위나라(衛) 임금(君)께서 선생님(子)을 의지해(待)서(而) 정사(政)를 하려(爲) 하는데, 선생님(子)께서는 장차(將) 무엇(奚)을 먼저 하시겠습니까(先)?

子曰(자왈). 必也正名乎(필야정명호).

공자(子)께서 말씀하셨다(曰). 반드시(必也) 명분(名)을 바르게 할(正) 것이다(乎).

子路曰(자로왈). 有是哉(유시재), 子之迂也(자지오야). 奚其正(해기정)?

자로(子路)가 말했다(曰). 이것(是)만 있을(有) 뿐이군요(哉), 선생님(子)의(之) 오활함(迂)이여(也). 어떻게(奚) 그것(其)을 바르게 하겠습니까(正)?

※ 별해. 子之迂也: 선생님께서는 오왈하십니다.

子曰(자왈). 野哉(야재), 由也(유야). 君子於其所不知(군자어기소부지), 蓋闕如也(개궐여야).

공자(子)께서 말씀하셨다(曰). 촌스럽(野)도다(哉), 유(由)는(也). 군자(君子)는 그(其)가 알지(知) 못하는(不) 것(所)에서는(於) 대개(蓋) (말을) 빠뜨리는(闕如) 것이다(也).

名不正則言不順(명부정즉언불순), 言不順則事不成(언불순즉사불성), 事不成則禮樂不興(사불성즉예악불흥), 禮樂不興則刑罰不中(예악불흥즉형벌부중), 刑罰不中則民無所措手足(형벌부중즉민무소조수족).

명분(名)이 바르지(正) 않으(不)면(則) 말(言)이 순응하지(順) 않고(不), 말(言)이 순응하지(順) 않으(不)면(則) 일(事)이 이루어지지(成) 않고(不), 일(事)이 이루어지지(成) 않으(不)면(則) 예악(禮樂)이 일어나지(興) 않고(不), 예약(禮樂)이 일어나지(興) 않으(不)면(則) 형벌(刑罰)이 맞지(中) 않고(不), 형벌(刑罰)이 맞지(中) 않으(不)면(則) 백성(民)이 수족(手足)을 둘(措) 곳(所)이 없다(無).

故(고), 君子名之(군자명지), 必可言也(필가언야), 言之(언지), 必可行也(필가행야), 君子於其言(군자어기언), 無所苟而已矣(무소구이이의).

그러므로(故) 군자(君子)는 그것(之)을 이름하면(名) 반드시(必) 말할(言) 수(可) 있고(也), 그것(之)을 말하면(言) 반드시(必) 행할(行) 수(可) 있으니(也), 군자(君子)는 그(其) 말(言)에(於) 구차한(苟) 것(所)이 없을(無) 뿐이다(而已矣).

---

*子路(자로): 공자의 제자 중유(仲由)의 자(字)로 솔직 담백하고 용맹한 정치가이자 무인 ‖ *待(대): 의지하다, 기대다 ‖ *迂(우): 에두르다, 멀다, 사리에 어둡고 세상 물정을 모르다(오왈하다) ‖ *野(야): 촌스럽다, 거칠다 ‖ *由(유): 공자의 제자 자로(子路)의 이름 ‖ *闕(궐): 빠뜨리다, 闕如=缺如, 있어야 할 것이 없거나 모자람 ‖ *樂: (악) 노래 / (낙/락) 즐기다 / (요) 좋아하다 ‖ *而已矣(이이의): 단정종결사.

· 술어(부사어)+而+술어(부사어) ‖ 待子而爲政: 선생님을 모시고 정사를 하다.
· 의문문에서 의문사(대명사) 도치 ‖ 奚先: 先奚의 奚도치, 무엇을 먼저 하는가? 奚其正: 奚其正의 其도치, 어떻게 그것을 바르게 하는가?
· 有+명사: ①~이(가) 있다(술어+보어), ②~을(를) 가지고 있다(술어+목적어).
· 之+명사: 之(관형격: ~의/~(하)는/~ㄴ) ‖ 子之迂: 선생님의 오왈함.
· 수식어+者 ↔ 所+수식어(동사/형용사) ‖ 所不知: 알지 못하는 것, 所措: 둘 곳, 所苟: 구차한 것.
· 不+동사/형용사 ↔ 非+명사(구) ‖ 不知: 알지 못하다, 不正: 바르지 않다, 不順: 순하지 않다, 不成: 이루어지지 않다, 不興: 일어나지 않다, 不中: 맞지 않다.
· 술어+之: 之(대명사: 그(것)을, 그(것)에) ‖ 名之必可言: 그것을 이름하면, 반드시 말할 수 있다, 言之必可行: 그것을 말하면, 반드시 행할 수 있다.
· 可(能/得/足)+술어: ~할 수 있다, ~할 만하다 / 목적어+술어 구조도 가능 ‖ 可言: 말할 수 있다, 可行: 행할 수 있다.

4장

樊遲請學稼(번지청학가), 子曰(자왈). 吾不如老農(오불여노농).

번지(樊遲)가 농사법(稼)을 배우기(學)를 청하니(請), 공자(子)께서 말씀하셨다(曰). 나(吾)는 늙은(老) 농부(農)와 같지(如) 못하다(不).

請學爲圃(청학위포), 曰(왈). 吾不如老圃(오불여노포).

채마밭(圃) 하는(爲) 것을 배우기(學)를 청하니(請), 말씀하셨다(曰). 나(吾)는 늙은(老) 동산바치(圃)와 같지(如) 못하다(不).

樊遲出(번지출), 子曰(자왈). 小人哉(소인재), 樊須也(번수야).

번지(樊遲)가 나가자(出), 공자(子)께서 말씀하셨다(曰). 소인(小人)이로다(哉), 번수(樊須)는(也).

上(상), 好禮則民莫敢不敬(호례즉민막감불경), 上(상), 好義則民莫敢不服(호의즉민막감불복), 上(상), 好信則民莫敢不用情(호신즉민막감불용정).

윗사람(上)이 예(禮)를 좋아하(好)면(則) 백성(民)이 감히(敢) 공경하지(敬) 않는(不) 이가 없고(莫), 윗사람(上)이 의(義)를 좋아하(好)면(則) 백성(民)이 감히(敢) 복종하지(服) 않는(不) 이가 없으며(莫), 윗사람(上)이 신의(信)를 좋아하(好)면(則) 백성(民)이 감히(敢) 실상(情)을 쓰지(用) 않는(不) 이가 없다(莫).

夫如是則四方之民(부여시즉사방지민), 襁負其子而至矣(강부기자이지의), 焉用稼(언용가)?

무릇(夫) 이(是)와 같다(如)면(則) 사방(四方)의(之) 백성(民)이 그(其) 자식(子)을 포대기(襁)로 업고(負)서(而) 이(至)를 것인데(矣), 어디에(焉) 농사법(稼)을 쓰겠는가(用)?

---

*樊遲(번지): 공자의 제자 번수(樊須)로 모략과 용기를 지닌 인물 ‖ *稼(가): 심다, 농사 ‖ *圃(포): 채마밭 ‖ *襁(강): 포대기.

· 不+동사/형용사 ↔ 非+명사(구) ‖ 不如: 같지 않다, 不敬: 공경하지 않다, 不服: 복종하지 않다, 不用: 쓰지 않다.
· 莫(막): 대명사를 포함한 부정 ‖ ~하는 이가(것이) 없다.
· 之+명사: 之(관형격: ~의/~(하)는/~ㄴ) ‖ 四方之民: 사방의 백성.
· 술어(부사어)+而+술어(부사어) ‖ 負其子而至: 그 자식을 업고서 이르다.

5장

子曰(자왈). 誦詩三百(송시삼백), 授之以政(수지이정), 不達(부달), 使於四方(시어사방), 不能專對(불능전대), 雖多亦奚以爲(수다역해이위)?

공자(子)께서 말씀하셨다(曰). 시(詩) 삼백(三百) 편을 외우고도(誦), 그(之)에게 정사(政)를(以) 주었을(授) 때 통달하지(達) 못하거나(不) 사방(四方)에(於)

사신으로 가서(使) 전대할(專對) 수(能) 없다면(不), 비록(雖) 많이(多) (외워도) 또한(亦) 어디에(奚) 쓴다(以)고 하겠는가(爲)?

*使(시): 사신으로 보내다 ‖ *專對(전대): 남의 물음에 혼자의 지혜로 대답함.
· 술어+之: 之(대명사: 그(것)을, 그(것)에) ‖ 授之: 그에게 주다.
· 以+명사(구): 명사(구)로(써) ‖ 以政: 정치로→ 정치를.
· 不+동사/형용사 ↔ 非+명사(구) ‖ 不達: 통달하지 못하다, 不能專對: 전대할 수 없다.
· 술어+(목적어)+於(乎/于)+명사(구) ‖ 使於四方: 사방에 사신으로 보내다.

6장

子曰(자왈). 其身正(기신정), 不令而行(불령이행), 其身不正(기신부정), 雖令不從(수령부종).

공자(子)께서 말씀하셨다(曰). 그(其) 몸(身)이 바르면(正) 명령하지(令) 않아(不)도(而) 행해지고(行), 그(其) 몸(身)이 바르지(正) 않으면(不) 비록(雖) 명령해도(令) 따르지(從) 않는다(不).

· 不+동사/형용사 ↔ 非+명사(구) ‖ 不令: 명령하지 않다, 不正: 바르지 않다, 不從: 따르지 않다.
· 술어(부사어)+而+술어(부사어) ‖ 不令而行: 명령하지 않아도 행하다.

7장

子曰(자왈). 魯衛之政(노위지정), 兄弟也(형제).

공자(子)께서 말씀하셨다(曰). 노나라(魯)와 위나라(衛)의(之) 정사(政)는 형제(兄弟)이다(也).

※ 노(魯)나라와 위(衛)나라의 혼란스러운 상황을 풍자한 것이다.

· 之+명사: 之(관형격: ~의/~(하)는/~ㄴ) ‖ 魯衛之政: 노와 위의 정치.

8장

子謂衛公子荊(자위위공자형). 善居室(선거실). 始有曰(시유왈), 苟合矣(구합의), 少有曰(소유왈), 苟完矣(구완의), 富有曰(부유왈), 苟美矣(구미의).

공자(子)께서 위나라(衛) 공자(公子) 형(荊)을 평하셨다(謂). 집(室)에 거하기(居)를 잘했다(善). 처음(始) (재물을) 소유하고(有) 말하길(曰), '겨우(苟) 모았(合)다(矣)'라 하고, 조금(少) 소유하고(有) 말하길(曰), '겨우(苟) 완전해졌(完)다(矣)'라 하고, 부유하게(富) 소유하자(有) 말하길(曰), '겨우(苟) 아름다워졌(美)다(矣)'라 하였다.

*荊(형): 위(衛)의 군자로 평가받던 인물 ‖ *有(유): 소유.
· 謂(위): 대상과 함께 있을 때 '말하다', 대상과 함께 있지 않을 때 '평하다'는 의미이다.

9장

子適衛(자적위), 冉有僕(염유복), 子曰(자왈). 庶矣哉(서의재).

공자(子)께서 위나라(衛)에 가실(適) 때, 염유(冉有)가 마부(僕)였는데, 공자(子)께서 말씀하셨다(曰). 많(庶)도다(矣哉).

冉有曰(염유왈). 旣庶矣(기서의), 又何加焉(우하가언)? 曰(왈). 富之(부지).

염유(冉有)가 말했다(曰). 이미(旣) 많다(庶)면(矣), 또(又) 무엇(何)을 거기에(焉) 더해야 합니까(加)? 말씀하셨다(曰). 그들(之)을 부유하게 한다(富).

曰(왈). 旣富矣(기부의), 又何加焉(우하가언)? 曰(왈). 敎之(교지).

말했다(曰). 이미(旣) 부유하다(富)면(矣), 또(又) 무엇(何)을 거기에(焉) 더해야 합니까(加)? 말씀하셨다(曰). 그들(之)을 가르쳐야 한다(敎).

*冉有(염유): 공자의 제자로 정치를 지향하고 현실적인 인물 ‖ *僕(복): 마부 ‖ *庶(서): 많다, 수효가 넉넉하다 ‖ *矣哉(의재): 단정·감탄종결사.
· 의문문에서 의문사(대명사) 도치 ‖ 何加: 加何의 何도치, 무엇을 더하는가?
· 焉(언): =於之 ‖ 加焉: =加於之, 거기에 더하다.
· 술어+之: 之(대명사: 그(것)을, 그(것)에) ‖ 富之: 그를 부유하게 하다, 教之: 그를 가르치다.

10장

子曰(자왈). 苟有用我者(구유용아자), 朞月而已(기월이이), 可也(가야), 三年有成(삼년유성).

공자(子)께서 말씀하셨다(曰). 만약(苟) 나(我)를 쓰는(用) 이(者)가 있다면(有), 일 년(朞月) 만이라도(而已) 괜찮을(可) 것이고(也), 삼 년(三年)이면 이루는 것(成)이 있을 것이다(有).

*有~者: ~한 사람(경우)이 있다 ‖ *朞月(기월): 1년 혹은 1개월, 朞(기): 돌, 1년 ‖ *而已(이이): ~일 뿐이다.
· 수식어+者 ↔ 所+수식어(동사/형용사) ‖ 用我者: 나를 쓰는 자.
· 有+명사: ①~이(가) 있다(술어+보어), ②~을(를) 가지고 있다(술어+목적어).

11장

子曰(자왈). 善人爲邦百年(선인위방백년), 亦可以勝殘去殺矣(역가이승잔거살의), 誠哉(성재), 是言也(시언야).

공자(子)께서 말씀하셨다(曰). 선인(善人)이 나라(邦)를 다스리기(爲) 백 년(百年)이면, 또한(亦) 잔악한 사람(殘)을 누르고(勝) 사형(殺)을 없앨(去)

수(可以) 있다(矣)고 했는데, 진실하(誠)도다(哉), 이(是) 말씀(言)은(也).

12장

子曰(자왈). 如有王者(여유왕자), 必世而後仁(필세이후인).

공자(子)께서 말씀하셨다(曰). 만약(如) 임금다운(王) 자(者)가 있더라도(有) 반드시(必) (한) 세대(世) 이후에(而後) 인해질 것이다(仁).

*有~者: ~한 사람(경우)이 있다.
· 수식어+者 ↔ 所+수식어(동사/형용사) ‖ 王者: 임금다운 자.

13장

子曰(자왈). 苟正其身矣(구정기신의), 於從政乎(어종정호), 何有(하유)?

공자(子)께서 말씀하셨다(曰). 진실로(苟) 그(其) 몸(身)을 바르게 하(正)면(矣) 정사(政)에 종사하는(從) 데에(於) 무슨(何) (어려움이) 있겠는가(有)?

不能正其身(불능정기신), 如正人何(여정인하)?

그(其) 몸(身)을 바르게 할(正) 수(能) 없다면(不) 어떻게(何) 남(人)을 바르게 하(正)겠는가(如)?

*何有(하유): 무엇이 있는가? 무슨 어려움이 있는가? 어렵지 않다 ‖ *如何(여하): 무엇과 같은가? 어떻게 하는가? 어떠한가?
· 술어+(목적어)+於(乎/于)+명사(구) ‖ 於從政: 정치에 종사하다.

· 不+동사/형용사 ↔ 非+명사(구) ‖ 不能正: 바르게 할 수 없다.
· 可(能/得/足)+술어: ~할 수 있다, ~할 만하다 / 목적어+술어 구조도 가능 ‖ 能正: 바르게 할 수 있다.

14장

冉子退朝(염자퇴조), 子曰(자왈). 何晏也(하안야)? 對曰(대왈). 有政(유정).

염자(冉子)가 조회(朝)에서 돌아오자(退), 공자(子)께서 말씀하셨다(曰). 어찌하여(何) 늦었느(晏)냐(也)? 대답하여(對) 말했다(曰). 정사(政)가 있었습니다(有).

子曰(자왈). 其事也(기사야). 如有政(여유정), 雖不吾以(수불오이), 吾其與聞之(오기여문지).

공자(子)께서 말씀하셨다(曰). 그것(其)은 (개인의) 일(事)이다(也). 만약(如) 정사(政)가 있었다면(有), 비록(雖) 내(吾)가 쓰이진(以) 않지만(不) 나(吾)도 아마(其) 참여해서(與) 그것(之)을 들었을 것이다(聞).

*冉子(염자): 공자의 제자 염구(冉求)로 자는 자유(子有)이며, 정사에 재능이 많았던 인물 ‖ *晏(안): 늦다.
· 有+명사: ①~이(가) 있다(술어+보어), ②~을(를) 가지고 있다(술어+목적어).
· 不+동사/형용사 ↔ 非+명사(구) ‖ 不以: 쓰이지 않다.
· 술어+之: 之(대명사: 그(것)을, 그(것)에) ‖ 聞之: 그것을 듣다.

15장

定公問(정공문). 一言而可以興邦(일언이가이흥방), 有諸(유저)?

정공(定公)이 물었다(問). 한마디(一) 말(言)로(而) 나라(邦)를 흥하게 할(興) 수(可以) 있다는데, 그런 것(諸)이 있습니까(有)?

孔子對曰(공자대왈), 言不可以若是其幾也(언불가이약시기기야),
人之言曰(인지언왈), 爲君難(위군난), 爲臣不易(위신불이),
如知爲君之難也(여지위군지난야), 不幾乎一言而興邦乎(불기호일언이흥방호)?

공자(孔子)께서 대답하여(對) 말씀하셨다(曰). 말(言)이 이(是)와 같이(若) 그것(其)과 가까울(幾) 수(可以) 없습니다만(不), 사람들(人)의(之) 말(言)에 이르길(曰), '임금(君) 되기(爲) 어렵고(難), 신하(臣) 되기(爲) 쉽지(易) 않다(不)'고 했으니, 만일(如) 임금(君)이 되는(爲) 것이(之) 어렵다(難)는 것을 안다면(知), 한마디(一) 말(言)로(而) 나라(邦)를 흥하게 하는(興) 것과(乎) 가깝지(幾) 않겠습니(不)까(乎)?

曰(왈). 一言而喪邦(일언이상방), 有諸(유저)?

말했다(曰). 한마디(一) 말(言)로(而) 나라(邦)를 잃는다는데(喪), 그런 것(諸)이 있습니까(有)?

孔子對曰(공자대왈), 言不可以若是其幾也(언불가이약시기기야),
人之言曰(인지언왈), 予無樂乎爲君(여무락호위군),
唯其言而莫予違也(유기언이막여위야).

공자(孔子)께서 대답하여(對) 말씀하셨다(曰). 말(言)이 이(是)와 같이(若) 그것(其)과 가까울(幾) 수(可以) 없습니다(不)만(也), 사람들(人)의(之) 말(言)에 이르길(曰), '나(予)는 임금(君)이 되는(爲) 것을(乎) 즐거워하지(樂) 않으니(無), 오직(唯) 그(其) 말(言)이 있다면(而) 나(予)를 어기는(違) 것이 없(莫)다(也)'고 하였습니다.

如其善而莫之違也(여기선이막지위야), 不亦善乎(불역선호)?

만약(如) 그것(其)이 선해(善)서(而) 그것(之)을 어기는(違) 것이 없다(莫)면(也), 또한(亦) 좋지(善) 않겠습니(不)까(乎)?

如不善而莫之違也(여불선이막지위야),
不幾乎一言而喪邦乎(불기호일언이상방호)?

만약(如) 선하지(善) 않은데(不)도(而) 그것(之)을 어기는(違) 것이 없(莫)다(也)면, 한마디(一) 말(言)로(而) 나라(邦)를(乎) 잃는(喪) 것과 가깝지(幾) 않겠습니(不)까(乎)?

---

*定公(정공): 노(魯)나라 군주로 공자의 주유천하 계기가 된 인물 ‖ *有諸(유저): =有之乎. 그러한 일(것)이 있는가? ‖ *易: (역) 바꾸다 / (이) 쉽다 ‖ *樂: (악) 노래 / (낙/락) 즐기다 / (요) 좋아하다.

· 술어(부사어)+而+술어(부사어) ‖ 一言而可以興: 한마디 말로 일으킬 수 있다, 一言而喪: 한마디 말로 잃다, 善而莫: 선하여 ~하는 것이 없다.
· 可(能/得/足)以+술어: ~할 수 있다, ~할 만하다 ‖ 可以興: 일으킬 수 있다.
· 不+동사/형용사 ↔ 非+명사(구) ‖ 不(可以若是其)幾: 가깝지 않다, 不易: 쉽지 않다, 不善: 좋지 않다.
· 之+명사: 之(관형격: ~의/~(하)는/~ㄴ) ‖ 人之言: 사람들의 말.
· 之+술어: 之(주격: ~은(는)/~이(가), 목적격: ~을(를)) ‖ 爲君之難: 임금이 되는 것이 어렵다.
· 술어+(목적어)+於(乎/于)+명사(구) ‖ 樂乎爲君: 임금되는 것을 즐거워하다, 幾乎一言而喪邦: 한마디의 말로 나라를 잃는 것과 가깝다.
· 莫(막): 대명사를 포함한 부정 ‖ ~하는 이가(것이) 없다.
· 술어+之: 之(대명사: 그(것)을, 그(것)에) ‖ 莫之: 그것을 ~하는 것이 없다.

16장

葉公問政(섭공문정), 子曰(자왈). 近者說(근자열), 遠者來(원자래).

섭공(葉公)이 정사(政)를 물으니(問), 공자(子)께서 말씀하셨다(曰). 가까운(近) 자(者)는 기뻐하고(說), 먼(遠) 자(者)는 찾아오는 것입니다(來).

*섭공(葉公): 초(楚) 섭현(葉縣)의 대부 심제량(沈諸梁), 자(字)는 자고(子高).
· 수식어+者 ↔ 所+수식어(동사/형용사) ‖ 近者: 가까운 자, 遠者: 멀리 있는 자.

17장

子夏爲莒父宰問政(자하위거보재문정), 子曰(자왈).

자하(子夏)가 거보(莒父)의 재상(宰)이 되어(爲) 정사(政)를 물으니(問), 공자(子)께서 말씀하셨다(曰).

無欲速(무욕속), 無見小利(무견소리). 欲速則不達(욕속즉부달), 見小利則大事不成(견소리즉대사불성).

서두르려(速) 하지(欲) 말고(無), 작은(小) 이익(利)을 보려(見) 하지 마라(無). 서두르려(速) 하(欲)면(則) 도달하지(達) 못하고(不), 작은(小) 이익(利)을 보(見)면(則) 큰(大)일(事)이 이루어지지(成) 않는다(不).

*子夏(자하): 공자의 제자 복상(卜商)의 자(字)로 시와 예에 능통한 인물 ‖
*莒父(거보): 노(魯)의 읍.
· 不+동사/형용사 ↔ 非+명사(구) ‖ 不達: 도달하지 못하다, 不成: 이루지 못하다.

18장

葉公語孔子曰(섭공어공자왈). 吾黨(오당), 有直躬者(유직궁자), 其父攘羊(기부양양), 而子證之(이자증지).

섭공(葉公)이 공자(孔子)께 일러(語) 말했다(曰). 우리(吾) 고을(黨)에 정직한(直) 몸(躬)을 가진 자(者)가 있는데(有), 그(其) 아비(父)가 양(羊)을 훔치(攘)자(而), 자식(子)이 그것(之)을 고발했습니다(證).

孔子曰(공자왈). 吾黨之直者(오당지직자), 異於是(이어시), 父爲子隱(부위자은), 子爲父隱(자위부은), 直在其中矣(직재기중의).

공자(子)께서 말씀하셨다(曰). 우리(吾) 고을(黨)의(之) 정직한(直) 자(者)는 이(是)와(於) 달라서(異) 아비(父)는 자식(子)을 위하여(爲) 숨겨주고(隱) 자식(子)은 아비(父)를 위하여(爲) 숨겨주니(隱), 정직(直)이란 그(其) 안(中)에 있는(在) 것이다(矣).

*섭공(葉公): 초(楚) 섭현(葉縣)의 대부 심제량(沈諸梁), 자(字)는 자고(子高) ‖ *有~者: ~한 사람(경우)이 있다 ‖ *攘(양): 훔치다, 빼앗다 ‖ 證(증): 고발하다, 고하다.

· 수식어+者 ↔ 所+수식어(동사/형용사) ‖ 直躬者: 정직한 몸을 지닌 사람.

· 술어(부사어)+而+술어(부사어) ‖ 攘羊而子證: 양을 훔치자, 자식이 고발하다.

· 술어+之: 之(대명사: 그(것)을, 그(것)에) ‖ 證之: 그것을 고발하다.

· 之+명사: 之(관형격: ~의/~(하)는/~ㄴ) ‖ 吾黨之直者: 우리 고을의 정직한 자.

· 술어+(목적어)+於(乎/于)+명사(구) ‖ 異於是: 이와 다르다.

19장

樊遲問仁(번지문인), **子曰**(자왈). **居處恭**(거처공), **執事敬**(집사경), **與人忠**(여인충), **雖之夷狄**(수지이적), **不可棄也**(불가기야).

번지(樊遲)가 인(仁)을 물으니(問), 공자(子)께서 말씀하셨다(曰). 거처할(居處) 때 공손하고(恭) 일(事)을 맡아서(執)는 신중하며(敬) 남(人)과 함께할 때(與) 정성을 다하는(忠) 것은, 비록(雖) 이적(夷狄)에 가서도(之) 버릴(棄) 수(可) 없(不)다(也).

---

*樊遲(번지): 공자의 제자 번수(樊須)로 모략과 용기를 지닌 인물 ‖ *夷狄(이적): 오랑캐 ‖ *之(지): 가다.

· 不+동사/형용사 ↔ 非+명사(구) ‖ 不可棄: 버릴 수 없다.

· 可(能/得/足)+술어: ~할 수 있다, ~할 만하다 / 목적어+술어 구조도 가능 ‖ 可棄: 버릴 수 있다.

20장

子貢問曰(자공문왈), **何如斯可謂之士矣**(하여사가위지사의)?

자공(子貢)이 물어(問) 말했다(曰). 어찌(何)하(如)면(斯) 그것(之)을 사(士)라 말할(謂) 수(可) 있습니까(矣)?

子曰(자왈). **行己有恥**(행기유치), **使於四方**(시어사방), **不辱君命**(불욕군명), **可謂士矣**(가위사의).

공자(子)께서 말씀하셨다(曰). 자기(己)를 행함(行)에 부끄러움(恥)이 있어야

하고(有), 사방(四方)에(於) 사신으로 가서(使) 군명(君命)을 욕되게 하지(辱) 않는다면(不), 사(士)라 말할(謂) 수(可) 있을 것이다(矣).

曰(왈). 敢問其次(감문기차).

말했다(曰). 감히(敢) 그(其)다음(次)을 묻습니다(問).

曰(왈). 宗族稱孝焉(종족칭효언), 鄕黨稱弟焉(향당칭제언).

말씀하셨다(曰). 친척들(宗族)이 그를(焉) 효성스럽다(孝)고 칭하고(稱), 향당(鄕黨)에서 그를(焉) 공경스럽다(弟)고 칭해야 한다(稱).

曰(왈). 敢問其次(감문기차).

말했다(曰). 감히(敢) 그(其)다음(次)을 묻습니다(問).

曰(왈). 言必信(언필신), 行必果(행필과). 硜硜然小人哉(경경연소인재), 抑亦可以爲次矣(억역가이위차의).

말씀하셨다(曰). 말(言)은 반드시(必) 미덥게 하고(信), 행동(行)은 반드시(必) 과감하게 한다(果). (이렇게 하면) 경경한(硜硜) 듯한(然) 소인(小人)이지만(哉), 그러나(抑) 역시(亦) 다음(次)이 될(爲) 수(可以) 있을 것이다(矣).

曰(왈). 今之從政者(금지종정자), 何如(하여)?

말했다(曰). 지금(今)의(之) 정사(政)에 종사하는(從) 자(者)는 어떠(何)합니까(如)?

子曰(자왈). 噫(희)! 斗筲之人(두소지인), 何足算也(하족산야)?

공자(子)께서 말씀하셨다(曰). 아(噫)! 좀생원(斗筲)의(之) 사람(人)은 무엇(何)을 따질(算) 수(足) 있겠는가(也)?

---

*子貢(자공): 공자의 제자 단목사(端木賜)의 자(字)로 말솜씨와 정치적 수완이 뛰어난 인물 ‖ *何如(하여): 무엇과 같은가? 어찌하여, 어떠한가? ‖ *使(시): 사신으로 보내다 ‖ *抑(억): 아니면, 하지만, 그러나 ‖ 硜硜然(경경연): 융통성이 없는 ‖ *今之(금지): 지금에, 지금의 ‖ *斗筲(두소): 옹졸한 사람, 좀생원 ‖ *筲(소): 대그릇, 평범한 사람.

· 可(能/得/足)+술어: ~할 수 있다, ~할 만하다 / 목적어+술어 구조도 가능 ‖ 可謂: 말할 수 있다, 足算: 따질 수 있다.
· 술어+之: 之(대명사: 그(것)을, 그(것)에) ‖ 謂之: 그것을 말하다.
· 有+명사: ①~이(가) 있다(술어+보어), ②~을(를) 가지고 있다(술어+목적어).
· 술어+(목적어)+於(乎/于)+명사(구) ‖ 使於四方: 사방에 사신으로 보내다.
· 不+동사/형용사 ↔ 非+명사(구) ‖ 不辱: 욕되지 않다.
· 焉(언): =於之 ‖ 稱孝焉: =稱孝於之, 그를 효성스럽다고 칭하다, 稱弟焉: =稱弟於之, 그를 공경스럽다고 칭한다.
· 可(能/得/足)以+술어: ~할 수 있다, ~할 만하다 ‖ 可以爲: 될 수 있다.
· 之+명사: 之(관형격: ~의/~(하)는/~ㄴ) ‖ 斗筲之人: 두소의 사람.
· 수식어+者 ↔ 所+수식어(동사/형용사) ‖ 從政者: 정사에 종사하는 자.

21장

子曰(자왈). 不得中行而與之(부득중행이여지), 必也狂狷乎(필야광견호).

공자(子)께서 말씀하셨다(曰). 중도(中)로 행하는 자(行)를 얻어(得)서(而) 그(之)와 함께하지(與) 못한다면(不) 반드시(必也) 광자(狂)나 견자(狷)와 (함께 할) 것이다(乎).

狂者進取(광자진취), 狷者有所不爲也(견자유소불위야).

광자(狂者)는 진취적이고(進取), 견자(狷者)는 하지(爲) 않는(不) 것(所)이 있(有)다(也).

*狂(광): 진취적이다, 미치다 ‖ *狷(견): 성급하다, 고집이 세고 지조가 굳다.
· 不+동사/형용사 ↔ 非+명사(구) ‖ 不得(中行)而與: 얻어서 함께하지 못하다, 不爲: 하지 않다.
· 술어(부사어)+而+술어(부사어) ‖ 得而與: 얻어서 함께하다.
· 술어+之: 之(대명사: 그(것)을, 그(것)에) ‖ 與之: 그와 함께하다.
· 수식어+者 ↔ 所+수식어(동사/형용사) ‖ 狂者: 광자, 狷者: 견자, 所不爲: 하지 않는 것.
· 有+명사: ①~이(가) 있다(술어+보어), ②~을(를) 가지고 있다(술어+목적어).

22장

子曰(자왈). 南人(남인), 有言曰(유언왈), 人而無恒(인이무항), 不可以作巫醫(불가이작무의), 善夫(선부).

공자(子)께서 말씀하셨다(曰). 남방(南) 사람들(人) 말(言)이 있어서(有) 말해보면(曰), '사람이 되어(人)서(而) 항심(恒)이 없다면(無), 무당(巫)이나 의원(醫)도 될(作) 수(可以) 없다(不)'고 했는데, 좋은(善) (말)이로다(夫).

不恒其德(불항기덕), 或承之羞(혹승지수), 子曰(자왈). 不占而已矣(부점이이의).

(역경에) 그(其) 덕(德)을 항상 하지(恒) 않으면(不) 어떤 이(或)가 그(之)에게 수치스러움(羞)을 보내는(承) 것이라 하니, 공자(子)께서 말씀하셨다(曰). (항심이 없는 자는) 점치지(占) 않았기(不) 때문일 뿐이다(而已矣).

*承(증): 보내다 ‖ *而已矣(이이의): 단정종결사.
· 有+명사: ①~이(가) 있다(술어+보어), ②~을(를) 가지고 있다(술어+목적어).
· 술어(부사어)+而+술어(부사어) ‖ 人而無恒: 사람이 되어서 항심이 없다.
· 술어+之: 之(대명사: 그(것)을, 그(것)에) ‖ 承之: 그에게 보내다.

· 不+동사/형용사 ↔ 非+명사(구) ‖ 不可以作: 될 수 없다, 不占: 점치지 않다.
· 可(能/得/足)以+술어: ~할 수 있다, ~할 만하다 ‖ 可以作: 될 수 있다.

23장

子曰(자왈). 君子(군자), 和而不同(화이부동), 小人(소인), 同而不和(동이불화).

공자(子)께서 말씀하셨다(曰). 군자(君子)는 화합하지(和)만(而) 무리를 짓지(同) 않으며(不), 소인(小人)은 무리를 짓지(同)만(而) 화합하지(和) 못한다(不).

· 술어(부사어)+而+술어(부사어) ‖ 和而不同: 화합하지만 무리를 짓지 않다, 同而不和: 무리를 짓지만 화합하지 않다.
· 不+동사/형용사 ↔ 非+명사(구) ‖ 不同: 무리를 짓지 않다, 不和: 화합하지 않다.

24장

子貢問曰(자공문왈). 鄕人皆好之(향인개호지), 何如(하여)? 子曰(자왈). 未可也(미가야).

자공(子貢)이 물어(問) 말했다(曰). 고을(鄕) 사람들(人)이 모두(皆) 그(之)를 좋아하면(好) 어떠(何)합니까(如)? 공자(子)께서 말씀하셨다(曰). 괜찮지(可) 않(未)다(也).

鄕人皆惡之(향인개오지), 何如(하여)? 子曰(자왈). 未可也(미가야).

고을(鄕) 사람들(人)이 모두(皆) 그(之)를 미워하면(惡) 어떠(何)합니까(如)? 공자(子)께서 말씀하셨다(曰). 괜찮지(可) 않(未)다(也).

不如鄕人之善者好之(불여향인지선자호지), 其不善者惡之(기불선자오지).

고을(鄕) 사람(人) 중(之) 선한(善) 자(者)가 그(之)를 좋아하고(好) 그(其) 선하지(善) 않은(不) 자(者)가 그(之)를 미워하는(惡) 것 같지(如) 못하다(不).

*子貢(자공): 공자의 제자 단목사(端木賜)의 자(字)로 말솜씨와 정치적 수완이 뛰어난 인물 ‖ *何如(하여): 무엇과 같은가? 어찌하여, 어떠한가? ‖ *惡: (악) 악하다 / (오) 미워하다.

· 술어+之: 之(대명사: 그(것)을, 그(것)에) ‖ 好之: 그를 좋아하다, 惡之: 그를 미워하다.
· 不+동사/형용사 ↔ 非+명사(구) ‖ 不如: 같지 않다(못하다), 不善: 선하지 않다.
· 之+명사: 之(관형격: ~의/~(하)는/~ㄴ) ‖ 鄕人之善者: 향인의 선자.
· 수식어+者 ↔ 所+수식어(동사/형용사) ‖ 善者: 선한 자.

25장

子曰(자왈). 君子易事而難說也(군자이사이난열야), 說之不以道(열지불이도), 不說也(불열야), 及其使人也(급기사인야), 器之(기지).

공자(子)께서 말씀하셨다(曰). 군자(君子)는 섬기기(事) 쉬워(易)도(而) 기쁘게 하기(說) 어려우(難)니(也), 그(之)를 기쁘게 하되(說) 도(道)를 쓰지(以) 않는다면(不) 기뻐하지(說) 않으(不)며(也), 그(其)가 사람(人)을 부리는(使) 데에 이르러서(及)는(也) 그(之)를 그릇(용도, 도구)에 (적합하게) 한다(器).

小人難事而易說也(소인난사이이열야), 說之雖不以道(열지수불이도), 說也(열야), 及其使人也(급기사인야), 求備焉(구비언).

소인(小人)은 섬기기(事) 어려워(難)도(而) 기쁘게 하기(說) 쉬우(易)니(也), 그(之)를 기쁘게 하는(說) 데 비록(雖) 도(道)를 쓰지(以) 않더라도(不)

기뻐하(說)며(也), 그(其)가 사람(人)을 부리는(使) 데에 이르러서(及)는(也) 그에게(焉) 갖출 것(備)을 요구한다(求).

*易: (역) 바꾸다 / (이) 쉽다.
· 술어(부사어)+而+술어(부사어) ‖ 易事而難說: 섬기기는 쉬워도 기쁘게 하기는 어렵다, 難事而易說: 섬기기는 어려워도 기쁘게 하기는 쉽다.
· 술어+之: 之(대명사: 그(것)을, 그(것)에) ‖ 說之: 그를 기쁘게 하다, 器之: 그를 그릇으로 하다.
· 不+동사/형용사 ↔ 非+명사(구) ‖ 不以: 쓰지 않다, 不說: 기쁘지 않다.
· 使+명사: 명사로 하여금 / 명사를 하게 하다 / 명사를 시키다 ‖ 使人: 사람을 부리다.
· 焉(언): =於之 ‖ 求備焉: =求備於之, 그에게 갖출 것을 요구하다.

26장

子曰(자왈). 君子泰而不驕(군자태이불교), 小人驕而不泰(소인교이불태).

공자(子)께서 말씀하셨다(曰). 군자(君子)는 태연하지(泰)만(而) 교만하지(驕) 않으며(不), 소인(小人)은 교만하지(驕)만(而) 태연하지(泰) 못하다(不).

· 술어(부사어)+而+술어(부사어) ‖ 泰而不驕: 태연하지만 교만하지 않다, 驕而不泰: 교만하지만 태연하지 않다.
· 不+동사/형용사 ↔ 非+명사(구) ‖ 不驕: 교만하지 않다, 不泰: 태연하지 않다.

27장

子曰(자왈). 剛毅木訥(강의목눌), 近仁(근인).

공자(子)께서 말씀하셨다(曰). 강직함(剛), 굳셈(毅), 질박함(木), 어눌함(訥)은 인(仁)에 가깝다(近).

*木(목): 질박하다, 꾸민 데가 없이 수수하다 ‖ *訥(눌): 말을 더듬거리다, (입이 무거워) 말을 잘 하지 않다.

28장

子路問曰(자로문왈), 何如斯可謂之士矣(하여사가위지사의)?

자로(子路)가 물어(問) 말했다(曰). 어찌(何)하(如)면(斯) 그것(之)을 선비(士)라 말할(謂) 수(可) 있습니까(矣)?

子曰(자왈). 切切偲偲(절절시시), 怡怡如也(이이여야), 可謂士矣(가위사의).

공자(子)께서 말씀하셨다(曰). 절절하게(切切) (선을) 권하고(偲偲) 화목한(怡怡) 듯하(如)면(也) 선비(士)라 말할(謂) 수(可) 있다(矣).

朋友(붕우), 切切偲偲(절절시시), 兄弟(형제), 怡怡(이이).

벗(朋友)에게 절절하게(切切) (선을) 권하고(偲偲), 형제(兄弟)에게 화목해야 한다(怡怡).

*子路(자로): 공자의 제자 중유(仲由)의 자(字)로 솔직 담백하고 용맹한 정치가이자 무인 ‖ *何如(하여): 무엇과 같은가? 어찌하여, 어떠한가? ‖ *切切偲偲(절절시시): 매우 간절하게 선을 권면하는 모양 ‖ *偲偲(시시): 서로 독려하다 ‖ *偲(시): 책선하다, 선을 권하다 ‖ *怡怡(이이): =怡然, 기쁘고 좋음, 화목함.

· 可(能/得/足)+술어: ~할 수 있다, ~할 만하다 / 목적어+술어 구조도 가능 ‖ 可謂: 말할 수 있다.

· 술어+之: 之(대명사: 그(것)을, 그(것)에) ‖ 謂之: 그것을 말하다.

29장

子曰(자왈). 善人教民七年(선인교민칠년), 亦可以卽戎矣(역가이즉융의).

공자(子)께서 말씀하셨다(曰). 선인(善人)이 백성(民)을 가르치길(教) 칠 년 하면(七年) 또한(亦) 전쟁(戎)에 나가게 할(卽) 수(可以) 있을 것이다(矣).

*卽(즉): 나아가다 ‖ *戎(융): 전쟁.
· 可(能/得/足)以+술어: ~할 수 있다, ~할 만하다 ‖ 可以卽: 나가게 할 수 있다.

30장

子曰(자왈). 以不教民戰(이불교민전), 是謂棄之(시위기지).

공자(子)께서 말씀하셨다(曰). 가르치지(教) 않은(不) 백성(民)으로(以) 싸우면(戰), 이(是)는 그들(之)을 버리는(棄) 것을 말한다(謂).

· 以+명사(구): 명사(구)로(써) ‖ 以不教民: 가르치지 않은 백성으로.
· 不+동사/형용사 ↔ 非+명사(구) ‖ 不教: 가르치지 않다.
· 술어+之: 之(대명사: 그(것)을, 그(것)에) ‖ 棄之: 그를 버리다.

14편

헌문
憲問

1장

憲問恥(헌문치), 子曰(자왈). 邦有道(방유도), 穀(곡), 邦無道(방무도), 穀(곡), 恥也(치야).

헌(憲)이 부끄러움(恥)을 물으니(問), 공자(子)께서 말씀하셨다(曰). 나라(邦)에 도(道)가 있어도(有) 곡을 받고(穀), 나라(邦)에 도(道)가 없어도(無) 곡을 받는 것(穀)이 부끄러운(恥) 일이다(也).

*憲(원헌): 노(魯)나라 사람인 공자의 제자 원헌(原憲)으로 가난했지만 절의를 지키고 안빈낙도의 삶으로 알려진 인물 ‖ *穀(곡): 녹미(祿米, 녹봉으로 받는 쌀).

2장

克伐怨欲(극벌원욕), 不行焉(불행언), 可以爲仁矣(가이위인의)?

이기려하기(克), 자랑하기(伐), 원망하기(怨), 욕심부리기(欲), 그것을(焉) 행하지(行) 않는다면(不) 인하다(仁)고 할(爲) 수(可以) 있습니까(矣)?

子曰(자왈). 可以爲難矣(가이위난의), 仁則吾不知也(인즉오부지야).

공자(子)께서 말씀하셨다(曰). 어려운 것(難)이라 할(爲) 수는(可以) 있으나(矣) 인한 것(仁)인지는(則) 나(吾)는 알지(知) 못하겠(不)다(也).

*伐(벌): 자랑하다.

· 不+동사/형용사 ↔ 非+명사(구) ‖ 不行: 행하지 않다, 不知: 알지 못하다.

· 焉(언): =於之 ‖ 行焉: =行於之, 그것을 행하다.

· 可(能/得/足)以+술어: ~할 수 있다, ~할 만하다 ‖ 可以爲: 할 수 있다.

3장

子曰(자왈). 士而懷居(사이회거), 不足以爲士矣(부족이위사의).

공자(子)께서 말씀하셨다(曰). 선비가 되어(士)서(而) 거하는 것(居)만 생각한다면(懷) 선비(士)라 할(爲) 만하지(足以) 않(不)다(矣).

※ 별해. 不足以爲士: 선비라 여길 만하지 않다.

· 술어(부사어)+而+술어(부사어) ‖ 士而懷: 선비가 되어서 ~을 생각하다.
· 不+동사/형용사 ↔ 非+명사(구) ‖ 不足以爲: 할 만하지 않다.
· 可(能/得/足)以+술어: ~할 수 있다, ~할 만하다 ‖ 足以爲: 할 만하지 않다.

4장

子曰(자왈). 邦有道(방유도), 危言危行(위언위행), 邦無道(방무도), 危行言孫(위행언손).

공자(子)께서 말씀하셨다(曰). 나라(邦)에 도(道)가 있다면(有), 엄정하게(危) 말하고(言) 엄정하게(危) 행동하지만(行), 나라(邦)에 도(道)가 없다면(無), 엄정하게(危) 행동하되(行) 말(言)은 겸손해야 한다(孫).

*危(위): 바르다, 엄정하다 ‖ *孫(손): 공손하다, 겸손하다.
· 有+명사: ①~이(가) 있다(술어+보어), ②~을(를) 가지고 있다(술어+목적어).

5장

子曰(자왈). 有德者(유덕자), 必有言(필유언), 有言者(유언자), 不必有德(불필유덕).

공자(子)께서 말씀하셨다(曰). 덕(德)이 있는(有) 자(者)는 반드시(必) 말(言)이 있지만(有), 말(言)이 있는(有) 자(者)가 반드시(必) 덕(德)을 가지고 있(有)는 것은 아니다(不).

仁者(인자), 必有勇(필유용), 勇者(용자), 不必有仁(불필유인).

인자(仁者)는 반드시(必) 용기(勇)를 가지고 있지만(有), 용자(勇者)가 반드시(必) 인(仁)을 가지고 있는(有) 것은 아니다(不).

*不必(불필): 부분부정, 반드시 ~한 것은 아니다.

· 수식어+者 ↔ 所+수식어(동사/형용사) ‖ 有德者: 덕이 있는 자, 有言者: 말이 있는 자, 仁者: 어진 자, 勇者: 용맹한 자.

· 有+명사: ①~이(가) 있다(술어+보어), ②~을(를) 가지고 있다(술어+목적어).

· 不+동사/형용사 ↔ 非+명사(구) ‖ 不必有: 반드시 ~이 있지는 않다.

6장

南宮适問於孔子曰(남궁괄문어공자왈). 羿善射(예선사), 奡盪舟(오탕주), 俱不得其死(구부득기사).

남궁괄(南宮适)이 공자(孔子)께(於) 물어(問) 말했다(曰). 예(羿)는 활쏘기(射)를 잘했고(善) 오(奡)는 배(舟)를 밀어 움직일 수 있었으나(盪), 모두(俱) 그(其) 죽음(死)을 얻지(得) 못했습니다(不).

然禹稷(연우직), 躬稼而有天下(궁가이유천하).

그러나(然) 우임금(禹)과 직(稷)은 몸소(躬) 농사를 지었어(稼)도(而) 천하(天下)를 가질 수 있었습니다(有).

夫子不答(부자부답), 南宮适出(남궁괄출), 子曰(자왈).

선생님(夫子)께서 대답하지(答) 않다가(不) 남궁괄(南宮适)이 나가자(出), 공자(子)께서 말씀하셨다(曰).

君子哉(군자재), 若人(약인), 尙德哉(상덕재), 若人(약인).

군자(君子)로다(哉), 이(若) 사람은(人). 덕(德)을 숭상하는(尙)구나(哉), 이(若) 사람은(人).

*南宮适(남궁괄): 남용(南容)으로 공자의 제자이자 조카사위 ‖ *羿(예): 중국의 전설에 등장하는 영웅으로 활의 명수 ‖ *奡(오): 힘이 장사였던 것으로 알려진 하(夏)나라 한착(寒浞)의 아들 ‖ *盪(탕): 밀어 움직이다 ‖ *不得其死(부득기사): 제명(命)에 죽지 못했다 ‖ *稷(직): 주(周) 문·무왕의 선조이자 농사법을 알려준 인물 ‖ *稼(가): 심다, 농사 ‖ *夫子(부자): 선생님 ‖ *若(약): 이에, 이, 너, 당신.

· 술어+(목적어)+於(乎/于)+명사(구) ‖ 問於孔子: 공자에게 묻다.
· 不+동사/형용사 ↔ 非+명사(구) ‖ 不得: 얻지 못하다, 不答: 대답하지 않다.
· 술어(부사어)+而+술어(부사어) ‖ 稼而有: 농사지어도 ~을 가지고 있다.
· 有+명사: ①~이(가) 있다(술어+보어), ②~을(를) 가지고 있다(술어+목적어).

7장

子曰(자왈). 君子而不仁者有矣夫(군자이불인자유의부), 未有小人而仁者也(미유소인이인자야).

공자(子)께서 말씀하셨다(曰). 군자가 되어(君子)서(而) 어질지(仁) 못한(不)

자(者)는 있어(有)도(矣夫) 소인이면(小人)서(而) 어진(仁) 자(者)는 아직 있지(有) 않았(未)다(也).

*矣夫(의부): 감탄종결사 ‖ *有~者: ~한 사람(경우)이 있다.
· 술어(부사어)+而+술어(부사어) ‖ 君子而不仁: 군자가 되어서 어질지 못하다, 小人而仁: 소인이 되어서 어질다.
· 不+동사/형용사 ↔ 非+명사(구) ‖ 不仁: 어질지 못하다.
· 수식어+者 ↔ 所+수식어(동사/형용사) ‖ 不仁者: 어질지 못한 자, 仁者: 어진 자.

8장

子曰(자왈). 愛之(애지), 能勿勞乎(능물노호)? 忠焉(충언), 能勿誨乎(능물회호)?

공자(子)께서 말씀하셨다(曰). 그(之)를 사랑한다면(愛) 수고스럽게 하지(勞) 않을(勿) 수(能) 있겠는가(乎)? 그에게(焉) 충성한다면(忠) 가르치지(誨) 않을(勿) 수(能) 있겠는가(乎)?

*誨(회): 가르치다.
· 술어+之: 之(대명사: 그(것)을, 그(것)에) ‖ 愛之: 그를 사랑하다.
· 可(能/得/足)+술어: ~할 수 있다, ~할 만하다 / 목적어+술어 구조도 가능 ‖ 能勿勞: 수고롭게 하지 않을 수 있다, 能勿誨: 가르치지 않을 수 있다.
· 焉(언): =於之 ‖ 忠焉: =忠於之, 그에게 충성하다.

9장

子曰(자왈). 爲命(위명), 裨諶草創之(비침초창지), 世叔討論之(세숙토론지), 行人子羽修飾之(행인자우수식지), 東里子産(동리자산), 潤色之(윤색지).

공자(子)께서 말씀하셨다(曰). 명(命, 외교 문서)을 하는데(爲), 비침(裨諶)이 그것(之)을 초고로(草) 만들고(創), 세숙(世叔)이 그것(之)을 검토하여(討) 따지고(論), 행인(行人, 외교 업무 관장) 자우(子羽)가 그것(之)을 수정하여(修) 꾸미고(飾), 동리(東里)의 자산(子産)이 그것(之)을 윤색했다(潤色).

※ 諶(심): '미덥다'는 의미를 지닌 '심'이나 '침'으로 발음한다는 견해가 일반적이다.

---

*裨諶(비침), 世叔(세숙), 子羽(자우), 子産(자산): 정(鄭)의 대부 ‖ *草創(초창): 사업을 일으켜 시작하다.

· 술어+之: 之(대명사: 그(것)을, 그(것)에) ‖ 創之: 그것을 만들다, 討論之: 그것을 검토하고 따지다, 修飾之: 그것을 수정하여 꾸미다, 潤色之: 그것을 윤색하다.

10장

或問子産(혹문문자산), 子曰(자왈). 惠人也(혜인야).

어떤 사람(或)이 자산(子産)을 물으니(問), 공자(子)께서 말씀하셨다(曰). 은혜로운(惠) 사람(人)이다(也).

問子西(문자서), 曰(왈). 彼哉彼哉(피재피재).

자서(子西)를 물으니(問), 말씀하셨다(曰). 그 사람(彼哉), 그 사람(彼哉)이다.

問管仲(문관중), **曰**(왈). **人也**(인야), **奪伯氏騈邑三百**(탈백씨병읍삼백), **飯疏食沒齒**(반소사몰치), **無怨言**(무원언).

관중(管仲)을 물으니(問), 말씀하셨다(曰). (이) 사람(人)이(也), 백씨(伯氏)의 병읍(騈邑) 300(三百)을 빼앗았지만(奪), (백씨는) 거친(疏) 밥(食)을 일생(沒齒) 먹으면서도(飯) 원망하는(怨) 말(言)이 없었다(無).

※ 人也: 앞의 문장과 연결하면, '사람이다.' 정도의 문장으로 볼 수도 있다.

---

*子產(자산): 정(鄭)의 대부 공손교(公孫僑)로 진(晉)과 초(楚)의 관계를 이용하여 평화를 유지하고, 재정을 재건한 인물 ‖ *子西(자서): 공자신(公子申)으로 불린 초(楚)의 영윤(令尹, 재상) ‖ *管仲(관중): 관포지교로 알려진 제(齊)의 정치가 ‖ *伯氏(백씨): 제(齊)의 대부 ‖ *疏食(소사): 변변치 못한 음식, 거친 음식 ‖ *沒齒(몰치): 생애.

11장

子曰(자왈). **貧而無怨**(빈이무원), **難**(난), **富而無驕**(부이무교), **易**(이).

공자(子)께서 말씀하셨다(曰). 가난하면(貧)서(而) 원망(怨)이 없기는(無) 어렵지만(難), 부유하면(富)서(而) 교만(驕)이 없기는(無) 쉽다(易).

---

*易: (역) 바꾸다 / (이) 쉽다.

· 술어(부사어)+而+술어(부사어) ‖ 貧而無怨: 가난하나 원망이 없다, 富而無驕: 부유하나 교만이 없다.

12장

子曰(자왈). 孟公綽(맹공작), 爲趙魏老則優(위조위로즉우), 不可以爲滕薛大夫(불가이위등설대부).

공자(子)께서 말씀하셨다(曰). 맹공작(孟公綽)은 조나라(趙)나 위나라(魏)의 가노(老)가 되는(爲) 것이라면(則) 넉넉하지만(優), 등나라(滕)나 설나라(薛)의 대부(大夫)는 될(爲) 수(可以) 없을 것이다(不).

*孟公綽(맹공작): 노(魯)의 대부 ‖ *老(노/로): 신(臣)의 우두머리.
· 不+동사/형용사 ↔ 非+명사(구) ‖ 不可以爲: 될 수 없다.
· 可(能/得/足)以+술어: ~할 수 있다, ~할 만하다 ‖ 可以爲: 될 수 있다.

13장

子路問成人(자로문성인), 子曰(자왈).

자로(子路)가 성인(成人)을 물으니(問), 공자(子)께서 말씀하셨다(曰).

若臧武仲之知(약장무중지지), 公綽之不欲(공작지불욕), 卞莊子之勇(변장자지용), 冉求之藝(염구지예), 文之以禮樂(문지이예악), 亦可以爲成人矣(역가이위성인의).

장무중(臧武仲)의(之) 지혜(知), 공작(公綽)의(之) 불욕(不欲), 변장자(卞莊子)의(之) 용맹(勇), 염구(冉求)의(之) 재능(藝)과 같고(若), 그것(之)을 예악(禮樂)으로(以) 꾸민다면(文), 또한(亦) 성인(成人)이 될(爲) 수(可以) 있을 것이다(矣).

曰(왈). 今之成人者(금지성인자), 何必然(하필연)?

(또) 말씀하셨다(曰). 오늘날(今)의(之) 성인인(成人) 자(者)는 하필(何必) 그러해야겠느냐(然)?

見利思義(견리사의), 見危授命(견위수명), 久要(구요), 不忘平生之言(불망평생지언), 亦可以爲成人矣(역가이위성인의).

이익(利)을 보면(見) 의(義)를 생각하고(思), 위태로움(危)을 보면(見) 목숨(命)을 주며(授, 바치며), 오래된(久) 약속(要)이라도 평생(平生)의(之) 말(言)로 잊지(忘) 않는다면(不) 또한(亦) 성인(成人)이 될(爲) 수(可以) 있을 것이다(矣).

---

*子路(자로): 공자의 제자 중유(仲由)의 자(字)로 솔직 담백하고 용맹한 정치가이자 무인 ‖ *成人(성인): 전인(全人) ‖ *臧武仲(장무중): 노(魯)의 대부 ‖ *公綽(공작): 맹공작(孟公綽) ‖ *卞莊子(변장자): 노(魯)의 대부 ‖ *冉求(염구): 공자의 제자로 자는 자유(子有)이며, 염유(冉有), 염자(冉子)로 불린 정사에 재능이 많았던 인물 ‖ *樂: (악) 노래 / (낙/락) 즐기다 / (요) 좋아하다 ‖ *今之(금지): 지금에, 지금의 ‖ *久要(구요): 오래된 약속.

· 之+명사: 之(관형격: ~의/~(하)는/~ㄴ) ‖ 臧武仲之知: 장무중의 지혜, 公綽之不欲: 공작의 불욕, 卞莊子之勇: 변장자의 용맹, 冉求之藝: 염구의 재능, 平生之言: 평생의 말.
· 술어+之: 之(대명사: 그(것)을, 그(것)에) ‖ 文之: 그것을 꾸미다.
· 以+명사(구): 명사(구)로(써) ‖ 以禮樂: 예와 악으로.
· 可(能/得/足)以+술어: ~할 수 있다, ~할 만하다 ‖ 可以爲: 될 수 있다.
· 수식어+者 ↔ 所+수식어(동사/형용사) ‖ 成人者: 성인인 자.
· 不+동사/형용사 ↔ 非+명사(구) ‖ 不忘: 잊지 않다.

14장

子問公叔文子於公明賈曰(자문공숙문자어공명가왈). 信乎(신호)? 夫子不言不笑不取乎(부자불언불소불취호)?

공자(子)께서 공명가(公明賈)에게(於) 공숙문자(公叔文子)을 물어(問) 말씀하셨다(曰). 믿어도(信) 됩니까(乎)? 선생님(夫子, 공숙문자)께서는 말하지도(言) 않고(不) 웃지도(笑) 않고(不) 취하지도(取) 않았습니(不)까(乎)?

公明賈對曰(공명가대왈). 以告者過也(이고자과야).

공명가(公明賈)가 대답하여(對) 말했다(曰). 그것을(以) 아뢴(告) 자(者)가 지나쳤습니(過)다(也).

夫子時然後言(부자시연후언), 人不厭其言(인불염기언), 樂然後笑(낙연후소), 人不厭其笑(인불염기소), 義然後取(의연후취), 人不厭其取(인불염기취).

선생님(夫子)께서는 때가 된(時) 연후에(然後) 말하시니(言), 사람들(人)이 그(其) 말(言)을 싫어하지(厭) 않고(不), 즐거우신(樂) 연후에(然後) 웃으시니(笑), 사람들(人)이 그(其) 웃음(笑)을 싫어하지(厭) 않고(不), 의로운(義) 연후에(然後) 취하셨으니(取), 사람들(人)이 그(其) 취함(取)을 싫어하지(厭) 않았습니다(不).

子曰(자왈). 其然(기연)? 豈其然乎(기기연호)?

공자(子)께서 말씀하셨다(曰). 그(其)가 그러할까요(然)? 어찌(豈) 그(其)가 그러할까(然)요(乎)?

---

*公叔文子(공숙문자): 위(衛)의 대부 ‖ *公明賈(공명가): 위(衛)의 사람 ‖ *夫子(부자): 선생님 ‖ *樂: (악) 노래 / (낙/락) 즐기다 / (요) 좋아하다.

· 술어+(목적어)+於(乎/于)+명사(구) ‖ 問公叔文子於公明賈: 공명가에게 공숙문자를 묻다.
· 不+동사/형용사 ↔ 非+명사(구) ‖ 不言: 말하지 않다, 不笑: 웃지 않다, 不取: 취하지 않다, 不厭: 싫어하지 않다.
· 以+술어: =以+之(대명사)+술어 ‖ 以告: =以之告, 그것을 고하다.
· 수식어+者 ↔ 所+수식어(동사/형용사) ‖ 告者: 고한 자.

15장

子曰(자왈). 臧武仲以防(장무중이방), 求爲後於魯(구위후어노), 雖曰不要君(수왈불요군), 吾不信也(오불신야).

공자(子)께서 말씀하셨다(曰). 장무중(臧武仲)이 방읍(防)으로(以) 노나라(魯)에(於) 후계자(後)가 되기(爲)를 요구했는데(求), 비록(雖) 임금(君)에게 요구하지(要) 않았다(不)고 말하지만(曰), 나(吾)는 믿지(信) 못하겠(不)다(也).

*臧武仲(장무중): 노(魯)의 대부 ‖ *後(후): 임금.
· 술어+(목적어)+於(乎/于)+명사(구) ‖ 爲後於魯: 노나라에 후계가 되다.
· 不+동사/형용사 ↔ 非+명사(구) ‖ 不要: 요구하지 않다, 不信: 믿지 않다.

16장

子曰(자왈). 晉文公(진문공), 譎而不正(휼이부정), 齊桓公(제환공), 正而不譎(정이불휼).

공자(子)께서 말씀하셨다(曰). 진나라(晉) 문공(文公)은 기만하(譎)고(而) 바르지도(正) 않았으며(不), 제나라(齊) 환공(桓公)은 바르기도 하(正)고(而)

기만하지도(譎) 않았다(不).

*晉文公(진문공): 진(晉)의 군주 ‖ *譎(휼): 속이다, 기만하다 ‖ *齊桓公(제환공): 제(齊)의 군주.
· 술어(부사어)+而+술어(부사어) ‖ 譎而不正: 기만하고 바르지 않다, 正而不譎: 바르고 기만하지 않다.
· 不+동사/형용사 ↔ 非+명사(구) ‖ 不正: 바르지 않다, 不譎: 기만하지 않다.

17장

子路曰(자로왈). 桓公(환공), 殺公子糾(살공자규), 召忽死之(소홀사지), 管仲不死(관중불사), 曰(왈), 未仁乎(미인호)?

자로(子路)가 말했다(曰). 환공(桓公)이 공자(公子) 규(糾)를 죽이자(殺), 소홀(召忽)은 거기에서(之) 죽었지만(死), 관중(管仲)은 죽지(死) 않았으니(不), 말하자면(曰) 어질지(仁) 못한(未) 것입니까(乎)?

子曰(자왈). 桓公(환공), 九合諸侯(규합제후), 不以兵車(불이병거), 管仲之力也(관중지력야). 如其仁如其仁(여기인여기인)?

공자(子)께서 말씀하셨다(曰). 환공(桓公)이 제후들(諸侯)을 규합하면서(九合) 병거(兵車)를 쓰지(以) 않았으니(不), 관중(管仲)의(之) 힘(力)이었다(也). (누가) 그(其) 인(仁)과 같겠는가(如), 그(其) 인(仁)과 같겠는가(如)?

*子路(자로): 공자의 제자 중유(仲由)의 자(字)로 솔직 담백하고 용맹한 정치가이자 무인 ‖ *桓公(환공): 제(齊)의 군주 ‖ *公子糾(공자규): 환공(桓公)의 형 ‖ *召忽(소홀): 규(糾)의 신하 ‖ *管仲(관중): 관포지교로 알려진 제(齊)의 정치가 ‖ *九合(구합): 규합, 여러 차례 회맹(會盟)함.
· 不+동사/형용사 ↔ 非+명사(구) ‖ 不死: 죽지 않다, 不以: 쓰지 않다.
· 之+명사: 之(관형격: ~의/~(하)는/~ㄴ) ‖ 管仲之力: 관중의 힘.

18장

子貢曰(자공왈). 管仲非仁者與(관중비인자여).
桓公殺公子糾(환공살공자규), 不能死(불능사), 又相之(우상지).

자공(子貢)이 말했다(曰). 관중(管仲)은 인자(仁者)가 아닐(非) 것입니다(與).
환공(桓公)이 공자(公子) 규(糾)를 죽였는데(殺), 죽을(死) 수(能) 없었으며(不)
또(又) 그(之)를 돕기까지 했습니다(相).

子曰(자왈). 管仲相桓公覇諸侯(관중상환공패제후), 一匡天下(일광천하),
民到于今(민도우금), 受其賜(수기사).

공자(子)께서 말씀하셨다(曰). 관중(管仲)이 환공(桓公)을 도와(相) 제후(諸侯)를
제패하여(覇), 한 번(一) 천하(天下)를 바로잡았기에(匡) 백성(民)이
지금(今)에(于) 이르러서도(到) 그(其) 베풂(賜)을 받고 있다(受).

微管仲(미관중), 吾其被髮左衽矣(오기피발좌임의).

관중(管仲)이 없었다면(微), 나(吾)는 아마도(其) 머리(髮)를 헤치고(被)
옷섶(衽)을 왼쪽으로(左) 했을 것이다(矣).

豈若匹夫匹婦之爲諒也(기약필부필부지위량야),
自經於溝瀆而莫之知也(자경어구독이막지지야)?

어찌(豈) 필부필부(匹夫匹婦)가(之) (작은) 믿음(諒)을 위하여(爲)서(也),
스스로(自) 구독(溝瀆)에(於) 목을 매어(經)도(而) 그것(之)을 알아주는(知) 이가
없는 것(莫)과 같겠는(若)가(也)?

*子貢(자공): 공자의 제자 단목사(端木賜)의 자(字)로 말솜씨와 정치적 수완이 뛰어난 인물 ‖ *管仲(관중): 관포지교로 알려진 제(齊)의 정치가 ‖ *桓公(환공): 제(齊)의 군주 ‖ *公子糾(공자규): 환공(桓公)의 형 ‖ *相(상): 돕다 ‖ *覇(패): 우두머리, 으뜸이 되다, 맹주가 되다 ‖ *匡(광): 바로잡다 ‖ *微(미): 작다, 어둡다, 없다 ‖ *被髮(피발): 머리를 풀어 헤친다 ‖ *左衽(좌임): 오른쪽 섶을 왼쪽 섶 위로 여몄다는 데서 유래 ‖ *諒(량): 믿다 ‖ *豈若(기약): 어찌 같을 수 있겠는가? 어찌 그렇겠는가? ‖ *匹夫匹婦(필부필부): 평범한 남자와 여자 ‖ *經(경): 목매다 ‖ *溝瀆(구독): 개천과 수렁.

· 不+동사/형용사 ↔ 非+명사(구) ‖ 非仁者: 어진 자가 아니다, 不能死: 죽을 수 없다.
· 수식어+者 ↔ 所+수식어(동사/형용사) ‖ 仁者: 어진 자.
· 可(能/得/足)+술어: ~할 수 있다, ~할 만하다 / 목적어+술어 구조도 가능 ‖ 能死: 죽을 수 있다.
· 술어+之: 之(대명사: 그(것)을, 그(것)에) ‖ 相之: 그를 돕다.
· 술어+(목적어)+於(乎/于)+명사(구) ‖ 到于今: 지금에 이르다, 經於溝瀆: 구독에 목을 매다.
· 之+술어: 之(주격: ~은(는)/~이(가), 목적격: ~을(를)) ‖ 匹夫匹婦之爲: 필부필부가 ~을 위하다.
· 술어(부사어)+而+술어(부사어) ‖ 經(於溝瀆)而(莫之)知: 매어도 알다.
· 莫(막): 대명사를 포함한 부정 ‖ ~하는 이가(것이) 없다.
· 부정문에서 대명사 도치 ‖ 莫之知: 莫知之의 之도치, 그것을 아는 이가 없다.

19장

公叔文子之臣大夫僎(공숙문자지신대부선), 與文子(여문자), 同升諸公(동승저공), 子聞之(자문지), 曰(왈). 可以爲文矣(가이위문의).

공숙문자(公叔文子)의(之) 가신(臣)인 대부(大夫) 선(僎)이 문자(文子)와(與) 조정(公)에서 그와(諸) 함께(同) 올랐는데(升), 공자(子)께서 그것(之)을 듣고(聞) 말씀하셨다(曰). (시호(諡號)를) '문(文)'이라 할(爲) 만하(可以)도다(矣).

*公叔文子(공숙문자): 위(衛)의 대부.
· 之+명사: 之(관형격: ~의/~(하)는/~ㄴ) ‖ 公叔文子之臣: 공숙문자의 가신.
· (명사)+與(及)+명사(구) ‖ 與文子: 문자와.
· 諸(저): =之於 ‖ 升諸公: =升之於公, 그와 조정에 오르다.
· 술어+之: 之(대명사: 그(것)을, 그(것)에) ‖ 聞之: 그것을 듣다.
· 可(能/得/足)以+술어: ~할 수 있다, ~할 만하다 ‖ 可以爲: 할 만하다.

20장

子言衛靈公之無道也(자언위령공지무도야), **康子曰**(강자왈).
夫如是(부여시), **奚而不喪**(해이불상)?

공자(子)께서 위나라(衛) 영공(靈公)의(之) 무도(無道)함을 말씀하시(言)자(也), 강자(康子)가 말했다(曰). 무릇(夫) 이(是)와 같은데도(如) 어찌해(奚)서(而) 잃지(喪) 않는(不) 것입니까?

孔子曰(공자왈). **仲叔圉治賓客**(중숙어치빈객), **祝鮀治宗廟**(축타치종묘),
王孫賈治軍旅(왕손가치군려).

공자(子)께서 말씀하셨다(曰). 중숙어(仲叔圉)가 빈객(賓客)을 관리하고(治), 축타(祝鮀)가 종묘(宗廟)를 관리하며(治), 왕손가(王孫賈)가 군대(軍旅)를 관리하기(治) 때문입니다.

夫如是(부여시), **奚其喪**(해기상)?

무릇(夫) 이(是)와 같은데(如), 어찌(奚) 그(其)가 잃겠습니까(喪)?

*靈公(영공): 위(衛)의 군주 ‖ *康子(강자): 계손사(季孫斯)의 아들인 계강자(季康子)로 노(魯)의 대부 ‖ *奚而(해이): 어떻게 하여, 어찌하여 ‖ *仲叔圉(중숙어)·祝鮀(축타)·王孫賈(왕손가): 위(衛)의 대부.

· 之+명사: 之(관형격: ~의/~(하)는/~ㄴ) ‖ 靈公之無道: 영공의 무도.
· 不+동사/형용사 ↔ 非+명사(구) ‖ 不喪: 잃지 않다.

21장

子曰(자왈). 其言之不怍(기언지부작), 則爲之也難(즉위지야난).

공자(子)께서 말씀하셨다(曰). 그(其) 말하는 것(言)을(之) 부끄러워하지(怍) 않으(不)면(則) 그것(之)을 하는(爲) 것은(也) 어렵다(難).

*怍(작): 부끄러워하다.
· 之+술어: 之(주격: ~은(는)/~이(가), 목적격: ~을(를)) ‖ 其言之不怍: 不怍其言의 其言도치, 그 말을 부끄러워하지 않다.
· 술어+之: 之(대명사: 그(것)을, 그(것)에) ‖ 爲之: 그것을 하다.
· 不+동사/형용사 ↔ 非+명사(구) ‖ 不怍: 부끄럽지 않다.

22장

陳成子弒簡公(진성자시간공), 孔子沐浴而朝(공자목욕이조), 告於哀公曰(고어애공왈).

진성자(陳成子)가 간공(簡公)을 시해하자(弒), 공자(孔子)께서 목욕하시(沐浴)고(而) 조정(朝)에 나아가 애공(哀公)에게(於) 고하여(告) 말씀하셨다(曰).

陳恒弒其君(진항시기군), 請討之(청토지).

진항(陳恒)이 그(其) 임금(君)을 시해했으니(弒), 청컨대(請) 그(之)를 토벌하소서(討).

公曰(공왈). 告夫三子(고부삼자).

애공(公)이 말했다(曰). 저(夫) 삼가자(三子)에게 고하시오(告).

孔子曰(공자왈). 以吾從大夫之後(이오종대부지후),
不敢不告也(불감불고야), 君曰(군왈), 告夫三子者(고부삼자자).

공자(孔子)께서 말씀하셨다(曰). 내(吾)가 대부(大夫)의 뒤(後)를 따르는(從) 까닭(以)에 감히(敢) 고하지(告) 않을(不) 수 없었는(不)데(也), 임금(君)께서 말씀하시길(曰), '저(夫) 삼가자(三子者)에게 고하라(告)'고 하셨다.

※ 大夫之後: 말석이라도 '대부였다'는 의미가 담겨있다.

之三子(지삼자), 告(고), 不可(불가).

삼가자(三子)에게 가서(之) 고하니(告), 불가하다(不可)고 하였다.

孔子曰(공자왈). 以吾從大夫之後(이오종대부지후),
不敢不告也(불감불고야).

공자(孔子)께서 말씀하셨다(曰). 내(吾)가 대부(大夫)의(之) 뒤(後)를 따르는(從) 까닭(以)에 감히(敢) 고하지(告) 않을(不) 수 없었습니(不)다(也).

---

*陳成子(진성자): 제(齊)의 대부인 진항(陳恒) ‖ *簡公(간공): 제(齊)의 군주 ‖
*哀公(애공): 삼환(三桓)씨를 제거하려다 왕위에서 쫓겨난 노(魯)의 군주.

· 술어(부사어)+而+술어(부사어) ‖ 沐浴而朝: 목욕하고 조정에 나아가다.
· 술어+(목적어)+於(乎/于)+명사(구) ‖ 告於哀公: 애공에게 고하다.
· 술어+之: 之(대명사: 그(것)을, 그(것)에) ‖ 討之: 그를 토벌하다.
· 之+명사: 之(관형격: ~의/~(하)는/~ㄴ) ‖ 大夫之後: 대부의 뒤.
· 不+동사/형용사 ↔ 非+명사(구) ‖ 不敢: 감히~하지 않다, 不告: 고하지 않다,
不可: 할 수 없다.

23장

子路問事君(자로문사군), 子曰(자왈). 勿欺也(물기야), 而犯之(이범지).

자로(子路)가 임금(君)을 섬기는(事) 것을 물으니(問), 공자(子)께서 말씀하셨다(曰). 속이지(欺) 말(勿)라(也), 그리고(而) 그(之)를 거슬러야 한다(犯).

*子路(자로): 공자의 제자 중유(仲由)의 자(字)로 솔직 담백하고 용맹한 정치가이자 무인 ‖ *犯(범): 거스르다.

· 술어(부사어)+而+술어(부사어) ‖ 欺也而犯: 속이고 거스르다.

· 술어+之: 之(대명사: 그(것)을, 그(것)에) ‖ 犯之: 그를 거스르다.

24장

子曰(자왈). 君子上達(군자상달), 小人下達(소인하달).

공자(子)께서 말씀하셨다(曰). 군자(君子)는 위(上)로 통달하고(達), 소인(小人)은 아래(下)로 통달한다(達).

25장

子曰(자왈). 古之學者(고지학자), 爲己(위기), 今之學者(금지학자), 爲人(위인).

공자(子)께서 말씀하셨다(曰). 옛날(古)의(之) 학자(學者)는 자기(己)를 위하여(爲) (공부)했는데, 지금(今)의(之) 학자(學者)는 남(人)을 위하여 (공부)한다(爲).

※ 옛날 학자는 자기 수양을 위해서 공부했는데 오늘날의 학자는 남의 이목 때문에 공부한다는 의미이다.

*古之(고지): 옛날에, 옛날의 ‖ *今之(금지): 지금에, 지금의.
· 수식어+者 ↔ 所+수식어(동사/형용사) ‖ 學者: 학자.

26장

蘧伯玉使人於孔子(거백옥시인어공자),
孔子與之坐而問焉曰(공자여지좌이문언왈). 夫子何爲(부자하위)?

거백옥(蘧伯玉)이 공자(孔子)에게(於) 사람(人)을 보내왔는데(使), 공자(孔子)께서 그(之)와 더불어(與) 앉아(坐)서(而) 그에(焉) 관하여 물으며(問) 말씀하셨다(曰). 선생(夫子, 거백옥)께서는 무엇(何)을 하시는가(爲)?

對曰(대왈). 夫子欲寡其過而未能也(부자욕과기과이미능야).

대답하여(對) 말했다(曰). 선생님(夫子)께서는 그(其) 허물(過)을 줄이고(寡)자 하는(欲)데(而) 잘하지(能) 못하십니(未)다(也).

使者出(사자출), 子曰(자왈). 使乎使乎(사호사호).

사자(使者)가 나가자(出), 공자(子)께서 말씀하셨다(曰). 사자(使)답도다(乎), 사자(使)답도다(乎).

*蘧伯玉(거백옥): 위(衛)의 대부 ‖ *使(시): 사신으로 보내다 ‖ *夫子(부자): 선생님.
· 술어+之: 之(대명사: 그(것)을, 그(것)에) ‖ 與之: 그와 더불다.
· 술어(부사어)+而+술어(부사어) ‖ 坐而問: 앉아서 묻다, 寡其過而未能: 그 허물을 줄이려는데 잘하지 못하다.
· 焉(언): =於之 ‖ 問焉: =問於之, 그에게 묻다.
· 의문문에서 의문사(대명사) 도치 ‖ 何爲: 爲何의 何도치, 무엇을 하는가?
· 수식어+者 ↔ 所+수식어(동사/형용사) ‖ 使者: 사자.

27장

子曰(자왈). 不在其位(부재기위), 不謀其政(불모기정).

공자(子)께서 말씀하셨다(曰). 그(其) 지위(位)에 있지(在) 않거든(不) 그(其) 정사(政)를 도모하지(謀) 말아야 한다(不).

· 不+동사/형용사 ↔ 非+명사(구) ‖ 不在: 있지 않다, 不謀: 도모하지 않는다.

28장

曾子曰(증자왈). 君子(군자), 思不出其位(사불출기위).

증자(曾子)께서 말씀하셨다(曰). 군자(君子)라면 생각(思)이 그(其) 지위(位)를 벗어나지(出) 않아야 한다(不).

*曾子(증자): 공자의 제자 증삼(曾參)으로 공자 사상을 계승하는 데 역할을 한 인물.
· 不+동사/형용사 ↔ 非+명사(구) ‖ 不出: 넘지 않다.

29장

子曰(자왈). 君子(군자), 恥其言而過其行(치기언이과기행).

공자(子)께서 말씀하셨다(曰). 군자(君子)는 그(其) 말(言)을 부끄러워하(恥)나(而) 그(其) 행동(行)을 넘어서게 한다(過).

· 술어(부사어)+而+술어(부사어) ‖ 恥其言而過其行: 그 말을 부끄러워하나 그 행동을 넘어서다.

30장

子曰(자왈). 君子道者三(군자도자삼), 我無能焉(아무능언).

공자(子)께서 말씀하셨다(曰). 군자(君子)의 도(道)는(者) 셋인데(三), 나(我)는 그것에(焉) 능한 것(能)이 없다(無).

仁者不憂(인자불우), 知者不惑(지자불혹), 勇者不懼(용자불구).

인자(仁者)는 근심하지(憂) 않고(不), 지자(知者)는 미혹되지(惑) 않으며(不), 용자(勇者)는 두려워하지(懼) 않는다(不).

子貢曰(자공왈). 夫子自道也(부자자도야).

자공(子貢)이 말했다(曰). 선생님(夫子)께서 스스로(自, 겸사로) 말씀하신(道) 것이다(也).

---

*者(자): 은/는, 이/가 ‖ *子貢(자공): 공자의 제자 단목사(端木賜)의 자(字)로 말솜씨와 정치적 수완이 뛰어난 인물 ‖ *夫子(부자): 선생님.

· 焉(언): =於之 ‖ 能焉: =能於之, 그것에 능하다.

· 수식어+者 ↔ 所+수식어(동사/형용사) ‖ 仁者: 어진 자, 知者: 지혜로운 자, 勇者: 용감한 자.

· 不+동사/형용사 ↔ 非+명사(구) ‖ 不憂: 걱정하지 않다, 不惑: 미혹되지 않다, 不懼: 두려워하지 않다.

31장

子貢方人(자공방인), 子曰(자왈). 賜也(사야), 賢乎哉(현호재), 夫我則不暇(부아즉불가).

자공(子貢)이 남(人)을 비교하자(方), 공자(子)께서 말씀하셨다(曰). 사(賜)는(也) 현명하(賢)도다(乎哉), 무릇(夫) 나는(我) 곧(則) (그럴 만큼) 여유롭지(暇) 않은데(不).

*子貢(자공): 공자의 제자 단목사(端木賜)의 자(字)로 말솜씨와 정치적 수완이 뛰어난 인물 ‖ *賜(사): 자공(子貢)의 이름 ‖ *方(방): 헐뜯다, 견주다 ‖ *乎哉(호재): 감탄·의문종결사.

· 不+동사/형용사 ↔ 非+명사(구) ‖ 不暇(불가): 여유롭지 않다.

32장

子曰(자왈). 不患人之不己知(불환인지불기지), 患其不能也(환기불능야).

공자(子)께서 말씀하셨다(曰). 남(人)이(之) 나(己)를 알아주지(知) 않는다(不)고 근심하지(患) 말고(不) 자신(其)이 능하지(能) 못한(不) 것을 근심해야(患) 한다(也).

· 不+동사/형용사 ↔ 非+명사(구) ‖ 不患: 근심하지 않다, 不己知: 자기를 알지 않다, 不能: 능하지 못하다.
· 之+술어: 之(주격: ~은(는)/~이(가), 목적격: ~을(를)) ‖ 人之不己知: 남이 자기를 알지 못하다.
· 부정문에서 대명사 도치 ‖ 不己知: 不知己의 己도치, 자기를 알지 못하다.

33장

子曰(자왈). 不逆詐(불역사), 不億不信(불억불신),
抑亦先覺者是賢乎(억역선각자시현호).

공자(子)께서 말씀하셨다(曰). 속일 것(詐)으로 예측하지(逆) 말고(不), 믿지(信) 않을(不) 것으로 추측하지(億) 않아야(不) 하지만(抑), 또한(亦) 먼저(先) (남의 실정을) 깨닫는(覺) 자(者)가 바로(是) 현명한(賢) 것이다(乎).

---

*逆詐(역사): 횡포하고 간악하다, 속일 것으로 예측하다 ‖ *逆(역): 예측하다 ‖ *億(억): 추측하다 ‖ *抑(억): 아니면, 하지만, 그러나.
· 不+동사/형용사 ↔ 非+명사(구) ‖ 不逆: 예측하지 않다, 不億: 추측하지 않다, 不信: 믿지 않다.
· 수식어+者 ↔ 所+수식어(동사/형용사) ‖ 覺者: 깨닫는 자.

34장

微生畝謂孔子曰(미생묘위공자왈). 丘(구),
何爲是栖栖者與(하위시서서자여)? 無乃爲佞乎(무내위녕호)?

미생묘(微生畝)가 공자(孔子)를 일러(謂) 말했다(曰). 구(丘, 공자)는 무엇(何) 때문에(爲) 이렇게(是) 연연해하는(栖栖) 것(者)인가(與)? 말재주(佞)를 하는(爲) 것 아닌(無乃)가(乎)?

※ 별해. 何爲是栖栖者與: 어찌 이리도 연연해하는 것을 하는가?

孔子曰(공자왈). 非敢爲佞也(비감위녕야), 疾固也(질고야).

공자(子)께서 말씀하셨다(曰). 감히(敢) 말재주(佞)를 하는(爲) 것이 아니(非)라(也), 완고함(固)을 싫어하는(疾) 것입니다(也).

*微生畝(미생묘): 노(魯)의 은자(隱者) ‖ *栖栖(서서): (마음이) 불안정한 모양 ‖
*無乃(무내): 하지 않은가? ~이 아니겠는가?
· 수식어+者 ↔ 所+수식어(동사/형용사) ‖ 栖栖者: 연연해하는 것.
· 不+동사/형용사 ↔ 非+명사(구) ‖ 非敢爲佞: 감히 말재주를 하는 것이 아니다.

35장

子曰(자왈). 驥不稱其力(기불칭기력), 稱其德也(칭기덕야).

공자(子)께서 말씀하셨다(曰). 천리마(驥)는 그(其) 힘(力)을 일컫지(稱) 않고(不), 그(其) 덕(德)을 일컫는(稱) 것이다(也).

*驥(기): 천리마.
· 不+동사/형용사 ↔ 非+명사(구) ‖ 不稱: 칭하지 않다.

36장

或曰(혹왈), 以德報怨(이덕보원), 何如(하여)?

어떤 사람(或)이 말했다(曰). 덕(德)으로(以) 원한(怨)을 갚는(報) 것은 어떠(何)합니까(如)?

子曰(자왈). 何以報德(하이보덕)? 以直報怨(이직보원), 以德報德(이덕보덕).

공자(子)께서 말씀하셨다(曰). 무엇(何)으로(以) 덕(德)을 갚는다는(報) 것인가? 곧음(直)으로(以) 원한(怨)을 갚고(報), 덕(德)으로(以) 덕(德)을 갚는 것이다(報).

*何如(하여): 무엇과 같은가? 어찌하여, 어떠한가?
· 以+명사(구): 명사(구)로(써) ‖ 以德: 덕으로, 以直: 곧음으로.
· 의문문에서 의문사(대명사) 도치 ‖ 何以: 以何의 何도치, 무엇을 가지고, 무엇으로.

37장

子曰(자왈). 莫我知也夫(막아지야부).

공자(子)께서 말씀하셨다(曰). 나(我)를 아는(知) 이가 없(莫)구나(也夫).

子貢曰(자공왈). 何爲其莫知子也(하위기막지자야)?

자공(子貢)이 말했다(曰). 어찌하여(何) 아무도(其) 선생님(子)을 아는(知) 이가 없(莫)다(也)고 하십니까(爲)?

子曰(자왈). 不怨天(불원천), 不尤人(불우인), 下學而上達(하학이상달), 知我者其天乎(지아자기천호).

공자(子)께서 말씀하셨다(曰). 하늘(天)을 원망하지(怨) 않고(不) 사람(人)을 탓하지(尤) 않으면서(不), 아래(下)로 배워(學)서(而) 위(上)로 통달하니(達), 나(我)를 알아주는(知) 자(者)는 아마도(其) 하늘(天)일 것이다(乎).

*也夫(야부): 감탄종결사 ‖ *子貢(자공): 공자의 제자 단목사(端木賜)의 자(字)로 말솜씨와 정치적 수완이 뛰어난 인물.
· 莫(막): 대명사를 포함한 부정 ‖ ~하는 이가(것이) 없다.
· 부정문에서 대명사 도치 ‖ 莫我知: 莫知我의 我도치, 나를 아는 이가 없다.
· 不+동사/형용사 ↔ 非+명사(구) ‖ 不怨: 원망하지 않다, 不尤: 탓하지 않다.
· 술어(부사어)+而+술어(부사어) ‖ 下學而上達: 아래로 배워서 위로 통달하다.
· 수식어+者 ↔ 所+수식어(동사/형용사) ‖ 知我者: 나를 아는 자.

38장

公伯寮愬子路於季孫(공백료소자로어계손). 子服景伯以告曰(자복경백이고왈).

공백료(公伯寮)가 계손(季孫)에게(於) 자로(子路)를 비방했다(愬).
자복경백(子服景伯)이 그것을(以) (공자에게) 고하여(告) 말했다(曰).

夫子固有惑志於公伯寮(부자고유혹지어공백료), 吾力(오력), 猶能肆諸市朝(유능사저시조).

부자(夫子, 계손)께서 진실로(固) 공백료(公伯寮)에게(於) 미혹되는(惑) 뜻(志)을 가지고 있으니(有), 저(吾)의 힘(力)으로 오히려(猶) 그를(諸) (죽여 그 시신을) 시정(市)과 조정(朝)에 늘어놓을(肆) 수(能) 있습니다.

子曰(자왈). 道之將行也與(도지장행야), 命也(명야), 道之將廢也與(도지장폐야여), 命也(명야).

공자(子)께서 말씀하셨다(曰). 도(道)가(之) 장차(將) 행해진다(行)고 하더라도(也與) 천명(命)이고(也), 도(道)가(之) 장차(將) 폐해진다(廢)고 하더라도(也與) 천명(命)이다(也).

公伯寮其如命何(공백료기여명하)?

공백료(公伯寮) 그(其)가 천명(命)을 어떻게(何) 하겠는가(如)?

---

*公伯寮(공백료): 공자의 제자로 노(魯)나라 사람 ‖ *愬(소): 비방하다 ‖ *子路(자로): 공자의 제자 중유(仲由)의 자(字)로 솔직 담백하고 용맹한 정치가이자 무인 ‖ *季孫(계손): 노(魯)나라에서 장기간 실권을 장악했던 삼가자 중 하나인 계손씨(季孫氏) ‖ *子服景伯(자복경백): 노(魯)의 대부 ‖ *夫子(부자):

선생님 ‖ *市朝(시조): 시정(市井)과 조정(朝廷) ‖ *如何(여하): 무엇과 같은가? 어떻게 하는가? 어떠한가? ‖ *也與(야여): 추측·의문종결사.

· 술어+(목적어)+於(乎/于)+명사(구) ‖ 愬子路於季孫: 계손에게 자로를 비방하다, 有惑志於公伯寮: 공백료에 미혹하는 뜻이 있다.

· 以+술어: =以+之(대명사)+술어 ‖ 以告: =以之告, 그것을 고하다.

· 有+명사: ①~이(가) 있다(술어+보어), ②~을(를) 가지고 있다(술어+목적어).

· 諸(저): =之於 ‖ 肆諸市朝: =肆之於市朝, 그를 시정이나 조정에 늘어놓다.

· 之+술어: 之(주격: ~은(는)/~이(가), 목적격: ~을(를)) ‖ 道之將行: 도가 장차 행해지다, 道之將廢: 도가 장차 폐해지다.

39장

子曰(자왈). 賢者辟世(현자피세), 其次辟地(기차피지), 其次辟色(기차피색), 其次辟言(기차피언).

공자(子)께서 말씀하셨다(曰). 현자(賢者)는 세상(世)을 피하고(辟), 그(其)다음(次)은 땅(地)을 피하고(辟), 그(其)다음(次)은 (군주의) 낯빛(色)을 피하고(辟), 그(其)다음(次)은 (군주의) 말(言)을 피한다(辟).

*辟(피): 피하다.

· 수식어+者 ↔ 所+수식어(동사/형용사) ‖ 賢者: 현명한 자.

40장

子曰(자왈). 作者七人矣(작자칠인의).

공자(子)께서 말씀하셨다(曰). 일어난(作) 자(者)는 7인(七人)이었다(矣).

*作(작): 일으키다, 행하다, 행동하다.
· 수식어+者 ↔ 所+수식어(동사/형용사) ‖ 作者: 행하는 자.

41장

子路宿於石門(자로숙어석문), 晨門曰(신문왈), 奚自(해자)?

자로(子路)가 석문(石門)에서(於) 묵었는데(宿), 성문을 지키는 문지기(晨門)가 물었다(曰). 어디에서(奚)부터(自) 오시오?

子路曰(자로왈). 自孔氏(자공씨). 曰(왈).
是知其不可而爲之者與(시지기불가이위지자여)?

자로(子路)가 말했다(曰). 공씨(孔氏)로부터(自)입니다. 말했다(曰). 그 사람(是)은 그것(其)이 불가한(不可) 것을 알면서(知)도(而) 그것(之)을 하려는(爲) 사람(者)이지요(與)?

*子路(자로): 공자의 제자 중유(仲由)의 자(字)로 솔직 담백하고 용맹한 정치가이자 무인 ‖ *晨門(신문): 새벽에 성문(城門) 여는 일을 맡은 문지기.
· 술어+(목적어)+於(乎/于)+명사(구) ‖ 宿於石門: 석문에서 묵다.
· 不+동사/형용사 ↔ 非+명사(구) ‖ 不可: 할 수 없다.
· 술어(부사어)+而+술어(부사어) ‖ 知(其不可)而爲之: 알면서도 그것을 하다.
· 술어+之: 之(대명사: 그(것)을, 그(것)에) ‖ 爲之: 그것을 하다.
· 수식어+者 ↔ 所+수식어(동사/형용사) ‖ 爲之者: 그것을 하는 자.

42장

子擊磬於衛(자격경어위).
有荷蕢而過孔氏之門者曰(유하궤이과공씨지문자왈).

공자(子)께서 위나라(衛)에서(於) 경쇠(磬)를 치고(擊) 계셨다. 삼태기(蕢)를 지고(荷)서(而) 공씨(孔氏)의(之) 문(門)을 지나던(過) 자(者)가 있어(有) 말했다(曰).

有心哉(유심재), 擊磬乎(격경호). 旣而曰(기이왈). 鄙哉(비재),
硜硜乎(경경호). 莫己知也(막기지야), 斯已而已矣(사이이이의).

마음(心)이 있(有)도다(哉), 경쇠(磬)를 치는(擊) 것이(乎). 잠시 뒤에(旣而) 말했다(曰). 비루하(鄙)도다(哉), 딱딱거리는(硜硜)도다(乎). 나(己)를 아는(知) 이가 없(莫)으(也)면(斯), 그만하면(已) 그뿐이다(而已矣).

深則厲(심즉려), 淺則揭(천즉게).

깊으(深)면(則) 벗어 들고(厲), 얕으(淺)면(則) 걷어 올린다(揭).

子曰(자왈). 果哉(과재), 末之難矣(말지난의).

공자(子)께서 말씀하셨다(曰). 과감하(果)도다(哉), 그것(之)을 어렵게 여길 것(難)이 없겠(末)다(矣).

※ 물을 건너는 것처럼 하면 어려울 것이 없다는 의미이다.

---

*磬(경): 경쇠 ‖ *有~者: ~한 사람(경우)이 있다 ‖ *蕢(궤): 삼태기 ‖ *旣而(기이): 이윽고, 잠시 뒤에 ‖ *鄙(비): 더럽다, 비루하다 ‖ *硜硜(경경): 딱딱, 쨍강쨍강 ‖ *而已矣(이이의): 단정종결사 ‖ *厲(려): 옷자락을 걷고 물을 건너다.

· 술어+(목적어)+於(乎/于)+명사(구) ‖ 擊磬於衛: 위나라에서 경쇠를 치다.

· 술어(부사어)+而+술어(부사어) ‖ 荷蕢而過: 삼태기를 메고 지나다.
· 之+명사: 之(관형격: ~의/~(하)는/~ㄴ) ‖ 孔氏之門: 공씨의 문.
· 수식어+者 ↔ 所+수식어(동사/형용사) ‖ 過孔氏之門者: 공씨의 문을 지나는 자.
· 莫(막): 대명사를 포함한 부정 ‖ ~하는 이가(것이) 없다.
· 부정문에서 대명사 도치 ‖ 莫己知: 莫知己의 己도치, 나를 아는 이가 없다,
末之難: 末難之의 之도치, 그것을 어렵게 여기다.

43장

子張曰(자장왈). 書云(서운), 高宗(고종), 諒陰三年不言(양음삼년불언), 何謂也(하위야)?

자장(子張)이 말했다(曰). 서경(書)에 이르길(云), '고종(高宗)이 상중(諒陰)에 삼 년간(三年) 말하지(言) 않았다(不)'고 하는데, 무엇(何)을 말하는(謂) 것입니까(也)?

子曰(자왈). 何必高宗(하필고종)? 古之人皆然(고지인개연).

공자(子)께서 말씀하셨다(曰). 하필(何必) 고종(高宗)뿐이겠는가? 옛날(古)의(之) 사람들(人)은 모두(皆) 그러했다(然).

君薨(군훙), 百官總己(백관총기), 以聽於冢宰三年(이청어총재삼년).

임금(君)이 돌아가시면(薨) 백관들(百官)은 자기(己) (직무를) 전적으로 책임지어(總), 그렇게 함으로(以) 삼 년간(三年) 총재(冢宰)를(於) 들었다(聽, 따랐다).

*子張(자장): 공자의 제자로 적극적인 성품을 소유한 인물 ‖ *高宗(고종): 은(殷)의 임금 ‖ *諒陰(양음): 임금이 부모의 상중(喪中)에 있을 때 거처하는 방 또는

그렇게 거처하는 기간 ‖ *古之(고지): 옛날에, 옛날의 ‖ *薨(훙): 훙서하다, 죽다 ‖ *總(총): 전적으로 책임지다, 총괄하다 ‖ *聽(청): 받아들이다, 따르다.

· 不+동사/형용사 ↔ 非+명사(구) ‖ 不言: 말하지 않다.
· 의문문에서 의문사(대명사) 도치 ‖ 何謂: 謂何의 何도치, 무엇을 말하는가?
· 以+술어: =以+之(대명사)+술어 ‖ 以聽: =以之聽, 그렇게 함으로 듣다.
· 술어+(목적어)+於(乎/于)+명사(구) ‖ 聽於冢宰: 총재를 듣다.

44장

子曰(자왈). 上好禮則民易使也(상호례즉민이사야).

공자(子)께서 말씀하셨다(曰). 윗사람(上)이 예(禮)를 좋아하(好)면(則) 백성(民)은 부리기(使)가 쉽(易)다(也).

*易: (역) 바꾸다 / (이) 쉽다.

45장

子路問君子(자로문군자), 子曰(자왈). 修己以敬(수기이경).

자로(子路)가 군자(君子)를 물으니(問), 공자(子)께서 말씀하셨다(曰). 자기(己)를 닦되(修) 경(敬)으로(以) 한다.

曰(왈). 如斯而已乎(여사이이호)? 曰(왈). 修己以安人(수기이안인).

말했다(曰). 이(斯)와 같을(如) 뿐입니까(而已乎)? 말씀하셨다(曰). 자기(己)를 닦아(修) 그렇게 함으로(以) 사람(人)을 편안하게 한다(安).

曰(왈). 如斯而已乎(여사이이호)? 曰(왈). 修己以安百姓(수기이안백성), 修己以安百姓(수기이안백성), 堯舜(요순), 其猶病諸(기유병저).

말했다(曰). 이(斯)와 같을(如) 뿐입니까(而已乎)? 말씀하셨다(曰). 자기(己)를 닦아(修) 그렇게 함으로(以) 백성(百姓)을 편안하게 하니(安), 자기(己)를 닦아(修) 그렇게 함으로(以) 백성(百姓)을 편안하게 하는(安) 것은 요임금(堯)과 순임금(舜)께서도 아마(其) 오히려(猶) 그것(諸)을 병으로 여겼을 것이다(病).

*子路(자로): 공자의 제자 중유(仲由)의 자(字)로 솔직 담백하고 용맹한 정치가이자 무인 ‖ *病(병): 어려워하다, 꺼리다.

· 以+명사(구): 명사(구)로(써) ‖ 以敬: 경으로.

· 以+술어: =以+之(대명사)+술어 ‖ 以安: =以之安: 그렇게 함으로 편안하게 하다.

· 諸(저): 之乎 ‖ 病諸: =病之乎, 그것을 어려워했을 것이다.

46장

原壤夷俟(원양이사), 子曰(자왈). 幼而不孫弟(유이불손제), 長而無述焉(장이무술언), 老而不死(노이불사), 是爲賊(시위적), 以杖叩其脛(이장고기경).

원양(原壤)이 걸터앉아서(夷) 기다리니(俟), 공자(子)께서 말씀하셨다(曰). 어려(幼)서(而) 겸손하지도(孫) 공손하지도(弟) 못했고(不), 커(長)서(而) 거기서(焉) 칭찬받을(述) 것이 없으며(無), 늙어(老)서(而) 죽지도(死) 않으니(不), 이것(是)이 도적(賊)이라(爲)고 하시며, 지팡이(杖)로(以) 그(其) 정강이(脛)를 두드리셨다(叩).

*原壤(원양): 공자의 친구인 노(魯)나라 사람 ‖ *夷(이): 걸터앉다 ‖ *脛(경): 정강이.

· 술어(부사어)+而+술어(부사어) ‖ 幼而不孫: 어려서 겸손하지 않다, 長而無述:

커서 칭찬받을 것이 없다, 老而不死: 늙어서 죽지 않다.
· 不+동사/형용사 ↔ 非+명사(구) ‖ 不孫: 겸손하지 않다, 不死: 죽지 않다.
· 焉(언): =於之 ‖ 述焉: =述於之, 거기에서 칭찬하다.
· 以+명사(구): 명사(구)로(써) ‖ 以杖: 지팡이로.

47장

闕黨童子將命(궐당동자장명), 或問之曰(혹문지왈), 益者與(익자여)?

궐당(闕黨)의 동자(童子)가 장명(將命)하자, 어떤 사람(或)이 그(之)를 물어(問) 말했다(曰). 차츰차츰하는(益) 자(者)입니까(與)?

子曰(자왈). 吾見其居於位也(오견기거어위야), 見其與先生竝行也(견기여선생병행야), 非求益者也(비구익자야), 欲速成者也(욕속성자야).

공자(子)께서 말씀하셨다(曰). 나(吾)는 그(其)가 자리(位)에(於) 앉은(居) 것을 보았(見)고(也), 그(其)가 선생(先生)과(與) 나란히 하여(竝) 가는(行) 것을 보았는(見)데(也), 차츰차츰(益) 구하는(求) 자(者)가 아니(非)라(也), 속히(速) 성인(成)이 되고자 하는(欲) 자(者)이다(也).

*闕黨(궐당): 지명 ‖ *將命(장명): 손과 주인의 사이에 명을 전하는 심부름 ‖ *益(익): 점점, 차츰차츰, 진보하다, 향상되다.
· 술어+之: 之(대명사: 그(것)을, 그(것)에) ‖ 問之: 그것을 묻다.
· 수식어+者 ↔ 所+수식어(동사/형용사) ‖ 益者: 차츰차츰하는 자, 成者: 이루려는 자.
· 술어+(목적어)+於(乎/于)+명사(구) ‖ 居於位: 자리에 앉다.
· (명사)+與(及)+명사(구) ‖ 與先生: 선생과.
· 不+동사/형용사 ↔ 非+명사(구) ‖ 非求益者: 차츰차츰 구하는 자가 아니다.

15편

위령공
衛靈公

1장

衛靈公問陳於孔子(위영공문진어공자), 孔子對曰(공자대왈).
俎豆之事(조두지사), 則嘗聞之矣(즉상문지의), 軍旅之事(군려지사),
未之學也(미지학야). 明日遂行(명일수행).

위나라(衛) 영공(靈公)이 공자(孔子)에게(於) 진법(陳)을 묻자(問), 공자(孔子)께서 대답하여(對) 말씀하셨다(曰). 조두(俎豆, 제례)의(之) 일(事)이라면(則) 일찍이(嘗) 그것(之)을 들었지(聞)만(矣), 군사(軍旅)의(之) 일(事)은 아직 그것(之)을 배우지(學) 못했습니(未)다(也). 다음날(明日) 마침내(遂) 가셨다(行).

在陳絶糧(재진절량), 從者病(종자병), 莫能興(막능흥).

진나라(陳)에 있는데(在) 양식(糧)이 끊겨(絶) 종자들(從者)이 병(病)으로 일어날(興) 수(能) 있는 이가 없었다(莫).

子路慍見曰(자로온현왈). 君子亦有窮乎(군자역유궁호)?

자로(子路)가 화나서(慍) (공자를) 뵙고(見) 말했다(曰). 군자(君子)도 또한(亦) 궁함(窮)이 있습니(有)까(乎)?

子曰(자왈). 君子固窮(군자고궁). 小人窮斯濫矣(소인궁사람의).

공자(子)께서 말씀하셨다(曰). 군자(君子)는 궁함(窮)에 단단해지고(固), 소인(小人)은 궁하(窮)면(斯) 넘친(濫)다(矣).

※ 별해. 君子固窮: 군자는 진실로 궁할 때가 있다.

*靈公(영공): 위(衛)의 군주 ‖ *陳(진): 진법 ‖ *俎豆(조두): 제기(祭器)의 이름으로 조(俎)에는 고기를 담고, 두(豆)에는 채소를 담음 ‖ *絶糧(절량): 식량이

떨어지다, 단식하다 ‖ *子路(자로): 공자의 제자 중유(仲由)의 자(字)로 솔직 담백하고 용맹한 정치가이자 무인 ‖ *慍(온): 성내다, 괴로워하다 ‖ *濫(람/남): 넘치다, 지나치다.
· 술어+(목적어)+於(乎/于)+명사(구) ‖ 問陳於孔子: 공자에게 진법을 묻다.
· 之+명사: 之(관형격: ~의/~(하)는/~ㄴ) ‖ 俎豆之事: 조두의 일, 軍旅之事: 군려의 일.
· 술어+之: 之(대명사: 그(것)을, 그(것)에) ‖ 聞之: 그것을 듣다, 未之學: 그것을 배우지 못하다.
· 부정문에서 대명사 도치 ‖ 未之學: 未學之의 之도치, 그것을 배우지 못하다.
· 수식어+者 ↔ 所+수식어(동사/형용사) ‖ 從者: 따르는 자.
· 莫(막): 대명사를 포함한 부정 ‖ ~하는 이가(것이) 없다.
· 可(能/得/足)+술어: ~할 수 있다, ~할 만하다 / 목적어+술어 구조도 가능 ‖ 能興: 일어날 수 있다.
· 有+명사: ①~이(가) 있다(술어+보어), ②~을(를) 가지고 있다(술어+목적어).

2장

子曰(자왈). 賜也(사야), 女以予(여이여), 爲多學而識之者與(위다학이식지자여)?

공자(子)께서 말씀하셨다(曰). 사(賜, 자공)야(也), 너(女)는 나(予)를(以) 많이(多) 배워(學)서(而) 그것(之)을 아는(識) 자(者)로 여기(爲)느냐(與)?

※ 識: '지'로 독음하는 예도 있다.

對曰(대왈). 然(연). 非與(비여)? 曰(왈). 非也(비야). 予(여), 一以貫之(일이관지).

대답하여(對) 말했다(曰). 그렇습니다(然). (그것이) 아닌가(非)요(與)? 말씀하셨다(曰). (그것이) 아니(非)다(也). 나(予)는 하나(一), 그것으로써(以)

그것(之)을 꿰뚫는 것이다(貫).

*賜(사): 공자의 제자 단목사(端木賜)인 자공(子貢)의 이름 ‖ *女(여): =汝 ‖
*以A爲B: =A以爲B, 以爲AB: A를 B로 여기다 ‖ *識: (식) 알다 / (지) 기록하다.
· 술어(부사어)+而+술어(부사어) ‖ 學而識之: 배워서 그것을 알다.
· 술어+之: 之(대명사: 그(것)을, 그(것)에) ‖ 識之: 그것을 알다, 貫之: 그것을 꿰다.
· 수식어+者 ↔ 所+수식어(동사/형용사) ‖ 識之者: 그것을 아는 자.
· 不+동사/형용사 ↔ 非+명사(구) ‖ 非: (그것이) 아니다.
· 以+술어: =以+之(대명사)+술어 ‖ 以貫: =以之貫, 그것으로 꿰다.

3장

子曰(자왈). 由(유), 知德者鮮矣(지덕자선의).

공자(子)께서 말씀하셨다(曰). 유(由)야, 덕(德)을 아는(知) 자(者)가 드물(鮮)도다(矣).

*由(유): 공자의 제자 자로(子路)의 이름 ‖ *鮮(선): 드물다.
· 수식어+者 ↔ 所+수식어(동사/형용사) ‖ 知德者: 덕을 아는 자.

4장

子曰(자왈). 無爲而治者(무위이치자), 其舜也與(기순야여).
夫何爲哉(부하위재)?

공자(子)께서 말씀하셨다(曰). 하는 것(爲)이 없어(無)도(而) 다스린(治) 자(者)는 아마도(其) 순임금(舜)일 것이다(也與). 대저(夫) 무엇(何)을 하셨던(爲)가(哉)?

恭己正南面而已矣(공기정남면이이의).

자기(己)를 공손히 하고(恭) 똑바로(正) 남면했을(南面) 뿐이다(而已矣).

*也與(야여): 추측·의문종결사 ‖ *而已矣(이이의): 단정종결사.
· 술어(부사어)+而+술어(부사어) ‖ 無爲而治: 하는 것이 없어도 다스리다.
· 수식어+者 ↔ 所+수식어(동사/형용사) ‖ 治者: 다스리는 자.
· 의문문에서 의문사(대명사) 도치 ‖ 何爲: 爲何의 何도치, 무엇을 했는가?

5장

子張問行(자장문행), 子曰(자왈). 言忠信(언충신), 行篤敬(행독경), 雖蠻貊之邦(수만맥지방), 行矣(행의).

자장(子張)이 행하는 것(行)을 물으니(問), 공자(子)께서 말씀하셨다(曰). 말(言)은 진실하고(忠) 미덥게 하며(信), 행동(行)은 돈독하고(篤) 공경히 하면(敬), 비록(雖) 만맥(蠻貊, 오랑캐)의(之) 나라(邦)에서도 행할(行) 수 있다(矣).

言不忠信(언불충신), 行不篤敬(행불독경), 雖州里(수주리), 行乎哉(행호재)?

말(言)이 진실하거나(忠) 미덥지(信) 못하고(不), 행동(行)이 돈독하거나(篤) 공경하지(敬) 못하면(不), 비록(雖) 주리(州里, 내 고을)에선들 행할(行) 수 있겠는가(乎哉)?

立則見其參於前也(입즉견기참어전야), 在輿則見其倚於衡也(재여즉견기의어형야). 夫然後行(부연후행).

서(立)면(則) 눈 앞(前)에(於) 그것(其, =忠信篤敬)이 참여한 것(參)을 보(見)고(也), 수레(輿)에 있으(在)면(則) 횡목(衡)에(於) 그것(其)이 기대어 있음(倚)을 봐야(見) 한다(也). 대저(夫) 그러한(然) 후(後)에 행할 수 있다(行).

子張書諸紳(자장서저신).

자장(子張)이 그것(諸)을 띠(紳)에 썼다(書).

*子張(자장): 공자의 제자로 적극적인 성품을 소유한 인물 ‖ *乎哉(호재): 감탄·의문종결사 ‖ *參(참): 참여하다, 비교하다, 보다 ‖ *衡: (형) 저울대 / (횡) 가로, 가로지르다 ‖ *紳(신): 큰 띠, 벼슬아치.

· 之+명사: 之(관형격: ~의/~(하)는/~ㄴ) ‖ 蠻貊之邦: 만맥의 나라.

· 不+동사/형용사 ↔ 非+명사(구) ‖ 不忠信: 진실하거나 미덥지 못하다, 不篤敬: 돈독하거나 공경하지 못하다.

· 술어+(목적어)+於(乎/于)+명사(구) ‖ 見其參於前: 앞에 그것이 참여한 것을 보다, 見其倚於衡: 횡목에 그것이 기대어 있음을 보다.

· 諸(저): 之於 ‖ 書諸紳: =書之於紳, 그것을 띠에 쓰다.

6장

子曰(자왈). 直哉(직재), 史魚(사어). 邦有道(방유도), 如矢(여시), 邦無道(방무도), 如矢(여시).

공자(子)께서 말씀하셨다(曰). 곧(直)도다(哉), 사관(史) 어(魚)여. 나라(邦)에 도(道)가 있어도(有) 마치 화살(矢) 같았고(如), 나라(邦)에 도(道)가 없어도(無) 마치 화살(矢) 같았다(如).

君子哉(군자재), 蘧伯玉(거백옥). 邦有道則仕(방유도즉사), 邦無道則可卷而懷之(방무도즉가권이회지).

군자답(君子)도다(哉), 거백옥(蘧伯玉)이여. 나라(邦)에 도(道)가 있으(有)면(則) 벼슬하고(仕), 나라(邦)에 도(道)가 없으(無)면(則) 접어(卷)서(而) 그것(之)을 품을(懷) 수(可) 있었으니.

*史魚(사어): 위(衛)의 사관 어(魚) ‖ *蘧伯玉(거백옥): 위(衛)의 대부 ‖ *卷(권): 말다, 접다.

· 有+명사: ①~이(가) 있다(술어+보어), ②~을(를) 가지고 있다(술어+목적어).
· 술어(부사어)+而+술어(부사어) ‖ 卷而懷之: 접어서 그것을 품다.
· 可(能/得/足)+술어: ~할 수 있다, ~할 만하다 / 목적어+술어 구조도 가능 ‖ 可(卷而)懷之: 그것을 품을 수 있다.
· 술어+之: 之(대명사: 그(것)을, 그(것)에) ‖ 懷之: 그것을 품다.

7장

子曰(자왈). 可與言而不與之言(가여언이불여지언), 失人(실인), 不可與言而與之言(불가여언이여지언), 失言(실언).

공자(子)께서 말씀하셨다(曰). 더불어(與) 말할(言) 만한(可)데도(而) 그(之)와 더불어(與) 말하지(言) 않으면(不) 사람(人)을 잃는(失) 것이고, 더불어(與) 말할(言) 만하지(可) 않은(不)데(而) 그(之)와 더불어(與) 말한다면(言) 말(言)을 잃는 것이다(失).

知者不失人(지자불실인), 亦不失言(역불실언).

지자(知者)는 사람(人)을 잃지(失) 않고(不) 또한(亦) 말(言)도 잃지(失) 않는다(不).

· 可(能/得/足)+술어: ~할 수 있다, ~할 만하다 / 목적어+술어 구조도 가능 ‖ 可與言: 더불어 말할 수 있다.
· 술어(부사어)+而+술어(부사어) ‖ 言而不(與之)言: 말하는데 말하지 않다.
· 술어+之: 之(대명사: 그(것)을, 그(것)에) ‖ 與之: 그와 더불다.
· 不+동사/형용사 ↔ 非+명사(구) ‖ 不(與之)言: 말하지 않다, 不失: 잃지 않다.
· 수식어+者 ↔ 所+수식어(동사/형용사) ‖ 知者: 지혜로운 자.

8장

子曰(자왈). 志士仁人(지사인인), 無求生以害仁(무구생이해인), 有殺身以成仁(유살신이성인).

공자(子)께서 말씀하셨다(曰). 지사(志士)와 인자(仁人)는 삶(生)을 구하여(求), 그렇게 함으로(以) 인(仁)을 해치는(害) 경우는 없고(無), 자신(身)을 죽여(殺), 그렇게 함으로(以) 인(仁)을 이루는(成) 경우는 있다(有).

· 以+술어: =以+之(대명사)+술어 ‖ 以害: =以之害, 그렇게 함으로 해치다 ‖ 以成: =以之成, 그렇게 함으로 이루다.
· 有+명사: ①~이(가) 있다(술어+보어), ②~을(를) 가지고 있다(술어+목적어).

9장

子貢問爲仁(자공문위인), 子曰(자왈).

자공(子貢)이 인(仁)을 하는(爲) 것을 물으니(問), 공자(子)께서 말씀하셨다(曰).

工欲善其事(공욕선기사), 必先利其器(필선리기기), 居是邦也(거시방야), 事其大夫之賢者(사기대부지현자), 友其士之仁者(우기사지인자).

장인(工)이 그(其) 일(事)을 잘하(善)고자 하면(欲) 반드시(必) 먼저(先) 그(其) 도구(器)를 날카롭게 하며(利), 이(是) 나라(邦)에 살(居)면서(也) 그(其) 대부(大夫) 중에(之) 현자(賢者)를 섬기고(事), 그(其) 선비(士) 중에(之) 인자(仁者)와 벗해야 한다(友).

*子貢(자공): 공자의 제자 단목사(端木賜)의 자(字)로 말솜씨와 정치적 수완이 뛰어난 인물.
· 之+명사: 之(관형격: ~의/~(하)는/~ㄴ) ‖ 大夫之賢者: 대부의 현자, 士之仁者: 사의 인자.
· 수식어+者 ↔ 所+수식어(동사/형용사) ‖ 賢者: 현명한 자, 仁者: 어진 자.

10장

顔淵問爲邦(안연문위방), 子曰(자왈).

안연(顔淵)이 나라(邦)를 다스리는(爲) 것을 물으니(問), 공자(子)께서 말씀하셨다(曰).

行夏之時(행하지시), 乘殷之輅(승은지로), 服周之冕(복주지면), 樂則韶舞(악즉소무), 放鄭聲(방정성), 遠佞人(원영인), 鄭聲淫(정성음), 佞人殆(영인태).

하나라(夏)의(之) 역(時)을 행하고(行), 은나라(殷)의(之) 수레(輅)를 타며(乘), 주나라(周)의(之) 면류관(冕)을 쓰고(服), 음악(樂)은 곧(則) 소무(韶舞)로 하며, 정나라(鄭) 음악(聲)을 추방하고(放), 말 잘하는(佞) 사람(人)을 멀리해야 하니(遠), 정나라(鄭) 음악(聲)은 하고(淫), 말 잘하는(佞) 사람(人)은 위태롭다(殆).

*顔淵(안연): 32세에 요절한 공자의 제자 안회로 학문을 좋아한 인물 ‖ *爲(위): 다스리다 ‖ *輅: (로/노) 수레 / (락/낙) 작은 수레 / (아) 맞이하다 ‖ *樂: (악) 노래 / (낙/락) 즐기다 / (요) 좋아하다 ‖ *韶舞(소무): 순임금(舜)이 지은 악무(樂舞) ‖ *佞(녕/영): 아첨하다, 말재주.
· 之+명사: 之(관형격: ~의/~(하)는/~ㄴ) ‖ 夏之時: 하의 역, 殷之輅: 은의 수레, 周之冕: 주의 면류관.

11장

子曰(자왈). 人無遠慮(인무원려), 必有近憂(필유근우).

공자(子)께서 말씀하셨다(曰). 사람(人)이 멀리(遠, 깊게) 생각하지(慮) 않으면(無) 반드시(必) 가까이(近)에 근심(憂)이 있다(有).

· 有+명사: ①~이(가) 있다(술어+보어), ②~을(를) 가지고 있다(술어+목적어).

12장

子曰(자왈). 已矣乎(이의호), 吾未見好德(오미견호덕), 如好色者也(여호색자야).

공자(子)께서 말씀하셨다(曰). 끝났(已)도다(矣乎), 나(吾)는 아직 덕(德)을 좋아하기(好)를 색(色)을 좋아하(好) 듯한(如) 자(者)를 보지(見) 못했(未)다(也).

*已矣(이의): ①그만두다, 끝나다, ②단정종결사 ‖ *矣乎(의호): 감탄·의문종결사.
·수식어+者 ↔ 所+수식어(동사/형용사) ‖ 好色者: 색을 좋아하는 자.

13장

子曰(자왈). 臧文仲(장문중), 其竊位者與(기절위자여).

공자(子)께서 말씀하셨다(曰). 장문중(臧文仲)은 아마도(其) 자리(位)를 훔친(竊) 자(者)일 것이다(與).

知柳下惠之賢而不與立也(지유하혜지현이불여입야).

유하혜(柳下惠)가(之) 현자(賢)라는 것을 알고(知)도(而) 함께(與) 서지(立) 않았(不)다(也).

*臧文仲(장문중): 공자보다 앞선 노(魯)의 장손진(臧孫辰)으로 자가 문중(文仲)이며 정경(正卿)을 지냄 ‖ *柳下惠(유하혜): 노(魯)의 현자(賢者).

· 수식어+者 ↔ 所+수식어(동사/형용사) ‖ 竊位者: 자리를 훔친 자.

· 之+술어: 之(주격: ~은(는)/~이(가), 목적격: ~을(를)) ‖ 柳下惠之賢: 유하혜가 현명하다.

· 술어(부사어)+而+술어(부사어) ‖ 知(柳下惠之賢)而不(與)立: 알고도 서지 않다.

· 不+동사/형용사 ↔ 非+명사(구) ‖ 不與立: 함께 서지 않다.

14장

子曰(자왈). 躬自厚而薄責於人(궁자후이박책어인), 則遠怨矣(즉원원의).

공자(子)께서 말씀하셨다(曰). 몸소(躬) 스스로(自)에 (책망을) 후하게 하(厚)고(而) 남(人)에겐(於) 책망(責)을 박하게 한다(薄)면(則) 원망(怨)을 멀리할(遠) 수 있다(矣).

※ 躬自厚: 躬自厚責, 몸소 스스로에 책망을 후하게 하다.

· 술어(부사어)+而+술어(부사어) ‖ 厚而薄: 후하게 하고 박하게 하다.

· 술어+(목적어)+於(乎/于)+명사(구) ‖ 薄責於人: 남에게 책망을 박하게 하다.

15장

子曰(자왈). 不曰(불왈), 如之何如之何者(여지하여지하자), 吾末如之何也已矣(오말여지하야이의).

공자(子)께서 말씀하셨다(曰). '그것(之)을 어떻게(何) 하지(如), 그것(之)을 어떻게(何) 하지(如)?'라고 말하지도(曰) 않는(不) 자(者)는 나(吾)도 그(之)를 어떻게(何) 하지(如) 못한(末)다(也已矣).

*末(말): 없다 ‖ *如之何(여지하): 그것이 무엇과 같은가? 그것을 어떻게 하는가? 어찌할까? 어떻게 하여 ‖ *也已矣(야이의): 단정종결사.
· 不+동사/형용사 ↔ 非+명사(구) ‖ 不曰: 말하지 않다.
· 수식어+者 ↔ 所+수식어(동사/형용사) ‖ 不曰(如之何如之何)者: 말하지 않는 자.

16장

子曰(자왈). 群居終日(군거종일), 言不及義(언불급의), 好行小慧(호행소혜), 難矣哉(난의재).

공자(子)께서 말씀하셨다(曰). 무리를 지어(群) 살면서(居) 종일토록(終日) 말(言)이 의(義)에 이르지(及) 않고(不), 작은(小) 슬기(慧)를 하는(行) 것을 좋아한다면(好), 어려울(難) 것이로다(矣哉).

*矣哉(의재): 단정·감탄종결사.
· 不+동사/형용사 ↔ 非+명사(구) ‖ 不及: 이르지 않다.

17장

子曰(자왈). 君子義以爲質(군자의이위질), 禮以行之(예이행지), 孫以出之(손이출지), 信以成之(신이성지), 君子哉(군자재).

공자(子)께서 말씀하셨다(曰). 군자(君子)는 의(義)를(以) 바탕(質)으로 삼고(爲), 예(禮) 그것으로(以) 그것(之)을 행하고(行), 겸손(孫) 그것으로(以) 그것(之)을 나타내고(出), 신(信) 그것으로(以) 그것(之)을 이루니(成), 군자(君子)로다(哉).

*以A爲B=A以爲B, A를 B로 여기다(삼다) ‖ *孫(손): 공손하다.
· 以+술어: =以+之(대명사)+술어 ‖ 以行之: =以之行之, 그것으로 그것을 행하다, 以出之: =以之出之, 그것으로 그것을 내다, 以成之: =以之成之, 그것으로 그것을 이루다.

18장

子曰(자왈). 君子病無能焉(군자병무능언), 不病人之不己知也(불병인지불기지야).

공자(子)께서 말씀하셨다(曰). 군자(君子)는 그것을(焉) 할 수(能) 없는(無) 것을 걱정하지(病), 남(人)이(之) 자기(己)를 알아주지(知) 않는(不) 것을 걱정하지(病) 않는(不)다(也).

· 焉(언): =於之 ‖ 能焉: =能於之, 그것을 할 수 있다.
· 不+동사/형용사 ↔ 非+명사(구) ‖ 不病: 걱정하지 않다, 不己知: 자기를 알지 못하다.
· 之+술어: 之(주격: ~은(는)/~이(가), 목적격: ~을(를)) ‖ 人之不己知: 남이 자기를 알지 못하다.
· 부정문에서 대명사 도치 ‖ 不己知: 不知己의 己도치, 자기를 알지 못하다.

19장

子曰(자왈). 君子(군자), 疾沒世而名不稱焉(질몰세이명불칭언).

공자(子)께서 말씀하셨다(曰). 군자(君子)는 세상(世)을 끝나도(沒)록(而) 이름(名)이 거기에서(焉) 일컬어지지(稱) 않는(不) 것을 싫어한다(疾).

*沒世(몰세): 세상을 떠나다, 죽다.

· 술어(부사어)+而+술어(부사어) ‖ 沒世而名不稱: 세상을 몰해도 이름이 칭해지지 않다.

· 不+동사/형용사 ↔ 非+명사(구) ‖ 不稱: 칭하지 않다.

· 焉(언): =於之 ‖ 稱焉: =稱於之, 거기에서 칭해지다.

20장

子曰(자왈). 君子求諸己(군자구저기), 小人求諸人(소인구저인).

공자(子)께서 말씀하셨다(曰). 군자(君子)는 그것(諸)을 자기(己)에게서 구하고(求), 소인(小人)은 그것(諸)을 남(人)에게서 구한다(求).

· 諸(저): 之於 ‖ 求諸己: =求之於己, 자기에게 그것을 구하다, 求諸人: =求之於人, 남에게서 그것을 구하다.

21장

子曰(자왈). 君子矜而不爭(군자긍이부쟁), 群而不黨(군이부당).

공자(子)께서 말씀하셨다(曰). 군자(君子)는 긍지가 있으(矜)나(而) 다투지(爭)

않으며(不), 어울리(群)나(而) 편당 짓지(黨) 않는다(不).

*矜(긍): 자랑하다, 불쌍히 여기다, 엄숙하다.
· 술어(부사어)+而+술어(부사어) ‖ 矜而不爭: 긍지가 있으나 다투지 않다,
群而不黨: 어울리나 편당 짓지 않다.
· 不+동사/형용사 ↔ 非+명사(구) ‖ 不爭: 다투지 않다, 不黨: 편당 짓지 않다.

22장

子曰(자왈). 君子不以言擧人(군자불이언거인), 不以人廢言(불이인폐언).

공자(子)께서 말씀하셨다(曰). 군자(君子)는 말(言)로(以) 사람(人)을 등용하지(擧) 않으며(不), 사람(人)으로(以) 말(言)을 버리지(廢) 않는다(不).

※ 사람이 나쁘다고 하여 그가 하는 좋은 말까지 버리지 않는다는 의미이다.

· 不+동사/형용사 ↔ 非+명사(구) ‖ 不(以言)擧: 등용하지 않다, 不(以人)廢: 버리지 않다.
· 以+명사(구): 명사(구)로(써) ‖ 以言: 말로, 以人: 사람으로.

23장

子貢問曰(자공문왈).
有一言而可以終身行之者乎(유일언이가이종신행지자호)?

자공(子貢)이 물어(問) 말했다(曰). 하나(一)의 말(言)로(而) 종신토록(終身) 그것(之)을 행할(行) 만한(可以) 것(者)이 있습니(有)까(乎)?

子曰(자왈). 其恕乎(기서호). 己所不欲(기소불욕), 勿施於人(물시어인).

공자(子)께서 말씀하셨다(曰). 아마도(其) 서(恕)일 것이다(乎). 자기(己)가 하고 싶지(欲) 않은(不) 것(所)은 남(人)에게도(於) 베풀지(施) 말라(勿).

---

*子貢(자공): 공자의 제자 단목사(端木賜)의 자(字)로 말솜씨와 정치적 수완이 뛰어난 인물.

· 有+명사: ①~이(가) 있다(술어+보어), ②~을(를) 가지고 있다(술어+목적어).

· 술어(부사어)+而+술어(부사어) ‖ 一言而可以(終身)行: 하나의 말로 행할 만하다.

· 可(能/得/足)以+술어: ~할 수 있다, ~할 만하다 ‖ 可以(終身)行: 종신토록 행할 만하다.

· 술어+之: 之(대명사: 그(것)을, 그(것)에) ‖ 行之: 그것을 행하다.

· 수식어+者 ↔ 所+수식어(동사/형용사) ‖ 可以終身行之者: 종신토록 그것을 행할 만한 것, 所不欲: 하고 싶지 않은 것.

· 不+동사/형용사 ↔ 非+명사(구) ‖ 不欲: 하고 싶지 않다.

· 술어+(목적어)+於(乎/于)+명사(구) ‖ 施於人: 남에게 베푼다.

24장

子曰(자왈). 吾之於人也(오지어인야), 誰毁誰譽(수훼수예)?
如有所譽者(여유소예자), 其有所試矣(기유소시의). 斯民也(사민야),
三代之所以直道而行也(삼대지소이직도이행야).

공자(子)께서 말씀하셨다(曰). 내(吾)가(之) 남(人)에(於) 대해서(也), 누구(誰)를 헐뜯고(毁) 누구(誰)를 칭찬하겠는가(譽)? 만일(如) 칭찬하는(譽) 것(所)의 사람(者)이 있다면(有), 아마도(其) 시험한(試) 것(所)이 있어서일(有) 것이다(矣). 이(斯) 백성(民)은(也) 삼대(三代, 하·은·주시대)에(之) 도(道)를 곧게(直) 하고서(而) 행한(行) 것(所以, 백성)이다(也).

*有~者: ~한 사람(경우)이 있다 ‖ *所以(소이): 방법, 까닭, 것.
· 之+술어: 之(주격: ~은(는)/~이(가), 목적격: ~을(를)) ‖ 吾之(於人也誰)毁(誰)譽: 내가 헐뜯고 칭찬하다.
· 之+所: 之(주격: ~은(는), ~이(가) ‖ 三代之所以直道而行: 삼대가 도를 곧게 하고 행한 것이다.
· 의문문에서 의문사(대명사) 도치 ‖ 誰毁: 毁誰의 誰도치, 누구를 헐뜯다, 誰譽: 譽誰의 誰도치, 누구를 칭찬하는가?
· 수식어+者 ↔ 所+수식어(동사/형용사) ‖ 所譽: 칭찬하는 것, 所試: 시험하는 것.
· 有+명사: ①~이(가) 있다(술어+보어), ②~을(를) 가지고 있다(술어+목적어).
· 술어(부사어)+而+술어(부사어) ‖ 直道而行: 도를 곧게 하고 행하다.

25장

子曰(자왈). 吾猶及史之闕文也(오유급사지궐문야),
有馬者借人乘之(유마자차인승지), 今亡矣夫(금무의부).

공자(子)께서 말씀하셨다(曰). 나(吾)는 오히려(猶) 사관(史)이(之) 글(文)을 빠놓은(闕) 것(也)과(及), 말(馬)을 가지고 있는(有) 자(者)가 남(人)에게 빌려주어(借) 그것(之)을 타게 하는(乘) 것을 보았는데, 지금은(今) 없(亡)구나(矣夫).

※ 史之闕文: 사관이 분명하지 않은 것은 기록하지 않는다는 의미이다.

*亡: (망) 망하다 / (무) 없다 ‖ *矣夫(의부): 감탄종결사.
· (명사)+與(及)+명사(구) ‖ 及史之闕文: 사관이 글을 빠놓은 것과.
· 之+술어: 之(주격: ~은(는)/~이(가), 목적격: ~을(를)) ‖ 史之闕文: 사관이 글을 빠놓다.
· 수식어+者 ↔ 所+수식어(동사/형용사) ‖ 有馬者: 말을 가진 자.
· 술어+之: 之(대명사: 그(것)을, 그(것)에) ‖ 乘之: 그것을 타다.

26장

子曰(자왈). 巧言亂德(교언난덕), 小不忍則亂大謀(소불인즉난대모).

공자(子)께서 말씀하셨다(曰). 교묘한(巧) 말(言)은 덕(德)을 어지럽히고(亂), 작은 것(小)도 참지(忍) 못한다(不)면(則) 큰(大) 계책(謀)을 어지럽히게 된다(亂).

· 不+동사/형용사 ↔ 非+명사(구) ∥ 不忍: 참지 않다.

27장

子曰(자왈). 衆惡之(중오지), 必察焉(필찰언), 衆好之(중호지), 必察焉(필찰언).

공자(子)께서 말씀하셨다(曰). 무리(衆)가 그(之)를 미워해도(惡) 반드시(必) 그를(焉) 살펴 보고(察), 무리(衆)가 그(之)를 좋아해도(好) 반드시(必) 그를(焉) 살펴봐야 한다(察).

*惡: (악) 악하다 / (오) 미워하다.

28장

子曰(자왈). 人能弘道(인능홍도), 非道弘人(비도홍인).

공자(子)께서 말씀하셨다(曰). 사람(人)이 도(道)를 크게 할(弘) 수(能) 있는 것이지, 도(道)가 사람(人)을 크게 하는 것(弘)이 아니다(非).

· 可(能/得/足)+술어: ~할 수 있다, ~할 만하다 / 목적어+술어 구조도 가능 ‖ 能弘: 크게 할 수 있다.
· 不+동사/형용사 ↔ 非+명사(구) ‖ 非道弘人: 도가 사람을 크게 하는 것이 아니다.

29장

子曰(자왈). 過而不改(과이불개), 是謂過矣(시위과의).

공자(子)께서 말씀하셨다(曰). 잘못하고(過)도(而) 고치지(改) 않는(不) 것, 이것(是)이 잘못(過)이라 일컫는(謂) 것이다(矣).

· 술어(부사어)+而+술어(부사어) ‖ 過而不改: 잘못하고도 고치지 않다.
· 不+동사/형용사 ↔ 非+명사(구) ‖ 不改: 고치지 않다.

30장

子曰(자왈). 吾嘗終日不食(오상종일불식), 終夜不寢(종야불침), 以思(이사), 無益(무익), 不如學也(불여학야).

공자(子)께서 말씀하셨다(曰). 내(吾)가 일찍이(嘗) 종일(終日) 먹지(食) 않고(不) 밤새(終夜) 자지(寢) 않고(不) 그렇게(以) 생각했으나(思) 유익한 것(益)이 없었으니(無), 배우는 것(學)과 같지(如) 못하였(不)다(也).

· 不+동사/형용사 ↔ 非+명사(구) ‖ 不食: 먹지 않다, 不寢: 자지 않다, 不如: 같지 않다.
· 以+술어: =以+之(대명사)+술어 ‖ 以思: =以之思, 그것으로 생각하다.

31장

子曰(자왈). 君子謀道(군자모도), 不謀食(불모식).

공자(子)께서 말씀하셨다(曰). 군자(君子)는 도(道)를 도모하지(謀), 먹는 것(食)을 도모하지(謀) 않는다(不).

· 不+동사/형용사 ↔ 非+명사(구) ∥ 不謀: 도모하지 않는다.

耕也(경야), 餒在其中矣(뇌재기중의), 學也(학야), 祿在其中矣(녹재기중의), 君子憂道(군자우도), 不憂貧(불우빈).

농사(耕)에도(也) 굶주림(餒)이 그(其) 안에(中) 있는(在) 것이며(矣), 학문(學)에도(也) 녹(祿)이 그(其) 안에(中) 있는(在) 것이니(矣), 군자(君子)가 도(道)를 걱정하지(憂), 가난(貧)을 걱정하지(憂) 않는다(不).

*餒(뇌): 주리다, 굶기다.
· 不+동사/형용사 ↔ 非+명사(구) ∥ 不憂: 걱정하지 않다.

32장

子曰(자왈). 知及之(지급지), 仁不能守之(인불능수지), 雖得之(수득지), 必失之(필실지).

공자(子)께서 말씀하셨다(曰). 지혜(知)가 거기(之)에 미치더라도(及) 인(仁)으로 그것(之)을 지킬(守) 수(能) 없다면(不), 비록(雖) 그것(之)을 얻었더라도(得) 반드시(必) 그것(之)을 잃는다(失).

知及之(지급지), 仁能守之(인능수지),
不莊以莅之則民不敬(부장이리지즉민불경).

지혜(知)가 거기(之)에 미치고(及), 인(仁)으로 그것(之)을 지킬(守) 수(能) 있더라도, 엄숙함(莊) 그것으로(以) 그들(之)에게 임하지(莅) 않으(不)면(則), 백성(民)은 공경하지(敬) 않는다(不).

知及之(지급지), 仁能守之(인능수지), 莊以莅之(장이리지),
動之不以禮(동지불이례), 未善也(미선야).

지혜(知)가 거기(之)에 미치고(及), 인(仁)으로 그것(之)을 지킬(守) 수(能) 있고, 엄숙함(莊) 그것으로(以) 그들(之)에게 임하더라도(莅), 그들(之)을 움직이는데(動) 예(禮)로써(以) 하지 않으면(不), 좋지(善) 않(未)다(也).

※ 별해. 動之不以禮: 不以禮動之의 '動之'가 도치된 형태이기도 하다.

---

*莅(리/이): 임하다, 어떤 사태나 일을 대하다.

· 술어+之: 之(대명사: 그(것)을, 그(것)에) ‖ 及之: 거기에 이르다, 守之: 그것을 지키다, 得之: 그것을 얻다, 失之: 그것을 잃다, 莅之: 그것에 임하다, 動之: 그들을 움직이다.

· 不+동사/형용사 ↔ 非+명사(구) ‖ 不能守: 지킬 수 없다, 不(莊以)莅: 임하지 않다, 不敬: 공경하지 않다.

· 可(能/得/足)+술어: ~할 수 있다, ~할 만하다 / 목적어+술어 구조도 가능 ‖ 能守: 지킬 수 있다.

· 以+술어: =以+之(대명사)+술어 ‖ 莊以莅: =莊以之莅, 엄숙함, 그것으로 임하다.

· 以+명사(구): 명사(구)로(써) ‖ 以禮: 예로.

33장

子曰(자왈). 君子(군자), 不可小知而可大受也(불가소지이가대수야), 小人(소인), 不可大受而可小知也(불가대수이가소지야).

공자(子)께서 말씀하셨다(曰). 군자(君子)는 작은 것으로(小) (그를) 알(知) 수는(可) 없어(不)도(而) 큰 것(大)을 맡을(受) 수(可) 있고(也), 소인(小人)은 큰 것(大)을 맡을(受) 수(可) 없어(不)도(而) 작은 것으로(小) (그를) 알(知) 수(可) 있다(也).

- 不+동사/형용사 ↔ 非+명사(구) ‖ 不可知: 알 수 없다, 不可受: 받을 수 없다.
- 可(能/得/足)+술어: ~할 수 있다, ~할 만하다 / 목적어+술어 구조도 가능 ‖ 可知: 알 수 있다, 可受: 받을 수 있다.
- 술어(부사어)+而+술어(부사어) ‖ 可知而可受: 알 수 있어도 받을 수 있다, 可受而可知: 받을 수 있어도 알 수 있다.

34장

子曰(자왈). 民之於仁也(민지어인야), 甚於水火(심어수화).

공자(子)께서 말씀하셨다(曰). 백성(民)이(之) 인(仁)에(於) 관해서라면(也), 물(水)과 불(火)보다도(於) 심하다(甚).

水火(수화), 吾見蹈而死者矣(오견도이사자의), 未見蹈仁而死者也(미견도인이사자야).

물(水)과 불(火)은 내(吾)가 밟(蹈)고(而) 죽은(死) 자(者)를 보았지(見)만(矣),

인(仁)을 밟(蹈)고(而) 죽은(死) 자(者)는 아직 보지(見) 못했(未)다(也).

· 之+술어: 之(주격: ~은(는)/~이(가), 목적격: ~을(를)) ‖ 民之(於仁也)甚: 백성이 심하다.
· 술어+(목적어)+於(乎/于)+명사(구) ‖ 甚於水火: 물과 불보다 심하다.
· 술어(부사어)+而+술어(부사어) ‖ 蹈而死: 밟고 죽다.
· 수식어+者 ↔ 所+수식어(동사/형용사) ‖ 蹈而死者: 밟고서 죽은 자.

35장

子曰(자왈). 當仁(당인), 不讓於師(불양어사).

공자(子)께서 말씀하셨다(曰). 인(仁)에 당면해서는(當) 스승(師)에게도(於) 양보하지(讓) 않는다(不).

· 不+동사/형용사 ↔ 非+명사(구) ‖ 不讓: 양보하지 않다.
· 술어+(목적어)+於(乎/于)+명사(구) ‖ 讓於師: 스승에게 양보하다.

36장

子曰(자왈). 君子(군자), 貞而不諒(정이불량).

공자(子)께서 말씀하셨다(曰). 군자(君子)는 바르게 하(貞)고(而) 고집부리지(諒) 않는다(不).

※ 작은 신의에 얽매이지 않는다는 의미이다.

· 술어(부사어)+而+술어(부사어) ‖ 貞而不諒: 바르게 하고 고집부리지 않다.
· 不+동사/형용사 ↔ 非+명사(구) ‖ 不諒: 고집부리지 않다.

37장

子曰(자왈). 事君(사군), 敬其事而後其食(경기사이후기식).

공자(子)께서 말씀하셨다(曰). 임금(君)을 섬기는(事) 데 그(其) 일(事)을 공경히 하(敬)고(而) 그(其) 먹는 것(食)을 뒤로한다(後).

· 술어(부사어)+而+술어(부사어) ‖ 敬而後: 공경히 하고 ~을 뒤로 하다.

38장

子曰(자왈). 有教無類(유교무류).

공자(子)께서 말씀하셨다(曰). 가르침(教)이 있으면(有) 부류(類)가 없어진다(無).

※ 가르침에 차별이 없다는 의미와 가르침이 있으면 선악의 부류가 없어진다는 의미가 내포되어 있다.

· 有+명사: ①~이(가) 있다(술어+보어), ②~을(를) 가지고 있다(술어+목적어).

39장

子曰(자왈). 道不同(도부동), 不相爲謀(불상위모).

공자(子)께서 말씀하셨다(曰). 도(道)가 같지(同) 않으면(不) 서로(相) 위해서(爲) 도모하지(謀) 않는다(不).

· 不+동사/형용사 ↔ 非+명사(구) ‖ 不同: 같지 않다, 不(相爲)謀: 도모하지 않는다.

40장

子曰(자왈). 辭(사), 達而已矣(달이이의).

공자(子)께서 말씀하셨다(曰). 말(辭)은 전달할(達) 뿐이다(而已矣).

*而已矣(이이의): 단정종결사.

41장

師冕見(사면현), 及階(급계), 子曰(자왈). 階也(계야). 及席(급석), 子曰(자왈). 席也(석야). 皆坐(개좌), 子告之曰(자고지왈). 某在斯某在斯(모재사모재사).

악사(師) 면(冕)이 뵈러 와서(見), 계단(階)에 이르자(及), 공자(子)께서 말씀하셨다(曰). 계단(階)이요(也). 자리(席)에 이르자(及), 공자(子)께서 말씀하셨다(曰). 자리(席)요(也). 모두(皆) 앉자(坐), 공자(子)께서 그(之)에게 알려(告) 말씀하셨다(曰). 아무개(某)는 여기(斯)에 있고(在) 아무개(某)는 여기에(斯) 있소(在).

師冕出(사면출), 子張問曰(자장문왈). 與師言之道與(여사언지도여)?

악사(師) 면(冕)이 나가자(出), 자장(子張)이 물어(問) 말했다(曰). 악사(師)와(與) 말(言)하는(之) 방법(道)입니까(與)?

子曰(자왈). 然(연). 固相師之道也(고상사지도야).

공자(子)께서 말씀하셨다(曰). 그렇다(然). 진실로(固) 악사(師)를 돕(相)는(之) 방법(道)이다(也).

---

*師冕(사면): 사(師)는 악사(樂師)이자 눈먼 사람이고, 冕(면)은 이름을 말함 ‖ *子張(자장): 공자의 제자로 적극적인 성품을 소유한 인물.

· 술어+之: 之(대명사: 그(것)을, 그(것)에) ‖ 告之: 그에게 고하다.

· (명사)+與(及)+명사(구) ‖ 與師: 악사와.

· 之+명사: 之(관형격: ~의/~(하)는/~ㄴ) ‖ 言之道: 말하는 방법, 相師之道: 악사를 돕는 방법.

16편

계씨
季氏

1장

季氏將伐顓臾(계씨장벌전유), 冉有季路見於孔子曰(염유계로현어공자왈). 季氏將有事於顓臾(계씨장유사어전유).

계씨(季氏)가 장차(將) 전유(顓臾)를 정벌하려 하자(伐), 염유(冉有)와 계로(季路)가 공자(孔子)를(於) 뵙고(見) 말했다(曰). 계씨(季氏)가 장차(將) 전유(顓臾)에(於) 일(事)이 있으려 합니다(有).

孔子曰(공자왈). 求(구), 無乃爾是過與(무내이시과여)?

공자(孔子)께서 말씀하셨다(曰). 구(求, 염유)야, 네(爾)가 아니더냐(無乃)? 이(是) 잘못(過)은(與).

※ 별해. 無乃爾是過與: 바로(乃) 이(是)는 너(爾)의 잘못(過)이 아니더(無)냐(與)?

夫顓臾(부전유), 昔者(석자), 先王以爲東蒙主(선왕이위동몽주), 且在邦域之中矣(차재방역지중의), 是社稷之臣也(시사직지신야). 何以伐爲(하이벌위)?

저(夫) 전유(顓臾)는 옛날(昔)에(者) 선왕(先王)께서 동몽산(東蒙)의 제주(主)로 삼고(以爲), 또(且) 나라(邦) 영역(域)의(之) 안(中)에 있으(在)니(矣), 이(是)는 사직(社稷)의(之) 신하(臣)이다(也). 어찌(何) 그것을(以) 정벌하(伐)겠는가(爲)?

※ 별해. 何以伐爲: 무엇을 위하여 정벌하는가?

冉有曰(염유왈). 夫子欲之(부자욕지), 吾二臣者(오이신자), 皆不欲也(개불욕야).

염유(冉有)가 말했다(曰). 부자(夫子, 계씨)가 그것(之)을 하려는 것이지(欲),

저희(吾) 두(二) 신하(臣)는(者) 모두(皆) 하려고 하지(欲) 않습니(不)다(也).

孔子曰(공자왈). 求(구), 周任(주임), 有言曰(유언왈),
陳力就列(진력취렬), 不能者止(불능자지).

공자(孔子)께서 말씀하셨다(曰). 구(求)야, 주임(周任)의 말(言)이 있어(有) 말해보면(曰), '힘(力)을 펴서(陳) 대열(列)에 나갔다가(就) 할 수(能) 없는(不) 것(者)이라면 그만두라(止)'고 했다.

危而不持(위이부지), 顚而不扶(전이불부),
則將焉用彼相矣(즉장언용피상의)?

위험한데(危)도(而) 잡아주지(持) 않고(不), 넘어져(顚)도(而) 도와주지(扶) 않는다(不)면(則), 장차(將) 어디에(焉) 그(彼) 보조자(相)를 쓰겠느(用)냐(矣)?

且爾言(차이언), 過矣(과의). 虎兕出於柙(호시출어합),
龜玉毁於櫝中(귀옥훼어독중), 是誰之過與(시수지과여)?

또(且) 네(爾) 말(言)이 잘못되었(過)다(矣). 호랑이(虎)나 외뿔소(兕)가 우리(柙)에서(於) 나오고(出), 거북(龜)이나 구슬(玉)이 상자(櫝) 속(中)에서(於) 훼손되었다(毁)면, 이것(是)은 누구(誰)의(之) 잘못(過)이더냐(與)?

冉有曰(염유왈). 今夫顓臾固而近於費(금부전유고이근어비),
今不取(금불취), 後世必爲子孫憂(후세필위자손우).

염유(冉有)가 말했다(曰). 지금(今) 저(夫) 전유(顓臾)는 견고하(固)고(而) 비읍(費)에(於) 가까워(近), 지금(今) 취하지(取) 않으면(不) 후세(後世)에 반드시(必) 자손(子孫)의 걱정(憂)이 될 것입니다(爲).

孔子曰(공자왈). 求(구), 君子疾(군자질), 夫舍曰欲之(부사왈욕지), 而必爲之辭(이필위지사).

공자(孔子)께서 말씀하셨다(曰). 구(求)야, 군자(君子)는 무릇(夫) 그것(之)을 원한다(欲)고 말하기(曰)를 버려두(舍, 주저하다)고서(而) 반드시(必) 그것(之)을 위한다는(爲) 말(辭)을 싫어한다(疾).

丘也(구야), 聞有國有家者(문유국유가자), 不患寡而患不均(불환과이환불균), 不患貧而患不安(불환빈이환불안).

구(丘, 공자)가(也) 듣기에(聞) 나라(國)를 가지고 있고(有) 집(家)을 가지고 있는(有) 자(者)는 적은 것(寡)을 근심하지(患) 않(不)고(而) 고르지(均) 못한(不) 것을 근심하며(患), 가난(貧)을 근심하지(患) 않(不)고(而) 편안하지(安) 못한(不) 것을 근심한다(患).

蓋均無貧(개균무빈), 和無寡(화무과), 安無傾(안무경).

대체로(蓋) 고르면(均) 가난(貧)이 없고(無), 화목하면(和) 적지(寡) 않고(無), 편안하면(安) 기울지(傾) 않는다(無).

夫如是故(부여시고), 遠人不服則修文德以來之(원인불복즉수문덕이래지), 旣來之則安之(기래지즉안지).

무릇(夫) 이(是)와 같기(如) 때문에(故) 원인(遠人)이 복종하지(服) 않으(不)면(則) 문덕(文德)을 닦아서(修) 그렇게 함으로(以) 그들(之)을 오게 하고(來), 이미(旣) 그들(之)이 왔으(來)면(則) 그들(之)을 편안하게 한다(安).

今由與求也(금유여구야), 相夫子(상부자),
遠人不服而不能來也(원인불복이불능래야),
邦分崩離析而不能守也(방분붕이석이불능수야).

지금(今) 유(由, 자로)와(與) 구(求, 염유)는(也) 부자(夫子, 계씨)를 도우면서(相), 원인(遠人)이 복종하지(服) 않는데(不)도(而) 오게 할(來) 수(能) 없(不)고(也), 나라(邦)가 분리되어(分) 붕괴하고(崩) 흩어져(離) 쪼개졌는데(析)도(而) 지킬(守) 수(能)도 없(不)다(也).

而謀動干戈於邦內(이모동간과어방내),
吾恐季孫之憂不在顓臾而在蕭墻之內也(오공계손지우부재전유이재소장지내야).

그런데도(而) 나라(邦) 안(內)에서(於) 간과(干戈)를 움직이기(動)를 도모하니(謀), 나(吾)는 계손(季孫)의(之) 근심(憂)이 전유(顓臾)에 있지(在) 않(不)고(而) 소장(蕭墻)의(之) 안(內)에 있을까(在) 두렵(恐)다(也).

---

*季氏(계씨): 노(魯)나라에서 장기간 실권을 장악했던 삼가자 중 하나인 계손씨(季孫氏) ‖ *顓臾(전유): 노(魯)나라에 종속된 나라 이름 ‖ *冉有(염유): 공자의 제자로 정치를 지향하고 현실적인 인물 ‖ *季路(계로): 공자의 제자 자로(子路) ‖ *有事(유사): 일이 있다, 사변(事變)이 있다 ‖ *求(구): 염유(冉有)의 이름 ‖ *無乃(무내): 하지 않은가? ~이 아니겠는가? ‖ *爾(이): 너, 그대 ‖ 昔者(석자): 옛날에 ‖ *以A爲B=A以爲B, A를 B로 여기다(삼다) ‖ *夫子(부자): 선생님 ‖ *者(자): 은/는, 이/가 ‖ *周任(주임): 옛 주(周)의 사관으로 알려진 인물 ‖ *柙(합): 우리 ‖ *櫝(독): 함 ‖ *由(유): 자로(子路)의 이름 ‖ *季孫(계손): 노(魯)의 계손씨(季孫氏) ‖ *蕭墻(소장): 내부, 임금과 신하가 조회하는 곳에 세우는 병풍.

· 술어+(목적어)+於(乎/于)+명사(구) ‖ 見於孔子: 공자를 보다, 有事於顓臾: 전유에 일이 있다, 出於柙: 우리에서 나오다, 毁於櫝中: 상자 속에서 훼손되다, 近於費: 비읍에 가깝다, 動干戈於邦內: 나라 안에서 간과를 움직이다.
· 有+명사: ①~이(가) 있다(술어+보어), ②~을(를) 가지고 있다(술어+목적어).

· 之+명사: 之(관형격: ~의/~(하)는/~ㄴ) ‖ 邦域之中: 나라 영역의 안, 社稷之臣: 사직의 신, 誰之過: 누구의 잘못, 季孫之憂: 계손의 근심, 蕭墻之內: 소장의 안.
· 술어+之: 之(대명사: 그(것)을, 그(것)에) ‖ 欲之: 그것을 하려 하다, 그것을 원하다, 爲之: 그것을 위하다, 來之: 그를 오게 하다, 安之: 그를 편안하게 하다.
· 不+동사/형용사 ↔ 非+명사(구) ‖ 不欲: 하려하지 않다, 不能: 할 수 없다, 不取: 취하지 않다, 不患: 걱정하지 않다, 不均: 고르지 않다, 不安: 편안하지 않다, 不服: 복종하지 않다, 不能來: 오게 할 수 없다, 不能守: 지킬 수 없다, 不在: 있지 않다.
· 수식어+者 ↔ 所+수식어(동사/형용사) ‖ 不能者: 할 수 없는 것, 有家者: 집을 가진 자.
· 술어(부사어)+而+술어(부사어) ‖ 危而不持: 위험한데 잡지 않다, 顚而不扶: 넘어져도 도와주지 않다, 固而近: 견고하고 가깝다, 不患而患: 걱정하지 않고 ~을 걱정한다, 不服而不能來: 복종하지 않아도 오게 할 수 없다, 析而不能守: 쪼개져도 지킬 수 없다.
· 以+술어: =以+之(대명사)+술어 ‖ 以來之: =以之來之, 그것으로 그들을 오게 하다.
· (명사)+與(及)+명사(구) ‖ 由與求: 유와 구.
· 可(能/得/足)+술어: ~할 수 있다, ~할 만하다 / 목적어+술어 구조도 가능 ‖ 能來: 올 수 있다, 能守: 지킬 수 있다.

2장

孔子曰(공자왈). 天下有道則禮樂征伐(천하유도즉예악정벌), 自天子出(자천자출), 天下無道則禮樂征伐(천하무도즉예악정벌), 自諸侯出(자제후출).

공자(孔子)께서 말씀하셨다(曰). 천하(天下)에 도(道)가 있으(有)면(則) 예악(禮樂)과 정벌(征伐)이 천자(天子)로부터(自) 나오고(出), 천하(天下)에 도(道)가 없으(無)면(則) 예악(禮樂)과 정벌(征伐)이 제후(諸侯)로부터(自) 나온다(出).

自諸侯出(자제후출), 蓋十世希不失矣(개십세희불실의),
自大夫出(자대부출), 五世希不失矣(오세희불실의), 陪臣(배신),
執國命(집국명), 三世希不失矣(삼세희불실의).

제후(諸侯)로부터(自) 나오면(出) 대체로(蓋) 10세(十世)에 잃어버리지(失) 않는(不) 경우가 드물(希)고(矣), 대부(大夫)로부터(自) 나오면(出) 5세(五世)에 잃어버리지(失) 않는(不) 경우가 드물(希)고(矣), 배신(陪臣)이 국명(國命)을 잡으면(執) 3세(三世)에 잃어버리지(失) 않는(不) 경우가 드물(希)다(矣).

天下有道則政不在大夫(천하유도즉정부재대부),
天下有道則庶人不議(천하유도즉서인불의).

천하(天下)에 도(道)가 있으(有)면(則), 정사(政)는 대부(大夫)에 있지(在) 않으며(不), 천하(天下)에 도(道)가 있으(有)면(則) 서민들(庶人)은 (정치를) 논의하지(議) 않는다(不).

---

*樂: (악) 노래 / (낙/락) 즐기다 / (요) 좋아하다 ‖ *陪臣(배신): 신하의 신하, 제후의 신하

· 有+명사: ①~이(가) 있다(술어+보어), ②~을(를) 가지고 있다(술어+목적어).

· 不+동사/형용사 ↔ 非+명사(구) ‖ 不失: 잃지 않다, 不在: 있지 않다, 不議: 의논하지 않다.

3장

孔子曰(공자왈). 祿之去公室五世矣(녹지거공실오세의),
政逮於大夫四世矣(정체어대부사세의).

공자(孔子)께서 말씀하셨다(曰). 녹(祿)이(之) 공실(公室)을 떠난(去) 지 5세(五世)가 되었고(矣), 정사(政)가 대부(大夫)에 보내어진 지(逮) 4세(四世)가 되었다(矣).

故(고), 夫三桓之子孫(부삼환지자손), 微矣(미의).

그러므로(故) 저(夫) 삼환(三桓)의(之) 자손(子孫)이 미약해진(微) 것이다(矣).

---

*逮(체): 보내다 ∥ *三桓(삼환): 노(魯)의 환공(桓公)에서 난 대부인 맹손(孟孫)·숙손(叔孫)·계손(季孫).

· 之+술어: 之(주격: ~은(는)/~이(가), 목적격: ~을(를)) ∥ 祿之去: 녹이 떠나다.

· 술어+(목적어)+於(乎/于)+명사(구) ∥ 逮於大夫: 대부에게 보내지다.

· 之+명사: 之(관형격: ~의/~(하)는/~ㄴ) ∥ 三桓之子孫: 삼환의 자손.

4장

孔子曰(공자왈). 益者三友(익자삼우), 損者三友(손자삼우).

공자(孔子)께서 말씀하셨다(曰). 유익한(益) 것(者)으로 세 가지(三) 벗(友)이 있고, 해로운(損) 것(者)으로 세 가지(三) 벗(友)이 있다.

友直(우직), 友諒(우량), 友多聞(우다문), 益矣(익의).

벗(友)이 정직하(直), 벗(友)이 믿을 만하고(諒), 벗(友)이 많이(多) 들었다면(聞), 유익하(益)다(矣).

友便辟(우편벽), 友善柔(우선유), 友便佞(우편녕), 損矣(손의).

벗(友)이 아첨하는 것(便)에 편벽되고(辟), 벗(友)이 부드러운 것(柔)만 잘하고(善), 벗(友)이 말잘하는 것(佞)만 잘한다면(便), 해롭(損)다(矣).

---

*便辟(편벽): 남의 비위를 잘 맞추어 아첨함, 便(편)은 아첨하다, 辟(벽)은 편벽되다.

· 수식어+者 ↔ 所+수식어(동사/형용사) ∥ 益者: 유익한 것, 損者: 해로운 것.

5장

孔子曰(공자왈). 益者三樂(익자삼요), 損者三樂(손자삼요).

공자(孔子)께서 말씀하셨다(曰). 유익한(益) 것(者)으로 세 가지(三) 좋아함(樂)이 있고, 해로운(損) 것(者)으로 세 가지(三) 좋아함(樂)이 있다.

樂節禮樂(요절예악), 樂道人之善(요도인지선), 樂多賢友(요다현우), 益矣(익의).

예악(禮樂)을 절제하는(節) 것을 좋아하고(樂), 남(人)의(之) 선(善)을 말하는(道) 것을 좋아하고(樂), 많은(多) 현우(賢友)를 좋아하면(樂), 유익하(益)다(矣).

樂驕樂(요교락), 樂佚遊(요일유), 樂宴樂(요연락), 損矣(손의).

교만한(驕) 즐거움(樂, 락)을 좋아하고(樂), 편히(佚) 놀기(遊)를 좋아하고(樂), 연회(宴)의 즐거움(樂, 락)을 좋아하면(樂), 해롭(損)다(矣).

*樂: (악) 노래 / (낙/락) 즐기다 / (요) 좋아하다 ‖ *佚: 편안하다(일), 방탕하다(질).

· 수식어+者 ↔ 所+수식어(동사/형용사) ‖ 益者: 유익한 것, 損者: 해로운 것.

· 之+명사: 之(관형격: ~의/~(하)는/~ㄴ) ‖ 人之善: 남의 선.

6장

孔子曰(공자왈). 侍於君子(시어군자), 有三愆(유삼건).

공자(孔子)께서 말씀하셨다(曰). 군자(君子)를(於) 모시는(侍) 데에 세 가지(三) 허물(愆)이 있다(有).

言未及之而言(언미급지이언), **謂之躁**(위지조), **言及之而不言**(언급지이불언), **謂之隱**(위지은), **未見顔色而言**(미견안색이언), **謂之瞽**(위지고).

말(言)이 아직 그(之)에게 이르지(及) 않았는데(未)도(而) 말하는(言) 것, 그것(之)을 조(躁, 조급함)라 말하고(謂), 말(言)이 그(之)에게 이르렀는데(及)도(而) 말하지(言) 않는(不) 것, 그것(之)을 은(隱, 숨김)이라 말하고(謂), 낯빛(顔色)을 보지(見) 않고(未)서(而) 말하는(言) 것, 그것(之)을 고(瞽, 맹인)라 말한다(謂).

---

*愆(건): 허물, 악질 ‖ *躁(조): 조급하다, 떠들다 ‖ *瞽(고): 맹인, 북 치는 사람, (눈치를) 살피지 못하다.

· 술어+(목적어)+於(乎/于)+명사(구) ‖ 侍於君子: 군자를 모시다.
· 有+명사: ①~이(가) 있다(술어+보어), ②~을(를) 가지고 있다(술어+목적어).
· 술어+之: 之(대명사: 그(것)을, 그(것)에) ‖ 及之: 그에게 이르다, 謂之: 그것을 말하다.
· 술어(부사어)+而+술어(부사어) ‖ 未及之而言: 그에게 이르지 않았는데도 말하다, 未見顔色而言: 안색을 보지 않고 말하다.
· 不+동사/형용사 ↔ 非+명사(구) ‖ 不言: 말하지 않다.

7장

孔子曰(공자왈). **君子有三戒**(군자유삼계).

공자(孔子)께서 말씀하셨다(曰). 군자(君子)는 세 가지(三) 경계하는 것(戒)이 있다(有).

少之時(소지시), **血氣未定**(혈기미정), **戒之在色**(계지재색),
及其壯也(급기장야), **血氣方剛**(혈기방강), **戒之在鬪**(계지재투),
及其老也(급기노야), **血氣旣衰**(혈기기쇠), **戒之在得**(계지재득).

젊(少)을(之) 때(時)는 혈기(血氣)가 아직 안정되지(定) 않아서(未) 경계하는 것(戒)은(之) 색(色)에 있고(在), 그(其)가 장성함(壯)에 이르러서(及)는(也) 혈기(血氣)가 바야흐로(方) 강해서(剛) 경계하는 것(戒)은(之) 싸움(鬪)에 있고(在), 그(其)가 늙음(老)에 이르러서(及)는(也) 혈기(血氣)가 이미(旣) 쇠하여(衰) 경계하는 것(戒)은(之) 얻는 것(得)에 있다(在).

· 之+명사: 之(관형격: ~의/~(하)는/~ㄴ) ‖ 少之時: 젊을 때.
· 之+술어: 之(주격: ~은(는)/~이(가), 목적격: ~을(를)) ‖ 戒之在: 경계하는 것은 ~에 있다.
· 有+명사: ①~이(가) 있다(술어+보어), ②~을(를) 가지고 있다(술어+목적어).

8장

孔子曰(공자왈). 君子有三畏(군자유삼외).

공자(孔子)께서 말씀하셨다(曰). 군자(君子)는 세 가지(三) 두려워하는 것(畏)이 있다(有).

畏天命(외천명), 畏大人(외대인), 畏聖人之言(외성인지언).

천명(天命)을 두려워하고(畏), 대인(大人)을 두려워하며(畏), 성인(聖人)의(之) 말씀(言)을 두려워한다(畏).

小人(소인), 不知天命而不畏也(부지천명이불외야), 狎大人(압대인), 侮聖人之言(모성인지언).

소인(小人)은 천명(天命)을 알지(知) 못해(不)서(而) 두려워하지(畏) 않으(不)며(也), 대인(大人)을 희롱하고(狎), 성인(聖人)의(之) 말씀(言)을 업신여긴다(侮).

*狎(압): 희롱하다 ‖ *侮(모): 업신여기다, 조롱하다.
· 有+명사: ①~이(가) 있다(술어+보어), ②~을(를) 가지고 있다(술어+목적어).
· 之+명사: 之(관형격: ~의/~(하)는/~ㄴ) ‖ 聖人之言: 성인의 말씀.
· 不+동사/형용사 ↔ 非+명사(구) ‖ 不知: 알지 못하다, 不畏: 두렵지 않다.
· 술어(부사어)+而+술어(부사어) ‖ 不知而不畏: 알지 못해서 두려워하지 않다.

9장

孔子曰(공자왈). 生而知之者(생이지지자), 上也(상야),
學而知之者(학이지지자), 次也(차야), 困而學之(곤이학지),
又其次也(우기차야), 困而不學(곤이불학), 民斯爲下矣(민사위하의).

공자(孔子)께서 말씀하셨다(曰). 태어나(生)서(而) 그것(之)을 아는(知) 자(者)는 상(上)이고(也), 배워(學)서(而) 그것(之)을 아는(知) 자(者)는 (그)다음(次)이고(也), 곤궁해(困)서(而) 그것(之)을 배우면(學) 또(又) 그(其)다음(次)이니(也), 곤궁해(困)도(而) 배우지(學) 않으면(不) 백성(民)으로서 이에(斯) 아래(下)가 된(爲)다(矣).

· 술어(부사어)+而+술어(부사어) ‖ 生而知: 나서 알다, 學而知: 배워서 알다, 困而學: 곤궁해서 배우다.
· 술어+之: 之(대명사: 그(것)을, 그(것)에) ‖ 知之: 그것을 알다, 學之: 그것을 배우다.
· 수식어+者 ↔ 所+수식어(동사/형용사) ‖ 知之者: 그것을 아는 자.
· 不+동사/형용사 ↔ 非+명사(구) ‖ 不學: 배우지 않다.

10장

孔子曰(공자왈). 君子有九思(군자유구사).

공자(孔子)께서 말씀하셨다(曰). 군자(君子)는 아홉 가지(九) 생각하는 것(思)이 있다(有).

視思明(시사명), 聽思聰(청사총), 色思溫(색사온), 貌思恭(모사공), 言思忠(언사충), 事思敬(사사경), 疑思問(의사문), 忿思難(분사난), 見得思義(견득사의).

볼(視) 때는 분명함(明)을 생각하며(思), 들을(聽) 때는 총명함(聰)을 생각하며(思), 낯빛(色)은 온화함(溫)을 생각하며(思), 용모(貌)는 공손함(恭)을 생각하며(思), 말(言)에는 진심(忠)을 생각하며(思), 일(事)에는 신중함(敬)을 생각하며(思), 의심(疑)에는 묻기(問)를 생각하며(思), 화(忿)에는 어려움(難)을 생각하며(思), 이득(得)을 보면(見) 의(義)를 생각한다(思).

· 有+명사: ①~이(가) 있다(술어+보어), ②~을(를) 가지고 있다(술어+목적어).

11장

孔子曰(공자왈). 見善如不及(견선여불급), 見不善如探湯(견불선여탐탕), 吾見其人矣(오견기인의), 吾聞其語矣(오문기어의).

공자(孔子)께서 말씀하셨다(曰). 선(善)을 보면(見) 마치 이르지(及) 못할(不) 듯하고(如), 불선(不善)을 보면(見) 끓는 물(湯)에 닿는(探) 듯한데(如), 나(吾)는 그런(其) 사람(人)을 보았(見)고(矣), 나(吾)는 그러한 사람이 있다(其)는 말(語)도 들었(聞)다(矣).

隱居以求其志(은거이구기지), **行義以達其道**(행의이달기도), **吾聞其語矣**(오문기어의), **未見其人也**(미견기인야).

은거하여(隱居) 그렇게 함으로(以) 그(其) 뜻(志)을 구하고(求), 의(義)를 행하여(行) 그렇게 함으로(以) 그(其) 도(道)를 달성하는데(達), 나(吾)는 그러한 사람이 있다(其)는 말(語)을 들었지(聞)만(矣), 그런(其) 사람(人)은 아직 보지(見) 못했(未)다(也).

· 不+동사/형용사 ↔ 非+명사(구) ‖ 不及: 이르지 않다, 不善: 선하지 않다.
· 以+술어: =以+之(대명사)+술어 ‖ 以求其志: =以之求其志, 그것으로 그 뜻을 구하다, 以達其道: =以之達其道, 그것으로 그 도를 달성하다.

12장

齊景公(제경공), **有馬千駟**(유마천사), **死之日**(사지일), **民無德而稱焉**(민무덕이칭언), **伯夷叔齊**(백이숙제), **餓于首陽之下**(아우수양지하), **民到于今稱之**(민도우금칭지).

제나라(齊) 경공(景公)은 말(馬) 4,000필(千駟)을 가지고 있었으나(有), 죽(死)는(之) 날(日) 백성(民)은 덕(德)이 없었다(無)고(而) 그를(焉) 일컬었고(稱), 백이(伯夷)와 숙제(叔齊)는 수양산(首陽)의(之) 아래(下)에서(于) 굶어 죽었지만(餓), 백성(民)은 지금(今)에(于) 이르러도(到) 그(之)를 칭송한다(稱).

※ 별해. 無德而稱焉: 덕이 있다고 그를 칭송하는 이가 없었다.

其斯之謂與(기사지위여).

아마도(其) 이것(斯)을(之) 말하는(謂) 것이리라(與).

*景公(경공): 제(齊)의 군주 ‖ *駟(사): 사마(駟馬, 한 채의 수레를 끄는 네 필의 말) ‖ *伯夷(백이)·叔齊(숙제): 주(周) 무왕(武王)이 은(殷)의 주왕(紂王)을 멸하자, 신하가

천자를 토벌한 것을 반대하여 주나라 곡식을 거부하고 수양산에서 굶어 죽은 형제.

· 有+명사: ①~이(가) 있다(술어+보어), ②~을(를) 가지고 있다(술어+목적어).
· 之+명사: 之(관형격: ~의/~(하)는/~ㄴ) ‖ 死之日: 죽는 날, 首陽之下: 수양의 아래.
· 술어(부사어)+而+술어(부사어) ‖ 無德而稱焉: 덕이 없다고 그를 일컬었다.
· 焉(언): =於之 ‖ 稱焉: =稱於之, 그를 일컫다.
· 술어+(목적어)+於(乎/于)+명사(구) ‖ 餓于首陽: 수양에서 굶어 죽다, 到于今: 지금에 이르다.
· 술어+之: 之(대명사: 그(것)을, 그(것)에) ‖ 稱之: 그를 일컫다.
· 之+술어: 之(주격: ~은(는)/~이(가), 목적격: ~을(를)) ‖ 斯之謂: 謂斯의 斯도치, 이것을 말하다.

13장

陳亢問於伯魚曰(진항문어백어왈). 子亦有異聞乎(자역유이문호)?

진항(陳亢)이 백어(伯魚)에게(於) 물어(問) 말했다(曰). 자네(子)는 또한(亦) 달리(異) 들은 것(聞)이 있었는(有)가(乎)?

對曰未也(대왈미야).

대답하여(對) 말했다(曰). 없었(未)네(也).

嘗獨立(상독립), 鯉趨而過庭(이추이과정), 曰(왈), 學詩乎(학시호)? 對曰(대왈), 未也(미야).

이전에(嘗) 홀로(獨) 서 계실(立) 때 이(鯉, 백어)가 종종걸음치(趨)며(而) 뜰(庭)을 지나는데(過), '시(詩)를 배웠느(學)냐(乎)?'라고 말씀하셔서(曰), '아직 못했습니(未)다(也)'라고 대답하여(對) 말씀드렸네(曰).

不學詩(불학시), 無以言(무이언).

(공자께서) 시(詩)를 배우지(學) 않으면(不) (남과) 말할(言) 수(以) 없다(無).

鯉退而學詩(이퇴이학시).

이(鯉)는 물러나(退)서(而) 시(詩)를 배웠다네(學).

他日(타일), 又獨立(우독립), 鯉趨而過庭(이추이과정), 曰(왈), 學禮乎(학례호)? 對曰(대왈), 未也(미야).

다른(他) 날(日) 또(又) 홀로(獨) 서 계실(立) 때 이(鯉)가 종종걸음치(趨)며(而) 뜰(庭)을 지나는데(過), '예(禮)를 배웠느(學)냐(乎)?'라고 말씀하셔서(曰), '아직 못했습니(未)다(也)'라고 대답하여(對) 말씀드렸네(曰).

不學禮(불학례), 無以立(무이립).

(공자께서) 예(禮)를 배우지(學) 않으면(不) 설(立) 수(以) 없다(無).

鯉退而學禮(이퇴이학례). 聞斯二者(문사이자).

이(鯉)는 물러나(退)서(而) 예(禮)를 배웠네(學). 이(斯) 두(二) 가지(者)를 들었네(聞).

陳亢(진항), 退而(퇴이), 喜曰(희왈).

진항(陳亢)이 물러나(退)서(而) 기뻐하며(喜) 말했다(曰).

問一得三(문일득삼). 聞詩聞禮(문시문례),
又聞君子之遠其子也(우문군자지원기자야).

하나(一)를 묻고(問) 세 가지(三)를 얻었다(得). 시(詩)를 듣고(聞), 예(禮)를 듣고(聞), 또(又) 군자(君子)는(之) 그(其) 자식(子)을 멀리한다(遠)는 것을 들었(聞)다(也).

*陳亢(진항): 공자의 제자로 진(陳)의 자금(子禽) ‖ *伯魚(백어): 공자의 아들 리(鯉) ‖ *鯉(리): 백어(伯魚)의 이름 ‖ *趨(추): 달아나다, 달려가다 ‖ *無以(무이): ~할 수가 없다, ~할 방법(것)이 없다.

· 술어+(목적어)+於(乎/于)+명사(구) ‖ 問於伯魚: 백어에게 묻다.
· 有+명사: ①~이(가) 있다(술어+보어), ②~을(를) 가지고 있다(술어+목적어).
· 술어(부사어)+而+술어(부사어) ‖ 趨而過: 종종걸음치며 지나가다, 退而學: 물러나서 배우다, 退而喜: 물러나서 기뻐하다.
· 不+동사/형용사 ↔ 非+명사(구) ‖ 不學: 배우지 않다.
· 수식어+者 ↔ 所+수식어(동사/형용사) ‖ 二者: 두 가지.
· 之+술어: 之(주격: ~은(는)/~이(가), 목적격: ~을(를)) ‖ 君子之遠: 군자가 멀리하다.

14장

邦君之妻(방군지처), 君稱之曰夫人(군칭지왈부인),
夫人自稱曰小童(부인자칭왈소동),
邦人稱之曰君夫人(방인칭지왈군부인).

나라(邦) 임금(君)의(之) 아내(妻)에 대하여, 임금(君)은 그녀(之)를 칭하여(稱) 부인(夫人)이라 말하고(曰), 부인(夫人)이 스스로(自) 칭하여(稱) 소동(小童)이라 말하고(曰), 나라(邦) 사람들(人)이 그녀(之)를 칭하여(稱) 군부인(君夫人)이라 말한다(曰).

稱諸異邦曰寡小君(칭저이방왈과소군이오), 異邦人稱之(이방인칭지), 亦曰君夫人(역왈군부인).

다른(異) 나라(邦) (사람)에게 그녀를(諸) 칭하여(稱) 과소군(寡小君)이라 말하고(曰), 다른(異) 나라(邦) 사람들(人)이 그녀(之)를 칭하여(稱) 또한(亦) 군부인(君夫人)이라 말한다(曰).

· 之+명사: 之(관형격: ~의/~(하)는/~ㄴ) ‖ 君之妻: 임금의 아내.
· 술어+之: 之(대명사: 그(것)을, 그(것)에) ‖ 稱之: 그를 칭하다.
· 諸(저): =之於 ‖ 稱諸異邦: =稱之於異邦, 다른 나라에서 그를 칭하다.

17편

양화
陽貨

1장

陽貨欲見孔子(양화욕견공자), 孔子不見(공자불견), 歸孔子豚(귀공자돈).

양화(陽貨)가 공자(孔子)를 만나(見)고자 했으나(欲) 공자(孔子)께서 만나지(見) 않자(不), 공자(孔子)에게 돼지(豚)를 선물했다(歸).

孔子時其亡也而往拜之(공자시기무야이왕배지), 遇諸塗(우저도).

공자(孔子)께서 그(其, 양화)가 없(亡)을(也) 때를 맞춰(時)서(而) 그(之)를 방문하러(拜) 갔다가(往) 그(諸)를 길(塗)에서 만났다(遇).

謂孔子曰(위공자왈). 來(내). 予與爾言(여여이언).

공자(孔子)에게 일러(謂) 말했다(曰). 오시오(來). 내(予)가 그대(爾)와(與) 말하겠소(言).

曰(왈), 懷其寶而迷其邦(회기보이미기방), 可謂仁乎(가위인호)? 曰(왈). 不可(불가).

말하기를(曰), 그(其) 보화(寶)를 품고(懷)서(而) 그(其) 나라(邦)를 미혹되게 둔다면(迷), 인(仁)이라 말할(謂) 수(可) 있습니까(乎)? (공자께서) 말씀하셨다(曰). 불가합니다(不可).

好從事而亟失時(호종사이기실시), 可謂知乎(가위지호)? 曰(왈). 不可(불가).

일(事)에 종사하기(從)를 좋아하(好)면서(而) 자주(亟) 때(時)를 놓친다면(失),

지혜롭다(知)고 말할(謂) 수(可) 있습니까(乎)? (공자께서) 말씀하셨다(曰). 불가합니다(不可).

日月逝矣(일월서의). 歲不我與(세불아여). 孔子曰(공자왈). 諾(낙). 吾將仕矣(오장사의).

해(日)와 달(月)이 가고(逝) 있습니다(矣). 세월(歲)은 나(我)와 함께하지(與) 않습니다(不). 공자(孔子)께서 말씀하셨다(曰). 알겠습니다(諾). 제(吾)가 장차(將) 벼슬하겠습니(仕)다(矣).

---

*陽貨(양화): 노(魯)나라 계씨(季氏)의 가신으로 국정을 전단하다가 실패한 인물 ‖ *歸(귀): 선물하다, 음식을 보내다 ‖ *亡: (망) 망하다 / (무) 없다 ‖ *拜(배): 방문하다 ‖ *爾(이): 너, 그대 ‖ *亟: (극) 빠르다 / (기) 자주.

· 不+동사/형용사 ↔ 非+명사(구) ‖ 不見: 보지 않다, 不(我)與: 함께하지 않다.
· 술어(부사어)+而+술어(부사어) ‖ 亡也而往: 없을 때에 가다, 懷(其寶)而迷: 품고서 ~을 미혹되게 하다, 好(從事)而(亟)失: 좋아하면서 ~을 잃다.
· 술어+之: 之(대명사: 그(것)을, 그(것)에) ‖ 拜之: 그에게 절하다, 그를 방문하다.
· 諸(저): =之於 ‖ 遇諸塗: =遇之於塗, 길에서 그를 만나다.
· (명사)+與(及)+명사(구) ‖ 與爾: 그대와.
· 可(能/得/足)+술어: ~할 수 있다, ~할 만하다 / 목적어+술어 구조도 가능 ‖ 可謂: 말할 수 있다.
· 부정문에서 대명사 도치 ‖ 不我與: 不與我의 我도치, 나와 함께하지 않다.

2장

子曰(자왈). 性相近也(성상근야), 習相遠也(습상원야).

공자(子)께서 말씀하셨다(曰). 본성(性)은 서로(相) 가깝지(近)만(也), 습성(習)으로 서로(相) 멀어진(遠)다(也).

3장

子曰(자왈). 唯上知與下愚(유상지여하우), 不移(불이).

공자(子)께서 말씀하셨다(曰). 오직(唯) 상지(上知)와(與) 하우(下愚)는 옮겨질(移) 수 없다(不).

· (명사)+與(及)+명사(구) ∥ 上知與下愚: 상지와 하우.
· 不+동사/형용사 ↔ 非+명사(구) ∥ 不移: 옮겨지지 않다.

4장

子之武城(자지무성), 聞弦歌之聲(문현가지성).

공자(子)께서 무성(武城)에 가서(之), 현악기를 타는(弦) 노래(歌)의(之) 소리(聲)를 들었다(聞).

夫子莞爾而笑曰(부자완이이소왈). 割鷄(할계), 焉用牛刀(언용우도)?

선생님(夫子)께서 빙그레(莞爾)히(而) 웃으며(笑) 말씀하셨다(曰). 닭(鷄)을 잡는데(割) 어찌(焉) 소(牛)를 (잡는) 칼(刀)을 쓴단 말인가(用)?

子游對曰(자유왈), 昔者(석자), 偃也聞諸夫子(언야문저부자), 曰(왈).

자유(子游)가 대답하여(對) 말했다(曰). 옛날(昔)에(者) 언(偃, 자유)는(也) 선생님(夫子)께 그것(諸)을 들었는데(聞) (이렇게) 말씀하셨습니다(曰).

君子學道則愛人(군자학도즉애인), 小人學道則易使也(소인학도즉이사야).

군자(君子)가 도(道)를 배우(學)면(則) 사람(人)을 사랑하고(愛), 소인(小人)은 도(道)를 배우(學)면(則) 부리기(使)가 쉽(易)다(也)고.

子曰(자왈). 二三子(이삼자), 偃之言(언지언), 是也(시야). 前言(전언), 戲之耳(희지이).

공자(子)께서 말씀하셨다(曰). 너희들(二三子)아, 언(偃)의(之) 말(言)이 옳(是)다(也). 앞(前)의 말(言)은 그것(之)을 희롱한(戲) 것일 뿐이다(耳).

---

*之(지): 가다 ‖ *夫子(부자): 선생님 ‖ *莞爾(완이): 빙그레 웃는 모양 ‖ *子游(자유): 공자의 제자 언언(言偃)의 자(字)로 학문에 뛰어난 오(吳)나라 사람이며 무성(武城)의 읍재였음 ‖ *昔者(석자): 옛날에 ‖ *偃(언): 자유(子游)의 이름 ‖ *易: (역) 바꾸다 / (이) 쉽다 ‖ *二三子(이삼자): 스승이 제자를 부르거나, 임금이 신하를 부를 때 하는 말.

· 之+명사: 之(관형격: ~의/~(하)는/~ㄴ) ‖ 歌之聲: 노래의 소리, 偃之言: 언의 말.

· 焉(언): =於之 ‖ 聞諸: =聞於之, 그것을 듣다.

· 술어+之: 之(대명사: 그(것)을, 그(것)에) ‖ 戲之: 그것을 희롱하다.

5장

公山弗擾以費畔(공산불요이비반), 召(소), 子欲往(자욕왕).

공산불요(公山弗擾)가 비읍(費)으로(以) 반란하고(畔), 부르자(召), 공자(子)께서 가시(往)려 했다(欲).

子路不說曰(자로불열왈). 末之也已(말지야이),
何必公山氏之之也(하필공산씨지지야)?

자로(子路)가 기뻐하지(說) 않으며(不) 말했다(曰). 가지(之) 않으(末)면(也) 그만이지(已), 하필(何必) 공산씨(公山氏)에게(之) 가십니(之)까(也)?

※ 公山氏之之: 앞의 之는 도치, 뒤의 之는 가다 ‖ =之公山氏, 공산씨에게 가다.

子曰(자왈). 夫召我者(부소아자), 而豈徒哉(이기도재)?
如有用我者(여유용아자), 吾其爲東周乎(오기위동주호).

공자(子)께서 말씀하셨다(曰). 무릇(夫) 나(我)를 부르는(召) 자(者)가 있다면(而), 어찌(豈) 헛될 것(徒)이 있겠느냐(哉)? 만일(如) 나(我)를 쓰는(用) 자(者)가 있다면(有), 나(吾)는 장차(其) 동쪽(東)의 주나라(周)를 만들겠(爲)다(乎).

*公山弗擾(공산불요): 계씨(季氏)의 가신이자 비읍의 읍재 ‖ *畔(반): 배반하다 ‖ *子路(자로): 공자의 제자 중유(仲由)의 자(字)로 솔직 담백하고 용맹한 정치가이자 무인 ‖ *末(말): 없다 ‖ *之(지): 가다 ‖ *也已(야이): 종결사 ‖ *徒(도): 헛되다, 보람 없다 ‖ *有~者: ~한 사람(경우)이 있다.
· 以+명사(구): 명사(구)로(써) ‖ 以費: 비읍으로.
· 不+동사/형용사 ↔ 非+명사(구) ‖ 不說: 기뻐하지 않다.
· 수식어+者 ↔ 所+수식어(동사/형용사) ‖ 召我者: 나를 부르는 자, 用我者: 나를 쓰는 자.

6장

子張問仁於孔子(자장문인어공자), 孔子曰(공자왈).
能行五者於天下(능행오자어천하), 爲仁矣(위인의).

자장(子張)이 공자(孔子)께(於) 인(仁)을 물으니(問), 공자(孔子)께서 말씀하셨다(曰). 다섯(五) 가지(者)를 천하(天下)에(於) 행할(行) 수(能) 있다면 인(仁)을 한다(爲)고 할 것이다(矣).

請問之(청문지), **曰**(왈). **恭寬信敏惠**(공관신민혜), **恭則不侮**(공즉불모), **寬則得衆**(관즉득중), **信則人任焉**(신즉인임언), **敏則有功**(민즉유공), **惠則足以使人**(혜즉족이사인).

그것(之)을 청하여(請) 물으니(問), 말씀하셨다(曰). 공손함(恭), 너그러움(寬), 믿음(信), 민첩함(敏), 은혜로움(惠)이니, 공손하(恭)면(則) 업신여기지(侮) 않고(不), 너그러우(寬)면(則) 무리(衆)를 얻고(得), 미더우(信)면(則) 남들(人)이 그에게(焉) 맡기고(任), 민첩하(敏)면(則) 공(功)이 있고(有), 은혜로우(惠)면(則) 남(人)을 부릴(使) 수(足以) 있다.

---

*子張(자장): 공자의 제자로 적극적인 성품을 소유한 인물.
· 술어+(목적어)+於(乎/于)+명사(구) ‖ 問仁於孔子: 공자에게 인을 묻다, 行五者於天下: 천하에서 다섯 가지를 행하다.
· 可(能/得/足)+술어: ~할 수 있다, ~할 만하다 / 목적어+술어 구조도 가능 ‖ 能行: 행할 수 있다.
· 수식어+者 ↔ 所+수식어(동사/형용사) ‖ 五者: 다섯 가지.
· 술어+之: 之(대명사: 그(것)을, 그(것)에) ‖ 問之: 그것을 묻다.
· 不+동사/형용사 ↔ 非+명사(구) ‖ 不侮: 업신여기지 않다.
· 焉(언): =於之 ‖ 任焉: =任於之, 그에게 맡기다.
· 有+명사: ①~이(가) 있다(술어+보어), ②~을(를) 가지고 있다(술어+목적어).
· 可(能/得/足)以+술어: ~할 수 있다, ~할 만하다 ‖ 足以使: 부릴 수 있다.
· 使+명사: 명사로 하여금 / 명사를 하게 하다 / 명사를 시키다 ‖ 使人: 사람을 부리다.

7장

佛肸(필힐), **召**(소), **子欲往**(자욕왕).

필힐(佛肸)이 부르니(召), 공자(子)께서 가시(往)려 했다(欲).

子路曰(자로왈). 昔者(석자), 由也聞諸夫子(유야문저부자), 曰(왈), 親於其身(친어기신), 爲不善者(위불선자), 君子不入也(군자불입야).

자로(子路)가 말했다(曰). 옛날(昔)에(者) 유(由, 자로)는(也) 그것(諸)을 선생님(夫子)께 들었는데(聞), 말씀하시길(曰), '친히(親) 그(其) 몸(身)에 선하지(善) 않은(不) 것을 하는(爲) 자(者)라면, 군자(君子)는 들어가지(入) 않는(不)다(也)'고 했습니다.

佛肹(필힐), 以中牟畔(이중모반), 子之往也(자지왕야), 如之何(여지하)?

필힐(佛肹)이 중모(中牟)로(以) 반란했는데도(畔), 선생님(子)께서(之) 가시려는(往)데(也) 그것(之)은 어떤(何) 것입니까(如)?

子曰(자왈). 然(연). 有是言也(유시언야). 不曰堅乎(불왈견호)? 磨而不磷(마이불린).

공자(子)께서 말씀하셨다(曰). 그렇다(然). 이러한(是) 말(言)이 있었(有)다(也). 그러나 견고하다(堅)고 말하지(曰) 않았느(不)냐(乎)? 갈아(磨)도(而) 얇아지지(磷) 않는다(不)고.

不曰白乎(불왈백호)? 涅而不緇(날이불치).

희다(白)고 말하지(曰) 않았느(不)냐(乎)? 검은 물을 들여(涅)도(而) 검지(緇) 않다(不)고.

吾豈匏瓜也哉(오기포과야재)? 焉能繫而不食(언능계이불식)?

내(吾) 어찌(豈) 포과(匏瓜, 박) 이겠느냐(也哉)? 어찌(焉) (한 곳에) 매달려(繫)서(而) 먹지(食)도 않을(不) 수(能) 있겠느냐?

*佛肸(필힐): 중모(中牟)를 거점으로 반란을 일으킨 노(魯)나라 사람 ‖ *子路(자로): 공자의 제자 중유(仲由)의 자(字)로 솔직 담백하고 용맹한 정치가이자 무인 ‖ *昔者(석자): 옛날에 ‖ *由(유): 자로(子路)의 이름 ‖ *夫子(부자): 선생님 ‖ *親(친): 친하다, 사랑하다, 몸소, 친히 ‖ *畔(반): 배반하다 ‖ *中牟(중모): 지명 ‖ *如之何(여지하): 그것이 무엇과 같은가? 어떻게 하는가? 어찌할까? 어떻게 하여, 어떠한가? ‖ *磷(인): 얇다 ‖ *涅(날): 검은 물을 들이다, 메우다, 죽다 ‖ *緇(치): 검다, 검은빛, 승려, 승복 ‖ *匏(포): 박[1], 바가지.

· 諸(저): =之於 ‖ 聞諸夫子: =聞之於夫子, 선생님께 그것을 듣다.

· 不+동사/형용사 ↔ 非+명사(구) ‖ 不善: 선하지 않다. 不入: 들어가지 않다, 不曰: 말하지 않다, 不磷: 얇지 않다, 不緇: 검지 않다, 不食: 먹지 않다.

· 수식어+者 ↔ 所+수식어(동사/형용사) ‖ 爲不善者: 선하지 않은 것을 하는 자.

· 以+명사(구): 명사(구)로(써) ‖ 以中牟: 중모로.

· 之+술어: 之(주격: ~은(는)/~이(가), 목적격: ~을(를)) ‖ 子之往: 선생님이 가다.

· 有+명사: ①~이(가) 있다(술어+보어), ②~을(를) 가지고 있다(술어+목적어).

· 술어(부사어)+而+술어(부사어) ‖ 磨而不磷: 갈아도 얇아지지 않다, 涅而不緇: 물들여도 검지 않다, 繫而不食: 매달려 먹지 못하다.

8장

子曰(자왈). 由也(유야), 女聞六言六蔽矣乎(여문육언육폐의호)?

공자(子)께서 말씀하셨다(曰). 유(由)야(也), 너(女)는 육언(六言)과 육폐(六蔽)를 들었(聞)느냐(矣乎)?

對曰(대왈). 未也(미야). 居(거). 吾語女(오어여).

대답하여(對) 말했다(曰). 아직 못했습니(未)다(也). 앉거라(居). 내(吾)가 너(女)에게 말하겠다(語).

1) 박과의 한해살이 덩굴풀

好仁不好學(호인불호학), **其蔽也愚**(기폐야우), **好知不好學**(호지불호학), **其蔽也蕩**(기폐야탕), **好信不好學**(호신불호학), **其蔽也賊**(기폐야적), **好直不好學**(호직불호학), **其蔽也絞**(기폐야교), **好勇不好學**(호용불호학), **其蔽也亂**(기폐야난), **好剛不好學**(호강불호학), **其蔽也狂**(기폐야광).

인(仁)을 좋아하면서(好) 배우기(學)를 좋아하지(好) 않으면(不) 그(其) 폐단(蔽)은(也) 어리석게 되고(愚), 지혜(知)를 좋아하면서(好) 배우기(學)를 좋아하지(好) 않으면(不) 그(其) 폐단(蔽)은(也) 방종하게 되고(蕩), 믿음(信)을 좋아하면서(好) 배우기(學)를 좋아하지(好) 않으면(不) 그(其) 폐단(蔽)은(也) 해치게 되고(賊), 정직(直)을 좋아하면서(好) 배우기(學)를 좋아하지(好) 않으면(不) 그(其) 폐단(蔽)은(也) 비방하게 되고(絞), 용맹(勇)을 좋아하면서(好) 배우기(學)를 좋아하지(好) 않으면(不) 그(其) 폐단(蔽)은(也) 어지럽게 되고(亂), 굳센 것(剛)을 좋아하면서(好) 배우기(學)를 좋아하지(好) 않으면(不) 그(其) 폐단(蔽)은(也) 사납게 된다(狂).

*由(유): 공자의 제자 자로(子路)의 이름 ‖ *女(여): =汝 ‖ *矣乎(의호): 감탄·의문종결사 ‖ *蕩(탕): 방탕하다, 흔들다 ‖ *蔽(폐): 덮다, 결점 ‖ *絞(교): 목매다, 비방하다, 묶다.

· 不+동사/형용사 ↔ 非+명사(구) ‖ 不好: 좋아하지 않다.

9장

子曰(자왈). **小子**(소자), **何莫學夫詩**(하막학부시)?

공자(子)께서 말씀하셨다(曰). 너희(小子)는 어째서(何) 저(夫) 시경(詩)을 배우는(學) 이가 없느냐(莫)?

詩(시), 可以興(가이흥), 可以觀(가이관), 可以群(가이군), 可以怨(가이원), 邇之事父(이지사부), 遠之事君(원지사군), 多識於鳥獸草木之名(다식어조수초목지명).

시경(詩)은 (감흥을) 일으킬(興) 수(可以) 있고, 살필(觀) 수(可以) 있고, 무리를 지을(群) 수(可以) 있고, 원망할(怨) 수(可以) 있으며, 그것(之)을 가까이 보면(邇) 아비(父)를 섬기는 것이고(事), 그것(之)을 멀리 보면(遠) 임금(君)을 섬기는 것이며(事), 조수(鳥獸)와 초목(草木)의(之) 이름(名)을(於) 많이(多) 알게 한다(識).

※ 별해. 邇之事父, 遠之事君: 가까이로는 어버이를 섬기며, 멀리는 임금을 섬긴다.

---

*怨(원): 夗(누워뒹굴다)+心(마음)→ 분하고 원통하여 누워 뒹굴 정도의 심정.
· 莫(막): 대명사를 포함한 부정 ‖ ~하는 이가(것이) 없다.
· 可(能/得/足)以+술어: ~할 수 있다, ~할 만하다 ‖ 可以興: 일으킬 수 있다, 可以觀: 살필 수 있다, 可以群: 무리를 지을 수 있다, 可以怨: 원망할 수 있다.
· 술어+之: 之(대명사: 그(것)을, 그(것)에) ‖ 邇之: 그것을 가까이하다, 遠之: 그것을 멀리하다.
· 술어+(목적어)+於(乎/于)+명사(구) ‖ 識於鳥獸: 조수를 알다.
· 之+명사: 之(관형격: ~의/~(하)는/~ㄴ) ‖ 草木之名: 초목의 이름.

10장

子謂伯魚曰(자위백어왈). 女爲周南召南矣乎(여위주남소남의호)?

공자(子)께서 백어(伯魚)에게 일러(謂) 말씀하셨다(曰). 너(女)는 주남(周南)과 소남(召南)을 했느(爲)냐(矣乎)?

人而不爲周南召南(인이불위주남소남), 其猶正墻面而立也與(기유정장면이립야여).

사람이 되어(人)서(而) 주남(周南)과 소남(召南)을 하지(爲) 않으면(不) 그것은(其)

똑바로(正) 담장(墻)에 마주하고(面)서(而) 선(立) 것과 같을(猶) 것이다(也與).

*伯魚(백어): 공자의 아들 리(鯉) ‖ *女(여): =汝 ‖ *周南(주남)·召南(소남): 시경의 편명 ‖ *矣乎(의호): 감탄·의문종결사 ‖ *也與(야여): 추측·의문종결사.

· 술어(부사어)+而+술어(부사어) ‖ 人而不爲: 사람이 되어서 ~을 하지 않다, 面而立: 마주하고 서다.

· 不+동사/형용사 ↔ 非+명사(구) ‖ 不爲: 하지 않다.

11장

子曰(자왈). 禮云禮云(예운예운), 玉帛云乎哉(옥백운호재)? 樂云樂云(악운악운), 鍾鼓云乎哉(종고운호재)?

공자(子)께서 말씀하셨다(曰). 예(禮)라(云) 예(禮)라(云) 하는데, 옥(玉)이나 비단(帛)을 이르는(云) 것이겠느냐(乎哉)? 악(樂)이라(云) 악(樂)이라(云) 하는데, 종(鍾)이나 북(鼓)을 이르는(云) 것이겠느냐(乎哉)?

*乎哉(호재): 감탄·의문종결사 ‖ *樂: (악) 노래 / (낙/락) 즐기다 / (요) 좋아하다.

12장

子曰(자왈). 色厲而內荏(색려이내임), 譬諸小人(비저소인), 其猶穿窬之盜也與(기유천유지도야여).

공자(子)께서 말씀하셨다(曰). 얼굴빛(色)은 위엄이 있으(厲)나(而) 안으로(內) 유약한 것(荏), 그것(諸)을 소인(小人)에게 비유하면(譬) 아마도(其) (벽을) 뚫고(穿) (담을) 넘(窬)는(之) 도둑(盜)과 같다(猶)고 할 것이다(也與).

*厲(려/여): 갈다, 힘쓰다, 높다, 맑다, 미워하다, 숫돌, 역병 ‖ *荏(임): 들깨, 천연하다[2], 부드럽다, 점차로 ‖ *穿(천): 뚫다 ‖ *窬(유): 넘다 ‖ *也與(야여): 추측·의문종결사.

· 술어(부사어)+而+술어(부사어) ‖ 厲而內荏: 위엄이 있으나 안으로 유약하다.

· 諸(저): =之於 ‖ 譬諸小人: =譬之於小人, 그것을 소인에 비유하다.

· 之+명사: 之(관형격: ~의/~(하)는/~ㄴ) ‖ 穿窬之盜: 뚫고 넘는 도둑.

13장

子曰(자왈). 鄕原(향원), 德之賊也(덕지적야).

공자(子)께서 말씀하셨다(曰). 향원(鄕原)은 덕(德)의(之) 적(賊)이다(也).

*鄕原(향원): 마을 사람들로부터 신망을 얻기 위하여 여론에 영합하는 사람.

· 之+명사: 之(관형격: ~의/~(하)는/~ㄴ) ‖ 德之賊: 덕의 적.

14장

子曰(자왈). 道聽而塗說(도청이도설), 德之棄也(덕지기야).

공자(子)께서 말씀하셨다(曰). 길(道)에서 듣(聽)고(而) 길(塗)에서 말하면(說), 덕(德)이(之) 버려지는(棄) 것이다(也).

· 술어(부사어)+而+술어(부사어) ‖ 道聽而塗說: 길에서 듣고 길에서 말하다.

· 之+술어: 之(주격: ~은(는)/~이(가), 목적격: ~을(를)) ‖ 德之棄: 棄德의 德도치, 덕을 버리다.

2) 일이나 날짜 따위를 미루고 지체하다

15장

子曰(자왈). 鄙夫(비부), 可與事君也與哉(가여사군야여재)?

공자(子)께서 말씀하셨다(曰). 비루한(鄙) 사람(夫)과 함께(與) 임금(君)을 섬길(事) 수(可) 있겠느냐(也與哉)?

其未得之也(기미득지야), 患得之(환득지), 旣得之(기득지), 患失之(환실지), 苟患失之(구환실지), 無所不至矣(무소부지의).

그(其)가 아직 그것(之)을 얻지(得) 못하(未)면(也) 그것(之)을 얻는(得) 것을 걱정하고(患), 이미(旣) 그것(之)을 얻었다면(得) 그것(之)을 잃는(失) 것을 걱정하니(患), 진실로(苟) 그것(之)을 잃을(失) 것을 걱정한다면(患) 이르지(至) 못하는(不) 것(所)이 없을(無) 것이다(矣).

---

*鄙(비): 더럽다, 비루하다 ‖ *也與哉(야여재): 감탄·반문종결사.
· 可(能/得/足)+술어: ~할 수 있다, ~할 만하다 / 목적어+술어 구조도 가능 ‖ 可與事: 함께 섬길 수 있다.
· 술어+之: 之(대명사: 그(것)을, 그(것)에) ‖ 得之: 그것을 얻다, 失之: 그것을 잃다.
· 수식어+者 ↔ 所+수식어(동사/형용사) ‖ 所不至: 이르지 않는 것.
· 不+동사/형용사 ↔ 非+명사(구) ‖ 不至: 이르지 않다.

16장

子曰(자왈). 古者(고자), 民有三疾(민유삼질), 今也(금야), 或是之亡也(혹시지무야).

공자(子)께서 말씀하셨다(曰). 옛날(古)에(者) 백성(民)은 세 가지(三) 병폐(疾)를 가지고 있었는데(有), 지금(今)은(也) 혹(或) 이것(是)조차도(之) 없(亡)다(也).

古之狂也(고지광야), 肆(사), 今之狂也(금지광), 蕩(탕).

옛날(古)의(之) 광인(狂)은(也) 방자했는데(肆), 지금(今)의(之) 광인(狂)은(也) 방탕하기만 하다(蕩).

古之矜也(고지긍야), 廉(염), 今之矜也(금지긍야), 忿戾(분려).

옛날(古)의(之) 긍지가 있는 사람(矜)은(也) 청렴했는데(廉), 지금(今)의(之) 긍지가 있는 사람(矜)은(也) 화내고(忿) 사납기만 하다(戾).

古之愚也(고지우야), 直(직), 今之愚也(금지우야), 詐而已矣(사이이의).

옛날(古)의(之) 어리석은 사람(愚)은(也) 곧았는데(直), 지금(今)의(之) 어리석은 사람(愚)은(也) (어리석은 듯) 가장할(詐) 뿐이다(而已矣).

*古者(고자): 옛날에 ‖ *亡: (망) 망하다 / (무) 없다 ‖ *今之(금지): 지금에, 지금의 ‖ *古之(고지): 옛날에, 옛날의 ‖ *古之狂: 옛날의 광인→ 뜻이 커서 상규(常規)에 벗어난 일을 하는 사람을 의미 ‖ *戾(려/여): 거스르다, 사납다 ‖ *而已矣(이이의): 단정종결사.

· 有+명사: ①~이(가) 있다(술어+보어), ②~을(를) 가지고 있다(술어+목적어).
· 之+술어: 之(주격: ~은(는)/~이(가), 목적격: ~을(를)) ‖ 是之亡: 이것이 없다.

17장

子曰(자왈). 巧言令色(교언영색), 鮮矣仁(선의인).

공자(子)께서 말씀하셨다(曰). 말(言)을 교묘하게 하고(巧) 낯빛(色)을 아름답게 하는(令) 이는, 적도(鮮)다(矣), 어진 사람(仁)이.

*巧(교): 교묘하게 하다 ‖ *令(영): 아름답다 ‖ *鮮(선): 드물다.

18장

子曰(자왈). 惡紫之奪朱也(오자지탈주야),
惡鄭聲之亂雅樂也(오정성지난아악야),
惡利口之覆邦家者(오이구지복방가자).

공자(子)께서 말씀하셨다(曰). 자주색(紫)이(之) 붉은색(朱)을 빼앗는(奪) 것을 미워하(惡)며(也), 정나라(鄭) 음악(聲)이(之) 아악(雅樂)을 어지럽히는(亂) 것을 미워하(惡)며(也), 날카로운(利) 입(口)이(之) 나라(邦家)를 전복시키는(覆) 것(者)을 미워한다(惡).

*惡: (악) 악하다 / (오) 미워하다 ‖ *鄭聲(정성): 정(鄭)의 음악 ‖ 아악(雅樂)과 달리 외설스럽다는 비판에서 비롯한 말 ‖ *樂: (악) 노래 / (낙/락) 즐기다 / (요) 좋아하다 ‖ *利口(이구): 말주변이 있다, 달변이다.
· 之+술어: 之(주격: ~은(는)/~이(가), 목적격: ~을(를)) ‖ 紫之奪: 자주색이 빼앗다, 鄭聲之亂: 정성이 어지럽히다, 利口之覆: 날카로운 입이 전복시키다.
· 수식어+者 ↔ 所+수식어(동사/형용사) ‖ 覆邦家者: 국가를 전복시키는 것.

19장

子曰(자왈). 予欲無言(여욕무언). 子貢曰(자공왈). 子如不言(자여불언),
則小子何述焉(즉소자하술언)?

공자(子)께서 말씀하셨다(曰). 나(予)는 말하지(言) 않으(無)려 한다(欲). 자공(子貢)이 말했다(曰). 선생님(子)께서 만약(如) 말하지(言) 않는다(不)면(則) 저희(小子)는 어찌(何) 그것을(焉) 전술하겠습니까(述)?

子曰(자왈). 天何言哉(천하언재)? 四時行焉(사시행언),
百物生焉(백물생언), 天何言哉(천하언재)?

공자(子)께서 말씀하셨다(曰). 하늘(天)이 무엇(何)을 말하더(言)냐(哉)? (그러나) 사계절(四時)이 거기에서(焉) 운행되고(行) 만물(百物)이 거기에서(焉) 자라는데(生), 하늘(天)이 무엇(何)을 말하더(言)냐(哉)?

*子貢(자공): 공자의 제자 단목사(端木賜)의 자(字)로 말솜씨와 정치적 수완이 뛰어난 인물.
· 不+동사/형용사 ↔ 非+명사(구) ‖ 不言: 말하지 않다.
· 焉(언): =於之 ‖ 述焉: =述於之, 그것을 전술하다, 行焉: =行於之, 거기에서 행하다, 生焉: =生於之, 거기에서 자라다.
· 의문문에서 의문사(대명사) 도치 ‖ 天何言: 天言何의 何도치, 하늘이 무엇을 말하는가?

20장

孺悲欲見孔子(유비욕견공자), 孔子辭以疾(공자사이질),
將命者出戶(장명자출호), 取瑟而歌(취슬이가), 使之聞之(사지문지).

유비(孺悲)가 공자(孔子)를 뵙고(見)자 했는데(欲), 공자(孔子)께서는 병(疾)으로써(以) 사양하시고(辭), 장명자(將命者)가 문(戶)을 나가자(出), 슬(瑟)을 취하여(取)서(而) 노래하며(歌), 그(之)로 하여금(使) 그것(之)을 듣게 했다(聞).

*孺悲(유비): 공자에게 사(士)의 상례(喪禮)를 배웠다고 알려진 노(魯)나라 사람 ‖ *將命者(장명자): 명을 받들어 전하는 자.
· 以+명사(구): 명사(구)로(써) ‖ 以疾: 병으로.
· 술어(부사어)+而+술어(부사어) ‖ 取瑟而歌: 슬을 취하여 노래하다.
· 使+명사: 명사로 하여금 / 명사를 하게 하다 / 명사를 시키다 ‖ 使之聞之: 그로 하여금 그것을 듣게 하다.
· 술어+之: 之(대명사: 그(것)을, 그(것)에) ‖ 聞之: 그것을 듣다.

21장

宰我問(재아문). 三年之喪(삼년지상), 期已久矣(기이구의).

재아(宰我)가 물었다(問). 삼 년(三年)의(之) 상(喪)은 기한(期)이 너무(已) 오래입니(久)다(矣).

※ 별해. 期已久矣: 1년도 너무 오래입니다.

君子三年不爲禮(군자삼년불위례), 禮必壞(예필괴), 三年不爲樂(삼년불위악), 樂必崩(악필붕).

군자(君子)가 삼 년간(三年) 예(禮)를 하지(爲) 않으면(不) 예(禮)는 반드시(必) 무너지며(壞), 삼 년간(三年) 음악(樂)을 하지(爲) 않으면(不) 음악(樂)은 반드시(必) 붕괴합니다(崩).

舊穀既沒(구곡기몰), 新穀既升(신곡기승), 鑽燧改火(찬수개화), 期可已矣(기가이의).

(1년이면) 묵은(舊) 곡식(穀)이 이미(既) 없어지고(沒), 햇(新)곡식(穀)이 이미(既) 익었으며(升), 부싯돌(燧)을 끌어(鑽) 불(火)을 고치니(改), 1년(期)이면 그만둘(已) 만합니(可)다(矣).

子曰(자왈). 食夫稻(식부도), 衣夫錦(의부금), 於女(어여), 安乎(안호)?

공자(子)께서 말씀하셨다(曰). 저(夫) 쌀밥(稻)을 먹고(食) 저(夫) 비단옷(錦)을 입는(衣) 것이 너(女)에겐(於) 편안하더(安)냐(乎)?

曰(왈). 安(안).

대답했다(曰). 편안합니다(安).

女安則爲之(여안즉위지). 夫君子之居喪(부군자지거상), 食旨不甘(식지불감), 聞樂不樂(문악불락), 居處不安故(거처불안고), 不爲也(불위야), 今女安則爲之(금여안즉위지).

네(女)가 편안하다(安)면(則) 그것(之)을 해라(爲). 무릇(夫) 군자(君子)가(之) 상(喪)에 거해서는(居) 맛있는 것(旨)을 먹어도(食) 달지(甘) 않고(不), 음악(樂)을 들어도(聞) 즐겁지(樂) 않으며(不), 거처해도(居處) 편안하지(安) 않기(不) 때문에(故) 하지(爲) 않는(不)데(也), 지금(今) 네(女)가 편안하다(安)면(則) 그것(之)을 해라(爲).

宰我出(재아출), 子曰(자왈). 予之不仁也(여지불인야). 子生三年然後(자생삼년연후), 免於父母之懷(면어부모지회), 夫三年之喪(부삼년지상), 天下之通喪也(천하지통상야).

재아(宰我)가 나가자(出), 공자(子)께서 말씀하셨다(曰). 여(予, 재아)는(之) 어질지(仁) 못하(不)도다(也). 자식(子)이 태어나(生) 삼 년(三年) (지난) 연후에야(然後) 부모(父母)의(之) 품(懷)에서(於) 면하므로(免), 무릇(夫) 삼 년(三年)의(之) 상(喪)은 천하(天下)의(之) 통용된(通) 상례(喪)이다(也).

予也有三年之愛於其父母乎(여야유삼년지애어기부모호아)?

여(予)는(也), 그(其) 부모(父母)에게(於) 삼 년(三年)의(之) 사랑(愛)이 있었을(有)까(乎)?

---

*宰我(재아): 공자의 제자 재여(宰予)로 자는 자아(子我) 또는 재아(宰我)이며, 언변에 능한 인물 ‖ *樂: (악) 노래 / (낙/락) 즐기다 / (요) 좋아하다 ‖ *升(승): 곡식이 익다 ‖ *鑽燧(찬수): 나무를 서로 맞대고 비벼서 불을 일으킴, 부싯돌 나무 ‖ *鑽(찬): 뚫다, 끌다, 모으다 ‖ *燧(수): 부싯돌, 횃불 ‖ *已矣(이의):

①그만두다, 끝나다, ②단정종결사 ‖ *女(여): =汝.

· 之+명사: 之(관형격: ~의/~(하)는/~ㄴ) ‖ 三年之喪: 삼 년의 상, 父母之懷: 부모의 품, 天下之通喪: 천하의 통용된 상례, 三年之愛: 삼 년의 사랑.
· 不+동사/형용사 ↔ 非+명사(구) ‖ 不爲: 하지 않다, 不甘: 달지 않다, 不樂: 즐겁지 않다, 不安: 편안하지 않다, 不仁: 어질지 않다.
· 可(能/得/足)+술어: ~할 수 있다, ~할 만하다 / 목적어+술어 구조도 가능 ‖ 可已: 그만둘 만하다.
· 술어+之: 之(대명사: 그(것)을, 그(것)에) ‖ 爲之: 그것을 하다.
· 之+술어: 之(주격: ~은(는)/~이(가), 목적격: ~을(를)) ‖ 君子之居: 군자가 거하다, 予之不仁: 여는 어질지 못하다.
· 술어+(목적어)+於(乎/于)+명사(구) ‖ 免於父母之懷: 부모의 품을 면하다, 有(三年之愛)於其父母: 그 부모에게 있다.
· 有+명사: ①~이(가) 있다(술어+보어), ②~을(를) 가지고 있다(술어+목적어).

22장

子曰(자왈). 飽食終日(포식종일), 無所用心(무소용심), 難矣哉(난의재). 不有博奕者乎(불유박혁자호)? 爲之猶賢乎已(위지유현호이).

공자(子)께서 말씀하셨다(曰). 배불리(飽) 먹고(食) 종일토록(終日) 마음(心)을 쓰는(用) 것(所)이 없다면(無), 어려울(難) 것이로다(矣哉). 장기나 바둑(博奕)이란 것(者)도 있지(有) 않느(不)냐(乎)? 그것(之)을 하는(爲) 것이 오히려(猶) 그만두는(已) 것보다(乎) 낫다(賢).

*矣哉(의재): 단정·감탄종결사 ‖ *博奕(박혁): 장기와 바둑.

· 수식어+者 ↔ 所+수식어(동사/형용사) ‖ 所用心: 마음을 쓰는 것, 博奕者: 장가나 바둑이란 것.
· 不+동사/형용사 ↔ 非+명사(구) ‖ 不有: 있지 않다.
· 술어+之: 之(대명사: 그(것)을, 그(것)에) ‖ 爲之: 그것을 하다.
· 술어+(목적어)+於(乎/于)+명사(구) ‖ 賢乎已: 그만하는 것보다 낫다.

23장

子路曰(자로왈). 君子尙勇乎(군자상용호)?

자로(子路)가 말했다(曰). 군자(君子)는 용맹(勇)을 숭상합니(尙)까(乎)?

子曰(자왈). 君子義以爲上(군자의이위상).

공자(子)께서 말씀하셨다(曰). 군자(君子)는 의(義)를(以) 최고(上)로 여긴다(爲).

君子有勇而無義(군자유용이무의), 爲亂(위란),
小人有勇而無義(소인유용이무의), 爲盜(위도).

군자(君子)가 용맹(勇)만 있(有)고(而) 의(義)가 없다면(無) 난(亂)이 되고(爲),
소인(小人)이 용맹(勇)만 있(有)고(而) 의(義)가 없다면(無) 도적(盜)이 된다(爲).

*子路(자로): 공자의 제자 중유(仲由)의 자(字)로 솔직 담백하고 용맹한 정치가이자 무인 ‖ *以A爲B=A以爲B, A를 B로 여기다(삼다).
· 有+명사: ①~이(가) 있다(술어+보어), ②~을(를) 가지고 있다(술어+목적어).
· 술어(부사어)+而+술어(부사어) ‖ 有勇而無義: 용맹이 있고 의가 없다.

24장

子貢曰(자공왈). 君子亦有惡乎(군자역유오호)?

자공(子貢)이 말했다(曰). 군자(君子)도 또한(亦) 미워하는 것(惡)이
있습니(有)까(乎)?

子曰(자왈). 有惡(유오). 惡稱人之惡者(오칭인지악자), 惡居下流而訕上者(오거하류이산상자), 惡勇而無禮者(오용이무례자), 惡果敢而窒者(오과감이질자).

공자(子)께서 말씀하셨다(曰). 미워하는 것(惡)이 있다(有). 남(人)의(之) 악(惡)을 칭하는(稱) 자(者)를 미워하며(惡), 하류(下流)에 있으면(居)서(而) 윗사람(上)을 비방하는(訕) 자(者)를 미워하며(惡), 용맹하기만 하(勇)고(而) 예(禮)가 없는(無) 자(者)를 미워하며(惡), 과감하기만 하(果敢)고(而) 막힌(窒) 자(者)를 미워한다(惡).

曰(왈). 賜也亦有惡乎(사야역유오호)?

(공자께서) 말씀하셨다(曰). 사(賜, 자공)야(也), 또한(亦) 미워하는 것(惡)이 있느(有)냐(乎)?

惡徼以爲知者(오요이위지자), 惡不孫以爲勇者(오불손이위용자), 惡訐以爲直者(오알이위직자).

살피는 것(徼)을(以) 지혜(知)로 여기는(爲) 자(者)를 미워하고(惡), 공손하지(孫) 못한(不) 것을(以) 용맹(勇)으로 여기는(爲) 자(者)를 미워하고(惡), 들추어내는 것(訐)을(以) 정직(直)으로 여기는(爲) 자(者)를 미워합니다(惡).

---

*子貢(자공): 공자의 제자 단목사(端木賜)의 자(字)로 말솜씨와 정치적 수완이 뛰어난 인물 ‖ *惡: (악) 악하다 / (오) 미워하다 ‖ *訕(산): 헐뜯다 ‖ *窒(질): 막히다, 멈추다 ‖ *賜(사): 자공(子貢)의 이름 ‖ *徼(요): 돌다, 순행하다, 구하다, 살피다, 빼앗다 ‖ *以A爲B=A以爲B, A를 B로 여기다(삼다) ‖ *訐(알): 들추어내다.

· 有+명사: ①~이(가) 있다(술어+보어), ②~을(를) 가지고 있다(술어+목적어).
· 之+명사: 之(관형격: ~의/~(하)는/~ㄴ) ‖ 人之惡: 남의 악.
· 수식어+者 ↔ 所+수식어(동사/형용사) ‖ 稱人之惡者: 남의 악을 칭하는 자, 居下流而訕上者: 하류에 거하면서 상을 헐뜯는 자, 勇而無禮者: 용맹하기만 하고 예가 없는 자, 果敢而窒者: 과감하기만 하고 막힌 자.
· 술어(부사어)+而+술어(부사어) ‖ 居下流而訕上: 하류에 거하면서 상을 헐뜯다, 勇而無禮: 용맹하기만 하고 예가 없다, 果敢而窒: 과감하기만 하고 막히다.
· 不+동사/형용사 ↔ 非+명사(구) ‖ 不孫: 공손하지 않다.

25장

子曰(자왈). 唯女子與小人(유여자여소인), 爲難養也(위난양야).

공자(子)께서 말씀하셨다(曰). 오직(唯) 여자(女子)와(與) 소인(小人)은 다스리기(養, 대하기) 어렵게(難) 된(爲)다(也).

近之則不孫(근지즉불손), 遠之則怨(원지즉원).

그들(之)을 가까이하(近)면(則) 불손(不孫)하고, 그들(之)을 멀리하(遠)면(則) 원망한다(怨).

· (명사)+與(及)+명사(구) ∥ 女子與小人: 여자와 소인.
· 술어+之: 之(대명사: 그(것)을, 그(것)에) ∥ 近之: 그를 가까이하다, 遠之: 그를 멀리하다.
· 不+동사/형용사 ↔ 非+명사(구) ∥ 不孫: 공손하지 않다.

26장

子曰(자왈). 年四十而見惡焉(연사십이견오언), 其終也已(기종야이).

공자(子)께서 말씀하셨다(曰). 나이(年) 마흔이 되어서(四十)도(而) 그들에게(焉) 미움(惡)을 당하면(見), 아마도(其) 끝날(終) 뿐일 것이다(也已).

*惡: (악) 악하다 / (오) 미워하다 ∥ *也已(야이): 종결사.
· 술어(부사어)+而+술어(부사어) ∥ 四十而見: 40이 되어서도 당하다.
· 焉(언): =於之 ∥ 惡焉: =惡於之, 그들에게 미움받는다.

18편

미자

微子

1장

微子去之(미자거지), 箕子爲之奴(기자위지노), 比干諫而死(비간간이사).

미자(微子)가 그(之, 주왕)를 떠났고(去), 기자(箕子)는 그(之)의 종(奴)이 되었고(爲), 비간(比干)은 간하다(諫)가(而) 죽었다(死).

※ 之: 주왕(紂王)을 의미한다.

孔子曰(공자왈). 殷有三仁焉(은유삼인언).

공자(孔子)께서 말씀하셨다(曰). 은나라(殷) 거기에는(焉) 세 명(三)의 인자(仁)가 있었다(有).

---

*微子(미자): 은(殷)의 마지막 군주인 주왕(紂王)의 이복형 ‖ *箕子(기자): 주왕(紂王)의 숙부 ‖ *比干(비간): 주왕(紂王)의 폭정을 간하다가 살해된 정치가.

· 술어+之: 之(대명사: 그(것)을, 그(것)에) ‖ 去之: 그를 떠나다, 爲之奴: 그의 노예가 되다.

· 술어(부사어)+而+술어(부사어) ‖ 諫而死: 간하다가 죽다.

· 有+명사: ①~이(가) 있다(술어+보어), ②~을(를) 가지고 있다(술어+목적어).

· 焉(언): =於之, 거기에.

2장

柳下惠爲士師(유하혜위사사), 三黜(삼출), 人曰(인왈).
子未可以去乎(자미가이거호)?

유하혜(柳下惠)가 사사(士師)가 되고(爲) 세 번(三) 쫓겨나자(黜), (어떤) 사람(人)이 말했다(曰). 선생님(子)께서는 떠날(去) 수(可以) 있지 않으셨(未)나요(乎)?

曰(왈). 直道而事人(직도이사인), 焉往而不三黜(언왕이불삼출)?
枉道而事人(왕도이사인), 何必去父母之邦(하필거부모지방)?

말했다(曰). 도(道)를 세워(直)서(而) 사람(人)을 섬기면(事), 어디(焉)에 가서(往)도(而) 세 번(三) 쫓겨나지(黜) 않겠습니까(不)? 도(道)를 굽혀(枉)서(而) 사람(人)을 섬긴다면(事), 어찌(何) 꼭(必) 부모(父母)의(之) 나라(邦)를 떠나야 하겠습니까(去)?

*柳下惠(유하혜): 노(魯)의 현자(賢者) ‖ *士師(사사): 재판관 ‖ *黜(출): 내쫓기다.
· 可(能/得/足)以+술어: ~할 수 있다, ~할 만하다 ‖ 可以去: 떠날 수 있다.
· 술어(부사어)+而+술어(부사어) ‖ 直道而事: 도를 세워서 섬기다, 往而黜: 가더라도 축출되다, 枉道而事: 도를 굽혀 섬기다.
· 不+동사/형용사 ↔ 非+명사(구) ‖ 不黜: 축출되지 않다.
· 之+명사: 之(관형격: ~의/~(하)는/~ㄴ) ‖ 父母之邦: 부모의 나라.

3장

齊景公待孔子曰(제경공대공자왈). 若季氏則吾不能(약계씨즉오불능),
以季孟之間(이계맹지간), 待之(대지).

제나라(齊) 경공(景公)이 공자(孔子)를 대우하는(待) 것을 말했다(曰). 만약(若) (노나라) 계씨(季氏)라면(則) 내(吾)가 (대우)할 수(能) 없지만(不), 계씨(季)와 맹씨(孟)의(之) 사이(間)로(以) 당신(之)을 대우하겠소(待).

曰(왈). 吾老矣(오노의), 不能用也(불능용야).

(다시) 말씀하셨다(曰). 제(吾)가 늙었으(老)니(矣), 쓸(用) 수(能) 없습니(不)다(也).

孔子行(공자행).

공자(孔子)께서 떠나셨다(行).

*景公(경공): 제(齊)의 군주 ‖ *待(대): 대접하다, 대우하다 ‖ *季氏(계씨): 노(魯)나라에서 장기간 실권을 장악했던 삼가자 중 하나인 계손씨(季孫氏) ‖ *季孟(계맹): 노(魯)의 대부 계손씨와 맹손씨.

· 不+동사/형용사 ↔ 非+명사(구) ‖ 不能: 할 수 없다, 不能用: 쓸 수 없다.
· 以+명사(구): 명사(구)로(써) ‖ 以季孟之間: 계맹의 중간으로.
· 之+명사: 之(관형격: ~의/~(하)는/~ㄴ) ‖ 季孟之間: 계맹의 중간.
· 술어+之: 之(대명사: 그(것)을, 그(것)에) ‖ 待之: 그를 대우하다.
· 可(能/得/足)+술어: ~할 수 있다, ~할 만하다 / 목적어+술어 구조도 가능 ‖ 能用: 쓸 수 있다.

4장

齊人歸女樂(제인귀여악), 季桓子受之(계환자수지), 三日不朝(삼일부조), 孔子行(공자행).

제나라(齊) 사람(人)이 여악(女樂)을 선물하니(歸), 계환자(季桓子)가 그것(之)을 받고(受), 사흘간(三日) 조회를 열지(朝) 않자(不), 공자(孔子)께서 떠나셨다(行).

*歸(귀): 선물하다, 보내다 ‖ *樂: (악) 노래 / (낙/락) 즐기다 / (요) 좋아하다 ‖ *季桓子(계환자): 노(魯)의 실권자 계손사(季孫斯).

· 술어+之: 之(대명사: 그(것)을, 그(것)에) ‖ 受之: 그것을 받다.
· 不+동사/형용사 ↔ 非+명사(구) ‖ 不朝: 조회하지 않다.

5장

楚狂接輿歌而過孔子曰(초광접여가이과공자왈). 鳳兮鳳兮(봉혜봉혜), 何德之衰(하덕지쇠)?

초나라(楚) 광인(狂) 접여(接輿)가 노래부르면(歌)서(而) 공자(孔子)를 지나가며(過) 말했다(曰). 봉황(鳳)이여(兮), 봉황(鳳)이여(兮). 어찌하여(何) 덕(德)이(之) 쇠했는가(衰)?

往者不可諫(왕자불가간), 來者猶可追(내자유가추), 已而已而(이이이이). 今之從政者殆而(금지종정자태이).

지난(往) 것(者)은 간할(諫) 수(可) 없지만(不) 오는(來) 것(者)은 오히려(猶) 따를(追) 수(可) 있으니, 그만둬라(已而), 그만둬라(已而). 지금(今)에(之) 정사(政)에 종사하는(從) 자(者)는 위태로울(殆) 뿐이다(而).

孔子下(공자하), 欲與之言(욕여지언), 趨而辟之(추이피지), 不得與之言(부득여지언).

공자(孔子)께서 내려서(下) 그(之, 접여)와 더불어(與) 말하고(言)자 했으나(欲), (그가) 달려가(趨)서(而) 그(之, 공자)를 피하니(辟), 그(之, 접여)와(與) 말할(言) 수(得) 없었다(不).

*接輿(접여): 초(楚)의 은자 ∥ *諫(간): 바로잡다 ∥ *已而(이이): 뒤이어, ~일 뿐이이다, 그만두다 ∥ *今之(금지): 지금에, 지금의 ∥ *而(이): ~할 뿐 ∥ *趨(추): 달아나다, 달려가다.

· 술어(부사어)+而+술어(부사어) ∥ 歌而過: 노래하며 지나가다, 趨而辟: 종종걸음치며 피하다.

· 之+술어: 之(주격: ~은(는)/~이(가), 목적격: ~을(를)) ∥ 德之衰: 덕이 쇠하다.

· 수식어+者 ↔ 所+수식어(동사/형용사) ‖ 往者: 지난 것, 來者: 올 것, 從政者: 정사에 종사하는 자.
· 不+동사/형용사 ↔ 非+명사(구) ‖ 不可諫: 간할 수 없다, 不得(與之)言: 말할 수 없다.
· 可(能/得/足)+술어: ~할 수 있다, ~할 만하다 / 목적어+술어 구조도 가능 ‖ 可諫: 간할 수 있다, 可追: 따를 수 있다, 得(與之)言: 말할 수 있다.
· (명사)+與(及)+명사(구) ‖ 與之: 그와 더불어.
· 술어+之: 之(대명사: 그(것)을, 그(것)에) ‖ 與之: 그와 더불다, 辟之: 그를 피하다.

6장

長沮桀溺(장저걸닉), 耦而耕(우이경), 孔子過之(공자과지), 使子路問津焉(사자로문진언).

장저(長沮)와 걸닉(桀溺)이 나란히 서(耦)서(而) 밭을 가는데(耕) 공자(孔子)께서 거기(之)를 지나시다가(過) 자로(子路)를 시켜(使) 그들에게(焉) 나루(津)를 묻게 했다(問).

長沮曰(장저왈). 夫執輿者爲誰(부집여자위수)?

장저(長沮)가 말했다(曰). 저(夫) 수레(輿)를 잡은(執) 자(者)는 누구(誰) 되시오(爲)?

子路曰(자로왈). 爲孔丘(위공구). 曰(왈). 是魯孔丘與(시노공구여)?

자로(子路)가 말했다(曰). 공구(孔丘)가 됩니다(爲). (장저가) 말했다(曰). 이 사람(是)이 노나라(魯) 공구(孔丘)요(與)?

曰(왈). 是也(시야). 曰(왈). 是知津矣(시지진의).

(자로가) 말했다(曰). 그렇습니(是)다(也). 말했다(曰). 이 사람(是)은 나루(津)를 알(知) 것이오(矣).

問於桀溺(문어걸닉), 桀溺曰(걸닉왈). 子爲誰(자위수)? 曰(왈). 爲仲由(위중유).

걸닉(桀溺)에게(於) 물으니(問), 걸닉(桀溺)이 말했다(曰). 그대(子)는 누구(誰) 되시오(爲)? 말했다(曰). 중유(仲由)가 됩니다(爲).

曰(왈). 是魯孔丘之徒與(시노공구지도여)? 對曰(대왈). 然(연).

말했다(曰). 이(是, 그대)가 노나라(魯) 공구(孔丘)의(之) 무리(徒)요(與)? 대답하여(對) 말했다(曰). 그렇습니다(然).

曰(왈). 滔滔者(도도자), 天下皆是也(천하개시야), 而誰以易之(이수이역지).

말했다(曰). 도도한(滔滔) 것(者)이 천하(天下)에 모두(皆)가 이러할(是)진(也)데(而), 누구(誰)와(以) 그것(之)을 바꾸리오(易)?

且而與其從辟人之士也(차이여기종피인지사야), 豈若從辟世之士哉(기약종피세지사재)? 耰而不輟(우이불철).

또(且) 그리고(而) 사람(人)을 피하(辟)는(之) 선비(士)를 따르는(從) 것보다(與其)는(也), 차라리(豈若) 세상(世)을 피하(辟)는(之) 선비(士)를 따르는 것(從)이 낫지 않겠소(哉)? 씨앗을 덮으(耰)며(而) (일을) 멈추지(輟) 않았다(不).

子路行以告(자로행이고), 夫子憮然曰(부자무연왈).

자로(子路)가 가서(行) 그것을(以) 고하니(告), 선생님(夫子, 공자)께서 실망하시며(憮然) 말씀하셨다(曰).

鳥獸不可與同群(조수불가여동군), 吾非斯人之徒(오비사인지도), 與而誰與(여이수여)? 天下有道(천하유도), 丘不與易也(구불여역야).

새(鳥)나 짐승(獸)과는 더불어(與) 함께(同) 무리 지을(群) 수(可) 없으니(不), 내(吾)가 이(斯) 사람들(人)의(之) 무리(徒)가 아니고(非), 함께한다(與)면(而) 누구(誰)와 함께하겠는가(與)? 천하(天下)에 도(道)가 있다면(有) 구(丘, 공자)도 더불어(與) 바꾸려 하지(易) 않았을(不) 것이다(也).

---

*長沮(장저)·桀溺(걸닉): 초(楚)의 은자 ‖ *耦(우): 나란히 가다, 마주 서다 ‖ *子路(자로): 공자의 제자 중유(仲由)의 자(字)로 솔직 담백하고 용맹한 정치가이자 무인 ‖ *仲由(중유): 공자의 제자 자로의 성과 이름 ‖ *滔(도): 물이 넘치다, 창일하다 ‖ *易: (역) 바꾸다 / (이) 쉽다 ‖ *耰(우): 곰방메, 씨앗을 덮다 ‖ *輟(철): 그치다 ‖ *與其(여기)~豈若(녕): ~하는 것보다 차라리 ~하는 것이 낫다 ‖ *夫子(부자): 선생님 ‖ *憮然(무연): 실망하는 모양.

· 술어(부사어)+而+술어(부사어) ‖ 耦而耕: 나란히 서서 밭을 갈다, 耰而不輟: 씨앗을 덮으며 멈추지 않다, 與而誰與: 함께하면 누구와 함께하는가?
· 술어+之: 之(대명사: 그(것)을, 그(것)에) ‖ 過之: 거기를 지나다, 易之: 그것을 바꾸다.
· 使+명사: 명사로 하여금 / 명사를 하게 하다 / 명사를 시키다 ‖ 使子路問: 자로로 하여금 묻게 하다.
· 焉(언): =於之 ‖ 問津焉: =問津於之, 그에게 나루를 묻다.
· 수식어+者 ↔ 所+수식어(동사/형용사) ‖ 執輿者: 수레를 잡은 자, 滔滔者: 도도한 것.
· 술어+(목적어)+於(乎/于)+명사(구) ‖ 問於桀溺: 걸닉에게 묻다.
· 之+명사: 之(관형격: ~의/~(하)는/~ㄴ) ‖ 孔丘之徒: 공구의 무리, 辟人之士: 사람을 피하는 선비, 辟世之士: 세상을 피하는 선비, 斯人之徒: 이 사람의 무리.
· 不+동사/형용사 ↔ 非+명사(구) ‖ 不輟: 멈추지 않다, 不可(與同)群: 무리 지을 수 없다, 非斯人之徒: 이 사람의 무리가 아니다, 不(與)易: 바꾸지 않다.
· 以+술어: =以+之(대명사)+술어 ‖ 以告: =以之告, 그것을 고하다.

· 可(能/得/足)+술어: ~할 수 있다, ~할 만하다 / 목적어+술어 구조도 가능 ‖ 可(與同)群: 무리 지을 수 있다.
· 有+명사: ①~이(가) 있다(술어+보어), ②~을(를) 가지고 있다(술어+목적어).

7장

子路從而後(자로종이후), 遇丈人(우장인), 以杖荷蓧(이장하조).

자로(子路)가 따라가다(從)가(而) 뒤처졌는데(後), 지팡이(杖)로(以) 삼태기(蓧)를 멘(荷) 노인(丈人)을 만났다(遇).

子路問曰(자로문왈). 子見夫子乎(자견부자호)?

자로(子路)가 물어(問) 말했다(曰). 노인(子)께서는 선생님(夫子, 공자)을 보셨습니(見)까(乎)?

丈人曰(장인왈). 四體不勤(사체불근), 五穀不分(오곡불분), 孰爲夫子(숙위부자).

노인(丈人)이 말했다(曰). 사체(四體), (그것도) 부지런히 하지(勤) 못하고(不), 오곡(五穀), (그것도) 분별하지(分) 못하면서(不), 누구(孰)를 선생(夫子)이라 하시는가(爲)?

植其杖而芸(치기장이운). 子路拱而立(자로공이립), 止子路宿(지자로숙), 殺鷄爲黍而食之(살계위서이사지), 見其二子焉(현기이자언).

그(其) 지팡이(杖)를 꽂고(植)서(而) 김을 매었다(芸). 자로(子路)가 두 손을 마주잡(拱)고(而) 서 있으니(立), 자로(子路)를 붙잡아(止) 묵게 하고(宿),

닭(鷄)을 잡고(殺) 기장밥(黍)을 지어(爲)서(而) 그(之)를 먹이며(食), 그(其)의 두(二) 아들(子)을 그에게(焉) 보였다(見).

明日(명일), 子路行以告(자로행이고), 子曰(자왈). 隱者也(은자야).

명일(明日) 자로(子路)가 가서(行) 그것을(以) 고하니(告), 공자(子)께서 말씀하셨다(曰). 은자(隱者)시다(也).

使子路反見之(사자로반견지), 至則行矣(지즉행의).

자로(子路)로 하여금(使) 돌아가서(反) 그(之)를 보게(見) 했는데, (그곳에) 이른(至), 즉(則) 가버렸(行)다(矣).

子路曰(자로왈). 不仕無義(불사무의), 長幼之節(장유지절), 不可廢也(불가폐야), 君臣之義(군신지의), 如之何其廢之(여지하기폐지)?

자로(子路)가 말했다(曰). 벼슬하지(仕) 않는(不) 것은 의(義)가 없는(無) 것이니, 장유(長幼)의(之) 예절(節)도 폐할(廢) 수(可) 없는(不)데(也), 군신(君臣)의(之) 의(義)는 어떻게(如之何) 장차(其) 그것(之)을 폐하겠는가(廢)?

欲潔其身而亂大倫(욕결기신이난대륜).

자기(其) 몸(身)을 깨끗이(潔) 하려(欲)고(而) 큰(大) 인륜(倫)을 어지럽히는구나(亂).

君子之仕也(군자지사야), 行其義也(행기의야), 道之不行(도지불행), 已知之矣(이지지의).

군자(君子)가(之) 벼슬하는(仕) 것은(也) 그(其) 의(義)를 행하는(行) 것이니(也), 도(道)가(之) 행해지지(行) 않는(不) 것, 이미(已) 그것(之)을 알고(知) 있다(矣).

*子路(자로): 공자의 제자 중유(仲由)의 자(字)로 솔직 담백하고 용맹한 정치가이자 무인 ‖ *夫子(부자): 선생님 ‖ *芸(운): 김매다 ‖ *止(지): 붙잡다 ‖ *如之何(여지하): 그것이 무엇과 같은가? 어떻게 하는가? 어찌할까? 어떻게 하여, 어떠한가?

· 以+명사(구): 명사(구)로(써) ‖ 以杖: 지팡이로.
· 不+동사/형용사 ↔ 非+명사(구) ‖ 不勤: 부지런하지 않다, 不分: 분별하지 못하다, 不仕: 벼슬하지 않다, 不可廢: 폐할 수 없다, 不行: 행하지 않다.
· 의문문에서 의문사(대명사) 도치 ‖ 孰爲夫子: 爲孰夫子의 孰도치, 누구를 선생이라 하는가?
· 술어(부사어)+而+술어(부사어) ‖ 植其杖而芸: 그 지팡이를 꽂고 김매다, 拱而立: 마주 잡고 서다, 爲黍而食: 기장밥을 지어 먹이다, 潔其身而亂: 그 몸을 깨끗이 하고 ~을 어지럽히다.
· 술어+之: 之(대명사: 그(것)을, 그(것)에) ‖ 食之: 그를 먹이다, 見之: 그를 보다, 廢之: 그것을 폐지하다, 知之: 그것을 알다.
· 焉(언): =於之 ‖ 二子焉: =二子於之, 그에게 두 아들을.
· 以+술어: =以+之(대명사)+술어 ‖ 以告: =以之告, 그것을 고하다.
· 수식어+者 ↔ 所+수식어(동사/형용사) ‖ 隱者: 은둔한 자.
· 使+명사: 명사로 하여금 / 명사를 하게 하다 / 명사를 시키다 ‖ 使子路反: 자로로 하여금 돌아가게 하다.
· 可(能/得/足)+술어: ~할 수 있다, ~할 만하다 / 목적어+술어 구조도 가능 ‖ 可廢: 폐할 수 있다.
· 之+명사: 之(관형격: ~의/~(하)는/~ㄴ) ‖ 長幼之節: 장유의 예절, 君臣之義: 군신의 의.
· 之+술어: 之(주격: ~은(는)/~이(가), 목적격: ~을(를)) ‖ 君子之仕: 군자가 벼슬하다, 道之不行: 도가 행해지지 않다.

8장

逸民(일민), **伯夷**(백이), **叔齊**(숙제), **虞仲**(우중), **夷逸**(이일), **朱張**(주장), **柳下惠**(유하혜), **少連**(소련).

은둔한(逸) 사람(民)은 백이(伯夷), 숙제(叔齊), 우중(虞仲), 이일(夷逸), 주장(朱張), 유하혜(柳下惠), 소련(少連)이다.

子曰(자왈). 不降其志(불강기지), 不辱其身(불욕기신), 伯夷叔齊與(백이숙제여).

공자(子)께서 말씀하셨다(曰). 그(其) 뜻(志)을 굴복하지(降) 않고(不), 그(其) 몸(身)을 욕되게 하지(辱) 않은(不) 이는 백이(伯夷)와 숙제(叔齊)로다(與).

謂柳下惠少連(위유하혜소련), 降志辱身矣(강지욕신의), 言中倫(언중륜), 行中慮(행중려), 其斯而已矣(기사이이의).

유하혜(柳下惠)와 소련(少連)은 뜻(志)을 굽혀(降) 몸(身)을 욕되게 했(辱)다(矣)고 말하나(謂), 말(言)은 도리(倫)에 맞았고(中) 행동(行)은 생각(慮)과 맞은(中) 것이 아마도(其) 이러(斯)했을 뿐일 것이다(而已矣).

謂虞仲夷逸(위우중이일), 隱居放言(은거방언), 身中淸(신중청), 廢中權(폐중권).

우중(虞仲)과 이일(夷逸)은 은거하면서(隱居) 말(言)을 함부로 했다(放)고 말하나(謂), 몸(身)은 깨끗함(淸)에 맞았고(中), (관직을) 그만둔 것(廢)은 권도(權)에 맞았다(中).

我則異於是(아즉이어시), 無可無不可(무가무불가).

나(我)는 곧(則) 이들(是)과(於) 달라서(異) 가한 것(可)도 없고(無) 가하지(可) 않은(不) 것도 없다(無).

---

*伯夷(백이)·叔齊(숙제): 주(周) 무왕(武王)이 은(殷) 주왕(紂王)을 멸하자, 신하가 천자를 토벌한 것을 반대하여 주나라 곡식을 거부하고 수양산에서 굶어 죽은 형제 ‖ *虞仲(우중): 주(周) 태왕(太王, 고공단보)의 둘째 아들 ‖ *夷逸(이일): 밝혀지지 않은 인물 ‖ *朱張(주장): 밝혀지지 않은 인물 ‖ *柳下惠(유하혜): 노(魯)의 현자(賢者) ‖ *少連(소련): 공자가 상(喪)으로 칭찬한 인물 ‖

*而已矣(이이의): 단정종결사.

· 不+동사/형용사 ↔ 非+명사(구) ‖ 不降: 굴복하지 않다, 不辱: 욕되지 않다, 不可: 가하지 않다.

· 술어+(목적어)+於(乎/于)+명사(구) ‖ 異於是: 이것과 다르다.

9장

大師摯適齊(태사지적제), **亞飯干適楚**(아반간적초),
三飯繚適蔡(삼반료적채), **四飯缺適秦**(사반결적진),
鼓方叔入於河(고방숙입어하), **播鼗武入於漢**(파도무입어한),
少師陽擊磬襄入於海(소사양격경양입어해).

태사(大師) 지(摯)는 제나라(齊)에 가고(適), 아반(亞飯) 간(干)은 초나라(楚)에 가고(適), 삼반(三飯) 요(繚)는 채나라(蔡)에 가고(適), 사반(四飯) 결(缺)은 진나라(秦)에 가고(適), 북을 치던(鼓) 방숙(方叔)은 황하(河)에(於) 들어가고(入), 땡땡이(鼗)를 흔들던(播) 무(武)는 한(漢)에(於) 들어가고(入), 소사(少師) 양(陽)과 경쇠(磬) 치던(擊) 양(襄)은 바다(海)에(於) 들어갔다(入).

*大師(태사): 악사(樂師)의 장 ‖ *亞飯(아반)·三飯(삼반)·四飯(사반): 점심·새참·저녁(문맥상 각 시기를 담당하는 악사) ‖ *摯(지)·干(간)·繚(요)·缺(결)·方叔(방숙)·武(무)·陽(양)·襄(양): 이름 ‖ *鼗(도): 땡땡이 ‖ *少師(소사): 태사의 보좌관 ‖ *磬(경): 경쇠.

10장

周公謂魯公曰(주공위노공왈). 君子不施其親(군자불이기친), 不使大臣怨乎不以(불사대신원호불이), 故舊無大故則不棄也(고구무대고즉불기야), 無求備於一人(무구비어일인).

주공(周公)이 노공(魯公)에게 일러(謂) 말했다(曰). 군자(君子)는 그(其) 친척(親)을 버리지(施) 않으며(不), 대신(大臣)으로 하여금(使) 써주지(以) 않는(不) 것을(乎) 원망하게 하지(怨) 않으며(不), 친구(故舊)가 큰(大) 이유(故)가 없다(無)면(則) (그를) 버리지(棄) 않으(不)며(也), 한(一) 사람(人)에게(於) (모든 것을) 갖추는 것(備)을 요구하지(求) 않는다(無).

---

*周公(주공): 주(周) 무왕(武王)의 동생으로 노(魯)의 제후 ‖ *魯公(노공): 주공(周公)의 맏아들 백금(伯禽) ‖ *施: (이) 옮기다, 버리다 / (시) 베푼다 ‖ *故舊(고구): 친구.
· 不+동사/형용사 ↔ 非+명사(구) ‖ 不施: 버리지 않다, 不(使大臣)怨: 원망하지 않다, 不以: 쓰지 않다, 不棄: 버리지 않다.
· 以+명사(구): 명사(구)로(써) ‖ 使大臣: 대신으로 하여금.
· 술어+(목적어)+於(乎/于)+명사(구) ‖ 怨乎不以: 써주지 않는 것을 원망하다, 求備於一人: 한 사람에게 갖추기를 요구하다.

11장

周有八士(주유팔사), 伯達(백달), 伯适(백괄), 仲突(중돌), 仲忽(중홀), 叔夜(숙야), 叔夏(숙하), 季隨(계수), 季騧(계와).

주나라(周)에 여덟(八) 선비(士)가 있었는데(有), 백달(伯達)과 백괄(伯适), 중돌(仲突)과 중홀(仲忽), 숙야(叔夜)와 숙하(叔夏), 계수(季隨)와 계와(季騧)이다.

· 有+명사: ①~이(가) 있다(술어+보어), ②~을(를) 가지고 있다(술어+목적어).

19편

자장
子張

1장

子張曰(자장왈), 士見危致命(사견위치명), 見得思義(견득사의), 祭思敬(제사경), 喪思哀(상사애), 其可已矣(기가이의).

자장(子張)이 말했다(曰). 선비(士)는 (나라의) 위태로움(危)을 보면(見) 명(命, 목숨)을 다하며(致), 얻는 것(得)을 보면(見) 의(義)를 생각하며(思), 제사(祭)에서는 공경(敬)을 생각하고(思), 상(喪)에서는 슬픔(哀)을 생각한다면(思), 아마도(其) 괜찮다(可)고 할 것이다(已矣).

※ 별해. 可已矣: 다하였다고 할 수 있을 것이다.

*子張(자장): 공자의 제자로 적극적인 성품을 소유한 인물 ∥ *其可已矣(기가이의): 아마도 괜찮다고 할 것이다 ∥ *其(기): 아마도(추측) ∥ *已矣(이의): ①그만두다, 끝나다, ②단정종결사.

2장

子張曰(자장왈), 執德不弘(집덕불홍), 信道不篤(신도불독), 焉能爲有(언능위유), 焉能爲亡(언능위무)?

자장(子張)이 말했다(曰). 덕(德)을 잡은(執) 것이 넓지(弘) 못하고(不), 도(道)를 믿는(信) 것이 도탑치(篤) 못하다면(不), 어찌(焉) (덕이나 도를) 가지고 있다(有)고 할(爲) 수(能) 있으며, 어찌(焉) 없다(亡)고 할(爲) 수(能) 있겠는가?

*子張(자장): 공자의 제자 복상(卜商)의 자(字)로 적극적인 성품을 소유한 인물 ∥ *篤(독): 도탑다, 매우 ∥ *亡: (망) 망하다 / (무) 없다.

· 不+동사/형용사 ↔ 非+명사(구) ∥ 不弘: 넓지 않다, 不篤: 도탑지 않다.

· 可(能/得/足)+술어: ~할 수 있다, ~할 만하다 / 목적어+술어 구조도 가능 ∥ 能爲: 할 수 있다.

3장

子夏之門人問交於子張(자하지문인문교어자장), 子張曰(자장왈), 子夏云何(자하운하)?

자하(子夏)의(之) 문인(門人)이 자장(子張)에게(於) 사귐(交)을 물으니(問), 자장(子張)이 말했다(曰). 자하(子夏)는 무엇이라(何)고 일컫던가(云)?

對曰(대왈). 子夏曰(자하왈), 可者與之(가자여지), 其不可者拒之(기불가자거지).

대답하여(對) 말했다(曰). 자하(子夏)가 말하길(曰), '(사귈)만한(可) 자(者), 그(之)와 함께하고(與), 그(其)가 (사귈)만하지(可) 못한(不) 자(者)라면 그(之)를 거절하라(拒)'고 했습니다.

子張曰(자장왈). 異乎吾所聞(이호오소문).

자장(子張)이 말했다(曰). 내(吾)가 들은(聞) 것(所)과(乎) 다르다(異).

君子尊賢而容衆(군자존현이용중), 嘉善而矜不能(가선이긍불능), 我之大賢與(아지대현여), 於人(어인), 何所不容(하소불용)?

군자(君子)는 어진 이(賢)를 존경하지(尊)만(而) 무리(衆, 대중)도 포용하며(容), 잘하는 이(善)를 기리지(嘉)만(而) 잘하지(能) 못하는(不) 이도 불쌍히 여기니(矜), 내(我)가(之) 크게(大) 어질다(賢)면(與) 남(人)에게(於) 무엇인들(何) 용납하지(容) 못하는(不) 것(所)이 있겠는가?

我之不賢與(아지불현여), 人將拒我(인장거아),
如之何其拒人也(여지하기거인야)?

내(我)가(之) 어질지(賢) 못하다(不)면(與) 남(人)이 장차(將) 나(我)를 거절할지니(拒), 그것(之)을 어떻게(何) 하여(如) 장차(其)가 남(人)을 거절하겠는(拒)가(也)?

---

*子夏(자하): 공자의 제자 복상(卜商)의 자(字)로 시와 예에 능통한 인물 ‖ *子張(자장): 공자의 제자로 적극적인 성품을 소유한 인물 ‖ *如之何(여지하): 그것이 무엇과 같은가? 그것을 어떻게 하는가? 어찌할까? 어떻게 하여.

· 之+명사: 之(관형격: ~의/~(하)는/~ㄴ) ‖ 子夏之門人: 자하의 문인.

· 술어+(목적어)+於(乎/于)+명사(구) ‖ 問交於子張: 자장에게 사귐을 묻다, 異乎吾所聞: 내가 들은 것과 다르다.

· 수식어+者 ↔ 所+수식어(동사/형용사) ‖ 可者: 만한 자, 所聞: 들은 바, 所不容: 용납하지 않는 것.

· 술어+之: 之(대명사: 그(것)을, 그(것)에) ‖ 與之: 그와 함께하다, 拒之: 그를 거절하다.

· 不+동사/형용사 ↔ 非+명사(구) ‖ 不可: 가하지 않다, 不能: 잘하지 않다, 不容: 용납하지 않다, 不賢: 어질지 않다.

· 술어(부사어)+而+술어(부사어) ‖ 尊賢而容: 어진 이를 존경하되 ~을 포용하다, 嘉善而矜: 잘하는 것을 기리되 ~을 불쌍히 여기다.

· 之+술어: 之(주격: ~은(는)/~이(가), 목적격: ~을(를)) ‖ 我之大賢: 내가 크게 어질다, 我之不賢: 내가 어질지 않다.

4장

子夏曰(자하왈). 雖小道(수소도), 必有可觀者焉(필유가관자언).

자하(子夏)가 말했다(曰). 비록(雖) 작은(小) 도(道, 기예)라도 반드시(必) 살필(觀) 만한(可) 것(者)이 거기에(焉) 있다(有).

致遠恐泥(치원공니), 是以(시이), 君子不爲也(군자불위야).

(그러나) 먼 곳(遠)에 이르는 데(致) 빠질 것(泥)이 두려우니(恐), 이(是) 때문(以)에 군자(君子)가 (작은 기예를) 하지(爲) 않는(不) 것이다(也).

*子夏(자하): 공자의 제자 복상(卜商)의 자(字)로 시와 예에 능통한 인물 ‖ *恐(공): 두렵다 ‖ *致遠恐泥(치원공니): 군자가 잡술에 힘을 쓰면 유도(儒道)를 닦는 데 지장이 있다고 훈계한 말.

· 有+명사: ①~이(가) 있다(술어+보어), ②~을(를) 가지고 있다(술어+목적어).

· 可(能/得/足)+술어: ~할 수 있다, ~할 만하다 / 목적어+술어 구조도 가능 ‖ 可觀: 살필 만하다.

· 수식어+者 ↔ 所+수식어(동사/형용사) ‖ 可觀者: 살필 만한 것.

· 焉(언): =於之, 거기에.

· 不+동사/형용사 ↔ 非+명사(구) ‖ 不爲: 하지 않다.

5장

子夏曰(자하왈). 日知其所亡(일지기소무), 月無忘其所能(월무망기소능), 可謂好學也已矣(가위호학야이의).

자하(子夏)가 말했다(曰). 날마다(日) 그(其)에게 없는(亡) 것(所)을 알고(知), 달마다(月) 그(其)에게 능한(能) 것(所)을 잊지(忘) 않는다면(無), 배우기(學)를 좋아한다(好)고 말할(謂) 수(可) 있을 뿐이다(也已矣).

*子夏(자하): 공자의 제자 복상(卜商)의 자(字)로 시와 예에 능통한 인물 ‖ *亡: (망) 망하다 / (무) 없다 ‖ *也已矣(야이의): 단정종결사.

· 수식어+者 ↔ 所+수식어(동사/형용사) ‖ 所亡: 없는 것, 所能: 능한 것.

· 可(能/得/足)+술어: ~할 수 있다, ~할 만하다 / 목적어+술어 구조도 가능 ‖ 可謂: 말할 수 있다.

6장

子夏曰(자하왈). **博學而篤志**(박학이독지), **切問而近思**(절문이근사), **仁在其中矣**(인재기중의).

자하(子夏)가 말했다(曰). 배우는 것(學)을 넓게 하(博)고(而) 뜻(志)을 돈독히 하며(篤), 절실하게(切) 묻(問)고(而) 가까운 것(近)부터 생각한다면(思), 인(仁)은 그(其) 안(中)에 있을(在) 것이다(矣).

*子夏(자하): 공자의 제자 복상(卜商)의 자(字)로 시와 예에 능통한 인물 ‖ *篤(독): 도탑다, 매우.

· 술어(부사어)+而+술어(부사어) ‖ 博學而篤志: 배우는 것을 넓게 하고 뜻을 돈독히 하다, 問而近思: 묻고 가까이 생각하다.

7장

子夏曰(자하왈). **百工居肆**(백공거사), **以成其事**(이성기사), **君子學以致其道**(군자학이치기도).

자하(子夏)가 말했다(曰). 백공(百工)은 작업장(肆)에 거하면서(居) 그렇게 함으로(以) 그(其) 일(事)을 이루고(成), 군자(君子)는 배우면서(學) 그렇게 함으로(以) 그(其) 도(道)를 이룬다(致).

*子夏(자하): 공자의 제자 복상(卜商)의 자(字)로 시와 예에 능통한 인물 ‖ *肆(사): 방자하다, 마구간.

· 以+술어: =以+之(대명사)+술어 ‖ 以成: =以之成, 그것으로 이루다, 以致: =以之致, 그것으로 지극히 하다.

8장

子夏曰(자하왈). 小人之過也(소인지과야), 必文(필문).

자하(子夏)가 말했다(曰). 소인(小人)은(之) 잘못하(過)면(也) 반드시(必) 꾸민다(文).

*子夏(자하): 공자의 제자 복상(卜商)의 자(字)로 시와 예에 능통한 인물 ‖ *文(문): 문장, 무늬, 아름답다, 꾸미다.
· 之+술어: 之(주격: ~은(는)/~이(가), 목적격: ~을(를)) ‖ 小人之過: 소인이 잘못하다.

9장

子夏曰(자하왈). 君子有三變(군자유삼변), 望之儼然(망지엄연), 卽之也溫(즉지야온), 聽其言也厲(청기언야려).

자하(子夏)가 말했다(曰). 군자(君子)는 세 가지(三) 변화(變)를 가지고 있으니(有), 그(之)를 바라보면(望) 엄숙하고(儼然), 그(之)를 가까이하(卽)면(也) 온화하고(溫), 그(其) 말(言)을 들으(聽)면(也) 명확하다(厲).

*子夏(자하): 공자의 제자 복상(卜商)의 자(字)로 시와 예에 능통한 인물 ‖ *儼然(엄연): 엄숙한 모양 ‖ *卽(즉): 곧, 가깝다, 가까이하다 ‖ *厲: (여/려) 갈다, 괴롭다, 맑다, 역병 / (나/라) 나환자.

10장

子夏曰(자하왈). 君子信而後勞其民(군자신이후노기민), 未信則以爲厲己也(미신즉이위여기야).

자하(子夏)가 말했다(曰). 군자(君子)는 신뢰를 얻은(信) 이후에(而後) 그(其) 백성(民)을 수고롭게 하니(勞), 아직 신뢰를 얻지(信) 못하고(未) (부리)면(則) 자기(己)를 괴롭힌다(厲)고 여긴(以爲)다(也).

信而後諫(신이후간), 未信則以爲謗己也(미신즉이위방기야).

신임을 얻은(信) 이후에(而後) 간하니(諫), 아직 신임을 얻지(信) 못하고(未) (간하)면(則) 자기(己)를 헐뜯는다(謗)고 여긴(以爲)다(也).

*子夏(자하): 공자의 제자 복상(卜商)의 자(字)로 시와 예에 능통한 인물 ‖ *以A爲B=A以爲B, A를 B로 여기다(삼다) ‖ *厲: (여/려) 갈다, 괴롭다, 맑다, 역병 / (나/라) 나환자 ‖ *謗(방): 헐뜯다, 대답하다.

11장

子夏曰(자하왈). 大德不踰閑(대덕불유한), 小德出入(소덕출입), 可也(가야).

자하(子夏)가 말했다(曰). 대덕(大德)이 법도(閑)를 넘지(踰) 않으면(不), 소덕(小德)은 출입해도(出入) 괜찮(可)다(也).

*子夏(자하): 공자의 제자로 시와 예에 능통한 인물 ‖ *踰: (유) 넘다 / (요) 멀다 ‖ *閑(한): 한가하다, 막다, 아름답다, 법도.

· 不+동사/형용사 ↔ 非+명사(구) ‖ 不踰: 넘지 않다.

12장

子游曰(자유왈). **子夏之門人小子**(자하지문인소자), **當灑掃應對進退則可矣**(당쇄소응대진퇴즉가의), **抑末也**(억말야), **本之則無**(본지즉무), **如之何**(여지하)?

자유(子游)가 말했다(曰). 자하(子夏)의(之) 문인(門人) 소자들(小子)은 물뿌리고(灑) 쓸고(掃) 응대하고(應對) 나아가고(進) 물러나는(退) 것에 당면하(當)면(則) 괜찮(可)다(矣). 그러나(抑) 말단(末)이니(也), 그것(之)을 근본한(本) 것인즉(則) 없으니(無), 그것(之)을 어찌(何)하겠는(如)가?

子夏聞之曰(자하문지왈). **噫**(희)! **言游過矣**(언유과의). **君子之道孰先傳焉**(군자지도숙선전언), **孰後倦焉**(숙후권언)?

자하(子夏)가 그것(之)을 듣고(聞) 말했다(曰). 아(噫)! 언유(言游, 자유)가 지나치(過)다(矣). 군자(君子)의(之) 도(道)에 무엇(孰)을 먼저 두고서(先) 그것(焉)을 전수하며(傳), 무엇(孰)을 나중에 두고서(後) 그것(焉)을 게을리하겠는가(倦)?

譬諸草木(비저초목), **區以別矣**(구이별의), **君子之道焉可誣也**(군자지도언가무야)? **有始有卒者**(유시유졸자), **其惟聖人乎**(기유성인호).

그것(諸)을 초목(草木)에 비유하면(譬) 종류(別)로(以) 구분하는(區) 것이니(矣), 군자(君子)의(之) 도(道)는 어찌(焉) 왜곡될(誣) 수(可) 있겠는가(也)? 시작(始)이 있고(有) 끝(卒)도 있는(有) 것(者)은 아마도(其) 오직(惟) 성인(聖人)일 것이다(乎).

*子游(자유): 공자의 제자 언언(言偃)의 자(字)로 학문에 뛰어난 오(吳)나라 사람 ‖ *子夏(자하): 공자의 제자 복상(卜商)의 자(字)로 시와 예에 능통한 인물 ‖ *抑(억): 아니면, 하지만, 그러나 ‖ *如之何(여지하): 그것이 무엇과 같은가? 어떻게 하는가? 어찌할까? 어떻게 하여, 어떠한가? ‖ *噫: (희) 한숨을 쉬다 / (애) 트림하다, 하품 ‖ *倦(권): 게으르다 ‖ *以=而 ‖ *誣(무): 속이다, 꾸미다, 더럽히다, 왜곡하다 ‖ *其: 아마도.

· 之+명사: 之(관형격: ~의/~(하)는/~ㄴ) ‖ 子夏之門人: 자하의 문인, 君子之道: 군자의 도.

· 술어+之: 之(대명사: 그(것)을, 그(것)에) ‖ 本之: 그것을 근본하다, 聞之: 그것을 듣다.

· 焉(언): =於之 ‖ 傳焉: =傳於之, 그것을 전수하다, 倦焉: 倦於之, 그것을 게을리하다.

· 의문문에서 의문사(대명사) 도치 ‖ 孰先: 先孰의 孰도치, 무엇을 먼저 두는가? 孰後: 後孰의 孰도치, 무엇을 나중에 두는가?

· 諸(저): =之於 ‖ 譬諸草木: =譬之於草木, 그것을 초목에 비유하다.

· 以+명사(구): 명사(구)로(써) ‖ 以別: 종류로.

· 可(能/得/足)+술어: ~할 수 있다, ~할 만하다 / 목적어+술어 구조도 가능 ‖ 可誣: 왜곡할 수 있다.

· 有+명사: ①~이(가) 있다(술어+보어), ②~을(를) 가지고 있다(술어+목적어).

· 수식어+者 ↔ 所+수식어(동사/형용사) ‖ 有卒者: 끝이 있는 것.

13장

子夏曰(자하왈). **仕而優則學**(사이우즉학), **學而優則仕**(학이우즉사).

자하(子夏)가 말했다(曰). 벼슬하면(仕)서(而) 넉넉하다(優)면(則) 배우고(學), 배우고(學)서(而) 넉넉하다(優)면(則) 벼슬한다(仕).

*子夏(자하): 공자의 제자 복상(卜商)의 자(字)로 시와 예에 능통한 인물.

· 술어(부사어)+而+술어(부사어) ‖ 仕而優: 벼슬하면서 넉넉하다, 學而優: 배우면서 넉넉하다.

14장

子游曰(자유왈). 喪(상), 致乎哀而止(치호애이지).

자유(子游)가 말했다(曰). 상(喪)에는 슬픔(哀)을(乎) 다하(致)고(而) 그칠 뿐이다(止).

*子游(자유): 공자의 제자 언언(言偃)의 자(字)로 학문에 뛰어난 오(吳)나라 사람.
· 술어+(목적어)+於(乎/于)+명사(구) || 致乎哀: 슬픔을 다하다.
· 술어(부사어)+而+술어(부사어) || 致(乎哀)而止: 다하고 그치다.

15장

子游曰(자유왈). 吾友張也(오우장야), 爲難能也(위난능야), 然而未仁(연이미인).

자유(子游)가 말했다(曰). 나(吾)의 벗(友) 장(張, 자장)은(也) 어려운 것(難)을 하는(爲) 데 능하(能)다(也), 그러나(然而) 어질지(仁)는 않다(未).

*子游(자유): 공자의 제자 언언(言偃)의 자(字)로 학문에 뛰어난 오(吳)나라 사람 ||
*張(장): 공자의 제자 자장(子張).
· 술어(부사어)+而+술어(부사어) || 爲(難能也)然而未仁: ~하나 어질지 못하다.

16장

曾子曰(증자왈). 堂堂乎(당당호), 張也(장야). 難與竝爲仁矣(난여병위인의).

증자(曾子)께서 말씀하셨다(曰). 당당하(堂堂)도다(乎), 장(張, 자장)이여(也).
(그러나 그와) 함께(與) 나란히(竝) 인(仁)을 하기는(爲) 어렵(難)다(矣).

*曾子(증자): 공자의 제자 증삼(曾參)으로 공자 사상을 계승하는 데 역할을 한 인물 ‖ *堂堂(당당): 위엄이 있고 떳떳한 모양.

17장

曾子曰(증자왈). 吾聞諸夫子(오문저부자),
人未有自致者也(인미유자치자야), 必也親喪乎(필야친상호).

증자(曾子)께서 말씀하셨다(曰). 내(吾)가 그것(諸)을 선생님(夫子)께 들었는데(聞), 사람(人)은 스스로(自) 다하는(致) 것(者)이 있지(有) 않지(未)만(也) 반드시(必也) 부모(親)의 상(喪)에는 (다하는 것이 있을) 것이다(乎).

*曾子(증자): 공자의 제자 증삼(曾參)으로 공자 사상을 계승하는 데 역할을 한 인물 ‖ *夫子(부자): 선생님.
· 諸(저): 之於 ‖ 聞諸夫子: =聞之於夫子, 그것을 선생님께 듣다.
· 有+명사: ①~이(가) 있다(술어+보어), ②~을(를) 가지고 있다(술어+목적어).
· 수식어+者 ↔ 所+수식어(동사/형용사) ‖ 自致者: 스스로 다하는 자.

18장

曾子曰(증자왈). 吾聞諸夫子(오문저부자), 孟莊子之孝也(맹장자지효야),
其他可能也(기타가능야), 其不改父之臣(기불개부지신),
與父之政(여부지정), 是難能也(시난능야).

증자(曾子)께서 말씀하셨다(曰). 내(吾)가 그것(諸)을 선생님(夫子)께 들었는데(聞), 맹장자(孟莊子)의(之) 효(孝)에서(也) 그(其) 다른 것(他)은 할(能)

수(可) 있겠지만(也), 그(其)중 아비(父)의(之) 신하(臣)와(與) 아비(父)의(之) 정사(政)를 고치지(改) 않는(不) 것, 이것(是)은 하기(能) 어렵(難)다(也).

*曾子(증자): 공자의 제자 증삼(曾參)으로 공자 사상을 계승하는 데 역할을 한 인물 ‖ *夫子(부자): 선생님 ‖ *孟莊子(맹장자): 노(魯)의 대부로 맹헌자(孟獻子)의 아들.

· 諸(저): 之於 ‖ 聞諸夫子: =聞之於夫子, 그것을 선생님께 듣다.

· 之+명사: 之(관형격: ~의/~(하)는/~ㄴ) ‖ 孟莊子之孝: 맹헌자의 효, 父之臣: 아비의 신하, 父之政: 아비의 정사.

· 可(能/得/足)+술어: ~할 수 있다, ~할 만하다 / 목적어+술어 구조도 가능 ‖ 可能: 할 수 있다.

· 不+동사/형용사 ↔ 非+명사(구) ‖ 不改: 고치지 않다.

· (명사)+與(及)+명사(구) ‖ 父之臣與父之政: 아비의 신하와 아비의 정사.

19장

孟氏使陽膚爲士師(맹씨사양부위사사).

맹씨(孟氏)가 양부(陽膚)로 하여금(使) 사사(士師)로 삼았다(爲).

問於曾子(문어증자), 曾子曰(증자왈).

(양부가) 증자(曾子)께(於) 물으니(問), 증자(曾子)께서 말씀하셨다(曰).

上失其道(상실기도), 民散久矣(민산구의).
如得其情則哀矜而勿喜(여득기정즉애긍이물희).

윗사람(上)이 그(其) 도(道)를 잃어서(失) 백성(民)이 흩어진 지(散) 오래되었(久)다(矣). 만일(如) 그(其) 사정(情)을 얻었다(得, 알았다)면(則), 불쌍히 여기(哀矜)고(而), 기뻐하지(喜) 말라(勿).

*孟氏(맹씨): 노(魯)나라에서 장기간 실권을 장악했던 맹손씨(孟孫氏)로 보는 예도 있으나 명확하지 않음 ‖ *陽膚(양부): 증자(曾子)의 제자 ‖ *士師(사사): 재판관 ‖ *曾子(증자): 공자의 제자 증삼(曾參)으로 공자 사상을 계승하는 데 역할을 한 인물.

· 使+명사: 명사로 하여금 / 명사를 하게 하다 / 명사를 시키다 ‖ 使陽膚爲士師: 양부로 하여금 사사가 되게 하다.

· 술어+(목적어)+於(乎/于)+명사(구) ‖ 問於曾子: 증자에게 묻다.

· 술어(부사어)+而+술어(부사어) ‖ 哀矜而勿喜: 불쌍히 여기고 기뻐하지 마라.

20장

子貢曰(자공왈). 紂之不善(주지불선), 不如是之甚也(불여시지심야).

자공(子貢)이 말했다(曰). 주왕(紂)도(之) 선하지(善) 않은(不) 것이 이(是)와 같(如)은(之) 심함(甚)은 있지 않았을(不) 것이다(也).

是以(시이), 君子惡居下流(군자오거하류), 天下之惡(천하지악), 皆歸焉(개귀언).

이(是) 때문(以)에 군자(君子)는 하류(下流)에 거하는 것(居)을 싫어하니(惡), 천하(天)의(之) 악(惡)이 모두(皆) 거기로(焉) 모여들기 때문이다(歸).

*子貢(자공): 공자의 제자 단목사(端木賜)의 자(字)로 말솜씨와 정치적 수완이 뛰어난 인물 ‖ *紂(주): 은(殷)의 마지막 왕인 주왕(紂王) ‖ *惡: (악) 악하다 / (오) 미워하다.

· 之+술어: 之(주격: ~은(는)/~이(가), 목적격: ~을(를)) ‖ 紂之不善: 주가 선하지 않다.

· 不+동사/형용사 ↔ 非+명사(구) ‖ 不善: 선하지 않다, 不(如是之)甚: 심함이 있지 않다.

· 之+명사: 之(관형격: ~의/~(하)는/~ㄴ) ‖ 如是之甚: 이와 같은 심함, 天下之惡: 천하의 악.

· 焉(언): =於之 ‖ 歸焉: =歸於之, 거기에 귀의하다.

21장

子貢曰(자공왈). 君子之過也(군자지과야), 如日月之食焉(여일월지식언), 過也(과야), 人皆見之(인개견지), 更也(경야), 人皆仰之(인개앙지).

자공(子貢)이 말했다(曰). 군자(君子)의(之) 허물(過)은(也) 마치 해(日)와 달(月)이(之) 그것을(焉) 먹는(食) 것과 같아서(如), 허물(過)이(也) 있으면, 사람들(人)이 모두(皆) 그것(之)을 보고(見), (허물을) 고치(更)면(也) 사람들(人)이 모두(皆) 그것(之)을 우러러본다(仰).

*子貢(자공): 공자의 제자 단목사(端木賜)의 자(字)로 말솜씨와 정치적 수완이 뛰어난 인물.
· 之+명사: 之(관형격: ~의/~(하)는/~ㄴ) ‖ 君子之過: 군자의 허물.
· 之+술어: 之(주격: ~은(는)/~이(가), 목적격: ~을(를)) ‖ 日月之食: 일월이 먹다.
· 焉(언): =於之 ‖ 食焉: =食於之, 그것을 먹다.
· 술어+之: 之(대명사: 그(것)을, 그(것)에) ‖ 見之: 그것을 보다, 仰之: 그것을 우러러보다.

22장

衛公孫朝問於子貢曰(위공손조문어자공왈). 仲尼焉學(중니언학)?

위나라(衛) 공손조(公孫朝)가 자공(子貢)에게(於) 물어(問) 말했다(曰). 중니(仲尼, 공자)는 어디에서(焉) 배웠습니까(學)?

子貢曰(자공왈). 文武之道未墜於地(문무지도미추어지), 在人(재인).

자공(子貢)이 말했다(曰). 문무(文武, 문왕과 무왕)의(之) 도(道)가 아직 땅(地)에(於) 떨어지지(墜) 않고(未) 사람들(人)에게 있습니다(在).

賢者(현자), **識其大者**(식기대자), **不賢者**(불현자), **識其小者**(식기소자), **莫不有文武之道焉**(막불유문무지도언), **夫子焉不學**(부자언불학), **而亦何常師之有**(이역하상사지유)?

어진(賢) 자(者)는 그(其) 큰(大) 것(者)을 알고(識), 어질지(賢) 못한(不) 자(者)는 그(其) 작은(小) 것(者)을 알고(識) 있으니, 문무(文武)의(之) 도(道)가 여기에(焉) 있지(有) 않은(不) 것이 없으니(莫), 선생님(夫子)께서는 어디에서(焉) 배우지(學) 않았겠으(不)며(而), 또(亦) 어느(何) 일정한(常) 스승(師)이(之) 있었겠습니까(有)?

---

*公孫朝(공손조): 위(衛)의 대부 ‖ *子貢(자공): 공자의 제자 단목사(端木賜)의 자(字)로 말솜씨와 정치적 수완이 뛰어난 인물 ‖ *墜(추): 떨어지다 ‖ *夫子(부자): 선생님.

· 술어+(목적어)+於(乎/于)+명사(구) ‖ 問於子貢: 자공에게 묻다, 墜於地: 땅에 떨어지다.
· 之+명사: 之(관형격: ~의/~(하)는/~ㄴ) ‖ 文武之道: 문무의 도.
· 수식어+者 ↔ 所+수식어(동사/형용사) ‖ 賢者: 어진 자, 大者: 큰 것, 小者: 작은 것.
· 不+동사/형용사 ↔ 非+명사(구) ‖ 不賢: 어질지 않다, 不有: 있지 않다, 不學: 배우지 않다.
· 莫(막): 대명사를 포함한 부정 ‖ ~하는 이가(것이) 없다.
· 有+명사: ①~이(가) 있다(술어+보어), ②~을(를) 가지고 있다(술어+목적어).
· 焉(언): =於之, 거기에.
· 之+술어: 之(주격: ~은(는)/~이(가), 목적격: ~을(를)) ‖ 師之有: 스승이 있다.

23장

叔孫武叔(숙손무숙), **語大夫於朝曰**(어대부어조왈). **子貢**(자공), **賢於仲尼**(현어중니).

숙손무숙(叔孫武叔)이 조정(朝)에서(於) 대부들(大夫)에게 일러(語) 말했다(曰). 자공(子貢)이 중니(仲尼, 공자)보다(於) 낫다(賢).

子服景伯(자복경백), 以告子貢(이고자공), 子貢曰(자공왈).

자복경백(子服景伯)이 그것을(以) 자공(子貢)에게 고하자(告), 자공(子貢)이 말했다(曰).

譬之宮墻(비지궁장), 賜之墻也(사지장야), 及肩(급견),
窺見室家之好(규견실가지호), 夫子之墻(부자지장), 數仞(수인),
不得其門而入(부득기문이입), 不見宗廟之美(불견종묘지미),
百官之富(백관지부), 得其門者或寡矣(득기문자혹과의),
夫子之云(부자지운), 不亦宜乎(불역의호)?

그것(之)을 궁(宮)의 담장(墻)에 비유하면(譬) 사(賜, 자공)의(之) 담장(墻)은(也) 어깨(肩)에 미쳐서(及) 집(室家)의(之) 좋은 것(好)을 엿(窺) 볼(見) 수 있으나, 선생님(夫子)의(之) 담장(墻)은 몇(數) 길(仞)로 그(其) 문(門)을 얻어(得)서(而) 들어가지(入) 못하면(不), 종묘(宗廟)의(之) 아름다움(美)과 백관(百官)의(之) 많음(富)을 보지(見) 못하니(不), 그(其) 문(門)을 얻은(得) 자(者)가 혹(或) 적었으(寡)니(矣), 선생님(夫子, 숙손무숙)께서(之) 말한(云) 것은 또한(亦) 마땅하다(宜)고 하지 않겠는(不)가(乎)?

---

*叔孫武叔(숙손무숙): 숙손주구(叔孫州仇)로도 불리는 노(魯)의 대부 ‖ *子貢(자공): 공자의 제자 단목사(端木賜)의 자(字)로 말솜씨와 정치적 수완이 뛰어난 인물 ‖ *子服景伯(자복경백): 노(魯)의 대부 ‖ *賜(사): 자공(子貢)의 이름 ‖ *夫子(부자): 선생님.

· 술어+(목적어)+於(乎/于)+명사(구) ‖ 語大夫於朝: 조정에서 대부에게 말하다, 賢於仲尼: 중니보다 낫다.
· 以+술어: =以+之(대명사)+술어 ‖ 以告: =以之告, 이것을 고하다.
· 술어+之: 之(대명사: 그(것)을, 그(것)에) ‖ 譬之: 그것을 비유하다.
· 之+명사: 之(관형격: ~의/~(하)는/~ㄴ) ‖ 賜之墻: 사의 담장, 室家之好: 실가의 좋음, 夫子之墻: 부자의 담장, 宗廟之美: 종묘의 아름다움, 百官之富: 백관의 부.
· 不+동사/형용사 ↔ 非+명사(구) ‖ 不得: 얻지 못하다, 不見: 보지 못하다, 不(亦)宜: 마땅하지 않다.
· 술어(부사어)+而+술어(부사어) ‖ 得其門而入: 그 문을 얻어서 들어가다.

· 수식어+者 ↔ 所+수식어(동사/형용사) ‖ 得其門者: 그 문을 얻은 자.
· 之+술어: 之(주격: ~은(는)/~이(가), 목적격: ~을(를)) ‖ 夫子之云: 선생님께서 말하다.

24장

叔孫武叔(숙손무숙), 毁仲尼(훼중니), 子貢曰(자공왈).
無以爲也(무이위야). 仲尼(중니), 不可毁也(불가훼야).

숙손무숙(叔孫武叔)이 중니(仲尼, 공자)를 헐뜯으니(毁), 자공(子貢)이 말했다(曰).
그것을(以) 하지(爲) 마십시(無)오(也). 중니(仲尼)는 헐뜯을(毁) 수(可) 없습니(不)다(也).

他人之賢者(타인지현자), 丘陵也(구릉야), 猶可踰也(유가유야),
仲尼(중니), 日月也(일월야), 無得而踰焉(무득이유언).

다른(他) 사람(人)의(之) 현명함(賢)은(者) 구릉(丘陵)이라(也) 오히려(猶) 넘을(踰) 수(可) 있지만(也), 중니(仲尼)는 해(日)나 달(月)이라(也), 얻어(得)서(而) 그것을(焉) 넘을(踰) 수 없습니다(無).

※ 별해. 得而: =得以, 無得而踰焉, 그것을 넘을 수 없다.

人雖欲自絶(인수욕자절), 其何傷於日月乎(기하상어일월호)?
多見其不知量也(다견기부지량야).

사람들(人)이 비록(雖) 스스로(自) 끊으려(絶) 해도(欲), 그(其) 무엇(何)으로 해(日)와 달(月)을(於) 상하게 하겠는(傷)가(乎)? 그(其)가 양(量, 분수)을 알지(知) 못한다는(不) 것만 더욱(多) 드러낼(見) 뿐입니다(也).

*叔孫武叔(숙손무숙): 숙손주구(叔孫州仇)로도 불리는 노(魯)의 대부 ‖
*子貢(자공): 공자의 제자 단목사(端木賜)의 자(字)로 말솜씨와 정치적 수완이 뛰어난 인물 ‖ *者(자): 은/는, 이/가.

· 以+술어: =以+之(대명사)+술어 ‖ 無以爲: =無以之爲, 그것을 하지 마라.
· 不+동사/형용사 ↔ 非+명사(구) ‖ 不可毁: 헐뜯을 수 없다, 不知: 알지 못하다.
· 可(能/得/足)+술어: ~할 수 있다, ~할 만하다 / 목적어+술어 구조도 가능 ‖ 可毁: 헐뜯을 수 있다, 可踰: 넘을 수 있다.
· 之+명사: 之(관형격: ~의/~(하)는/~ㄴ) ‖ 他人之賢: 타인의 현명
· 술어(부사어)+而+술어(부사어) ‖ 得而踰: 얻어서 넘다.
· 焉(언): =於之 ‖ 踰焉: =踰於之, 그것을 넘다.
· 술어+(목적어)+於(乎/于)+명사(구) ‖ 傷於日月: 일월을 상하게 하다.

25장

陳子禽謂子貢曰(진자금위자공왈). **子爲恭也**(자위공야), **仲尼豈賢於子乎**(중니기현어자호).

진자금(陳子禽)이 자공(子貢)에게 일러(謂) 말했다(曰). 그대(子)가 공손(恭)해서(爲)이지(也), 중니(仲尼, 공자)가 어찌(豈) 그대(子)보다(於) 낫겠는(賢)가(乎)?

子貢曰(자공왈). **君子一言**(군자일언), **以爲知**(이위지), **一言**(일언), **以爲不知**(이위부지), **言不可不愼也**(언불가불신야).

자공(子貢)이 말했다(曰). 군자(君子)는 한마디(一) 말(言), 그것으로(以) 지혜롭게(知) 되고(爲), 한마디(一) 말(言), 그것으로(以) 지혜롭지(知) 못하게도(不) 되니(爲), 말(言)은 삼가지(愼) 않을(不) 수(可) 없습니(不)다(也).

夫子之不可及也(부자지불가급야), **猶天之不可階而升也**(유천지불가계이승야).

선생님(夫子)을(之) 미칠(及) 수(可) 없으(不)니(也), 마치 하늘(天)에(之) 사다리 놓고(階)서(而) 오를(升) 수(可) 없는(不) 것과 같습니(猶)다(也).

夫子之得邦家者(부자지득방가자), 所謂立之斯立(소위입지사립), 道之斯行(도지사행), 綏之斯來(유지사래), 動之斯和(동지사화), 其生也榮(기생야영), 其死也哀(기사야애), 如之何其可及也(여지하기가급야)?

선생님(夫子)께서(之) 나라(邦家)를 얻는다면(得)은(者), 이른바(所謂) 그것(之)을 세우(立)면(斯) 서고(立), 그것(之)을 인도하(道)면(斯) 행해지고(行), 그것(之)을 편안히 하(綏)면(斯) 모여들고(來), 그것(之)을 움직이(動)면(斯) 화하니(和), 그(其)가 살아 있으(生)면(也) 영광이요(榮), 그(其)가 돌아가시(死)면(也) 슬픔이니(哀), 그것(之)을 어떻게(何) 하여(如) 그것(其)에 미칠(及) 수(可) 있겠습니까(也)?

---

*陳子禽(진자금): 귀족 출신으로 공자 말년의 제자 진항(陳亢) ‖ *子貢(자공): 공자의 제자 단목사(端木賜)의 자(字)로 말솜씨와 정치적 수완이 뛰어난 인물 ‖ *夫子(부자): 선생님 ‖ *階(계): 사다리 ‖ 所謂: 이르는 것 ‖ *綏(수): 편안하다 ‖ *如之何(여지하): 그것이 무엇과 같은가? 어떻게 하는가? 어찌할까? 어떻게 하여, 어떠한가?

· 술어+(목적어)+於(乎/于)+명사(구) ‖ 그대보다 낫다.
· 以+술어: =以+之(대명사)+술어 ‖ 以爲知: =以之爲知, 그것으로 지혜롭게 되다, 以爲不知: =以之爲不知, 그것으로 지혜롭지 못하게 되다.
· 不+동사/형용사 ↔ 非+명사(구) ‖ 不知: 알지 못하다, 不愼: 삼가지 않다, 不可及: 미칠 수 없다, 不可(階而)升: 오를 수 없다.
· 可(能/得/足)+술어: ~할 수 있다, ~할 만하다 / 목적어+술어 구조도 가능 ‖ 可不愼: 삼가지 않을 수 있다, 可及: 미칠 수 있다, 可(階而)升: 오를 수 있다.
· 之+술어: 之(주격: ~은(는)/~이(가), 목적격: ~을(를)) ‖ 夫子之不可及: 不可及夫子의 夫子도치, 선생님을 미칠 수 없다, 天之(不可階而)升: 升天의 天도치, 하늘에 오르다, 夫子之得: 선생님께서 얻다.
· 술어(부사어)+而+술어(부사어) ‖ 階而升: 사다리 놓고서 오르다.
· 술어+之: 之(대명사: 그(것)을, 그(것)에) ‖ 立之: 그것을 세우다, 道之: 그것을 이끌다, 綏之: 그것을 편안히 하다, 動之: 그것을 움직이다.

20편

요왈
堯曰

1장

堯曰(요왈). 咨爾舜(자이순), 天之曆數在爾躬(천지역수재이궁), 允執其中(윤집기중). 四海困窮(사해곤궁), 天祿永終(천록영종).

요임금(堯)께서 말씀하셨다(曰). 아(咨)! 그대(爾) 순(舜)아, 하늘(天)의(之) 역수(曆數)가 네(爾) 몸(躬)에 있으니(在), 진실로(允) 그(其) 중도(中)를 잡아라(執). 사해(四海)가 곤궁해지면(困窮), 하늘(天)의 녹(祿)이 영원히(永) 끊길 것이다(終).

舜(순), 亦以命禹(역이명우).

순임금(舜)께서 또한(亦) 그것으로써(以) 우임금(禹)께 명하셨다(命).

曰(왈). 予小子履(여소자리), 敢用玄牡(감용현모), 敢昭告于皇皇后帝(감소고우황황후제).

(탕왕(湯王)께서)이 말씀하셨다(曰). 나(予) 소자(小子) 이(履, 탕왕)는 감히(敢) 검은(玄) 수소(牡)를 써서(用), 감히(敢) 황황하신(皇皇) 후제(后帝, 上帝)께(于) 분명하게(昭) 고합니다(告).

有罪(유죄), 不敢赦(불감사), 帝臣不蔽(제신불폐), 簡在帝心(간재제심).

죄(罪)가 있는 자(有), 감히(敢) 용서할(赦) 수 없으며(不), 상제(帝)의 신하(臣)는 덮어 둘(蔽) 수 없으니(不), 간택하는 것(簡)은 상제(帝)의 마음(心)에 달려 있습니다(在).

※ 有罪, 不敢赦: 목적어를 술어 앞으로 도치해서 강조한 문장이다.

朕躬有罪(짐궁유죄), 無以萬方(무이만방), 萬方有罪(만방유죄), 罪在朕躬(죄재짐궁).

제(朕) 몸(躬)에 죄(罪)가 있다면(有) 만방(萬方)의 (백성) 때문(以)이 아니며(無), 만방(萬方)에 죄(罪)가 있다면(有) 죄(罪)는 제(朕) 몸(躬)에 있습니다(在).

周有大賚(주유대뢰), 善人是富(선인시부).

주나라(周)에서 크게(大) 베푼 것(賚)이 있었으니, 선인(善人)이 진실로(是) 부유해졌다(富).

雖有周親(수유주친), 不如仁人(불여인인), 百姓有過(백성유과), 在予一人(재여일인).

비록(雖) 가까운(周) 친척(親)이 있어도(有) 어진(仁) 사람(人)과 같지(如) 못하며(不), 백성(百姓)에게 잘못(過)이 있다면(有) (그 책임은) 나(予) 한(一) 사람(人)에게 있습니다(在).

謹權量(근권량), 審法度(심법도), 修廢官(수폐관), 四方之政(사방지정), 行焉(행언).

도량형(權量)을 신중히 하고(謹), 법도(法度)를 살피며(審), 폐지된(廢) 관직(官)을 정비하니(修), 사방(四方)의(之) 정사(政)가 거기에서(焉) 행해졌다(行).

興滅國(흥멸국), 繼絶世(계절세), 擧逸民(거일민), 天下之民(천하지민), 歸心焉(귀심언).

멸망한(滅) 나라(國)를 일으키고(興), 끊어진(絶) 세대(世)를 이어주고(繼), 숨은(逸) 백성(民)을 등용하니(擧), 천하(天下)의(之) 백성(民)이 거기에(焉)

마음(心)을 돌렸다(歸).

所重(소중), 民食喪祭(민식상제).

중한(重) 것(所)은 백성(民)의 식(食), 상(喪), 제(祭)였다.

※ 별해. 民食喪祭: 백성, 식량, 상례, 제례이다.

寬則得衆(관즉득중), 信則民任焉(신즉민임언), 敏則有功(민즉유공), 公則說(공즉열).

너그러우(寬)면(則) 무리(衆)를 얻고(得), 신의가 있으(信)면(則) 백성(民)이 그에게(焉) 맡기고(任), 민첩하(敏)면(則) 공(功)이 있고(有), 공정하(公)면(則) 기뻐한다(說).

---

*咨(자): 묻다, 탄식하다, 아!, 이(此) ‖ *爾(이): 너, 그대 ‖ *曆數(역수): 철에 따라 돌아가는 차례, 자연히 정해진 운명, 해의 수 ‖ *四海(사해): 온 세상 ‖ *湯王(탕왕): 은나라(殷) 창건한 왕으로 본명이 이(履) ‖ *予(여): 나(1인칭) ‖ *履(리/이): 밟다, 신다, 신발 ‖ *牡(모): 수컷 ‖ *皇皇(황황): 아름답고 성한 모양 ‖ *赦(사): 용서하다 ‖ *蔽(폐): 덮어두다 ‖ *簡(간): 가리다 ‖ *朕(짐): 나(1인칭) ‖ *賚(뇌/뢰): 주다, 위로하다, 하사한 물건 ‖ *是(시): =實(실) ‖ *周親(주친): =지친(至親), 가까운 친척 ‖ *權量(권량): 저울과 되, 도량형 ‖ *逸(일): 편안하다, 달아나다, 숨다 ‖ *寬(관): 너그럽다 ‖ *說: (설) 말씀 / (세) 달래다 / (열) 기뻐하다 / (탈) 벗다.

· 之+명사: 관형격(~의/~하는/~한/~ㄴ) ‖ 天之曆數: 하늘의 역수, 四方之政: 사방의 정사, 天下之民: 천하의 백성.
· 以+술어: =以+之+술어 ‖ 以之命: 그것으로 명하다.
· 술어+(목적어)+於(乎/于)+명사(구) ‖ 告于皇皇后帝: 황황하신 후제께 고하다.
· 有+명사: ①~이(가) 있다(술어+보어), ②~을(를) 가지고 있다(술어+목적어).
· 不+동사/형용사 ↔ 非+명사(구) ‖ 不赦: 용서할 수 없다, 不蔽: 덮어둘 수 없다, 不如: 같지 않다.
· 焉(언): =於之 ‖ 行焉: =行於之, 거기에서 행해지다, 歸心焉: =歸心於之, 거기에 마음을 돌리다, 任焉: =任於之, 그에게 맡기다.
· 수식어+者 ↔ 所+수식어(동사·형용사) ‖ 所重: 중한 것.

2장

子張問於孔子曰(자장문어공자왈). 何如斯可以從政矣(하여사가이종정의)?

자장(子張)이 공자(孔子)께(於) 물어(問) 말했다(曰). 무엇(何)과 같다(如)면(斯) 정사(政)에 종사할(從) 수(可以) 있습니까(矣)?

子曰(자왈). 尊五美(존오미), 屛四惡斯可以從政矣(병사악사가이종정의).

공자(子)께서 말씀하셨다(曰). 다섯 가지(五) 미덕(美)을 존중하고(尊) 네 가지(四) 악덕(惡)을 물리친다(屛)면(斯), 정사(政)에 종사할(從) 수(可以) 있다(矣).

子張曰(자장왈). 何謂五美(하위오미)?

자장(子張)이 물었다(曰). 무엇(何)을 일러(謂) 다섯 가지(五) 미덕(美)이라 합니까?

子曰(자왈). 君子惠而不費(군자혜이불비), 勞而不怨(노이불원), 欲而不貪(욕이불탐), 泰而不驕(태이불교), 威而不猛(위이불맹).

공자(子)께서 말씀하셨다(曰). 군자(君子)는 은혜로우면서(惠)도(而) 낭비하지(費) 않으며(不), (백성을) 수고시키면서(勞)도(而) 원망하게 하지(怨) 않으며(不), 원하면서(欲)도(而) 탐내지(貪) 않으며(不), 태연하면서(泰)도(而) 교만하지(驕) 않으며(不), 위엄이 있으면서(威)도(而) 사납지(猛) 않은 것이다(不).

子張曰(자장왈). 何謂惠而不費(하위혜이불비)?

자장(子張)이 물었다(曰). 무엇(何)을 일러(謂) 은혜로우면서(惠)도(而) 낭비하지(費) 않는(不) 것입니까?

子曰(자왈). 因民之所利而利之(인민지소리이이지), 斯不亦惠而不費乎(사불역혜이불비호)?

공자(子)께서 말씀하셨다(曰). 백성(民)이(之) 이롭게 여기는(利) 것(所)으로 인하여(因)서(而) 그것(之)을 이롭게 하니(利), 이것(斯)이 또한(亦) 은혜로우면서(惠)도(而) 낭비하지(費) 않는(不) 것이 아니겠는(不)가(乎)?

擇可勞而勞之(택가로이노지), 又誰怨(우수원)? 欲仁而得仁(욕인이득인), 又焉貪(우언탐)? 君子無衆寡(군자무중과), 無小大(무소대), 無敢慢(무감만), 斯不亦泰而不驕乎(사불역태이불교호)?

수고롭게 할(勞) 만한(可) 것을 가려(擇)서(而) 그것(之)을 수고롭게 한다면(勞), 또(又) 누(誰)가 원망하겠는가(怨)? 인하(仁)고자 하다(欲)가(而) 인(仁)을 얻었는데(得), 또(又) 무엇(焉)을 탐하겠는가(貪)? 군자(君子)는 많거나(衆) 적은 것(寡)과 관계없고(無), 작거나(小) 큰 것(大)과 관계없이(無) 감히(敢) 거만해할 것(慢)이 없으니(無), 이것(斯)이 또한(亦) 태연하면서(泰)도(而) 교만하지(驕) 않은(不) 것이 아니겠는(不)가(乎)?

君子(군자), 正其衣冠(정기의관), 尊其瞻視(존기첨시), 儼然人望而畏之(엄연인망이외지), 斯不亦威而不猛乎(사불역위이불맹호)?

군자(君子)는 그(其) 의관(衣冠)을 바르게 하고(正) 그(其) 바라보는(瞻視) 것을 존엄하게 하면(尊), 엄연하게(儼然) 사람들(人)이 바라보고(望)서(而) 그(之)를 두려워하니(畏), 이것(斯)이 또한(亦) 위엄이 있으면서(威)도(而) 사납지(猛) 않은(不) 것이 아니겠는(不)가(乎)?

子張曰(자장왈), 何謂四惡(하위사악)?

자장(子張)이 물었다(曰). 무엇(何)을 일러(謂) 네 가지(四) 악덕(惡)이라 합니까?

子曰(자왈). 不教而殺(불교이살), 謂之虐(위지학), 不戒視成(불계시성), 謂之暴(위지포), 慢令致期(만령치기), 謂之賊(위지적), 猶之與人也(유지여인야), 出納之吝(출납지린), 謂之有司(위지유사).

공자(子)께서 말씀하셨다(曰). 가르치지(教) 않(不)고(而) 죽이는(殺) 것, 그것(之)을 일러(謂) 학(虐)이라 하고, 경계하지(戒) 않고(不) 이룰 것(成)을 보는 것(視), 그것(之)을 일러(謂) 포(暴)라 하고, 명령(令)을 태만히 하고(慢) 기한(期)을 재촉하는 것(致), 그것(之)을 일러(謂) 적(賊)이라 하고, 어차피(猶之) 사람(人)에게 주는(與) 것과 같은데(也), 출납(出納)을(之) 인색하게 하는 것(吝), 그것(之)을 일러(謂) 유사(有司)라 한다.

---

*子張(자장): 공자의 제자로 적극적인 성품을 소유한 인물 ‖ *惡: (악) 악하다, (오) 미워하다 ‖ *何如(하여): 무엇과 같은가? 어찌하여, 어떠한가? ‖ *屏(병): 병풍, 가리다, 물리치다 ‖ *泰(태): 크다, 편안하다 ‖ *虐(학): 혹독하다 ‖ *暴(포): 난폭하다 ‖ *賊(적): 그르치다 ‖ *猶之: 그것과 같다, 마치~와(과) 같다, 어차피 ‖ *有司(유사): 단체에서 사무를 맡은 직책.

- 술어+(목적어)+於(乎/于)+명사(구) ‖ 問於孔子: 공자에게 묻다.
- 可(能/得/足)以+술어: ~할 수 있다, ~할 만하다 ‖ 可以從: 종사할 수 있다.
- 의문문에서 의문사(대명사) 도치 ‖ 何謂: 謂何의 何도치, 무엇을 말하는가?
- 술어(부사어)+而+술어(부사어) ‖ 惠而不費: 은례롭되 낭비하지 않다, 勞而不怨: 수고시키되 원망하게 하지 않다, 欲而不貪: 하고자 하되 탐내지 않다, 泰而不驕: 태연하되 교만하지 않다, 威而不猛: 위엄이 있으되 사납지 않다, 因(民之所利)而利之: 인하여서 그것을 이롭게 하다, 擇(可勞)而勞之: 가려서 그것을 수고롭게 하다, 欲仁而得仁: 어질어지고자 하다가 인을 얻다, 望而畏之: 바라보고서 그를 두려워하다, 不教而殺: 가르치지 않고 죽이다.
- 不+동사/형용사 ↔ 非+명사(구) ‖ 不費: 낭비하지 않다, 不怨: 원망하지 않다, 不貪: 탐내지 않다, 不驕: 교만하지 않다, 不猛: 사납지 않다, 不教: 가르치지 않다, 不戒: 경계하지 않다.
- 之+所: 之(주격: ~은(는)/~이(가) ‖ 民之所利: 백성이 이롭게 여기는 것.
- 수식어+者 ↔ 所+수식어(동사/형용사) ‖ 所利: 이로운 것.
- 술어+之: 之(대명사: 그(것)을, 그(것)에) ‖ 利之: 그것을 이롭게 하다, 勞之: 그것을 수고롭게 하다, 畏之: 그것을 두려워하다, 謂之: 그것을 말하다.

· 可(能/得/足)+술어: ~할 수 있다, ~할 만하다 / 목적어+술어 구조도 가능 ‖ 可勞: 수고롭게 할 만하다.
· 之+술어: 之(주격: ~은(는)/~이(가), 목적격: ~을(를)) ‖ 出納之吝: 吝出納의 出納도치, 출납을 인색하게 하다.

3장

子曰(자왈). **不知命**(부지명), **無以爲君子也**(무이위군자야), **不知禮**(부지례), **無以立也**(무이입야), **不知言**(부지언), **無以知人也**(무이지인야).

공자(子)께서 말씀하셨다(曰). 천명(命)을 알지(知) 못하면(不) 군자(君子)가 될(爲) 수 없(無以)고(也), 예(禮)를 알지(知) 못하면(不) 설(立) 수 없으(無以)며(也), 말(言)을 알지(知) 못하면(不) 사람(人)을 알(知) 수 없(無以)다(也).

*無以(무이): ~할 수가 없다, ~할 방법(것)이 없다.
·不+동사/형용사 ↔ 非+명사(구) ‖ 不知: 알지 못하다.

공자(孔子)와 그의 사람들
한문 해석의 비밀

논어(論語) 편

1판1쇄 2024년 6월 12일

저자 우승하
발행인 이경화

발행처 디자인21
주소 04560 서울특별시 중구 퇴계로 293-1 3층
전화 02-2269-6561(대)
팩스 02-2269-6568
이메일 21publish@naver.com
블로그 https://blog.naver.com/publish21
홈페이지 https://21publish.co.kr

등록번호 제1-1128호
등록일자 1991.2.12

ISBN 978-89-6131-152-6 03700

정가 35,000원